U0142482

泰國政治經濟與發展治理：皇室軍權、區域經濟與社會族群視角

The Political Economy and Development Governance in Thailand: Perspectives from Royal Family, Military Power, Regional Economy, and Social Enthicity

เศรษฐศาสตร์การเมืองและพัฒนาการการปกครองในประเทศไทย :

มุมมองจากราชวงศ์ อำนาจทางทหาร เศรษฐกิจในภูมิภาคและชาติพันธุ์ทางสังคม

宋鎮照　洪鼎倫　主編

序

　　隨著東南亞的崛起，臺灣與泰國雙邊的政治經濟、商業投資、語言文化等各項的交流與推廣也變得相當頻繁，而「泰國研究」不僅成為台灣前進東南亞發展的基礎，也讓前進泰國發展成為首要任務。特別是整個東協區域在發展「大湄公河次區域共同開發計劃」（GMS）、「東協經濟共同體」（AEC）與中國「一帶一路」（OBOR）、「亞洲基礎建設投資銀行」（AIIB）等對外擴張計畫下，泰國都扮演著重要的中間角色。

　　對於臺灣而言，受限於國際因素無法積極與泰國官方正式的交流，但是配合政府的「新南向」發展與研究，理解泰國政府對外政策、推動臺泰民間交流、培養泰語人才，都有助於臺灣對外經貿外交與文化的推動，特別是對於南向東南亞的發展更有其必要性與重要性。

　　職是之故，國立成功大學政治學系暨政治經濟研究所、東亞發展暨治理研究中心、台灣泰國文化暨語言交流協會、文藻外語大學及台南市政府，在2016年11月11日於國立成功大學社科院大樓合辦「**2016年台灣首屆泰國研究國際研討會：政治經濟、教育語言與社會文化之交流與對策**」研討會，邀請泰方之高等教育及投資相關官員和泰國學者、泰國臺商總會、泰國華商經貿聯合會、泰國駐臺辦事處官員等，亦透過BDI來邀請多所泰國大學校長來臺灣參訪與參與此泰國研討會，以及討論雙邊臺泰教育的合作機會。此外，臺灣方面之泰國研究學者，新南向政策相關業務官員，準備前往泰國投資之新臺商，以及準備前往泰國招生之大專院校校長或負責人等，都積極來參與。

　　首屆台灣泰國國際研討會以中、英、泰三語進行，可說空前絕後，會中共發表有47篇重要的泰國相關論文，包括有社會文化、教育與研究、政治經濟、投資經驗、區域地位等。同時，這些所發表的文章也成為本專書收錄的來源基礎，並在這些收錄的文章研討上，建構出「皇室君權與政治變遷」、「邊境治理和一帶一路區域發展」、「社會族群與難民問題」等三大架構支柱，也摘錄出16篇論文，成為本專書的重要內容結構。

　　本專書能夠順利完成與出版，首先要先感謝撰寫論文的作者，對泰國研究提供極佳的論文品質，更感謝這些專家學者和後起之秀的鼎力相助，在此對陳佩修、楊聰榮、孫自明、孫國祥、陳虹宇、范若蘭、林詩萍、陳蕙如、康端嚴、趙文志、田光祐、呂駿彬、周志杰、戴萬平、楊保筠、劉漢文、蔡育岱、司徒宇等教授和老師，致上萬分謝意。

　　最後，更要感謝對專書出版的贊助企業與個人，包括張文德（和新建設）、陳淑姿、蔡鳳柏（威名運輸）、陳錦堂、何福居、楊文瑞（溫馨護理）、陳瓊惠、鄭錦聰、鄒方鼎、呂駿彬、田光祐、楊璿圓、蘇郁媄、馬春琴、陳蕙如等，對於他們的大力支持，在此致上最高的謝枕。沒有他們的慷慨解囊，本專書不可能問世。

宋鎮照　洪鼎倫

謹誌於成功大學社科大樓政治系

2017年8月31日

目錄

第三部分　社會族群與難民問題

緒　論

緒論：
泰國獨特模式的發展與治理

宋鎮照

國立成功大學政治系／政治經濟研究所 特聘教授

台灣泰國文化暨語言推廣協會 理事長

　　泰國可以說是位於東南亞區域的心臟位置，自古便是東西方文化交流之地，也是東南亞當中唯一未受西方殖民的國家，長期以來保有自己的獨特文化，近年來更在東協（ASEAN）崛起的情勢中，逐漸成為東南亞發展的新核心地位。而臺灣與泰國的交流從早期的泰北孤軍後裔、泰國皇室來臺拜訪、南向政策下的臺商投資，到近期的泰國勞工來臺工作等，長久以來泰國與臺灣都保持著相當緊密的發展關係。

　　2017 年隨著區域經濟整合的深化，東南亞國協（ASEAN）成為區域經濟整合的重要核心，帶動各國積極前往東南亞投資，早在 1980 年代便前往東南亞各國扎根的臺商近年來逐漸展露頭角，東南亞各國當中臺商投資最多的地方，便是擁有將近 5,000 家廠商，以及近 15 萬臺商臺幹和臺灣人，臺商積極投資於「泰國」，為臺泰雙邊的經濟發展做出最大的貢獻。隨著東南亞的崛起，臺灣與泰國雙邊的政治經濟、商業投資、語言文化等各項的交流與推廣相當頻繁。因此，當台灣前進東南亞發展的之際，也讓「泰國研究」成為前進泰國發展的基礎，也是重要的首要任務。

　　近年來東南亞在各方面的局勢變化，都非常驚人，甚至出現

東南亞崛起現象，但臺灣長期累積的東南亞與泰國研究成果有限，特別是整個東協區域在發展「大湄公河共同開發計劃」（GMS）、「中國與東協自由貿易區」（CAFTA）、「東協經濟共同體」（AEC）與中國「一帶一路」（OBOR）、「亞洲基礎建設投資銀行」（AIIB）等對外擴張經濟發展計畫，泰國都扮演重要的中間角色，不管是中泰、日泰、印泰、美泰的關係發展，都可以發現泰國在整個東南亞中，也都居於核心與友善地位，中立、開放、自由、多元、友善、創意等都成為泰國重要的標籤。

對於臺灣而言，雖受限於一中原則的國際因素限制，無法積極與泰國官方進行交流，但是配合蔡英文政府的「新南向政策」，理解泰國政府對外政策、推動臺泰民間交流、培養泰語人才、掌握泰國區域優勢，都有助於臺灣對泰國經貿外交與文化的推動，再從泰國到東南亞發展，有其必要性與重要性。因此，讓泰國成為台灣前進東南亞的重要捷徑。

在民主化發展上，雖然在 1970 年代泰國也搶搭了第三波民主化（The Third Wave）的列車，在政治的體制上有了劇烈的變動，但在這四十多年來，泰國的民主一直是在與軍事威權間來回擺盪且緩步前進的，出現所謂的「半民主式」或「泰式」民主現象。因此，泰國的民主困境該如何突破，民主制度如何才能成熟穩定發展，甚至在 2006 年 9 月 19 日塔信政權被軍人政變奪權後，泰國社會出現一個分裂的政治格局，讓紅衫軍與黃衫軍形成對立陣營，讓泰國政府與政治揮不掉軍方影響的政治陰影，這是當前泰國政治發展上一個重要和必須深入探討的議題。[12]

---

[1] John Funston, ed., *Divided Over Thaksin: Thailand's Coup and Problematic*

此外，由於中國大陸工資成本升高和經濟環境變遷，加上產能過剩，勞工供給短缺，讓不少臺商選擇出走中國，又在 2015年底東協經濟共同體（AEC）啟動下，在東協經濟一體化發展的同時，泰國儼然成為東協區域的核心，曼谷也成為新東協的新首都。難怪泰國臺商咸認為，泰國各項條件都優於其他東南亞國家，應該是南向投資的首選。前進泰國，彷彿成為前進東南亞的作家捷徑。

根據在 2016 年彭博調查全球 74 個主要經濟體之中，泰國以1.11%的低得分成為全球「痛苦指數」最低的國家。痛苦指數是由通貨膨脹率加上失業率所計算而成，用來評斷一個國家人民快樂與否。儘管痛苦指數不能完全正確地呈現出快樂程度，但可以約略看出些許輪廓，讓泰國不負其微笑之國之名。新加坡與日本則分別以 1.4%及 2.7%緊追在後，英國排名是第 17 名，美國 21名，而中國則是 23 名。泰國的失業率截至 2016 年 6 月底僅有1.0% 左右，7月份的 CPI (消費者物價指數)也只微升 0.1%。不過低通膨是供過於求所造成的，若這使得民眾有預期心理認為物價將會持續下降，對商品的需求量就會更為減少，恐跌入通縮陷阱之中，屆時薪資水平也會受到影響。這對臺灣新南向發展前進泰國，又將代表著什麼商機與挑戰，也值得進一步去討論與觀察。

2016 年4月中華民國經濟部投資業務處和對外貿易發展協會率領 20 多家臺商，到泰國考察投資環境，並參觀臺商廠房及泰國多處工業區，實際了解泰國投資環境。泰國臺商都相當肯定泰國

投資環境，不但人口眾多，具有龐大的市場，其地理位置優越，也是中南半島上的核心國家，更是泰銖經濟圈的核心地，更加突顯泰國經濟的競爭優勢，足以見得泰國投資環境的相對優越。以泰國為投資根據地，進可攻、退可守，可以推進到緬甸、寮國、柬埔寨，甚至跟中國市場接壤，跟越南投資相連。[3]

　　在泰國投資的臺商大約有 5,000 家左右[4]，幾乎所有產業別都有人在做，泰國也是汽機車生產大國（產量居全球前 10 名），若有汽機車的相關零配件技術和供應鏈，泰國是不錯的投資地。臺商選擇泰國投資設廠的原因雖多，但最吸引臺商的因素主要有泰國稅務與勞工法規與臺灣相近，社會良善，人民友善，雖有勞工招募的問題，透過人力外包和自動化就能夠解決勞工問題，泰國是臺商可以考慮的投資的地方。但如何讓泰國臺商走出單打獨鬥模式，並以產業聚落方式到泰國投資生產，提高臺商的產業競爭力，將是泰國臺商與臺灣政府必須面對的重要課題。

　　此外，泰國也是東南亞地區華僑華人數量最多的國家之一，據查理斯·艾夫·凱斯估計，現在居住在泰國的華人與華僑估計約有 600 多萬人（包括華僑 21 萬多人），在泰國 6,000 多萬人口中，幾乎約占了十分之一。一般推估，如果將有中國血統的華裔也算在內，那麼在泰國的華人、華僑、華裔約有 1,000 萬人，也大約

---

[3] 參閱 宋鎮照，2015，〈大湄公河次區域經濟合作與發展之政治經濟分析：兼論中共與泰國地緣經濟戰略的建構〉，《戰略與評估》，6 卷 3 期 （秋季），頁 27-58。

[4] 參閱，〈台商南向投資 首選泰國〉，《中央社》，2016 年 4 月 30 日，網址：〈http://www.chinatimes.com/realtimenews/20160430002863-260408〉，(檢索日期：2017 年 1 月 23 日)。

是泰國總人口的五分之一。事實上，泰國與東南亞其他國家相比較，也可以發現泰國華人融入泰國社會的程度非常高，因此華裔人口的數量難以精確統計。由此亦可以看出，為何泰國沒有發生過激烈的排華事件，這跟華人與當地泰人之間和睦相處有關，而且信奉佛教的文化具有融合性，降低族群彼此之間的隔閡對立。

　　泰國對於華人的統治也隨著當政者及社會環境的發展而有所變更，華人融合於泰國社會的漸進演變過程，既是一種自然的融合，又有當權者的宣導和制約，這和泰國歷朝政府的對華關係及其華人政策密不可分。

　　從拉瑪六世以來，對泰國境內對華人社群實施了「溫和同化」政策，再到鑾披汶披汶‧頌勘（Luang Phibul Songkhram）兩次取得政治主導權期間，當時採取經濟民族主義和大泰主義的政策。[5]在親日及反共的內外政策考量下，對華人社群執行了一系列嚴屬的壓制性法規，也促使在泰國華人社群的同化運動，進入到一個「強制同化」時期。

　　在極端民族主義主導下所制定的一系列限制性法規，使泰國華人社群在經濟及現實面的考量之下，選擇逐步積極地融入泰國國家體制。而這也影響到泰國對於華文的教育政策的推動，泰國華文教育在諸多法規的強烈限制，以及華人社群主動配合泰國國

---

[5] 於 1939 年 6 月 24 日，暹羅國民議會決定將國名由「暹羅」改為「泰國」（MuangThai），將國名由 Siam 改為 Thailand，廢棄這一使用將近有 13 個世紀的古老國名。「泰」在泰語裡係指「自由、獨立」的意思，而「暹羅」一詞則來自梵語，意為「黃金」。這跟當時泰國出現泰族沙文主義和民族主義有關，當時甚至提出「大泰國」的口號，認為寮國人、越南的孟族、中國的傣族、緬甸的撣族都屬於人種學上的泰族，打算把所有有泰族血統的人全都聯合在大泰國之內。

家政策發展的雙重影響下，也因為失去強力的支持而逐漸走向衰退。1957 年鑾披汶第二次執政結束之後，泰國華文教育在嚴屬的法規限制下已幾乎消失，同時也造成華文教育發展的斷層，而失去了再復興的力量。

在泰國境內的外來族群中，除了華人之外，還有克倫族的難民，自 1980 年代開始，泰國庇護了大批受內戰影響，而逃入其境內的克倫族難民，至今仍是收容最多緬甸難民的國家。然而，前緬甸總統登盛於 2011 年上任後，採取許多改革開放措施，在此背景下，泰國政府也開始計劃關閉境內之緬甸難民營，希望緬甸難民可以回到自己故鄉，畢竟一個開始民主開放的新政府，難民不再有逃亡的正當理由。尤其是 2016 年後，全民盟（NLD）新政府順利上任，大幅改造了長久以來由軍人掌控的政府型態，也對泰緬邊境的難民營產生新的變化，一個逐漸脫離軍政府統治的緬甸政治，緬甸人民受到政治迫害的可能性降低，相對地泰緬邊境的難民營有被關閉遣返的疑慮。

如上所述，泰國作為東南亞的心臟地位，近年來更在東協崛起的情勢中成為各國鎖定的東南亞核心，因此「泰國研究」成為前進東南亞的基礎，也讓前進泰國成為首要任務。臺灣與泰國的交流從早期的泰北孤軍後裔、泰國皇室來臺拜訪、南向政策下的臺商投資，到近期的泰國勞工來臺工作等，都保持著穩定且緊密的關係。2017 年隨著區域經濟整合的深化，東南亞國協（ASEAN）成為區域經濟整合的重要核心，臺商積極投資於「泰國」，更為臺泰雙邊的經濟發展做出最大的貢獻。

因此，本專書將全方位的處理泰國研究議題，對於泰國政經、經貿合作、社會族群與文化發展、臺商在泰國的發展等，都有做

一個詳細和具體的介紹。試圖對於泰國發展經驗與模式，給予一個完整的模式建構，並對泰國在區域、族群、王室、軍權、神權、文化、人權、發展與民主之間，試圖建構出一個獨特的泰國發展與治理模式。[67]

更值得強調地，本專書所收錄的相關泰國文章，剛好也能夠響應台灣蔡英文新政府所推動的「新南向政策」，重視以人為本、雙向交流的政策主張，相互密切配合。此外，面對泰皇蒲美蓬在2016年10月13日逝世後，讓泰國政治走向後蒲美蓬時期，新皇拉瑪十世瑪哈瓦集拉隆公（Maha Wachiralongkon）即位後，跟泰國軍人、政黨、官僚的政治關係，勢必讓泰國進入到另一個階段的政治局勢，這對泰國民主化的發展值得去關注。

基本上，本專書主要包含有三大部分：分別為「皇室君權與政治變遷」、「邊境治理和一帶一路區域發展」、「社會族群與難民問題」，而整體的內容包括了政治、經濟、文化與社會族群的結構及其相關的發展。

如(圖一所示)，便是本專書試圖將十六篇文章，可以放在一個主軸架構來加以整合，並建立一個緊密結合的關係架構。透過泰國治理的方式，來追求區域發展、邊境經濟、善用一帶一路戰略利基、皇室地位、軍人角色、政黨政治、官僚運作、社會族群與階級、甚至與宗教的關係、人類安全議題等。

基本上，泰國治理發展的模式是建立在三角關係上，就是皇

[6] D. Acemoglu and J. Robinson, *Economics Origins of Dictorship and Democracy*, Cambridge: Cambridge University Press, 2007

[7] Pasuk Phongpaichit and Chris Baker, eds., *Unequal Thailand: Aspects of Income, Wealth, and Power*, Singapore: NUS Press, 2016.

室軍權、政黨官僚關係、社會族群與宗教。也就是泰國政治治理發展（如圖二所示，重視王室、軍權、官僚、階級、貧富）、泰國區域經濟治理發展（如圖三所示，重視企業、網絡、邊境、貿易）、泰國社會民主治理發展（又如圖四所示，重視認同、族群、人權、安全、民主）。這些將在後面加以說明，主要來說明此十六篇主題文章之間的整合性與關連性，並凸顯出泰國治理與發展模式的樣態，讓本專書結構與脈絡更為清楚，而不是拼湊組合而成的鬆散論文集，而是具有一定對泰國治理與發展模式的掌握與規劃，並從三方面的主軸探討，來建構與確保本專書的品質，以享學術界。

　　在「**皇室君權與政治變遷**」部分，主要探討泰國的政治發展，環繞在皇室、軍事及宗教等相互間的競合。在佛教方面，泰緬兩國佛教的發展，及其與王權的關係，有著極為相同的歷史脈絡。從斯里蘭卡傳入的上座部佛教及其僧伽制度，結合了本土原有的宗教元素，融入傳統「恩庇」、「父權」之觀念，與法輪王、未來佛的思想..等等，歷經近千年深植人心。歷代泰、緬封建王朝都結合佛教與僧伽體制，以正源王權的法統，以維繫王朝的穩固。佛教做為這兩個現代國家價值的重要組成，一如歷史傳統，自然也成為該國各政治勢力所關注與著力之處。

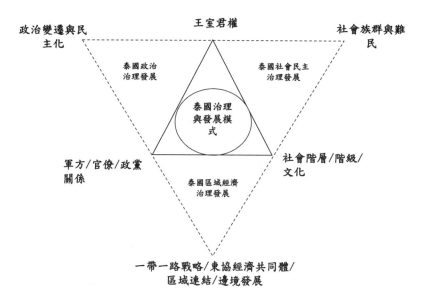

圖一：泰國治理與發展研究之架構

　　軍政府對盈拉政府發動軍事政變後，2014 年 5 月 22 日上台的軍事執政團統治泰國至今。儘管已大幅限制了泰國政治活動和言論自由，甚至出現許多侵犯人權的行為，或是捍衛皇權的強力作為，阻礙了泰國民主化的發展。然而，根據「民主路線圖」，2016 年 8 月泰國人民對新憲公投且獲得通過，其將引導下一階段的選舉。泰國軍事執政者將此項選舉與國王繼任人加冕王位同時考慮，以確保其能穩定的保有在泰國政治中的權力。蒲美蓬國王的過世，對泰國政治君王與軍方權力互動關係將進一步的複雜化。加上社會上黃紅衫軍陣營的政治兩極化之對抗下，但在軍政府的執政下，卻也為泰國社會帶來穩定的發展局面，暫停社會和政治對立的紛紛擾擾。對於泰國的政治民主化發展、經濟發展模

式、加上社會階級關係，充滿著泰國式的政治運作與現象，很難可以用傳統的民主化理論或經驗，來檢視泰式民主模式發展。換言之，具有泰國特色與模式的政治發展，也配合著泰國經濟發展與社會族群和階級關係的組合，便是本專書重要特色與呈現。

　　第一部分的目錄結構呈現，正如(圖二所示)，在外在三角的泰國憲法之權力與威權、社會結構與文化關係、民主發展和政治參與的政經大環境下，亦可以用來檢視泰國王室網絡、泰國皇室繼承、以及王權與佛教關係，正可以架構出此部分的議題安排。就整個核心議題範圍來看，無疑地是泰國政治治理的發展。[8]

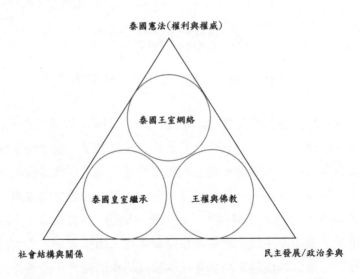

圖二：泰國政治治理發展(王室與軍權、官僚、階級)

---

[8] Peter Jackson, "Markets, Media, and Magic: Thailand's Monarch as a Virtual Deity," Inter-Asia Cultural Studies, Vol.10, No.3 (2009), pp.361-80.

　　在本書裡收錄了「**泰緬兩國佛教發展與王權關係：歷史比較**」、「**泰國 2016 憲法政治學：軍君「權力與權威」結合？**」、「**泰國的王室網絡：結構、運作與效應**」及「**泰式民主發展歷程**」等四篇文章來探討泰國的王權發展與軍權崛起，以及一篇論文探討泰國特殊的民主發展過程，足以完整地呈現出當前泰國皇室、軍人、政黨、佛教和官僚之間的政治關係與權力脈絡。

　　另外，因為近年來女權崛起，對於泰國婦女參與政治活動也逐漸受到關注，因此本書也特別收錄「**泰國婦女在二戰前的參與歷程**」一文。對婦女議題的分析，也可以觀察到泰國女性在王室、軍隊、官僚、和社會上的政治地位，以及女性的政治參與的情況，也為泰國傳統上完全以男性為主體的政治研究，提出另一種不同研究的視角，更增強本書對泰國研究上的貢獻。

　　第二部分的目錄結構呈現，正如(圖三)所示。在外在三角的一帶一路戰略與亞投行（AIIB）、邊境經濟貿易發展、大湄公河次區域經濟的政經大環境下，亦可以用來檢視泰國政商網絡關係、泰國企業發展、以及泰國區域發展戰略，正可以架構出此部分的議題安排。就整個核心議題範圍來看，無疑地是去處理泰國區域經濟發展和治理的議題，可以更加完整地去掌握泰國對區域發展的狀況與治理能力。

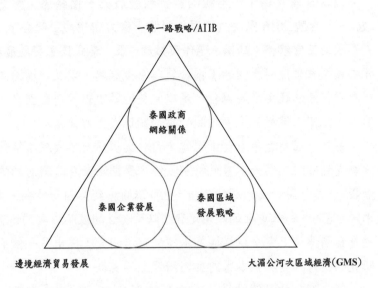

圖三：泰國區域經濟治理(企業、網絡、邊境、貿易)

　　在第二部分裡，「**邊境治理和一帶一陸區域發展**」主要是收錄泰國邊境治理及在中國一帶一路戰略的發展下泰國的應對。近年來，中國大陸在東南亞的發展相當積極，如參與「大湄公河共同開發計畫(GMS)」、「東協經濟共同體(AEC)」、中國與東協的自由貿易區（CAFTA）等，另外也推行「一帶一路(OBOR)」、「亞洲基礎銀行建設(AIIB)」等的外擴計畫中，泰國扮演了相當重要的角色。基於此，本書亦收錄了關於泰國區域治理的議題，如「泰國邊境區域治理思考－以泰緬邊境治理模式為例」一文的探討。

　　此外，泰國對於邊境國家的相關區域發展政策，尤其是對於

中國大陸在各個時期都有不同的外交與發展關係，如 1949-1975 年的敵視時期，雙方互不往來，到 1975 年以後關係正常化時期，雙方展開交往與互動。亞洲金融危機發生時，中國大陸堅持人民幣不貶值的政策，亦讓泰國已經搖搖欲墜的經濟可以獲得喘息的空間，進一步扭轉了泰國政府對中國大陸的印象，讓兩國關係進一步發展獲得更有利的條件與環境以及對中國大陸的相關政策，對於此，本書對於各時期之泰國對中國大陸的政策發展及經貿關係，也都有做一個完整與詳細的介紹，這些議題包括有「泰國對中國大陸政策的歷史與展望」、「中泰經貿關係的現狀與展望」及「一帶一路戰略下 AIIB 對泰國發展的政經意涵」等。

最後，在第二部分裡，也介紹了泰國相關政經網絡，以及重要產業的相關資訊與議題，如「泰國企業的政經關係網路：理論與文獻的探索」、「台灣扣件產業投資泰國研究—以 A 公司為例」。也試圖透過理論探討來掌握泰國企業的政經網路關係與發展，到臺灣的企業又如何到泰國投資與經營，以及其可能面對的相關困難及發展現況等，正可以反映出泰國區域經濟治理的模式，包括有對企業、網絡、邊境和金融等探討的議題。

在第三部分裡，目錄結構的主要呈現，正如(圖四)所示，在外在三角的人權與安全政策、文化認同、以及民主與民族政治的政經大環境下，亦可以用來檢視泰國族群與華人關係、泰國文化與教育、以及泰國移民與難民等議題，正可以架構出此部分的議題探究安排。就整個核心議題範圍來看，無疑地專注於處理與探討泰國社會民主治理的發展。

因此，在第三部分裡，主要是介紹泰國的「**社會族群、文化、認同、移民與難民問題**」，體現在社會文化面上的治理與政策，

還融入社會民主的觀念，反映出族群與社會民主關係。如(圖四)
呈現出在人權與安全政策、文化認同、和民主民族政治之三交關
係間，試圖完整地架構出其可能的完整連結樣貌，有助於瞭解泰
國在族群、文化教育、和移民與難民之間的發展關係與現象。

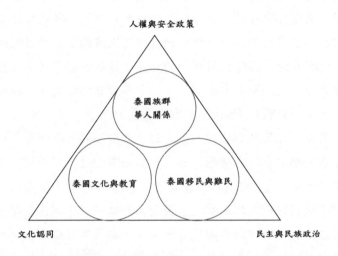

圖四：泰國社會民主治理（認同、族群、人權、安全）

　　東南亞是世界華人最為集中的地區，而泰國又是該地區華僑
華人數量最多的國家之一，泰國對於華人的統治也隨著當政者及
社會環境的發展而有所變更。從拉瑪六世以來對泰國境內華人社
群所實施的「溫和同化」政策，鑾披汶兩次取得政治主導權期間，
在親日及反共的內外政策考量下，對華人社群制定並執行了一系
列嚴厲的壓制性法規，對泰國華人社群的同化也進入了「強制同
化」時期。在極端民族主義主導下所制定的一系列限制性法規，

使泰國華人社群在經濟及現實面的考量之下，選擇逐步積極地融入泰國國家體制。而這也影響到泰國對於華文的教育政策上，泰國華文教育在諸多法規的強烈限制及華人社群主動配合泰國國家政策發展的雙重影響下，也因為失去強力的支持而逐漸走向衰退。1957 年鑾披汶第二次執政結束之後，泰國華文教育在嚴厲的法規限制下已幾乎消失，同時也形成了發展的斷層而失去了再復興的力量。

因此，本專書所收錄「泰國華僑華人認同新變化之觀察與思考」、「泰國民族主義發展下的華人政策與華文教育的衰退（1932-1957）」，來探討泰國華人如何融入泰國及其認同的變化；另外，泰國長久以來為大批進入其境內的克倫族難民提供庇護，迄今仍是收容最多緬甸難民的國家。

然而，近年來，在緬甸實行改革開放的背景下，泰國政府也開始與緬甸政府、聯合國難民署及各個非政府組織（NGOs）進行多方協調，計劃關閉境內之緬甸難民營。為了剖析難民的內在矛盾，本書也收錄了「聯合國『所關切之人』與國際難民權利：以泰緬周遭之難民為例」、「泰緬邊境克倫族難民問題：返家的「期待」與「不安」」，希望可以透過此一研究給予目前各國在接受難民問題時，可以有一參考的文獻。

最後，台灣內部對於泰國的研究與資料雖然還算豐富，但是因為各專家學者的領域不同，因此所撰寫的研究議題仍處於單一的領域，尚未有出版一本擁有兼顧「整合性、全面性、結構性」地介紹泰國政經、社會文化及民族族群概況的發展。為此，本書收錄有多篇專精於對泰國研究於不同領域的文章，進而編撰成一本具有學術性的專書，以饗台灣在泰國研究社群領域的同好。因

此，儘管本書一開始是以研討會論文集的出版方式，但在抽取各章的主軸議題，並在三個重要整合平台上，試圖結合理論與實務，並在王室軍權、經濟貿易、和社會族群三角框架下，以「治理」和「政策」來串連和貫穿，來呈現出完整的泰國模式之發展經驗。這對於收錄研討會之精華文章所精心規劃而成的專書，委實說可以成為國內外研究泰國政經和社會文化發展的重要參考「專書」，或是提供給課堂上不錯的一本「教科書」。

參考文獻

中文

1. 宋鎮照(2015),〈大湄公河次區域經濟合作與發展之政治經濟分析:兼論中共與泰國地緣經濟戰略的建構〉,《戰略與評估》,6卷3期 (秋季),頁27-58。

2. 參閱〈台商南向投資 首選泰國〉,《中央社》,2016年4月30日,網址:〈http://www.chinatimes.com/realtimenews/20160430002863-260408〉,(檢索日期:2017年1月23日)。

英文

1. John Funston, ed., **Divided Over Thaksin: Thailand's Coup and Problematic Transition**, Singapore: Institute of Southeast Asian Studies, 2009.

2. Paul Chambers, "Military Shadow in Thailand Since the 2006 Coup," **Asian Affairs: An American Review**, Vol.40 (2013), pp.67-82.

3. D. Acemoglu and J. Robinson, **Economics Origins of Dictorship and Democracy**, Cambridge: Cambridge University Press, 2007

4. Pasuk Phongpaichit and Chris Baker, eds., **Unequal Thailand: Aspects of Income, Wealth, and Power**, Singapore: NUS Press, 2016.

5. Peter Jackson, "Markets, Media, and Magic: Thailand's Monarch as a Virtual Deity," **Inter-Asia Cultural Studies**, Vol.10, No.3 (2009), pp.361-80.

第一部分

皇室軍權與政治變遷

泰國的王室網絡：結構、運作與效應

陳佩修

國立暨南國際大學東南亞學系特聘教授

臺灣東南亞學會理事長

摘要

2016 年 10 月 13 日辭世的泰國拉瑪九世國王蒲美蓬（Bhumibol　Adulyadej）是全球在位時間（1946-2016）最長的君主。「三十年為一世、十年為一代」，蒲美蓬國王七十年的統治，幾乎涵蓋了兩個世代的泰國人，他已成為當代泰國人民對國家與政治的共同認知及集體記憶。對泰國人民而言，蒲美蓬國王的統治沒有「蓋棺論定」的問題，因「君父」是神聖而不容批評的；即使對他的客觀評價都容易被冠以「不尊重泰國文化」的道德譴責，更可能遭到嚴屬的「蔑視王室罪」（Lèse-majesté）法律相繩。

關鍵詞：泰國王室、皇室繼承、王權

一、泰國拉瑪九世王權的建構與遞嬗

泰國蒲美蓬國王的「王權」（kingship）主要由三個部分共同建構而成：第一是藉由文化論述和神權想像所達成的構成效果，即「神話王權」；第二是藉由法律刑罰手段達成的威嚇效果，即「法律王權」；第三是藉由皇室機構與皇家資產運作達成政治與經濟的控制效果，即「網絡王權」。

（一）神話王權

神話是政治統治的基礎。韋伯（Max Weber）認為，威權的合法化具有三種基礎：一是「理性」的基礎，二是「傳統」的基礎，三是「超人感」的基礎。而「超人感」的基礎是建立在對具有神聖、英雄性之個人的信仰，以及對來自神聖權威之典型或命令的信仰。[1] 換句話說，威權統治就是建立在神話之上。拉瑪九世蒲美蓬國王毫無疑問是當代泰國威權政治的超人感基礎。「拉瑪」是毗濕奴神的化身，蒲美蓬國王關懷民瘼、親入民間、視民如子，足跡遍及窮鄉僻壤之形象，正是史詩《羅摩衍那》主角拉瑪（即是羅摩）英雄事跡的體現。

泰國在這70年間，歷經了紛爭不歇的政治發展，與崎嶇坎坷的民主化歷程：16 次國會大選的舉行，伴隨著 15 次軍事政變的發生，與 17 部各式憲法的頒布，以及難以勝數的政治動亂與危機。蒲美蓬國王在這70年間，從政治局外人而成為圈內人，從爭

---

[1] Jennifer L. Epley, "Weber's Theory of Charismatic Leadership: The Case of Muslim Leaders in Contemporary Indonesian Politics," *International Journal of Humanities and Social Science*, Vol.5, No.7, 2015, pp.7-17.

端調停者而成為最終仲裁者；在他長期而深度介入下，泰國政治從極權政體走向「半民主」體制，再由半民主走向「泰式民主」。

（二）法律王權

所謂「半民主」指舉行國會大選，但選後的政府組成與選舉結果無涉。1980 年代泰國舉行三次國會大選，但選後的三任總理皆由不隸屬政黨，也未參與競選的「皇室寵兒」秉・丁素拉暖（Prem Tinsulanonda）將軍出任。「泰式民主」則是半民主的二十一世紀進化版，由「制度化的軍事政變」，制約與終結定期選舉產生的民選政府。蒲美蓬國王在泰國政治的無上權威，不是基於身為皇族與生俱來的「天賦王權」，而是經由政治鬥爭所創造出來的「革命王權」。蒲美蓬國王 1946 年繼位之際，軍事強人鑾披汶・頌堪（Phibul Songkhram）元帥是激進民族主義者，對封建王室具有很深的敵意，他在三九年時將國名由「暹羅」改為「泰國」。

在 1959 年鑾披汶・頌堪過世前，蒲美蓬國王毫無權威可言，因為王室資產遭凍結，國王不能行使職權與出國訪問，形同與泰國人民及國際社會隔絕。到沙立・他那叻（Sarit Dhanarajata）元帥希望獲得泰王認受，以繼鑾披汶・頌堪成為軍事強人，解禁王室資產，恢復王權行使，開啟了蒲美蓬時代的序幕。

雖然泰國實行君主立憲制，但憲法對泰王權力的制約不如外界想像中刻板。一方面，憲法指明國家主權由人民享有，國王需要透過國會、部長會議（即內閣），和司法機關彰顯權力；另一方面，憲法強調泰王地位必須被尊重且不能侵犯，任何人都不得指摘國王，亦不能推翻以他作為國家元首所代表的「民主」政府。

縱使泰國 1932 年至今一共出現了 20 部憲法，但關於泰王的憲制地位幾乎一成不變。

由於憲法賦予泰王神聖不容侵犯的地位，凡挑戰泰王權威的行為，都很容易墮進泰國刑事法典第 112 條的法網，即「蔑視王室」罪。然而，憲法和刑事法並沒有清楚列明何謂「蔑視」或「侮辱」王室，而且相關指控通常都不被公開，演繹空間十分廣泛，最高刑罰甚至高達判監 15 年。今年 5 月，一名社運人士的母親因為在社交媒體上對批評王室的信息中留下「I see」後，就被警方以「侮辱王室」罪名拘捕，案件目前仍在審訊階段。

「侮辱王室」罪具有十分強大的法律阻嚇力，讓一般百姓不敢輕易談及王室問題，以免面臨國家機器施予巨大刑責。政府動用法律手腕，突顯出王室與平民百姓之間有著不可踰越的鴻溝，使「王室」變成一個莊嚴的禁忌。[2]

（三）網路王權

蒲美蓬國王在二十世紀的泰國政治，建立起一個以泰王為核心、結合大資本家與資深軍文官僚組成的「王室網絡」（network monarchy）[3]。在全球最大皇室資產的運作與軍方的支持下，產生龐大影響力，牢牢掌控泰國的經濟與政治。然而，在二十世紀的末期，泰國政治在億萬富豪塔信（Thaksin Shinawatra）及其集團，透過經營政黨發展與鼓動人民政治參與，贏得歷次國

[2] David Streckfuss, *Truth on Trial in Thailand: Defamation, Treason and Lèse-majesté.* London: Routledge, 2011.

[3] Duncan McCargo, "Network Monarchy and Legitimacy Crises in Thailand," *Pacific Review.* Vol.18, No. 4, Dec. 2005, pp. 451-52.

會大選長期執政,而讓泰國政治發生根本結構變化。

「塔信體制」(Thaksin Regime)成為一種新的強人政治,他的權力合法性來自於具體可計算的選票,而王室網絡干預政治的正當性,則基於民間社會對泰王無形的崇拜與神化;兩個權力集團必然因為政治權力與鉅大利益而衝突,形成「紅衫軍」與「黃衫軍」具有階級屬性的政治鬥爭。泰國為此付出慘痛的社會成本,衝擊泰國人民的生活福祉。

為了加強外界對王室的「認受性」,1960 年代的軍事強人沙立(Sarit Thanarat)把蒲美蓬國王的生日定為國慶日,讓「國王」和「國家」的概念逐步一體化。當代極富盛名的泰國政治史研究專家 Thongchai Winichakul 指出,泰國的「特級尊王主義」(hyper-royalism)[4] 甚至把王室成員的能力刻意誇大,無論是體育、時裝設計、演藝、科研等事業都被說成超越常人,從而建構出一種近乎「神化」的超人力量。

在「特級尊王主義」的籠罩下,「泰式民主」(Thai-style democracy, TSD)[5]得到持續的發揚與鞏固,從憲法與法律層次進行各種對人民自由與公民權利的限制,也因而催生出泰國獨有的「文化憲法」(cultural constitution)的概念。所謂的「文化憲法」係指以皇室實際領導民主體制的論述,強調泰國是俱有實際政治權利的國家領袖,而非憲法上規定僅做為象徵國家的虛位元首

---

[4] Thongchai Winichakul, "Thailand's Hyper-royalism: Its Past Success and Present Predictment," *Trends in Southeast Asia*, No.7, 2016.

[5] Kevin Hewison, " 'Thai-Style Democracy': A Conservative Struggle for Thailand's Politics," 2009, Available at https://prachatai.com/english/node/1292 (Accessed on 2017-09-28).

（state figure）。[6]

其後蒲美蓬國王在長期的軍人政權遞嬗與軍文關係鬥爭中，積極發揮政治長才，形成軍權與王權的消長態勢。蒲美蓬國王的政治權威迅速提升，在二十世紀結束前，已達到空前的境界。

塔信在 2006 年政治危機高峰之際，當各方壓力要求他辭去總理時曾說：「只要泰王陛下在我耳朵邊輕輕說：『塔信，你應該下台』，我馬上辭去總理職務。」塔信這段話這被解讀為直接挑戰蒲美蓬國王的權威，揭露蒲美蓬國王幕後影武者角色，不僅觸怒了泰國保皇派，更引起大多數泰國人民的憤怒。當然，促使塔信下台的不是一句國王的話，而是一場軍事政變。

二、後蒲美蓬時代的王權變遷

蒲美蓬國王辭世後，王儲瓦集拉隆功（Maha Vajiralongkorn）雖依 1924 年《王室繼承法》由國會宣布為國王，但隨即由軍政府帕拉育（Prayuth Chan-ocha）總理代為宣布，王儲要求一段與人民「共同守喪」的時間，不立即登基為拉瑪十世。隨即，樞密院主席、資深政治元老秉上將獲瓦集拉隆功「委任」出任「攝政王」，代行國王職權一年。在王位繼承敏感問題的敏感之際，這一「插曲」當然引發各界猜疑；而軍政府則祭出嚴刑峻法，試圖遏止對王室的批評，顯示「王權」的移轉是高度不穩定的，需要以時間換取空間，以做出安排。

---

[6] Bowornsak Uwanno, *Ten Principles of a Righteous King and the King of Thailand*, Bangkok: Faculty of Law, Chulalongkorn University, 2006.

（一）王權與憲法關係的逆轉

很清楚的事實是，泰國人民支持、愛戴與擁護的是蒲美蓬國王「個人」，而非立憲君主「體制」；然而，因為蒲美蓬國王在位期間，是泰國實行君主政體 85 年中的 70 年，因而形成「蒲美蓬國王等於泰國君主立憲政體」的普遍心裡感受。

是以，蒲美蓬國王的王權是泰國政治的最終裁決，完全凌駕於憲法之上，泰國文武政客可以恣意廢除憲法及修改憲法，造成泰國行憲的 85 年間（1932-2017）共有 20 部憲法，憲法的「平均壽命」僅四年，世所罕見。然而，新國王瓦集拉隆功完全欠缺他父親所擁有的政治魅力與政治權威，擔任數十年王儲的他，長年以來在泰國民間有著牢不可破的負面形象，對政治與公共事務興趣低落，於王室角色與職責更是毫不在乎，對於泰國立憲君主體制的願景更是一片空白。

因此，新國王拉瑪十世的王權無法「繼承」自其父親，而必須仰賴新憲法的「保障」，此標識著泰國王權與憲法關係的逆轉。當軍政府呈送公投通過但充滿爭議的憲法草案予新國王簽署之際，瓦集拉隆功國王要求修正憲法草案終有關國王的若干條款，但對於其他迭遭批評違反民主原則的條文則未置一詞，這顯示新國王認知到他的王權將是以憲法為保障，也同時受憲法所規範，完全迥異於蒲美蓬時代的王權與憲法關係。

（二）弱勢王權與民主進程

由於蒲美蓬國王辭世的「國喪」為期一年，即使新國王已確立且新憲法已生效，但所有的憲政議題與選舉進程都必須推遲一

年之後再議。因此，在本文撰寫的 2017 年 9 月，泰國的國喪期間尚未結束，選舉時程也未有定案。

可以預期，在國喪結束後的 2017 年 10 月底開始，泰國將依據新憲法開展民主程序，舉行選舉，重建「民主」。然而，泰國將恢復何種民主？若選舉結束依據新憲法的規定推選總理人選已組成政府，那將與泰國人民的民主認知與經驗根本抵觸。泰國的新憲法規定：「國會（眾議院）500 席為直選，參議院 250 席全數為任命產生，眾議院大選後，獲過半數的席次政黨的黨魁並不能自動成為總理，總理人選需由新選舉產生的 500 席眾議員加上 250 席任命產生的參議院「共同推舉」，且總理人選不必然是當屆新產生的議員。」這完全悖離了內閣制的精神以及泰國人民過往的選舉民主經驗，這種退卻成「緬甸式」的憲法，泰國選民在選舉後是否能接受投票結果被憲法的設計所「稀釋」或「沒收」？

三、後蒲美蓬時代泰國民主展望

泰國自 1932 年廢除絕對君主體制，實行君主立憲以來，政治社會與民間社會歷經不同的「正當性」（legitimacy）觀念的衝擊與洗禮，例如「立憲主義」（constitutionalism） 與「選舉民主」（electoral democracy）。然而，立憲主義始終無法穩定地做為泰國政治合法性的基礎，尤其泰國迭次遭遇軍事政變後便會廢棄原有憲法而另頒新憲法，而憲法的更替更在政治實踐上被視為是合法性的再確立。然而，廿一世紀泰國民主歷經 2006 年與 2014 年兩度軍事政變後，泰國憲政史上最典型的民主治理體制（2001-2014） 終結，在保守集團 （以軍方、王室機構與資本體系為主體）掌權的後蒲美蓬時代，「泰式民主」是否能恢復以及如

何回復，將是泰國結束國喪後即將面臨的迫切問題。

（一）塔信體制的存續與否

　　塔信的崛起被視為是對既有利益結構，亦即王室網絡支配優勢主導地位的威脅；塔信所獲得的空前支持度也是過去歷屆總理所沒有的，他上台後對於泰國傳統政治架構的顛覆性作為，也引發保守聯盟的不滿，如樞密院主席秉上將即曾公開批評影射塔信「…（塔信）身為一個領導者，必須擁有倫理道德，若是缺乏便會落入貪婪、親信主義…透過非法或不道德的方式獲得金錢與權力之領導者，將不配成為領導者。」；同時，保皇派菁英所組成的「人民民主聯盟」（People's Alliance for Democracy, PAD）與民主黨則不斷地描繪塔信為國家的頭號敵人，以及稱君主立憲體制的威脅。他們宣稱一切的反政府與反民主作為的最終目即在防止君主立憲政體與國家治理免於塔信政治的危害。

　　廿一世紀泰國政治的主體無疑是「塔信體制」（Thaksin Regime），而所謂的塔信體制，不僅是一種新的政治思維、經濟哲學與社會政策，更如同日本學者末廣昭所言，是一種基於「技術專業主義」（technocracy）的治理思維，展現過去泰國政府所沒有的高效率執行力針對公部門及預算系統進行徹底改革，並擴展成以以塔信個人極其政權強大專業執行力為標誌的「塔信專業主義」（Thaksinocracy）。[7]

　　2014年穎拉政府遭軍事政變推翻，象徵塔信體制的終結，而

---

[7] Suehiro Akira. "Technocracy and Thaksinocracy in Thailand: Reform of the Public Sector and the Budget System under the Thaksin Government," *South East Asian Studies (SEAS), Kyoto University,* Vol. 3, No. 2, 2014, pp. 299–344.

影拉因為執政時期的「大米（稻米）補貼政策」遭軍政府判決有罪而流亡，塔信體制能否再來眠的大選中捲土重來，東山再起？情勢不容樂觀。

（二）泰式民主（Thai-style Democracy）的未來

東南亞國家，泰國尤其顯著，無法順利推展民主體制的根本原因之一，依據 James C. Scott 的論證，係傳統的「恩庇體系」（patron-client system）長期深植於政治社會中，受到傳統「正當性」觀念的支配，逐漸發展為一個有別於西方民主的模式。[8]泰國因而建構出一個類似印尼蘇卡諾「指導式民主」（guided democracy）的政治體制，同時是一種植基於泰國傳統社會、文化與佛教王權的特殊政治型式，後為學界接受為一種政體類型學（typology），稱之為「泰式民主」（Thai-style democracy, TSD）

Pattana Kitiarsa 指出，「泰式民主」的核心在於以佛教為根基的「文化範式」（Buddhist-based cultural paradigms），強調一種對社會與國家世界的折衷妥協與彈性調整，以國家統合與安全為最高指導則，是以其治理方式需要一位具備正直、道德與至高無上權威的領導者，即為泰王。[9]

泰國保守知識精英傾向採取「泰式民主」的規範做為「西方式民主」的合法替代，對於全面性的開放選舉制度抱持負面態度，甚至杯葛選舉或是透過司法途徑否決選舉成果，用以遏制他們所

---

[8] James C. Scott, "Patron-Client Politics and Political Change in Southeast Asia," *The American Political Science Review*, Vol.66, No.1, pp.91-113.

[9] Pattana Kitiarsa, 'In Defense of the Thai-Style Democracy,' Available at https://ari.nus.edu.sg/Assets/repository/files/events/pattana%20paper%20%20edited..pdf (Accessed on 2017-10-01).

認為缺乏民主知識的廣大鄉村群眾行使公民權利。針對此一罕見的政治傾向，James Ockey 認為：泰國保守菁英階層害怕政治領導者發展真正的全面自由選舉，這意謂著與擁有人民支持根基的王室相競爭。」[10]

Duncan McCargo 的「王室網絡」（network monarchy）指稱泰國傳統的政治型態與運作模式，他認為泰國的政治秩序基本上是由一種以網絡為根基（network-based politics）的政治，尊樞密院（Privy Council）主席秉上將為中心，試圖轉化 1932 年改制為君主立憲的「半君主制」（semi-monarchical）的統治形式，等於是一種絕對君主制的再製。[11]是以，雖然國王在憲法上是虛位元首，毫無政治實權，但運用軍人、傳統官僚以及現代政治制度之間的串聯，形成一張看似具有民主框架卻似有隻「看不見的手」居其中展現政治影響力。

對泰國人民而言，蒲美蓬國王是唯一且無法替代的，繼任者只能在他的巨大身影與神聖光輝下扮演稱職的角色，發揚他留下的政治遺緒。然而，最重要的是，如果新國王本身形象與行事作風，是會不斷減損蒲美蓬國王的聖德與威望，則泰國人民是否會為捍衛立憲君主體制，而給予新國王堅定不移地支持，一如對他們所景仰的蒲美蓬國王？

泰國人民將一切榮耀歸於泰王，而蒲美蓬時代泰國政治積累的深層矛盾與衝突，勢將由全國人民共同承擔。在國喪一年期間，將是泰國舊體制對新國王的考核期與調整期，也是泰國被壓制的

---

[10] James Ockey, "Thailand in 2012: Reconsiling a New Normal," *Asian Survey,* Vol.53, No.1, 2013, pp. 126-133..

[11] Duncan McCargo, *op. cit.*, pp. 511.

政治新勢力蓄積再起的時期。

　　然而，王儲已然登基，王權繼承問題塵埃落定，但泰國政治並非從此沒有懸念，反而是可能是危機的開端。一部悖逆民主憲政原理與無視泰國民主經驗的憲法、一個重新塑造政治權威的軍事威權體制，加上一個聲望低落且不具威望的新國王，重啟選舉政治之路，泰國政治將「硬著陸」，長期且激烈的政治動盪，勢所難免，甚至將衝擊泰國立憲君主體制的存廢。

　　隨著蒲美蓬國王的辭世而終結的是「泰式民主」，而不應是「泰國的民主」，「後蒲美蓬」時代泰國政治，充滿高度的不確定。

參考文獻

英文

1.Bowornsak Uwanno, *Ten Principles of a Righteous King and the King of Thailand*, Bangkok: Faculty of Law, Chulalongkorn University, 2006.

2.Epley, Jennifer L. 2015. "Weber's Theory of Charismatic Leadership: The Case of Muslim Leaders in Contemporary Indonesian Politics," *International Journal of Humanities and Social Science*, Vol.5, No.7, pp.7-17.

3.Hewison, Kevin. 2009. " 'Thai-Style Democracy': A Conservative Struggle for Thailand's Politics," Available at 〈 https://prachatai.com/english/node/1292 〉 , (Accessed on 2017.09.28).

4.McCargo, Duncan. 2005. "Network Monarchy and Legitimacy Crises in Thailand," *Pacific Review,* Vol.18, No. 4, pp. 449-519.

5.Ockey, James. 2013. "Thailand in 2012: Reconsiling a New Normal," *Asian Survey*, Vol.53, No.1, pp. 126-133..

6.Pattana Kitiarsa, 'In Defense of the Thai-Style Democracy,' Available at 〈 https://ari.nus.edu.sg/Assets/repository/files/events/pattana%20pa per%20%20edited.pdf 〉 , (Accessed on 2017.10.01).

7.Scott, James C. 1972. 'Patron-Client Politics and Political Change in Southeast Asia,' The American Political Science Review, Vol.66, No.1, pp.91-113.

8.Suehiro, Akira. 2014. "Technocracy and Thaksinocracy in Thailand: Reform of the Public Sector and the Budget System under the Thaksin Government," *South East Asian Studies (SEAS)*, Kyoto University, Vol.3, No. 2, pp. 299–344.

9.Streckfuss, David. 2011. *Truth on Trial in Thailand: Defamation, Treason and Lèse-majesté*. London: Routledge.

10.Thongchai Winichakul, 2016. "Thailand's Hyper-royalism: Its Past Success and Present Predictment," *Trends in Southeast Asia*, No.7, pp.1-36.

泰國皇室繼承問題研究：從拉瑪九世到拉瑪十世

楊聰榮

國立臺灣師範大學應用華語文學系副教授

摘要

2016 年泰王蒲美蓬過世，使得泰國皇室繼承問題成為眾所矚目的焦點，一度被認為泰國皇室出現繼承危機。泰國皇室的繼承問題，早在 1970 年代已經被當成一個懸而未決的問題，這個在泰國長期存在而無法公開討論的問題，與泰國的政經結構不同因子都有關連性。過去因為有藐視皇室的罪罰，在泰國皇室繼承問題也是不敢公開討論的話題，現在因為泰王蒲美蓬的過世，繼承問題正式浮上台面，成為無可閃避的問題，是公眾議論的焦點。在眾目睽睽之下，泰國的皇室繼承問題原本被認為是出現危機，可能引發宮廷鬥爭或是政治集體鬥爭，最後終於順利解決，拉瑪十世順利登基，並沒有發生預期的危機。本文將討論這個泰國皇室繼承危機從出現到落幕的過程，以歷史與法律的層面，整理拉瑪王朝過去的傳統，做綜合性的討論，以理解呈現這個皇室繼承危機與泰國政局有關的不同層面。

關鍵詞：泰國皇室、皇室繼承、黃衫軍、紅衫軍、軍政府

一、前言：九世皇繼承危機的出現

本論文討論九世皇繼承危機，從一般的理解，這個皇室繼承問題，由九世皇的過世而引發，隨著十世皇的即位，順利的落幕了。整個過程經過大致經過為：2016 年 10 月 13 日，國王拉瑪九世（蒲美蓬·阿杜德）過世，十世皇（瑪哈·瓦集拉隆功）表示希望推遲即位，以緬懷先王。2016 年 11 月 29 日，泰國國會召開特別會議，主席蓬貝宣布國會正式確認瓦集拉隆功王儲接受邀請繼位，自德國回國後成為泰王拉瑪十世。2016 年 12 月 1 日，於曼谷律實宮正式接受國會邀請，並進行繼位儀式，於先任國王拉瑪九世及王太后詩麗吉的畫像前行拜謁禮，正式繼位為拉瑪十世。這是一般所討論的九世皇繼承危機，為期不到三個月。

本論文所討論的九世皇繼承危機，則是從長時期的角度，說明這個問題如何在泰國政治局面中發生作用。在泰皇蒲美蓬過世發生後，繼承危機問題立刻浮上枱面，這個繼承危機問題約在半年內解決，泰國民眾對蒲美蓬極為敬重，許多人甚至將之視同神靈。其繼承人瓦集拉隆功遠不及其父受歡迎，由此大眾對於王權的聲望及影響力在其過世後的發展前景具普遍擔憂，是繼承危機問題搬上枱面。[12] 大眾以為繼承危機問題是指因為泰皇蒲美蓬過世才發生，但是如果要理解這個繼承危機問題必須上溯之前所發生的事情，本文我們將繼承危機問題分期討論。本文以九世皇繼承問題的討論視為皇室繼承危機，而這個危機是具體存在而甚至

---

[12] Prajak Kongkirati, "Thailand's Political Future Remains Uncertain," Perspective, 42: 2016.

是進一步影響政局，雖然這個危機隨著十世皇的繼位可以說已經解除了，但是和任何政治上的具體事件一樣，祇要發生過，就會留下痕跡，也是未來理解泰國政治發展的重要議題。

九世皇繼承危機可以說是發軔於 1970 年代，早在九世皇立太子的時候就出現，當時就指定了兩位繼承人。我們可以將九世皇繼承危機分成三個不同時期，第一個期是從 1970 年代到 2000 年，第二個時期是 2000 年到 2006 年，主要是泰國政壇上塔信（Thaksin Shinawatra）崛起。第三個時期是 2006 年後到 2016 年，2006 年開始蒲美蓬健康狀況逐漸惡化，而塔信在此時被軍事政變而流亡海外，標誌了一個不同的時代。九世皇自此長期居於詩里拉吉醫院。第四個時期是自 2016 年泰王蒲美蓬過世，到十世皇繼位為止。九世皇繼承危機到此落幕，泰國政局進入一個新的里程碑。

泰國拉瑪九世國王蒲美蓬•阿杜德於 2016 年 10 月 13 日逝世辭世，享壽 88 歲。他所遺留的皇室繼承問題有其特殊性。其皇室繼承問題在其過世後，成為大眾媒體的報導焦點，以致於在國際社會，一般人對於泰國皇室問題的基本矛盾也有理解。然而在泰國本地，因為泰國有渺視皇室的罪名，所以在泰國本地多半不敢直接討論。目前海外媒體對於泰國局勢的觀察焦點在於王子是否可能順利接班，或者是說王子派與公主派何者比較在未來的局面中成為優勢，本文會以這個問題做為起點來討論。

二、泰國皇室繼承危機的形成

　　泰國皇室在當今世界上有皇室的國家中，是最受矚目的國家之一。泰國皇室的消息每每成為國際新聞的焦點。其中泰國皇室的繼承問題又是核心問題，因為泰王蒲美蓬已經創造記錄，成為全球在位時間最長的君主。在其辭世以前，因健康問題成為新聞已經有數年之久，因此人們自然而然會去討論繼承問題，然而由於泰皇蒲美蓬在位時間太長，泰國距離上一次有王室繼承問題的時間久遠，泰國多數人缺乏上一次的經驗。[13]因此泰國的政治在一段很長的時間中，總是存在著皇室繼承危機的問題，而成為其中的一個重要因素。

　　關於泰國的政爭，向來有兩個截然不同的觀點，一個是泰國皇室是泰國政治中最後的安定力量，由於泰國皇室可以在兩派相爭中扮演最後的仲裁者的角色，是泰國政治的穩定力量。[14]另外一派則持相反的看法，認為泰國皇室存在的繼承危機，這個危機反而成為動盪的來源，認為近年來泰國的政爭，皇室繼承危機才是風暴的焦點，是造成泰國政局不穩定的主因。

　　問題的焦點是此，泰王蒲美蓬年事高，健康狀況亮起紅燈，已經是一個公認的問題，這個問題的狀態持續很久的時間，自然會引起各方揣測，使王位繼承問題成為各界焦點。從法律的觀點來說，皇室繼承有很清楚的規範，太子瑪哈‧瓦集拉隆功（Maha Vajiralongkorn）就是王位的當然繼承人，他在 1970 年代已經被封

---

[13]李旭光，〈泰國王室面臨繼承危機〉，《平頂山晚報》，2014 年 12 月 16 日。
[14]辜樹仁，〈泰國民主轉型的關鍵岔路〉，《天下雜誌》，444 期，2011 年。

為王儲，這是清楚明白的一件事。但就實際的層面而言，太子本人的公眾形象很差，因為私生活不檢點，泰國民眾普遍不喜愛這位太子。甚至據傳連泰王自己，也不十分屬意太子繼任，但皇后卻希望由太子繼承王位。不論實際上是否如外界揣測，這個情況存在已經很久，這是造成今日繼承問題的主要原因。

泰皇九世蒲美蓬的二女詩琳通公主（Sirindhorn）做為皇室繼承的另外一個選項，這也是存在已經很久的事實。詩琳通公主個性與作風與泰皇蒲美蓬比較接近，在泰國各界及國際間的德望遠遠超過太子，據聞泰王不曾明言，但卻比較屬意她繼位登基。早在詩琳通公主年輕的時候，大約二十多歲時，也被封為王儲，目前泰國僅有這兩位王儲。這兩位王儲是兄妹，而且兄妹的狀態存在高度的反差，這是在泰國長期存在的狀態，問題是這個問題何以長期存在沒有解決，問題留存到現在？

這個皇室繼承問題就以一種十分獨特的姿態存在泰國，首先一般的皇室很少遇到公眾形象差別這麼大的情況，因此泰國皇室的繼承問題情況特殊，這個特殊性因為泰國法令限制又在泰國變成禁區，一方面皇室在泰國被奉若神明，另一方面泰國有渺視皇室罪刑，任何有關王位繼承的話題，在泰國都是忌諱，不可能公開談論，造成泰國社會很大的不安，說不出口的不安。這些問題所遺留延伸的問題包括女性可否擔任泰皇？已經指定皇位繼承人是否可以更改？更改是否須要經過何種程序？這些問題都是存在已經很久的問題，但是九世皇的繼承危機引發國際媒體界及學術界的討論，這些討論在蒲美蓬九世皇在位的後期一一浮現。以下的討論我們由蒲美蓬的生平談起，討論這些問題何以會發生，並且討論這些問題的最近發展。

三、泰國皇室的繼承傳統

　　當泰國出現繼承危機時，自然會引發各界重新回顧泰國皇室的傳統，在這裡整理相關的討論。泰皇蒲美蓬 1927 年 12 月 5 日生於美國，出生地點是麻州。至於他為什麼會出生在美國，以及在國外出生的繼承人是否對其繼承的權利有所影響，都是值得進一步討論的問題。泰皇蒲美蓬是泰國宋卡親王與其妻詩納卡琳所生的第二個兒子。泰皇蒲美蓬 19 歲登基為王，22 歲和泰國駐法大使之女詩麗吉結為夫妻。

　　泰國皇室是否有女皇的傳統，重新檢查泰國的歷史，在泰國的卻克里王朝的歷史，是不曾有過女性皇帝的歷史。然而泰國傳統皇室的觀念不應祇在卻克里王朝中考慮，以現在泰國人普遍接受的泰國傳統，應該將過往不同王朝的傳統一併考慮。[15] 如果將泰國歷史上的不同王朝一併考慮進來，泰國的確有女性領導人的例子。不過在這個例子中，這是因為皇后在泰皇有難之時挺身而出，而非因為繼承而取得皇位。因此泰國歷史上缺乏女性繼承皇位的例子，這是不爭的事實，也是各方公認這是目前公主派所遇到的困難。泰國皇室繼承法的規定，女性繼承人是法律允許的，但是只有在男性繼承人出缺的情況下才能出現，這是目前的難關，任何希望公主詩琳通出線的想法，必須設法找到方法。

　　泰國歷史上雖然沒有出現女皇，不過倒是出現過女王佛，五

---

[15] Chamnan Rodhetbhai, *Role of Monarchy in Thai Political and Social development with Special Reference to King Bhumibol Adulyadej*. Ph. D. Thesis, Jawaharlal Nehru University, 1991.

佛之中就有女王佛。女性擔任領導人,並非有文化上的困難。一
般世界上最主要的是政治上之文化傳統,通常有民族主義及意識
型態的成分,如果政局的發展有利於另外一方,要發展出別的傳
統也是有可能。[16]也有出現女攝政王的例子,是在泰皇過世以後,
皇后以王太后身分攝政。但是援引這樣的傳統對於現在的皇室問
題毫無幫助,因為蒲美蓬的皇后顯然是皇室問題的主因之一,造
成目前的僵局就是因為皇后支持王子,而泰皇支持公主,而泰皇
與皇后到後來感情不睦,很多事相持不下,也搓挖掉處理問題的
良好時機。

如果單就泰國是否可以接受女皇的問題,泰國人多半承認泰
國皇室缺乏女皇的經驗,或多或少構成一定的問題,但是缺乏傳
統未必會構成真正的問題,因為歷史上其他的國家都出現過女
皇,而向來與泰國皇室交好的國家之中,就不乏有女皇的案例。
例如泰國與英國的皇室關係極為良好,英國就是有女王的傳統,
泰國皇室一直跟英國女皇關係良好,與泰國的往來很多,看在泰
國人心裡,對於女皇的議題並不陌生。一般估計,如果有一個好
的轉換王儲順位的方式,泰國民眾應該沒有接受的困難。

四、繼承問題的基本議題

泰國皇室發生繼承危機問題已經存在很久了。最主要的問題

---

[16]關於文化傳統與意識型態關係的討論,參考 Tim Winter, "Heritage and
Nationalism: An Unbreachable Couple?" *ICS Occasional Paper Series*, 3(4):1-12,
2012.

是具有王位繼承的兩個人在形象上的差異。目前在泰國有兩位具有王儲的身分，一位是瓦集拉隆功王子、而另一位是詩琳通公主。這位王子在泰國民眾的聲望很低，由於王子的行為乖張、荒誕無稽，常常讓一般民眾感覺荒唐，每每到瞠目結舌的地步。

　　瓦集拉隆功王子一共娶了三任王妃，沒有一任不是以問題收場，造成其公眾形象很差，並且一再發生在婚內出軌。泰國國王在 1972 年就指訂其獨子為王儲。但是這一位王子長期以來似乎對正經事的興趣不大，也一直沒有做過正經事。這種情況已經超過 40 幾年，現在瓦集拉隆功王子已經六十幾歲的人，要改變一個人的格性是很困難的事。但是瓦集拉隆功王子本身卻又對繼承王位感到高度的興趣，並沒有退却的想法。

　　反觀二公主詩琳通，長期以來詩琳通公主熱心公眾活動，她所做的事十分符合一般人對於皇室的期待，因此得到民眾的愛戴。泰國憲法在 1974 年修訂以後，已經允許皇帝的女兒繼位，但是先決條件是在沒有男性繼位人選的時機，除了這些以外，還有其他的規定。詩琳通公主在這個問題上的表態也十分得體，她認為王子是哥哥，如果哥哥能做，就支持哥哥，但是也期勉王子能夠做好，因為泰皇是泰國人民的表率，必須要做好才能得到人民的支持。詩琳通受到人民愛戴也有很久的時間，她長期關注慈善活動及藝文活動，詩琳通公主還精通中國語文及中國文化，在幼年時就開始學習中國歷史跟中國文學，能夠說一口流利的中文。

　　這種兩難的困擾似乎才是最大的問題，設想如果泰國祇有一位王儲，此時也許在泰國別無懸念，就準備接受唯一的選擇。現在這個兩難選擇長期存在，使得泰國的皇室繼承問題成為困難的選擇。這種情況令人感到困惑，難道這麼長的時間中，泰國皇室

沒有辦法有更好的安排？只能放任情況一直陷在兩難之中嗎？這樣的問題令人不禁重新回顧泰國君主立憲的傳統。

泰國的君主立憲顯然和其他國家的君主立憲有相當大的差別。泰國的君主立憲依賴泰國皇帝個人的條件更多，不是明確的制度性保障，泰國君主立憲是相當模糊的政策，泰皇在運用其影響力的時候沒有受到任何的限制。[17]泰國皇帝就是對於君主權力的行使是相當謹慎的，然而繼任者會不會有同樣的精神，大家都不放心，因此更明確的君主立憲體制才能確保君主制的存續。這方面的討論，在當出現一個不服眾望的君王，無可避免地被提起。

與其他君主有象徵意義的君主立憲國家比起來，泰國皇室現在擁有更大的權力和影響力。泰國皇帝在位 70 年，成為多數泰國人認識的唯一一位泰王。但是如果我們探索泰國君主立憲的傳統，可以發現泰國的君主立憲是個未完成的革命。泰國的立憲革命政變發生在 1932 年拉瑪七世的時候，在此之前泰國的君主繼承，是正常的接班續任，也就是在 1925 年拉瑪七世就任泰皇的時候，接下來拉瑪八世是幼年即位，甚至包括拉瑪九世繼位的時候，都在那段紛亂的時間中即位，而年輕的泰皇只是接受安排即位的國家象徵，並不清楚君主立憲中泰皇與政權的關係為何。[18]現在形成的泰國政治困境是在泰皇、軍人與政權的關係，主要都是在

---

[17] Andrew Harding and Peter Leyland, "The Constitutional System of Thailand: A Contextual Analysis; Historical Analysis and Contemporary Issues in Thai Constitutionalism," *Soas School of Legal Studies*, Research Paper Series, Research Paper, No. 07, 2011.

[18] Pavin Chachavalpongpun, "The Challenge to a Dhammaraja: The Twentieth Thai Coup and the Royal Succession." paper presented in CERI-Sciences Po, 6th March 2015.

泰皇蒲美蓬任內發生的事。

　　之前我們說，有兩個角度分析泰皇在泰國政權交替中的角色，一個是將泰國皇室視為泰國政治困擾最後的調停者，另一個是將泰國皇室視為權力紛亂的根源，泰國的政權不穩定，與泰國君主立憲並未真正建立一個穩定的政權，因此皇室的存在成為問題的一部分，甚至是問題的核心部分。泰國皇帝蒲美蓬在位期間歷經 19 次的政變，他經常被認為他是在關鍵的時刻出面更正幫助泰國民眾度過艱難。1973 年和 1992 年間，泰國政府利用軍隊對付反對獨裁政權的抗議人士，而蒲美蓬則兩度干預政府的行動，他也因此自此成為終結泰國政治動亂的調停者。但是從另外一個角度而言，泰國皇室成為問題的根源，很多人祇用來解釋塔信堀起後的政治局勢，其實其基本問題的根源，早在 1970 年代就存在了。祇是長壽的泰皇九世蒲美蓬將問題帶到二十世紀的今天。如果皇室繼承問題無法有效解決，連帶地那個從立憲革命開始帶來的問題就會浮出來。

五、皇室與軍方

　　皇室繼承問題在現在的泰國政權狀態，又存在另一個特殊的變數，因為現在泰國的政權是軍政府時期，現在的總理巴育，是原來的陸軍總司令。因此，處理泰國皇室繼承問題必須考慮泰國皇室與軍方的關係。

　　泰國皇家與軍方，其實存在一個十分獨特的動態。泰國的立憲革命時期，挑戰泰國皇室的地位也是來自軍方，而在第二次世

界大戰前後，控制政治權力的強人也是來自軍方，而歷來發動政變的力量，也是由軍方發動。然而，泰國軍方又有將捍衛皇室當成是軍方的職責，即使是面對泰國的政變，都會是以護衛皇室為其正當性的理由。[19] 因此泰國皇室與軍方的連結常處於動態互動關係，而皇室繼承問題自然也要放在泰國皇室與軍方的關係脈絡上來討論。

泰國九世皇在位期間，泰國從戰後一個倖存於戰爭的小國，演變成東南亞最富有的大國之一。其中泰王扮演極重要的角色，也是矛盾的來源。[20] 泰王絕對都不會只是個中立仲裁者而已。泰國表現上平靜又有秩序，但表面之下卻極度分裂；也因為如此，軍隊帶來的政治平靜其實十分脆弱。

塔信即位之後的勢力是過去十多年裡泰國最重要的政治勢力，雖然受到曼谷傳統政治菁英的強力抵制，但 2001 年至今，他的政黨贏下了每一場能參與的選舉。而軍方自視為國家團結的捍衛者，在泰國的軍方傳統上，還都是以捍衛皇室為志。對於泰國軍方歷經多次的政變，其實多數的政變並非為了君王本身。

在這一場泰國皇室王位繼承危機中，軍方扮演的政治角色為何？其實軍方勢力也被目前的局勢所分化，其中有擁護公主以及擁護王子的兩個不同派別。一般的評估是，現任總理巴育是比較支持王子的。一般認為，巴育的支持判斷是：如果王子繼承王位，在王子無能昏庸的狀況，執政上必然要依賴軍方的協助。在這個

---

[19] Paul Chambers, "Civil-Military Relations in Thailand since the 2014 Coup," *PRIF Report* 138:1-45, 2015.

[20] Andreas Sturm, *The King's Nation: A Study of the Emergence s and Development of Nation and Nationalism in Thailand.* Ph.D. Dissertation of London School of Economics and Political Science, 2006.

情況下王子繼承王位對他比較有利。現任軍人集團現已明確支持瓦集拉隆功王子。但是以攝政王為首的軍方勢力，可能對於公主較為推崇，估計在一段時間兩派的勢力就會攤牌。

軍人集團對媒體展開了強力的審查，連批評憲法草案都遭到禁止。軍方的重要目標之一，即為徹底消除塔信的殘餘政治影響力。如果權力階級認定新任泰王可能會傷害到他們的利益，例如與塔信派交好者，有可能轉而支持公主派。

六、皇室與政黨

在這裡回顧泰國近年來的政治發展，來討論泰國皇室繼承問題與泰國政治可以發現其密切關係。一般的觀察是將塔信的崛起當成一個新時代的里程，在塔信崛起之前的泰國政治，少有在全國性大選中單獨過半的政黨，大部分的情況下要由聯合政府來執政，也就是政黨必須互相合作才能執政，因此當時的政壇是缺乏政治的忠誠，即使從事政治活動也要合縱連橫或是跳槽不同政黨時有所聞。因此，政黨屬性是可變動的，政黨之間彼此的對峙並不明顯。

塔信崛起之後的情況大為改變，塔信是典型的政客，擅長利用資源進行政治操作。他觀察到一般人心中的不滿，利用簡單明瞭的政策，可以吸引成偏遠鄉間的民眾，例如免費醫療、增加稻農補助等，都讓他的政黨（泰愛泰黨）得到廣泛堅定的支持，在各種選舉中獲得勝利的手段，塔信的政黨通常可以單獨過半。塔信本人擁有得票過半的實權，且他的政黨在 2002 年之後的大小選

舉都是贏家，其也成為泰國第一位做滿任期的民選首相。這是一個強而有力的政治領袖，而因此形成了新的格局。塔信擔任首相之時擅長利用政策討好基層民意，所以得到基層選票的支持。塔信的政黨因此成為強大的政黨，從而改變了泰國政治的生態。塔信挑起曼谷地區權力階級與非曼谷地區貧窮泰國人之間的對抗。

皇室對這樣的勢力擴張是感到不安，環繞在王室身邊的企業和政治階級集結在一起，對塔信的勢力亦展開反擊，最終造成了紅衫軍跟黃衫軍的對峙。在這個對峙中，皇室並非是站在完全中立的立場，可能是暗中對黃衫軍有暗中幫助。黃衫軍主要以曼谷地區的傳統政治精英為主，民主黨及其他主流社會的政治勢力的結合，然而目前由前總理艾比希（Abhisit Vejjajiva）所領導的民主黨軟弱無力，無法在大選中取。

自從 2006 年 9 月 19 日前總理塔信（Thaksin Shinawatra）政權被軍事政變推翻後，泰國政局就一直不得安寧，黃衫軍（反塔信／菁英階層）與紅衫軍（支持塔信／中下階層）輪流佔據曼谷街頭。這兩股勢力背後，牽涉到王室、軍方、政府保皇派、塔信支持者等各政治勢力的角力後的結局，加上王位繼承，將決定泰國是否可以改變由少數菁英把持的政經結構，實現真民主，還是繼續走原來的老路。[21]

為什麼皇室對於塔信的勢力有所忌憚？塔信對於皇室而言，才是真正最大的危險。塔信設法與王子交好，但是皇室認為此舉非是想要輔佐王子，是要提供資助讓王子吃喝玩樂，使得皇室對於塔信的野心十分具有危機感。

---

[21] Paul Chambers, "Civil-Military Relations in Thailand since the 2014 Coup," *PRIF Report* 138:1-45, 2015.

　　當皇室的繼承危機可以預想而知的情況下，塔信的崛起，將成為皇室很大的隱憂。如果塔信與王子結合，未來命運可能是對皇室相當不利的。王儲瓦集拉隆功不受民眾喜愛，傳言他與塔信關係不錯，這種情況讓皇室以及曼谷菁英階級感到十分不安，擔心他繼任後選擇與塔信站在一起。這是黃衫軍無論如何要將塔信的勢力鬥倒的主要原因。也就是說，紛紛擾擾十多年的泰國政治對峙，其實與皇室繼承問題有關。[22]

　　由於有藐視皇室的罪名，對於皇室繼承的議題在泰國無法自由討論的。傳統上泰國政府的政商勾結相當嚴重，許多都是與泰國皇室有關，政府特許、公共工程和特殊政策，與王室有關的企業都創造了巨量財富。皇室本身也在這個過程裡面取得巨大的財富，因此引人側目。對於泰國拉瑪九世而言，儘管在權力的使用上非常小心謹慎，卻盡可能在泰國政治上保持著王室的崇高象徵地位。同時在維持相當威權的崇拜禮教中，使得皇室可以維持一種半人半神的超政治定位。[23]

　　從君主立憲的角度而言，日本皇室在第二次世界大戰結束以後，發表宣言放棄和申明皇室及後人放棄參與政治，只扮演政治花瓶的角色，因此延長了皇室的壽命。同樣的情況英國皇室也把其權利放下，讓皇室變成單純象徵性的儀式功能，反而保持英國皇室長期的穩定成長。泰國皇室是擁有實權的，泰國是否能學習到維持皇室的智慧，還很難說，以過往泰國皇室的情況來看，泰

---

[22] Prajak Kongkirati, "Thailand's Political Future Remains Uncertain," *Perspective*, 42: 2016.

[23] Winyu Ardrugsa, "Bangkok Muslaims: Social Otherness and Territorial Conceptions," paper presented at the 12th International Conference on Thai Studies. University of Sydney, 22-24 April, 2014.

國皇室介入政爭，反而會使得泰國皇室陷入未來不確定的情況。

七、皇室與民間社會

　　如果從民間社會的角度來看，泰國的皇室繼承問題是個兩極的問題。泰國民間社會對於泰國皇室有兩個極端的態度，一個是接受泰國皇室的地位，一個是不滿而挑戰泰國皇室的地位。前者而言，泰國民眾對於泰國皇室十分尊崇，從民眾在目前國殤期間的表現，可以知道泰皇拉瑪九世受到民眾的愛戴，許多民眾真心誠意表達對泰皇九世的尊崇與不捨。另外一種極端的態度，是對泰國的體制不滿，這一種表現在 1970 年代學生運動表現最為清楚，但是最後以血腥鎮壓收場。這一伏流一直存在於泰國政治，直到最近仍有不滿的行動表現出來，爭取更為民主的政治權力。

　　不過，民眾的態度一方面是皇室的有利支柱，一方面也是形成現在僵局的主因。當民眾普遍接受一個半人半神的泰國國王，民意對於目前的安排，即讓王子即位的安排感到特別的不安，這是為什麼現在王子選擇先不即位，而由攝政王來代表國家領袖的道理。特別是現在的情況對王子不利，在目前網路資訊發達的情況下，王子一舉一動都曝光在媒體大肆報導之下，從時間上來說，要重新塑造形象的可能性很低。另一位王儲（詩琳通公主）可能對於這種情況瞭然於胸，長期以來對於其公眾形象的塑造十分謹慎，也塑造出親民愛民的形象。

　　從民間社會的角度，泰國民間有所謂的鄭王的詛咒，也使得

泰國的王位繼承問題增添了許多神秘的色彩。[24] 主要是跟泰國卻克里王朝的前世，即所謂的吞武里王朝有關。吞武里王朝的皇帝是鄭昭，是因為被拉瑪一世背叛而滅亡，因此民間傳說鄭王過世前詛咒卻克里王朝，不會超過九代，這就是著名的鄭王詛咒。當泰國出現九世王繼承危機時，民間流行的鄭王詛咒又被翻出來。這是理解泰國社會對於王位繼承危機，必須理解的重要因素之一。

八、結語

本文主要分析泰國拉瑪九世皇的皇室繼承危機問題。目前的安排看起來很平常和平順，一切還在正常運作的狀態中，原定要繼位的瓦集拉隆功王子現在在國殤期間，打算一年後繼位，即瓦集拉隆功王子適任泰皇的問題，並未得到解決。瓦集拉隆功王子在三個月的時間內，就要克服這個問題，被接受成為泰國的十世王。然而，即使瓦集拉隆功順利登基成為泰王，仍然可能存在危機，一個隨時可能出現狀況的泰王，以及一個隨時可以替代即位的王儲公主，同時並存，還是可能會讓泰國皇室問題保持不穩定的局面。

本文分析目前泰國皇室繼承問題，並且將這個問題放在泰國皇室的傳統來分析，認為泰國皇室繼承問題是個已經存在很久的問題，過去也許有較好安排的時機，但是最佳的時機過去之後，目前的僵局就存在，而且在結構上沒有太大的改變。從泰國皇室

---

[24] Karl Dahlfred, "Animism, Syncretism, and Christianity in Thailand," *Syncretism*, 10 May 2016.

的傳統來看，泰國國王是否一定要具備某些特質，其實並沒有明確規定，但是由於兩位王儲在公眾形象的差別，使得問題始終存在兩難。現在雖然問題在十世王繼位後得到解決，但是這種局面仍然留駐在人們心中。

　　本文認為泰國皇室繼承問題引發人們對於泰國君主立憲傳統發生質疑。而實際上泰國自君主立憲以來，如何成為一個穩定的君主立憲政權，其實並無共識。現在的運作傳統，其實是由長壽的泰王九世蒲美蓬在實際的運作中發展出來的，泰國皇室繼承問題最終會對泰國君主立憲政體產生衝擊。由於現階段泰國的政權是由軍政府掌握，因此泰國皇室繼承問題的發展，會與軍方的態度息息相關。以目前泰國軍方的動向來看，執政的軍政府，對於瓦集拉隆功王子繼位比較支持，但是位高權重的攝政王，則屬意詩琳通公主，到時候如果有戲劇性的變化，會與此有關。長期的軍方與泰國皇室的關係，軍方一直扮演捍衛皇室的角色，同時軍方權力強大時，挾著護衛皇室的理由，也會成為左右泰國的關鍵力量。

　　回顧泰國這些年的政爭與皇室的關係，認為最近的數十年的發展，泰國政壇的紛紛擾擾，其實是與泰國皇室繼承問題有關。其實如果泰國的政黨，以對待皇室的不同主張為訴求，會造成日後泰國政黨政治的危機，如果泰國政治要發展穩定的君主立憲，泰國政黨政治最好是能夠免除對皇室看法上的差異。

　　最後從泰國民間社會的角度來看泰國皇室繼承問題，一方面來說，任何對於九世皇受到民眾愛戴情況不理解的人，不應該隨便批評泰國人在國殤期間的表現，從泰國人的傳統來說，泰王代表泰國，泰國人的泰國特性中，泰王仍然扮演一定的地位。另一

方面來說，泰國現在民智已開，泰國社會對於泰皇的態度，最終會是決定泰國皇室繼承的關鍵因素，泰國民間社會已經出現要求泰國政體調整改變的想法。未來泰國的局勢發展為何，泰國皇室在民間社會的地位，仍然是一個重要的因素。

參考文獻

中文

1. 李旭光,〈泰國王室面臨繼承危機〉,《平頂山晚報》,2014 年 12 月 16 日。

2. 辜樹仁,〈泰國民主轉型的關鍵岔路〉,《天下雜誌》,444 期, 2011。

英文

1. Andrew Harding and Peter Leyland, "The Constitutional System of Thailand: A Contextual Analysis; Historical Analysis and Contemporary Issues in Thai Constitutionalism," Soas School of Legal Studies, Research Paper Series, Research Paper No. 07, 2011.

2. Karl Dahlfred, "Animism, Syncretism, and Christianity in Thailand," Syncretism, 10 May, 2016.

3. Andreas Sturm, "The King's Nation: A Study of the Emergence s and Development of Nation and Nationalism in Thailand." Ph.D. Dissertation of London School of Economics and Political Science, 2006.

4. Chamnan Rodhetbhai, "Role of Monarchy in Thai Political and Social Development with Special Reference to King Bhumibol Adulyadej," Ph. D. Thesis, Jawaharlal Nehru University, 1991.

5. Paul Chambers, "Civil-Military Relations in Thailand since the 2014 Coup," PRIF Report ,138:1-45, 2015.

6. Prajak Kongkirati, "Thailand's Political Future Remains Uncertain," Perspective, 42: 2016.

7. Winyu Ardrugsa, "Bangkok Muslaims: Social Otherness and Territorial Conceptions," paper presented at the 12th International Conference on Thai Studies. University of Sydney, 22-24 April, 2014.

泰緬兩國佛教發展與王權關係之歷史比較

孫自明

國立暨南國際大學東南亞學系博士班研究生

摘要

　　泰緬兩國佛教的發展，及其與王權的關係，有著極為相同的歷史脈絡。從斯里蘭卡傳入的上座部佛教及其僧伽制度，結合了本土原有的宗教元素，融入傳統「恩闈」、「父權」之觀念，與法輪王、未來佛的思想..等等，歷經近千年深植人心。歷代泰、緬封建王朝都結合佛教與僧伽體制，以正源王權的法統，以維繫王朝的穩固。

　　歷史的潮流讓今日泰緬兩國轉變為憲政體制，然而從王權轉化而來的政權思想，從未放棄與教權的結合，甚至更嚴謹與完備僧伽制度，將僧權更深化於王權的控制之下。近年來泰緬兩國在國家發展的道路上，都面臨重大變革。佛教做為這兩個現代國家價值的重要組成，一如歷史傳統，自然也成為該國各政治勢力所關注與著力之處，這也是本文探討的重點。

　　而本文中的王權時代界定，是以泰、緬兩國王權分別結束的年代，作為研究、分析的時間範圍切割與斷點。[1]

---

[1] 分別是 1885 年緬甸貢傍王朝的滅亡，以及 1932 年的泰國政變，之後實行「君

　　而在研究方法上，本文引用譚拜耳（Stanley Jeyaraja Tambiah）從歷史結構的多元面向，去解構、分析與理解，歷史上泰、緬兩國在其民族國家的形成當中，其王權與佛教發展的相互關係；同時以歷史比較的研究途徑來分析、說明兩國僧侶與人民，之於佛教教義的認知，而產生對國王與王權意涵解讀的異同。本文亦將概述後王權時代的政權與佛教、僧伽、與僧侶間相互間傳統共生關係之轉變與發展；最後則嘗試去解讀傳統「神王王權」觀念，在當前泰、緬兩國其國內政治環境正處於劇烈變動新局中之新意涵。

關鍵詞：上座部佛教、王權、僧伽制度、父權

主立憲」。

一、緒論

　　佛教是泰、緬兩國重要的文化構成，更是其現代國家政權無法分割的一部分。例如在泰國的憲法中就有相關文字的明確規定，即成為泰國國王資格的先決條件，就是必須是一位佛教徒，以及佛教的護持者；而泰國公民則有保衛國家、保護宗教、保衛國王和維護以國王為元首之政治體制的義務。[2]雖然今日的緬甸已不再是一個君主國家，泰國則在 1932 年政變後轉變成為君主立憲體，過去封建專制的狹義王權已然不再；然而歷史上王權的形成與鞏固，在泰、緬兩個現代民族國家的形成過程中，卻有著絕對關鍵的角色扮演，而其中結合佛教教義及其教權之掌控，更是其鞏固王權最重要的工具與手段。

　　今日的泰國與緬甸都是由多元民族組成的國家，這是基於幾個較大民族群體間相互征戰的歷史結果[3]，泰、緬二族最終分別構成這兩個國家的主要民族。而早在西方殖民強權來到之前，上座部佛教就逐漸成為歷代泰、緬王朝的各個君王們，用來同化與團結領土內，其他各不同民族人民的重要工具；他們原本可能是印度教徒、大乘佛教徒、伊斯蘭教徒，乃至是信仰著自己民族本身最原始的泛靈信仰。歷代泰、緬君王們千年以來，一次次地建

---

[2] 泰國憲法（2007）第二章第九條：「國王信仰佛教並支持各種宗教」和第四章第 70 條：「人人有依照本憲法的規定保衛民族、保護宗教、擁護國王和維護君主立憲政體的義務」。（此宗教即指佛教）

[3] 自古以來，泰緬地區的種族本就極為複雜多樣，但基本上由幾個較強大的民族相互征伐、統治這個區域。緬甸自古與驃人、孟人及撣人相爭戰，而泰國則是與吉蔑人、緬人相互征伐。

立結合宗教制度的政治體制，以之安內攘外、以之鞏固王權，最終得能將國家建設成為一個君主專政體制的統一王國；王權保護了僧伽與僧侶，並持續大力推動佛教的發展，而佛教與僧伽則給予了王權存在的正當性與合理性。

　　15、16世紀以來西方殖民強權陸續東來並競逐於東南亞，以連繫歐洲情勢為主的世界格局，改變了這個區域的國際政治結構，無論兩國最終被殖民結果與否的不同命運，都讓這兩個國家在佛教與王權的發展上遭受到了巨大的衝擊，也因而產生了截然不同的歷史結果，其影響所及時至今日，不但仍深深地體現在泰、緬兩國當前的社會、文化上，更體現在現行之國家政治體制與政治實踐當中。

二、泰緬兩國佛教發展背景

（一）區域地理及民族情勢

　　泰緬地區佛教的傳入與發展，以及兩國王權的建立，在歷史上有著極為相同的脈絡。這其中一個重要的因素即是，兩個國家在地理上本來就處在同一個地理區域，也有著相似的自然地理環境－由大河、山脈所構串、沖積成的山地、谷地、平原與三角洲[4]；

---

[4] 泰緬兩國除了同時位居印度支那半島的西部以外，兩個國家也有著極其相似的地理構成。兩國都是以一條源遠有流長的大河（分別是湄南河與伊洛瓦底江）所沖積的大平原，與三角洲為國家的中心，東、北、西三方由高山、高原所環繞，並串聯了由各個支流沿南向北上溯所流穿出的諸多大小河谷，構成了兩國基本的地理架構。而兩國的主流民族則佔居在平原及河谷地區為主。

而且在歷史上、在泰、緬兩民族入主這個地區形成統一的王國之前，這裡一直共同生活著許多相同的民族。包括傣（撣）、緬、孟、驃、吉蔑、佬，以及其他少數民族如克倫、克欽....等。

他們多以部落的形式各自分佈在各處，而且分別由各大小不同的核心部落，以家長、恩庇式領導著週邊數目不一的附從部落、並共同生活著。同時核心部落與其附從部落間，往往是不同的民族，且由於民生經濟的自然需求發展，不同民族間依據所處在位置扮演不同的經濟分工角色，民族部落間彼此和平地以某種從屬、共生的關係，共同組成一個個類似城邦的小國家。[5]這些由核心部落組成的城邦國家間，幾千年來彼此競逐或聯盟在中南半島的大部分地區。

（二）區域佛教源流與上座部發展

在上座部佛教尚未普及今日泰、緬國家地區的時代，各族人民最早的宗教信仰是以當地原始的泛靈信仰為主，後來則陸續由印度、斯里蘭卡先後傳入婆羅門教、大乘佛教與上座部佛教。

緬甸之佛教傳入時間，依據出土文物考證，可能早自西元前六世紀（Roger Bischoff 1995: 32）佛陀還在世的時候[6]，但大部分

---

[5] 一如泰緬北部山區居住在河谷中的撣人，以及山上的克欽人之間的共生關係，以及由這些數量不一、大小不同的部落，所共同組成的許多類似城邦的國家—勐（möng）。（詳參 E. R. Leach 著，張恭啟、黃道琳譯，《上緬甸諸政治體制－克欽社會結構之研究》，2003。）

[6] 傳入時間最早見推至佛祖在世時。據仰光大金塔一塊 15 世紀的碑銘記載：大約在西元前 6 世紀杜溫那崩米地區（金地）的孟族商人答波陀、婆羅迦兩兄弟趕著 500 輛牛車去印度賣糧，路遇佛祖在菩提樹下坐禪。兄弟倆拜見佛祖，佈施聽道，後佛祖賜其 8 根頭髮。回到緬甸後，他們在丁固達拉崗上建立起一座

學者則認為在西元前三世紀時，佛教傳入了緬甸南部孟族人的地區（魏貴華 2002：82），當時的佛教尚未有部派之分，所謂「上座部」與「大乘」的派別之分則是發生於西元前一世紀時期。[7]陳序經先生則在其論著《驃國考》中認為，佛教是先在西元前 3 世紀自印度由水路傳入緬甸南部孟族地區，再由孟族諸國沿伊洛瓦底江北上傳入驃國。在此之後大乘佛教和密宗也相繼分別由水陸兩路從印度傳入中部地區。11 世紀中期以前，大乘佛佛教阿利僧教派（Ari）亦曾在蒲甘流行（鐘智翔 2001: 74）。而上座部佛教正式傳入緬甸地區，則是蒲甘王朝阿奴律陀王（Anuruddha）於西元 1057 年征服直通王國（Theton），帶回大批僧侶和三藏經後，蒲甘因而成為緬甸的佛教中心。到了 13 世紀，經過阿奴律陀及其後繼者兩個世紀的推展，上座部佛教最終在緬甸成為一種普及全國的宗教。（魏貴華 2002: 83）

　　同樣的，佛教傳入今日泰國地區之濫觴，也是早自西元前 3 世紀時，由緬甸南部的孟人傳至同是孟人聚居的暹羅中南部地區；但到了西元 1 世紀，扶南王國（約西元 1 世紀~550 年）的擴張使得婆羅門教、大乘佛教盛行於今日泰國的大部地區（姜立剛，2005）。而在西元 2 世紀左右，大乘佛教也由印度沿海路傳入暹羅南部沿海地區。而至 11 世紀起緬甸蒲甘王朝的崛起，受到蒲甘王

佛塔（即今日仰光大金塔），將佛髮珍藏於塔中。（D. G E. Hell 1960: 7）

[7] 西元前一世紀左右，佛教菩提薩埵（意即追求開悟的人）運動崛起，而把他們自己的部派稱為摩訶衍那（大乘），同時把舊有各派貶稱為希那衍那（小乘），意即劣等或微小、卑賤的乘物，指稱只能渡少數人到彼岸。但上座佛教拒絕接受「小乘」稱號，堅持「上座部」的名稱，並認為自己才是佛教的正統。（引自魏貴華 2002: 82）

室大力支持發展的上座部佛教，亦隨著王朝勢力擴張而將上座部佛教傳播至當時暹羅的中、北部地區，這直接導致了上座部佛教在暹羅北方地區的盛行。[8]

　　在西元 13 世紀真正由泰族人建立的素可泰王朝(Kingdom of Sukhothai)之前，居住在今日泰國地區的泰族人是輪流處於吉蔑人（Khmer）和緬人的統治之下[9]，因此婆羅門教、和大乘、上座部佛教就同時在這些地區傳佈與發展。到了以泰人為主體的素可泰王朝在西元 1238 年建立以後，第一代國王室利·膺沙羅鐵(Pho Khun Sri Indraditya，西元 1249 年~1279 年在位)，為了從文化與宗教上對抗信奉婆羅門教和大乘佛教的吉蔑人政權（真臘王朝時期），以及建立新的國家認同，於是便從錫蘭引進了上座部佛教，由國王本人領頭信奉上座部佛教，自然影響、帶動了全國百官與人民跟隨信仰上座部佛教的意願與風氣。而到了其第四代國王樂泰時（Phaya Loethai，西元 1298~1323 年年在位），還曾剃度出家成為歷史上第一位出家為僧的泰國國王，也因此在樂泰王之後，上座部佛教已經成為泰國統一的全民信仰。（張雲紅、熊來湘 2014：18）

三、佛教發展與王權鞏固的結合-僧伽制度的形成

　　然而在各民族相互征戰的歷史過程中，輾轉從斯里蘭卡傳入

---

[8] 1949 年 5 月 11 號之前，泰國的正式名稱為「暹羅」。

[9] 吉蔑人從西元 1 世紀起至 15 世紀中葉，先後分別建立了扶南、真臘、吳哥等王朝，其領域曾經數度擴及今日泰國的大部分，以及緬甸的東南部分地區。

泰、緬的上座部佛教，結合了原有的泛靈與婆羅門宗教元素，王權與僧伽制度的相互為用，有利於封建國家的建立及其王權的鞏固。傳統的「恩關」、「父權」融入了轉輪王[10]和未來佛[11]的思想，歷經近千年深植人心，為歷代泰、緬王朝的王權穩固紮下深厚的基礎。

　　以泰國王權在佛教中的角色為例，斯里蘭卡籍的哈佛大學學者譚拜爾（Stanley Jeyaraja Tambiah，1929~2014）從歷史結構的角度出發，去研究在歷史上之佛教、僧伽、政體與王權的關係。他從自身於泰國的田野調查之實際經驗中體認到，要理解佛教發展與王權，就需同時分析僧伽制度與政治制度間的關聯，以及認識僧伽領袖與政治當權者間的相互動關係。（何貝莉　2016：60-61）

　　譚拜爾認為要理解這些相關主題的發展與構成，至少必需從19世紀研究起，甚至還需上溯到早期印度佛教源流，以及泰國歷代王朝的發展歷史。譚拜爾的研究指出了在泰國社會中，「**王權與佛教是緊密聯繫且相互作用的、宗教與政治是彼此滲透的**」[12]。而其影響來源的地理區域範疇不僅止於泰國本土，從印度、東南

---

[10]《中阿含經》記載，轉輪聖王在位時，有輪寶出現於王前，色如火焰，光明晃耀，並能指導他的統治行為。又云: 王生於人間，在家則為聖王，出家則得正覺成佛。

[11]《吠陀本集》中預言：人間會有兩個偉大的覺者降世，即佛陀釋迦牟尼和轉輪聖王；之後佛陀釋迦牟尼曾在講法時，解釋了過去佛、現在佛和未來佛等三世諸佛：原始六佛是過去佛，自己是現在佛，而彌勒佛則是未來佛，未來佛將於末法末劫時降世救度眾生到未來世界。又預言彌勒佛將住世傳法度人，也就是說轉輪聖王將修成彌勒佛。

[12] 原文出自 S. J. Tambiah, *World Conqueror and World Renouncer*, New York: Cambridge University Press, 1976. p.3. 轉引自（何貝莉 2016：61）

亞、甚至是東亞地區，這包括了錫蘭、緬甸、寮國的影子，乃至中國的影響；而源自印度的佛教神話和婆羅門經典內涵，則是王權於其社會價值解釋體系之歷史源頭。他把佛教與政體之關係定義為一個形成「**總體的社會事實**」之過程，把王權視為有明確準則的社會、政治秩序，並將之與佛教、僧伽相接合[13]。

　　上座部佛教視佛陀為導師，將王權比擬成菩薩[14]。王權維持社會秩序、淨化僧伽同時保障著其生存。國王對僧伽慷慨、豐厚的佈施，是實踐其最高功德者的體現，這有助於王權的鞏固。王權是政體型態的體現，僧伽則是現實的宗教組織，僧伽和王權兩者相輔相成，運作良好得使政體穩固、持久（何貝莉 2016：63-64）。不只是泰國，緬甸亦然；在泰、緬兩族建立以自身民族為主流的王權國家時，歷史上都不約而同地選擇上座部佛教，作為其鞏固王權的工具。而僧伽制度的建立與累積，更是緬甸自蒲甘王朝、泰國自素可泰王朝以來，歷代君王一次次實踐佛教與王權結合的具體體現。

（一）緬甸僧伽制度的形成

　　蒲甘王朝是歷史上第一個真正由緬族人建立的統一王國[15]，開創者阿奴律陀（Aniruddha 西元 1044~1077 年在位），為壓制當

---

[13] 整理自（何貝莉 2016：61）

[14] 小乘佛教除了將佛陀視為導師加以敬畏之外，還將菩薩比擬於王權，並進一步提煉該理論，用以指導現實中的王權與僧伽的關係。原文引自（何貝莉 2016：63）

[15] 在蒲甘王朝建立之前，則為北方驃人建立的驃國，以及南方的孟族人建立的國家（如直通）。

時勢力極大之大乘阿利教派，因此引進上座部佛教。西元 1056
年阿奴律陀解散了阿利教派，定上座部佛教為國教，尊信阿羅漢
為國師；更進一步於西元 1057 年為了引進三藏經典而征服直
通，此舉因而強化了上座部佛教在緬甸的正統性（段知力、鐘奇
峰 2006：53）。這是緬甸歷史上結合教權以鞏固王權的開始。江
喜陀（Kyanzittha，西元 1084~1112 年在位）在位時屢次稱自己是
「三界的太陽」、「幸運的佛教之王」、「王中之王」、「最勝自在者」、
「大世界之主」、「乘白象者」、「遍知的菩薩」、「未來佛」…等（S.
J. Tambiah 1976：81）、（宋立道 2000：74）。江喜陀企圖將自己與毗
斯奴、濕婆、因陀羅等這些長久以來以深植人心的印度教的神王
相連結，這種神王觀念認為君王及其權力是來自其位居宇宙中心
的地位。自此之後，緬甸歷朝君王都藉由神王之觀念來合理化王
權的基礎與穩鞏固其政權的統治。（段知力、鐘奇峰 2006：54）

　　東吁王朝從緬、撣、孟各族分裂割據的情勢中統一了緬甸，
恢復了緬族人中斷了約三百年的王權。莽應龍王（King
Bayinnaung，西元 1551~1581 在位）在對週邊少數民族進行征伐
時，同樣運用了宗教的力量，派有僧侶在軍隊中去傳播上座部佛
教（魏貴華 2002：84），這種從意識形態上去同化異民族（Roger
Bischoff 1995：95），以增加對東吁王朝的認同，以穩固日後的統
治，也有利於國家的政治整合，基本上東吁王朝的其他後繼統治
者都延續了這個政策。他隆王（King Thalun，西元 1629~1648 在
位）統治時期，國家首次將與宗教相關事務納入行政體系的管理。
他隆王要求宗教勢力服從於王權，他設立「摩訶丹」部門以專門
掌管宗教事務，嚴格控制僧侶，對於不守戒律的僧侶勒令其還俗；
開創一年一度的僧侶考試制度，這是僧伽制度的初步。他隆王亦

常常運用宗教來改善各民族間的關係，曾安排 30 多名阿瓦（撣族）的高僧到勃固（孟族）與當地高僧一起於佛寺中會論佛教經典。（魏貴華 2002: 85）

貢傍王朝（西元 1752 年~1886 年）是緬甸的最後一個封建王朝。到了孟雲王統治時期（King Bodawpaya，西元 1782~1819 在位），王權對教權的各項控制措施的僧伽制度基本上已臻成熟、完備。孟雲王延續、擴大了孟洛王（King Naungdawgyi，西元 1760~1663 在位）開徵的寺院土地「什一稅」的政策 [16]，加深了從經濟上控制僧伽的力量。為嚴肅僧侶戒律、緊控教權，孟雲王於 1786 年成立一個由 12 人組成的宗教事務委員會，專職審訊不守戒律的僧侶（魏貴華 2002：85），所有委員皆由國王任命，委員會主席亦由孟雲王親命的國師兼任，而所有宗教事務委員會的成員（包含主席）都只是國王權力的代理與執行者（John F. Cady 1988：373）。

孟雲王在西元 1785 年頒發敕令，進一步完善了僧侶考試制度，每年在京城對全體僧侶進行考試，考試分高、中、初三級，主要考佛教經典，通過考試者由國王授予相應之僧侶職位，而僧侶職位的擢升也由國王決定。僧侶的待遇由國家依級別發給（段知立 2006: 36）。於是高級僧侶們構成了一個與世俗官僚階層一樣，享有相似待遇的精英階層，但實際上是一個聽命於國王的特殊集團。如此國王掌握了宗教事務的有最高權力，教權完全為王權服務。

---

[16] 調查和登記全國的寺院土地與相關田產、限制寺廟只能擁有一定數量的土地、規定耕種寺院土地要繳交收成十分之一的稅。

（二）泰國僧伽制度的形成

素可泰王朝（西元 1238~1438 年）是泰國歷史上第一個統一的泰民族國家。由於先前吉蔑統治者的遺留，王國內大乘、上座部佛教、婆羅門教，以及本地原有的原始泛靈信仰等宗教就同時流傳、存在於這個地區。開國者蘭甘亨王（King Ram khamhaeng，西元 1277 年~1298 年在位）基於穩固王國統治基礎的需要，大力提倡上座部佛教，以期統一人民的信仰，建立自己的文化體系。經過後續歷代國王的提倡，上座部佛教在素可泰王朝內已居主導性地位。

到了素可泰第四代國王樂泰王（King Phaya Loethai，西元 1298 年~1347 年在位）時期，為有效管理日益增多的僧侶，因此建立了相關的僧團管理制度，這也是泰國建立僧伽制度的初步。樂泰王本身亦於西元 1362 年，在芒果林寺出家，成為泰國歷史上第一位在位出家為僧的國王，此舉為日後泰王剃度出家為僧一段時期創造先例，不但帶動泰國男子出家的風氣，「國王即僧伽」同時也助益了泰王掌握教權的穩固。（段立生 2005: 59）

有關素可泰時期的僧伽制度，僧團分為左右二首，右首封僧王一位，封僧伽尊長三位；左首封僧伽尊長三位。僧王是最高的僧職，僧伽尊長略低於僧王。僧王為素可泰城及藩屬國的佛教首領，其下設僧伽尊長若干。僧王由國王任命，僧王及僧伽組織需服從國王的領導，並受其贊助與保護。如此形成了國王、僧王、僧伽尊長、地方僧官等，依序由上而下的僧伽管理系統。（張治平 2007: 8）

阿瑜陀耶王朝（西元 1351~1767 年）的戴萊羅迦納王

（Trailokanat，西元 1448~1488 年在位）的政治改革，建立了泰國的封建制度，他確立了社會與政府官員的階級和等級制度，政府官吏依位階與等級高低，授予高低不等的爵銜，及相應之不同數量的土地和依附人民。爵銜依序分成五等：昭披耶、披耶、帕、鑾、坤。封建制度同樣的將僧伽體制納入，仿照官員的爵銜等級，也訂定、授予僧伽們相應的、不同級銜的僧爵。同時更將原來素可泰時期的僧王和長老二級僧爵制度，改增設成三等，即僧王（一等）、僧長（二等）、長老（三等）。國王同時還另頒賜各等僧爵一把長柄僧爵扇以為權證。戴萊羅迦納王也明確、訂定了王族和官員的剃度制度，明文規定王族和官員必須剃度入寺學習一段時間的佛門規矩（段立生 2005: 60），這更張顯了阿瑜陀耶王朝政教合一的政權體制。

　　拉瑪王朝（1782~）之前的泰國佛教遭受了緬甸貢傍王朝入侵的嚴重破壞，因此自王朝建立以後，從拉瑪一世起之後續幾任國王都積極致力於收復曾經失去的國土，與周邊的朝貢附屬國家。除了派兵四處征戰外，國王們也都同時積極恢復在緬甸佔領時期被破壞的佛教制度、經典與佛寺建築，重新恢復了佛教在國家政權體系中的地位。各國王重要措施如下：拉瑪一世約華朱拉洛王（king Yodfa Chulaloke，西元 1782~1809 在位）首先頒布了十項相關法令重建僧伽制度。成立宗教事務部加強對僧伽的管理。1788 年召開了第九次佛教結集（泰國說法），編纂了一部相對完整的巴利語大藏經，強化了國家佛教的正統性。拉瑪二世律哈拉納帕萊王（king Loetla Nabhalai，西元 1809~1824 在位），完善僧侶的教育與考試制度，首創制訂了延續至今的九級巴利文佛學考試制度。拉瑪三世（Jessadabodindra，西元 1824~1851 在位）

則致力於佛寺的建設，現存的各知名佛寺即多為拉瑪三世時所建，如阿倫寺、普旺里會吠特寺、福寺……等。而泰國的寺院建築的規模和佈局，基本上亦於此時形成。[17]

四、殖民強權對泰、緬王權與佛教關係的影響

自 19 世紀起，英、法兩國在印度支那半島上的勢力擴張、殖民政策的質轉，徹底改變了泰、緬兩國的命運，直接影響了兩國王權，以及佛教發展的結構。英殖民強權歷經三次的戰爭，以蠶食鯨吞緬甸國土的方式，最終於 1885 年結束了緬甸的封建王權，緬甸的佛教也因而失去了王權的支持與保障。泰國則在 1855 年與英國簽下了《鮑林條約》（Bowring Treaty）[18]，開啟了泰國與各殖民列強一系列不平等條約。然而，基於英法兩國地緣戰略的

---

[17] 參閱〈泰國佛教概況〉，中國佛教協會網；〈http://www.chinabuddhism.com.cn/yj/2013-11-18/4281.html 〉,(檢索日期：2016 年 10 月 16 日)。

[18] 1855 年，英國派其駐香港總督鮑林，率領使團乘軍艦前往泰國，直接開進湄南河。在英國炮艦的強大壓力下，泰國國王拉瑪四世被迫於 4 月 18 日簽訂不平等的《英暹通商條約》，又簡稱《英暹條約》(俗稱鮑林條約)。條約共 12 款，主要內容是： 1.英國設領事館於曼谷；此後，在泰國的英國公民只受英國領事管轄，在泰國境內犯罪的英國公民只能由英國領事根據英國法律加以審判（領事裁判權）。2.英國公民可以在泰國任何港口從事自由貿易，可以在泰國各地自由旅行、自由勘探與開採礦藏，可以在泰國永久居留及購置、租賃房地產，並與泰國人直接貿易，泰國政府不得加以干涉。3.英國輸入泰國的商品只繳納商品價格 3%的進口稅；同時，泰國向英國出口貨物則分別固定稅額，一次完稅。此外，允許英國商人免稅輸入鴉片與金銀塊。4.英國軍艦可以自由進入湄南河口，停泊於北欖要塞。

因素，泰國最終免於被殖民的命運[19]，佛教與其僧伽制度得以在王權的支持保護下持續發展，且更進一步地為鞏固拉瑪王朝的王權做出貢獻，直到 1932 年的政變，才結束了泰國的君主專制。

（一）殖民地時期緬甸佛教的情勢

1885 年 11 月底，第三次英緬戰爭的結果，使得緬甸淪為英國殖民地 — 英屬印度的一省。英國殖民者為利於長期的殖民統治，亦如以往運用宗教箝制殖民地人民思想的手段，大力推展、扶持基督教的宣教工作，同時也相對限縮佛教的發展（李一平 1994: 37）；企圖從思想、文化與教育上瓦解緬甸人民原有的國家認同意識，而能達成徹底征服緬甸人民，以及鞏固殖民政權的目的。

英國殖民當局認識到佛教和僧侶是緬甸社會秩序的基礎，為能順利建立殖民地的法律和秩序，自然要從緬甸傳統的上座部佛教及其制度著手，於是剝奪、打擊僧團原有的各種權利與地位，這包括了否認僧王在宗教事務上的絕對權力、僧團對僧侶的獨立司法權，還有佛寺在緬甸人民教育上的特殊地位。除此之外，英殖民當局還刻意製造不同教派、階層僧侶間的對立，以進一步削弱佛教的整體力量。例如，延遲或不推派僧王，以及多次拒絕承

---

[19] 19 世紀英國和法國在印度支那半島的擴張，最終在暹羅遭遇碰撞。英國併吞緬甸後，與同時期法國遠征軍攻佔了整個交趾支那（Cochinchine）成為法屬印度支那，此時暹羅就處於兩國侵略的夾縫中。英國先在 1855 年以炮艦威嚇暹羅，簽下英暹條約，之後法國如法炮製封鎖曼谷，之後法國在英國介入下和拉瑪五世簽訂法暹條約，承認暹羅在東南亞地緣位置的中立性質。後來暹羅又兩次向英國割地賠款，保全國體不被法國進一步吞食。確保了暹羅成為英屬印度和法屬印度支那兩地間緩衝地帶的地位。

認教團推舉的結果。普遍設立由政府資助的非寺院學校，以奪取原有掌握在寺廟手裡，可根本影響緬甸人民思想價值的基礎教育權力。而作為在整個僧伽制度基礎核心的佛學考試（巴他麻扁），也是在歷經10年反殖民抗爭之後，得以在社會總體壓力下於1895年恢復，以為安撫民情。（鐘智翔 2001:76）

（二）緬甸僧伽政治參與的傾向

殖民時期的緬甸佛教與僧伽不再受到王權的保護與支持，新的殖民政府為了從思想上根本瓦解緬甸人民舊有的思想體系，取消了原本佛教作為國教的地位。殖民政府也因此否認政府有支助僧團的責任，轉而極力扶持基督教，甚至由政府介入其宣教工作，與教堂興建的預算支持，緬甸佛教與僧伽直接受到政府當局的壓制（張旭東 2003: 39）。職是之故，歷史上佛教和政權相互依存的關係也就不存在了，佛教與僧伽對國家政治的影響力因而迅速低落。

相對而言，由於政府方面不再履行傳統上對僧伽的各項義務（包括對僧侶的各項津貼），僧伽方面自然也不再認為自己對政府負有相對責任；英國人還消極地等同廢止了僧王的職位（張旭東2003:40），在僧伽制度與組織都遭受破壞的情形下，僧侶們自然也不再受到傳統官方僧伽組織的約束了。當少了這些傳統佛教教義與組織的束縛時，此時一些對英國殖民統治，及其打壓佛教、貶抑僧侶政策不滿的僧侶們，選擇了實質政治行動的實踐。

Melford E. Spiro 認為在英殖民時期的緬甸，很難去估算有多少僧侶實際參加了對英國殖民政權的抗爭行動，而同樣的難以知曉他們抗爭的動機究竟是為了自身權利與特權的爭取、維護，還

是基於宗教、或是民族的理由（Melford E. Spiro 2006：648）。為此 Melford E. Spiro 引述了印度政府的官方調查檔案中的文字: *不管他們的人數和動機為何，我們確實知道佛教比丘是活躍的反抗運動領導者。在 1885 至 1897 年間，全緬甸各地對英國統治的一連串叛變，都是由佛教比丘所領導的。*[20]

（三）拉瑪四世、五世強化王權與佛教關係以對抗危機

殖民勢力的壓迫造成泰國王權與教權關係的質變。拉瑪王朝建國後一系列的軍事擴張，自然與西方殖民者間在印度支那半島上的勢力擴張與競爭[21]發生衝突。西方殖民者在開放貿易的要求屢屢得不到同意的情形下，最終以砲艦兵臨城下的威逼方式，於1855 年與英國簽下了「鮑林條約」（Bowring Treaty）。條約的簽訂開啟與西方各列強一系列的不平等條約。這些條約徹底改變了泰國原本近乎鎖國的貿易政策，泰國被迫捲入了世界貿易體系，迅速發展的商業貿易，帶動大量資金流入與勞動力結構改變，不斷衝擊、改變泰國原本的農業社會與其傳統經濟的結構與體制。同時跟隨著西方殖民者而來的現代知識與文化，也使得泰國傳統佛教社會與政權的神聖性受到挑戰，直接衝擊由佛教價值觀所支撐的國家意識形態基礎。甚至有部分受西方思維影響的社會菁英提出了廢除君主專制的主張，也直接衝擊了王權的穩固。（張治平

---

[20] Melford E. Spiro 節自 Government of India 1902 Census of India 1901, Vol. XII, Part I (Burma Report), p.33.

[21] 英國於19世紀上半葉，鞏固了在印度的殖民統治后，更進一步向東南亞擴張勢力。先後侵入馬來亞、新加坡和緬甸。而法國則先後併吞了今日越南、高棉與寮國的土地。

2007: 9）

　　面對國內外嚴峻的形勢，拉瑪四世蒙固王（King Mongkut，西元 1851~1868 在位）與拉瑪五世朱拉隆功大帝（King Chulalongkorn，西元 1869~1910 在位）展開了一系列的現代化改革，當然也包括了作為王權基礎的佛教，也大力維護泰國固有的文化傳統。拉瑪六世瓦吉拉伍王（King Vajiravudh，西元 1910～1925 在位）更進一步建構「民族、國王、宗教」三位一體的民族主義思想（Sascha Helbardt, Dagmar Hellmann-Rajanayagam & Rüdiger Korff 2013:15），將佛教提升到國民精神基石的地位，以抵制西方文化傳播所造成的影響，鞏固國家王權的統治。[22]

　　重新建構佛教在國家與王權價值體系之意涵，是拉瑪四世與拉瑪五世政治改革的重要組成部分。僧伽制度的完善與佛教經典的完備是拉瑪四世當政時期致力的重心。拉瑪四世進一步修訂、完善由一世至三世國王所復興的僧伽制度；拉瑪四世主張重視佛典，一切以佛典為依據，兩次派人從斯里蘭卡請回巴利文大藏經40 卷與其他經論、論疏等 30 卷，並將它譯成泰文，讓更多人能理解經典的含義；拉瑪四世還對比丘的律制儀軌進行了嚴格、詳盡的規定[23]。

---

[22] 真正明確佛教與現代國家的關係的是拉瑪六世瓦吉拉伍。當時殖民主義在亞洲的擴張以及政府艱難的財政狀況，都極大地刺激了這個脆弱的現代國家，在這種情形下，拉瑪六世提出了「國家、佛教和國王」三位一體的政治思想。他把佛教當做愛國主義的源泉，提出一個虔誠的佛教徒就是一個愛國的公民。（龔浩群 2005）〈http://www.opentimes.cn/bencandy.php?fid=101&aid=1327〉，（檢索日期：2016 年 10 月 16 日）。

[23] 例如，嚴格規定受戒的地點、程式、儀式，在誦念巴利文佛經時，要嚴格區別送氣音和不送氣音，規定雙肩披覆倆衣等。

　　而拉瑪五世朱拉隆功大帝則將國民教育普及與佛教的推展予以結合。其重要的施政包括了 1898 年實行了全泰國普及性的小學教育，並且規定由僧團負責在每一所寺廟辦小學；摩訶朱拉隆功佛教大學（Mahachulalongkornrajavidyalaya University）和摩訶蒙固佛教大學（Mahamakuta University）亦同時創辦，以進一步提高佛學研究水準。為普及佛經的閱讀層面，於 1893 年刊行用泰文字母拼寫的巴利文大藏經 39 卷。[24]

五、王權時代佛教發展的歷史比較

　　承前所述，泰、緬兩國本就處於相同的地理區域，有著相同的民族情勢與民族傳統，這包括了人民父權式的依附關係，聚落、城市乃至部族（城邦）間的曼陀羅式佈局，及其組合成的星式體系政體[25]；以及在兩國與區域內其他民族抗爭的歷史上，則都同樣選擇了教義適合王權發展的上座部佛教為工具；而在兩國王權結合教權發展的時候，除了實施時間先後的不同外，其發展脈絡與途徑基本上都極為相似，甚或是相互影響。當然也由於兩國國情與當時外在情勢的差異，以及國王個人在施政的選擇之不同，

---

[24] 參閱〈泰國佛教概況〉，中國佛教協會網；〈http://www.chinabuddhism.com.cn/yj/2013-11-18/4281.html〉，(檢索日期 2016 年 10 月 16 日)。

[25] 譚拜爾用「星式政體」來解釋當代泰國的宗教、僧伽與政體之間的聯繫。這一概念，源自他從佛教的宇宙觀中（其切入點即《起世因本經》）的發現，是一種總體性的宇宙觀，包含國土空間，及經濟、政治格局間的對應與層次關係，以及由這些層次所構成的一種總體結構，譚拜爾稱之為「星系政體」。而譚拜爾認為，在東南亞，神聖王權的原型被轉化為轉輪王，即等同于菩薩。正是這種模式，在泰國最終形成了「星系政體」。整理自（何貝莉 2016: 59-65）

兩國的佛教發展也有著因應當時國內外情勢所造成的各別不同結果。

（一）泰、緬兩國王權與佛教發展的相似處

泰、緬兩國在座部佛教的發展上，有著相同的脈絡，也就是重新引進所謂的正統佛教派（上座部），同時從國外請回高僧與三藏經典；之後宣揚與建立神王觀念，再之後組建僧伽制度，設立佛學考試制度，最後設立宗教事務管理部門。

1. 引進上座部佛教

素可泰王朝與蒲甘王朝都是泰、緬兩個由異族手中建立起的民族國家，新的國家執政者考慮到為了對抗舊有殘存的勢力與鄰國的威脅，必須建立一套新的思想價值與意識形態，於是分別從當時上座部佛教的中心引進高僧與經典[26]，計畫用上座部佛教的教義來統一全民的思想，建立新的國家認同意識。例如緬甸蒲甘王朝先後征服的北方驃國（驃人）與南方直通國（孟人），以及泰國素可泰對抗吳哥王朝（吉蔑人），這些異民族統治時期，所宣揚、遺留下來的大乘佛教和婆羅門教思想。

2. 從國外與錫蘭請回高僧與經典

到了蒲甘王朝興起的 11 世紀，乃至 13 世紀的素可泰王朝，佛教在其發源地印度早已衰敗、幾近滅亡。為了建立自己王朝的

---

[26] 11 世紀蒲甘王國從直通王國、13 世紀素可泰王朝從錫蘭，各別引進上座部佛教高僧與經典。

正統地位，便先後的從國外迎回高僧與三藏經典，歷代國王甚而更將請回的高僧高置於國師的地位。例如從孟人地區請回高僧信阿羅漢（Shin Arahan），並拜為國師，以及於西元1057年蒲甘王朝阿奴律陀王為此出征直通國，帶回了500僧侶、以及數量多達32頭大象駝回之經典。而素可泰王朝的第三任國王蘭甘亨王於西元1292年從當時的佛教中心錫蘭請來上座部高僧，在素可泰地區傳授上座部戒律和儀式，第四任國王樂泰王則從錫蘭請來戒師，為國王受戒出家舉行儀式，更強化了王權的法統性。

3. 建立神王觀念

由於源於婆羅門教的印度教曾經長久流傳在今天的泰、緬地區，故其教義中的神王觀念深植人心。由於這種神王觀念認為國家的君王就是毗濕奴、濕婆、因陀羅等人的化身，其在國家的地位一如三大神的宇宙中心地位；因此利用上座部佛教並結合印度教神王觀念來神化王權，強調王權是來自其本身神祉身份，及其所身負的權職─國王血脈的神聖性和命定性（宋立道2000: 75）。神王觀念讓人民認同王權神授以穩固王權來源的基礎。蒲甘王朝的江喜陀王是歷代緬甸王朝國王強調王權神授的開始者，而泰國素可泰王國建國君王坤邦鋼陶，其稱號─室利·因陀羅提（Sri Indratidya）─之意即為吉祥因陀羅王。國王把自己比作一位在印度神話中，統領天、地、空三界的神王英雄─因陀羅，從其號稱即可看出其神王觀念的實踐。（張紅雲2014: 12-13）

4. 設立宗教事務管理部門

由於泰、緬兩國在歷史上都因國王與社會競相「積功德」捐

獻財產給佛寺的結果，使得僧伽財產激增到危及國家經濟的地步，加上教派間衝突趨烈，影響了社會與政治的穩定，因此乃有設立宗教事務管理部門之發展。

緬甸的宗教管理部門首創於東吁王朝的他隆王（King Thalun，西元 1629~1648 在位），名為「摩訶丹」，由職稱為摩訶丹薀的人掌管。「摩訶丹」主責管理各佛寺及其相關的土地與人員（僧侶及附屬奴隸），並建立清冊，從此將宗教相關的事務納入行政系統管理（魏貴華 2002: 85）。

泰國的僧伽組織早在素可泰王朝時期就設有僧王掌管佛教事務。阿育陀耶王朝則設有四大佛寺領導全國的僧伽，且由納貝頭陀寺僧王領導全國僧伽。拉瑪王朝則仿照國家行政機關，按地區與部派建立全國各級組織，在中央設立大長老委員會、地方設置僧長委員會。大長老委員會為僧伽的最高管理機構，由僧王和四位正議長，及四位副議長組成，分別由國王任命，作為國王的代理以管理之。地方之僧長委員會則依次設立府僧長、縣僧長、區僧長，區以下則為鄉、佛寺的基層組織。（張治平 2007: 10）

5. 完善僧伽制度和設立佛學考試制度

泰、緬兩國的歷代國王，先後分別為了使佛教與僧伽不再成為能與王權相抗衡的勢力，且為進一步鞏固王權，抵禦外力，因此不約而同地建立了僧伽制度，以及其配套的佛學考試制度。泰、緬兩國的僧伽制度與佛學考試制度基本上是相互參照與影響的。緬甸東吁王朝他隆王建立僧伽制度，要求宗教勢力服從於王權。同時開創每年定期舉辦的佛學考試制度，此一制度後來在貢榜王朝逐漸發展完善（魏貴華 2002: 85）。

　　泰國則是在改制君主立憲體前的拉瑪王朝，由拉瑪五世在 1902 年頒布了 17 項規定的僧伽法，真正建立了詳細與完整的僧伽制度。[27]而佛學考試制度最早於素可泰王朝時即有考僧制度的實行，到了阿育陀耶（大城）王朝時期則開始對僧人舉行定期的三級巴利文佛學考試。泰國現行的佛學考試制度，則始於拉瑪二世，考試採取成初等的三級三等泰文佛學考試和高等的九級三等的巴利文佛學考試。[28]

（二）泰、緬兩國王權與佛教發展關係的差異

　　雖然泰、緬兩國其王權與佛教之結合發展，基本上有著大致相同的脈絡，但畢竟兩國也有其不同的歷史際遇，以及當時所處在之不同國內外情勢，因此也造成兩國之王權與教權結合關係，其在內涵與結果間有著部分不同的差異。

1. 國王「君權神授」中的「神王」與「法王」意涵

　　轉輪法王（CakkavattI）的觀念來自上座部佛教[29]，認為國王其統治的合法性是基於國君「十德」之實踐[30]；也就是功德的凝

---

[27] 參閱〈泰國佛教概況〉，中國佛教協會網；〈http://www.chinabuddhism.com.cn/yj/2013-11-18/4281.htm〉1，(檢索日期：2016 年 10 月 16 日)。

[28] 同上。

[29] 根據佛教信仰釋迦摩尼佛是這個世代會出現的第四位佛，而第五位未來佛將於釋迦摩尼佛滅度後的五千年降臨人世；而有一天轉輪聖王將會出現，祂的出世將使天地萬物重歸佛教律法之下。作者說在緬甸人們對傳輪聖王的信仰，已轉變成對未來王的信仰。（佛教與社會：304）

[30]「國君十德」為仁慈、道義、慷慨、公正、恭順、自制、無忿、非暴力、寬容、無礙等。

聚，是感召型的權威特質。而「神王」源自印度教的神祇觀念，屬於先驗的神秘主義，帶有傳統權威的特質。相較之下的緬甸國王，其法王的身分多於神王一些。轉輪法王引領眾生開創理想國時代的想法[31]，從古至今仍深存人的心中，尤其在緬甸的王朝時期，這種想法屢現於某些緬甸王的聲明中，國王身為轉輪法王有征服異土的權力，且應被視為佛的前身或未來佛。

而泰國則是神王多於法王，且還融有民族傳統的父權觀念。原本素可泰時期的王權是父權主義，國王被視為人民之父，到了阿瑜陀耶王朝，擁有絕對權利的神王觀念形成。到拉瑪王朝的四世和五世王，則又重返回父權統治形態。[32]

2. 王權在政體中位置的體現

泰、緬兩國的王權思想，無處不在地體現在整個王國行政結構、城鄉佈局，或城市的規劃上，但也因而引用了不同的宇宙觀基礎應用在城市的規劃設計上。在緬甸的王權統治，整個王國的行政結構比照了上座部佛教教義中引用的印度教主神因陀羅在天上的統治[33]，也就是「三十七部神眾分治天界」。這些觀念都可以在蒲甘王朝以後的緬甸諸王朝之行政體制和城市規劃中，見到這

---

[31] 見《長部・轉輪聖王師子吼經》。

[32] 詳參 陳鴻瑜〈泰國君主政治之變遷〉，《問題與研究》，1994年，第33期，頁25-41。

[33] 據說天國有 32 個從屬之神（Deveta），天國便被分為 32 部，每部由一位君主統治，他即是 32 部之一部的代表。這種觀念最早為緬甸南部的孟人所接受，並成為他們心目中理想國的模式，後來發展為37部神眾。37這個數字產生於32加1（代表因陀羅本人），再加4，代表四方守護神或四天王，據說他們的領地就附屬於因陀羅的天界。（魏貴華 2002: 83）

種宗教觀念的影子[34]。泰國的王朝時帶則引用了須彌山宇宙中心論，以及轉輪聖王的寶輪與法輪等觀念；例如素可泰王朝王城的城市佈局，城市環繞以三層近似同心圓的城牆，城牆的四個方位各開有一座城門，同心圓的中心就是王宮建築，與王家佛寺建築則在中軸線上與王宮連貫成一個線，形同相互照映。素可泰城如同是一座寶輪，而位居北方五十公里的宋加洛城則是法輪的形狀。

3. 教權在王權政治中的角色

在泰、緬僧伽制度中，僧伽的內部管理基本上是由僧侶自己執行，包括了寺廟的資產，僧侶的戒律與教育。然而在兩國的王權時期，對於僧侶參與政治事務，卻有著不同的發展。上座部佛教的教義本就注重於己渡，不涉及任何俗事。泰國雖早有僧伽制度的建立，僧侶是不可以參與任何政務，地位崇高的僧王也只有國王諮詢時，才被動提供原則性的見解，僧伽是國王最大「積功德」的對象，以合法其王權的來源。而在歷代緬甸的王朝，卻是充分體現出政教合一的特徵。

除了和法王權的功能外，僧伽制度在根本上融入了國家政治體制，緬甸的僧侶各有其階級與爵銜，而負責宗教祭祀、僧伽管理的高階僧侶係屬於國家官僚體系的建置，動員全國的寺廟與僧侶配合國家施政，而國王會任命一個最高階的僧長為國師，國師不但為全國僧伽的最高領導人，主管全國的宗教事務，同時也參與國家重大的政務的決策（魏貴華 2002: 84）。由於整體僧侶，直

---

[34] 例如，曼德勒城本身規劃設計，以及其周邊幾個衛城的空間佈局、相對位置，即是以曼陀羅形式為藍本。

間接參於了政務的實施，因此僧侶們在政治上的影響力量自然形成。

4. 泰、緬兩國對僧伽的管理與介入

誠如前述，在泰國與緬甸的王朝時代，僧伽與國王是相互支持與保障的關係。然而在緬甸歷代王朝時，國王曾屢屢介入對僧伽的管理，直到王朝滅覆。這是因為中央僧伽對地方僧伽的關係，並非如行政體系的由上而下，在實際的行政管理上很難有強制的約束力。歷史上多次教派間的鬥爭所引發的衝突，以及寺廟財產急速積累龐大到危及至國家的整體經濟，屢屢成為緬甸個王朝國家治理上的難題。國王只得主動採取措施，解決教派衝突問題，清理寺廟過多的財產，重新修訂合理的制度，如此以持維繫僧伽與國王間共生關係的持續（Melford E. Spiro 2006: 647）。

而泰國不像緬甸，不但未曾在歷史上根本地失去王權，而且從素可泰王朝起至拉瑪四世止，持續與逐次地發展完備了僧伽組織與架構，最終並發展成如同行政區劃政府間一樣之從屬關係，由上而下形成統一的管理體制，確保宗教事務統一在中央僧伽的控制之下，而最終為王權服務。[35]緊抓在國王手中的僧伽控制權力，很大程度降低了教派衝突與寺廟財產對國家統治穩定的影響。

---

[35] 1902 年僧伽法令的實施，建立起以曼谷為中心的全國性僧伽行政組織，並確立從寺廟住持、區僧長、府僧長、四大地區僧長到僧王的等級秩序。這一法令奠定了僧伽組織與政治權威的關係的基本特點，即僧伽體系通過世俗政治權力的承認來獲得合法性。此外，該法令的目的之一是削弱對於政治權威產生威脅的地方宗教勢力。引自（龔浩群 2010: 69）

六、後王權時代的泰、緬佛教政治化趨向

緬甸的王權被英殖民者終結於 1886 年，泰國則在 1932 年實行君主立憲後，虛位的國王也不在具有實際的統治權力。然而泰、緬兩國的佛教發展，及其在國家的影響力並未因王權的廢止、虛化而有所減淡或衰微。而是基於歷史發展讓當代人民對佛教教義產生不同的解讀，但深植人心的佛教教義、基本精神與價值觀念則是未曾減弱。因而在後王權時代的歷任泰、緬政權執政當局眼中，佛教更是在其統治的施政與管理上，無法輕忽的重要核心因素。

英殖民時期緬甸的反殖民抗爭最早就是由為僧侶所領導發起，英殖民者作為一個統治者，未能延續緬甸國王與僧伽間彼此傳統共生關係的責任與義務，加上當緬甸老百姓普遍認為殖民者實行的是暴政時，僧侶們當然不會認同英殖民政府的合法性，甚至認為發動「抗爭」、「叛亂」以保護暴政下的人民更是僧侶的責任。例如，知名僧人吳歐德馬和吳沙威受到甘地不合作運動的啟發，於是起來號召、宣傳緬甸人民站出來，參與反對英殖民政府的組織與抗爭活動[36]；又 1938 年緬甸發生全國性大罷工來抗議英

---

[36] 受到20世紀初世界民族主義風潮影響，佛教民族主義在緬甸僧人中發酵，因而積極地投入政治抗爭活動，並於1906年創立了佛教青年會，宣導民族覺悟和人民團結。佛教青年會由著名的愛國比丘吳歐德馬和吳沙威領導於1930年改組為「緬甸人民聯合會」。吳歐德馬曾到過印度，受到甘地不合作運動的啟發，於1923年起領導緬甸反英統治的宣傳和組織活動。他與吳沙威多次被捕入獄，吳沙威於獄中實踐「不合作」，最終絕食而亡，更深激化了緬甸人民的反抗意識。

殖民政府，事件最終造成 17 人死亡 [37]，其中就有 7 位是僧侶。這種僧侶因不滿政府暴政而積極參與政治活動的情形延續至今，一如 1988 年袈裟革命時，僧伽之於軍事獨裁政權的作為；為此還在之後的 1990 年 8 月 27 日，在曼德勒，共有 8,000 多名僧侶參與了抵制軍人的活動，他們不接受軍人的佈施，拒絕為軍人及眷屬舉辦法事（賀聖達 1992:166）。如此等同阻斷了軍人們積功德、超度輪迴之路，造成了他們極大的恐慌。2010 年民主改革結束了軍政府體制，也進一步讓抱持極端佛教民族主意的部分僧侶獲得發展空間，2013 年知名僧侶阿欣威拉杜（Ashin Wirathu）在撣邦首府東枝吸引了近萬信徒，宣揚他激烈的反穆斯林理念 [38]，無論阿欣威拉杜最終對緬甸的國家發展影響如何，但他的主張與行為，無疑是緬甸後王權時代佛教政治化趨勢延續之另一面寫照。

而在泰國，佛教的政治化趨向是不同於緬甸的，由於泰國未曾被殖民的歷史，因此在拉瑪王朝前齊備完備的僧伽制度，緊緊掌控了教權，確保了僧伽為王權所服務，僧侶個人也難以參加政治活動；因而有效地實現政教合一的制度性功能。由於佛教在泰國的政治角色，不是在僧伽或僧侶個人的政治參與，而是在教義中國王對人民關係，有如宇宙中心的價值觀念 [39]。因此，在 1932

---

[37] 同前摘自任繼愈著《中國佛教史》，第三章斯里蘭卡和東南亞諸國佛教第二節緬甸上座部佛教的昌盛：〈 http://www.saohua.com/shuku/zhongguofojiaoshi/14463_SR.htm 〉，（檢索日期：2016 年 10 月 16 日）。

[38] Thomas Fulle, June 20, 2013, "Extremism Rises Among Myanmar Buddhists," New York Times: 〈http://www.nytimes.com/2013/06/21/world/asia/extremism-rises-among-myanmar-buddhists-wary-of-muslim-minority.html?_r=0 〉，（檢索日期：2016 年 10 月 16 日）。

[39] 佛教以須彌山為宇宙中心的宇宙觀，形成體類似天體政的體泰國政：國王為

年以後的泰國，雖然延續了王朝時期宮廷政變的傳統，政變在君主立憲後也成了常態而頻頻發生，當制度轉換，且民主模式的配套尚未完備，造成脆弱的機制無法解決各階層與利益集團間的矛盾與利益衝突時，就只能訴諸於政變和武力的手段（寧平 1997: 76）。

　　政變成了泰國人解決政治爭端難題的一種手段，包括歷次的軍事政變，都不是以推翻國家為目標，而是政治格局的改變[40]，否則將觸碰到全泰國人民之「宇宙中心」、「業力累積」等價值信仰不可跨越之紅線。於是佛教之和平教義，以及其在泰國人民心中的價值地位，往往成了政變當中調和、以及政變後撫平各方勢力的重要基石與工具。例如，在 1932 年的政變以後，最終是僧王以其崇高的道德地位、中立的立場出面調停，成功地解決衝突，協助國家和平渡過國家政體轉換的艱困時期；1973 年學生運動平息後，學生領袖們只是被送到寺廟「學習」以彌補罪過，僧侶們從全國各地趕來的參加祈禱儀式，祈禱國家早日恢復安寧（John. L. S. Girling: 153）[41]；而國王即使已經虛位，但作為佛教教義中位居宇宙中心的神王、法王，他扮演了泰國政治最後仲裁者的角色。

　　在 1992 年的電視直播中，引發泰國政治嚴重衝突的蘇欽達與盧金河兩人，跪倒在有如佛教神王再世的泰王蒲美蓬前，匐伏

中心，依序由王室、貴族、平民、奴隸排列成同心圓，權力由裡向外輻射。任何人都可以通過積功德，增加業力向中心變化在同心圓的位置。這是一種人人可以為王的平等。

[40] 參閱〈泰國：一個有豐富政變歷史的國家〉，《新聞晨報》，2014 年 05 月 23 日。〈http://news.xinhuanet.com/ world/2014-05/23/c_126539064.htm〉，(檢索日期：2016 年 10 月 16 日)。

[41] John. L. S. Girling, ibid. p. 153，轉引自（寧平，1997: 77）。

前進接受訓斥的畫面，更是令世人印象深刻。這些在在都彰顯了佛教在泰國調和政治，以及撫平人心、安穩社會的功能，可以說是歷久不衰。

七、近代泰緬政權與教權的關係

如同歷史上的王權時代一般，國家通過佛教教義與僧伽的力量，來合理化王權來源的正當性，以及鞏固政權穩定性。泰、緬兩國後王權時代的歷屆政府，民主政權是如此，軍事獨裁政府亦然。雖然王權已然不再，甚至緬甸更是王室無存，然而深植民心的宗教教義，以及人民對僧伽組織、乃至僧侶個人的信仰崇拜，與日常民生事務、活動的依賴，都讓執政當局不得不延續過去專制王朝政教合一體制的原則。於是重建與加強僧伽制度的完備，進一步納入政府體制，並運用以搭配政府的施政，旨在能強化與順利各項政令的推動。

1948 年緬甸獨立，擺脫了英國的殖民統治，吳努政府實行佛教民族主義，企圖藉此鞏固各民族的團結，更於 1961 年重新恢復了被殖民者中斷的佛教國教地位，同時恢復了官方對僧伽組織的財務支持。後來的尼溫政府實行社會主義，曾經一度中止獨尊佛教的政策 [42]，然而後續的軍事政權最終也不得不延續文人政府的利用佛教鞏固政權的政策，尤其是 1990 年後的「國家恢復法律和秩序委員會」執政時期。但為了同時壓制僧侶們的政治參與，軍

---

[42] 尼溫將軍於 1962 年 3 月 2 日發動政變，成立「革命評議會」。宣布實行社會主義，否定特別擁護佛教的政策，同時廢止國教推進條例。

政府採取恩威並施的手段，一方面大力提倡佛教、並提高僧侶的福利與津貼來懷柔僧侶（李晨陽 1997: 229），一方面堅決鎮壓支持民主鬥爭的僧侶，制訂與頒佈相關的法律與行政命令，將有關僧侶的一切事務，都納入國家宗教事務部門的規範，以加強對僧侶集團的控制（李晨陽 1998: 55-56）。

後殖民時代的緬甸僧侶之政治趨向，由於執政者宗教政策的調整，因而也有兩個面向的不同發展，尤其在軍政府執政的時期；一部分不認同軍政府的「暴政」，因而參與或協助了抵制軍政府的抗爭活動，後來也有另一些部分的僧侶則認為軍政府 1990 年後執行的宗教政策改革，作到了國家（王權）對僧伽的保障與支持的責任，因此他們逐漸認同、並支持了軍政府，因而參與了協助軍政府與反對勢力的斡旋與協商工作。例如高僧吳耶瓦達德瑪即在「國家恢復法律和秩序委員會」的要求下，協助了政府與翁山蘇姬的會談，甚至連克倫軍與克耶進步黨的領導人都曾親赴清邁拜見，希望請他調停政府軍對他們的進攻。（李晨陽 1997: 228）

雖然 1932 年的政變，改變了泰國的政體，王權被剝奪，但王室最終被保留了下來。除了王室的續存，以及未曾被殖民，因此不但泰國的佛教發展未曾遭受中止與破壞，而且也由於僧伽制度的持續深化與完備，並融入於國家從中央到地方的行政體系中，因而國家能夠緊緊地掌握對僧伽與僧侶個人的管理與控制，在歷次修訂的僧人條例中 [43]，也都有明文規定僧侶不具有投票權，不能參與政治活動的相關規定。也因此故，不同於緬甸僧侶，

---

[43] 拉瑪五世於 1902 年首次頒佈了《僧人條例》，是泰國以法律的形式將僧伽管理納入法制的開始。

泰國的僧侶沒有參與政治活動的傾向。至今少見僧侶參加反政府活動，或是由政府透過僧伽組織發起之活動，既使有之也影響有限[44]。

　　基於佛教在泰國人民心中的崇高地位，以及對教義的虔誠信仰，一直以來都是提供政權合法性的傳統根源。因此泰國後王權時代的佛教發展，除了仍舊是傳統上提供政權合乎法統的最重要基礎外，也是執政當局用來安定、團結與穩固國家的重要工具；因此在 1932 年政變後的歷任執政者或軍事強人都認知到，自己權力之合法性與政權的穩固，最終還是要由佛教僧伽及其影響力來支持。這也是在 1950 年代末至 70 年代初期掌握政權的軍事強人，都會公開舉行盛大鋪張的佛教儀式的原因，他們試圖藉此來讓全國認可自己的權力合乎法統（寧平 1997：77）。

　　佛教從思想與價值觀上具有安定社會的作用，而由於僧伽被有效地納入從中央到地方的行政系統，政府的各項施政與政治活動，便可配合以僧伽政策，通過僧伽組織動員，讓僧伽與僧侶積極的參與、協助之（李勤 2001：15-16）。例如在 1950 年代以後，為了有效防制共產主義滲透到泰國的偏遠貧困農村，以及北部、東北部山地少數民族地區，泰國政府除了透過農村發展計畫的實行[45]，期冀透過富裕當地的經濟與民生，來降低農民與少數民族的反抗意願；於此同時還通過中央的僧伽組織提出相應配合的計

---

[44] 參閱〈泰國僧侶涉政治 惟影響力有限〉，《香港有線寬頻網》，2014 年 2 月 2 日：〈http://cablenews.i-cable.com/ci/videopage/program/12175649/新聞通識/泰國僧侶涉政治唯影響力有限/〉, (檢索日期：2016 年 10 月 16 日)。

[45] 先後提出了「社區發展計畫」(CDP)，以及和「加速農村發展計畫」(ARD) 等兩項計畫。

畫，企圖應用佛法的宣揚及其教化功能，來從宗教與思想上來達成與前者相同的目的。[46]

八、結論—泰緬王權與教權結合的時代新意

佛法與王法互相支援的基本政治結構，早在陀佛在世時的原始佛教時期即已成形；而後來傳入泰緬地區的上座部佛教教義，讓封建王權與教權得到了緊密結合，同時「曼陀羅」與「須彌山」的宇宙觀、人生觀等價值信仰，經過封建王朝千年來的宣揚、實踐與鞏固，已然深植於各階層、各地域人們之各個生活層面，有如是構成泰、緬兩國政治與社會「超穩定結構」[47]的核心元素。

1932 年的軍事政變，瓦解了泰國的封建王權，而緬甸王室則於 1885 年被英國殖民者終結。政權更替、王權無存。後王權時代之泰、緬兩國政權，無論是緬甸的被殖民統治，或是兩國都曾歷經的民主憲政政體，以及後來軍事集團的獨裁集權，自然對於王權神授的神王觀念之刻意淡化，就成了後王權時代歷來政權的當然與必須了。然而，於此同時，這又與歷史傳統上統治者權力來源的法統性相衝突，因此政權最高統治者，尤其是經過政變取得

---

[46] 1964 年，由宗教廳和僧伽當局合作提出「提高佛教信仰和道德計畫」（傳法使計畫）、以及 1965 年由社會福利局和僧伽當局合作則提出針對北部邊遠山區農民和少數民族的「弘揚佛教計畫」（宏法計畫）。

[47] 1980 年代金觀濤先生提出了「中國社會超穩定結構」的理論，他將中國社會分成三個層次（上層的官僚、中層的鄉紳、下層的宗法家族），其核心根源則是儒家的思想，以及封建的科舉制度。他穩定了中國社會大多數農民的固著於土地，但同時也保障了人才與精英者向上階層流動的渠道。這結構自秦統一以來至清朝歷經兩千餘年，相當穩固。

的政權之政治、軍事強人，更是需要將此王權神授的神王觀念與以轉化為己用，因此支持與保障僧伽與僧伽制度，在除了英緬殖民政府時期以外，都受到了兩國歷屆政府的延續與強化。

　　近年來泰緬兩國在國家發展的道路上，都面臨重大的變革[48]。佛教做為這兩個現代國家價值的重要組成，一如歷史傳統，自然也成為兩國各政治勢力所關注與著力處。當政者運用佛教與僧伽組織的力量來控制與穩定政權，同時也用以強化自己政權法統的正當性。例如，緬甸軍政府記取了 1988 年「袈裟革命」的教訓，改變了尼溫政權時期以來的宗教政策，除了更嚴謹與強化僧伽制度，以限制僧侶參與政治活動以外，更從政府領導人本身作起，積極地護持、禮敬佛教、僧伽與僧侶，並提高對僧侶們的各項福利與津貼，以企圖攏絡、收買僧伽組織與僧侶個人。對於僧伽的掌控權，當然也因此成為各方政治勢力之所必爭了；例如泰國百歲僧王頌得帕耶納桑文與 2013 年 10 月圓寂，至今已 3 年仍遲遲未能任命新任僧王，即是與泰國各方政治勢力對於僧伽的掌控權之爭奪有著極為深切的關聯性。

　　然而，兩國歷史發展的不同命運，造成兩國僧侶對政治參與的解讀產生有不同傾向的發展。緬甸自古有僧侶參與政治以支持政府的傳統，這也包括當國王不保障、不支持僧伽，同時也不實行善政以扮演好一個理想神王角色的時候，僧伽也就不會再支持國王。同時，由於過去政府曾有一段很長久的時間疏於僧伽制度的維繫與管理，今日的緬甸僧伽與組織，已經難以去限制僧侶個

---

[48] 緬甸的民主化改革獲得重大突破，2010、2015 年兩次大選政權順利移交。反而是泰國的 2014 年軍事政變，看似民主化倒退，重回過軍人集團主政的時代。

人的政治活動參與行為。因此；在今日的緬甸，有許多僧侶熱心參與政治活動，也就是因為基於政府未能扮演好佛教教義中國王應有角色的個人認知。而泰國王室的存續，則保障了僧伽制度持續數百年的發展完備，這很大程度地限制了僧侶基於個人政治理念而參與政治活動的自由。

在緬甸，過去歷任政府一直試圖以佛教、及其教義來鞏固國家的團結，以及找回人民對國家的向心力，以及對政府的支持。然而長久的獨裁統治與低效的施政成果，更難以讓緬甸人民將過去對神王的依附關係，以及自身在曼陀羅宇宙結構中的人生定位，轉移到一個沒有國王、不受到僧伽支持的政府上；因此重新建立神王與僧伽、與人民的關係與信念，似乎是緬甸後王權時代政治的重要課題之一。過去曾經恢復佛教為國教地位、自認自己是彌勒佛、未來佛轉世的總理吳努是如此[49]；如今同樣在緬甸具有空前高支持度的的翁山蘇姬，也曾被許多緬甸人視為未來佛、轉輪王化身一般，而投予高度的期待。因此翁山蘇姬若能成功將神王的形象轉化到絕大多數人民心中，相信將能極大地有助於她帶領全緬甸人民，一同致力於未來推動國家現代化與民主化的建設工作。

而在今日的泰國，王權則被一定程度的成功轉化於憲政政府，這其中最重要的關鍵是由於泰王蒲美蓬巨大影響力的支持與背書。蒲美蓬以其多年來勤事於黎民百姓之民生經濟，及其親民愛民的作為與形象，重新喚回了源自泰民族傳統的父權與庇護觀

---

[49] 宋立道，〈為何說南傳佛教在佛教史上的價值無可替代？〉，鳳凰新媒體網：〈http://fo.ifeng.com/a/ 20160301/41556989_0.shtml〉,（檢索日期：2016 年 10 月 19 日）。

念，重建了二戰後幾瀕崩潰之泰國王室存在價值。雖然君主憲政下的泰王，已不具有實權，然而在蒲美蓬之於全國人民心中有如一個巨大的慈父形象，其王權的意涵已然超越文字的定義，其實質的影響力量，也早超乎於政治權力的層面，而是從人民之根本心中去重新詮釋一位泰國國王的傳統理想標準～一位集「父親、國王與神王」身份於一身之三位一體的君王。政權的正統、合法性透過了神王一般蒲美蓬的支持，輾轉授予了新政府（由軍事政變取得的政府亦然）。而如今，偉大的君父已逝[50]，後蒲美蓬時代的國王個人魅力勢必難再，本已無實質權力的君主立憲王室影響力勢將更進一步衰微。但未來無論泰國的國家政體如何改變與發展，佛教在泰國的地位與影響力將難以撼動，新的政權勢必也會繼續結合泰國的僧伽體制，來肯定自己政權的合法性，以及維持國家與社會的穩定。

---

[50] 泰王拉瑪九世蒲美蓬已於本文為文之時（2016 年 10 月 19 日）前六天的 2016 年 10 月 13 日駕崩，在位 70 年，享壽 88 歲。

參考文獻

中文

1. John F. Cady，1988，《東南亞歷史發展》，姚楠等譯，上海：上海譯文出版社，共 860 頁。

2. Melford E. Spiro，2006，香光書鄉編譯組譯，《佛教與社會：一個大傳統並其在緬甸的變遷》，嘉義市:香光書鄉出版社，共 838 頁。

3. R. Leach 著，2003，張恭啟、黃道琳譯，《上緬甸諸政治體制—克欽社會結構之研究》，共 379 頁。

4. 何貝莉，2016，〈歷史與結構—讀譚拜爾的《世界征服者與遁世修行者》〉，《西北民族研究》，總第 89 期，頁 59-65。

5. 宋立道，2000，《神聖與世俗—南傳佛教國家的宗教與政治》，北京：宗教文化出版社，共 310 頁。

6. 宋立道，2002，《從印度佛教到泰國佛教》，台北市：東大圖書公司，共 234 頁。

7. 李一平，1994，〈英國對緬甸殖民政策〉，《世界歷史》1994 年第 4 期，頁 36-43。

8. 李晨陽，1997，〈現代緬甸民主運動中的佛教〉，《佛學研究》，1997 年第 6 期，頁 224-236。

9. 李晨陽，1998，〈緬甸佛教的現狀〉，《東南亞研究》，第 1 期，頁 53-57。

10. 李勤，2001，〈近現代泰國佛教的世俗化趨向〉，《雲南師範大學學報》，第 33 卷第 6 期，頁 14-18。

11. 段立生，2005，〈論泰國歷史上四次僧伽制度的改革〉，《東南亞》，第 1 期，頁 58-64。

12. 段立生，2001，〈文物遺志看佛教在泰國的傳播〉，載《東南亞研究》，第 4 期。

13. 段立生譯，1982，〈西元 1887 年泰皇朱拉隆功陛下關於官爵問題的論述〉(泰文)，《東南亞歷史譯叢》，第 2 期，頁 221-223。

14. 段知力，2006，〈緬甸雍籍牙王朝政權與教權的關係〉，《昆明大學學報》，第 17 卷第 3 期，頁 35-39。

15. 段知力、鐘奇峰，2006，〈緬甸蒲甘王朝政權與教權（上座部佛教）的關係〉，《東南亞研究》，第 5 期，頁 25-75。

16. 張紅雲、熊來湘，2014，〈素可泰國王尊號與宗教信仰的演變〉，《玉溪師範學院學報》，第 30 卷第 11 期，頁 12-18。

17. 張旭東，2005，〈試論英國在緬甸的早期殖民政策〉，《南洋問題研究》，第 2 期，頁 39-48。

18. 張治平，2007，〈泰國佛教的政治化〉，《東北師範大學碩士論文》，共 38 頁。

19. 賀聖達，1992，《緬甸史》，昆明：人民出版社，共 505 頁。

20. 寧平，1997，〈佛教在泰國政治現代化進程中的影響〉，《當代亞太》，1997 年第 2 期，頁 76-80。

21. 魏貴華，2002，〈緬甸封建社會政權與教權（上座部佛教）的關係〉，《東南亞縱橫》，第 2 期，頁 82-86。

22. 釋祖道，2011，《巴它麻扁：緬甸佛學考試及其影響》，成功大學歷史學系碩士論文，共 105 頁。

23. 鐘智翔，2001，〈緬甸的佛教及其發展〉，《東南亞研究》，2001 年第 2 期，頁 74-80。

24. 龔浩群，2010，〈佛與他者:現代泰國的文明國家與信仰階序的建構〉，《思想戰線》，2010 年第 5 期，頁 69-74。

25. G. E. Harvey，姚枏譯註，1946，《緬甸史》，上海：上海印書館。共 503 頁。

26. 中國佛教協會網，〈泰國佛教概況〉：
〈http://www.chinabuddhism.com.cn/yj/2013-11-18/4281.html〉

27. 任繼愈，1985，《中國佛教史》三卷，北京：中國社會科學出版社。引自網路:〈 http://www.saohua.com/shuku/zhongguo fojiaoshi/14332_SR.htm 〉。

28. 宋立道，〈中國佛教學術論點 47〉：〈http://www.foyuan.net/article-304594-2.html 〉。

29. 宋立道，〈為何說南傳佛教在佛教史上的價值無可替代？〉，鳳凰新媒體網：〈http://fo.ifeng.com/a/20160301/41556989_0.shtml 〉。

30. 法治世界網，〈泰王國憲法〉(2007 年 8 月 24 日頒布):
〈http://www.tw-roc.org/Top8/index/ajax_discovery.php?cmd=Discover&act=book&id=THA.001&keyword=%E5%85%AC%E5%85%B1%E8%AD%B0%E9%A1%8C 〉。

31. 新聞晨報，〈泰國:一個有豐富政變歷史的國家〉，2014 年 05 月 23 日:〈 http://news.xinhuanet.com/world/2014-05-23/c_126539064.htm 〉。

英文

1. Atsuko Naono,1996, The Buddhist Kings of Chiengmai and Pegu, The Purification of THE Sangha, and The Mahabodhi Replicas in

The Late Fifteenth Century, University of Michigan.

2. D. G. E. Hell, 1960, Burma History, Third Edition, London:Hutchinson & Co. Ltd

3. Ian Harris(EDT), 2009, Buddhism Power and Political Order, London: Routledge.

4. Matthew J. Walton, 2016,Theravada Buddhist Political Thought in Comparative Perspective, University of Oxford.

5. Matthew J. Walton, 2012, Politics in the Moral Universe: Burmese Buddhist Political Thought, University of Washington.

6. Roger Bischoff,1995, Buddhism in Myanmar: A Short History, The Wheel Publication.

7. S. J. Tambiah, 1976, World Conqueror and World Renouncer, New York：Cambridge University Press.

8. Sascha Helbardt, Dagmar Hellmann-Rajanayagam & Rüdiger Korff, 2013, Religionisation of Politics in Sri Lanka, Thailand and Myanmar, University of Passau

9. Sunthorn Na-rangsi, 2002 , Administration of the Thai Sangha: Past, Pesent and Future ,The Chulalongkorn Journal of Buddhist Studies Vol. 1 No. 2.

10. Than Tun,1959, "Religion in Burma, AD 1000～1300," Journal of Burma Research Society, Vol. 42 , Part 2.

11. Buddha Space, Buddhism by Numbers: 10 Duties of a King, 〈http://buddhaspace.blogspot.tw/2012/07/buddhism-by-numbers-10-duties-of-king.html.〉

12. Thomas Fulle,June 20, 2013, Extremism Rises Among Myanmar Buddhists, New York Times: 〈http://www.nytimes.com/2013/06/21/world/asia/extremism-rises-among-myanmar-buddhists-wary-of-muslim-minority.html?_r=0〉

泰國「2016憲法」政治學：軍君「權力與權威」結合？

孫國祥

南華大學國際事務與企業學系副教授

摘要

　　對盈拉政府發動軍事政變後，2014年5月22日上台的軍事執政團統治泰國至今。它已大幅限制了政治活動和言論自由，出現許多侵犯人權的行為，其中甚至包括酷刑。然而，根據「民主路線圖」，2016年8月泰國人民對新憲公投且獲得通過，其將引導下一階段的選舉。然而，泰國軍事執政者將此項選舉與國王繼任人加冕王位同時考慮，以確保其能穩定的保有在泰國政治中的權力，蒲美蓬國王的過世顯示泰國政治君王與軍方權力互動關係進一步的複雜化。

　　自2014年5月22日的政變以來，泰國迄今仍由軍政府所統治。憲法遭到廢止並由臨時憲法取代，同時憲法起草委員（Constitution Drafting Committee, CDC）致力於新憲法的制定。在2016年1月提出憲法草案，而且對新憲的公投於2016年8月舉行。原則上，此進程應會引導在2017年的大選和隨後民選政府的誕生。然而，蒲美蓬（Bhumibol Adulyadej）國王的過世，雖然可能已在軍事執政團預做的準備當中，但仍出現「權力」、「權威」的磨合。若就新憲的公投得以通過而言，泰國政治的新架構逐漸

階段性明朗，但其中也鑲嵌了軍方在泰國政治中的結構合法化，並埋下未來的政治引爆點。

關鍵詞：**塔信、王室網絡、巴育、2016 年憲法**

一、前言：政治情勢挑戰憲法結構抑或反之

自 2001 年以來，泰國的政治已經由塔信（Thaksin Shinawatra）的支持者和反對者之間的分裂所支配，塔信擔任總理直到他在 2006 年遭到軍方趕下台。塔信於 2008 年自我放逐而住在杜拜，他在泰國面對貪腐的指控。他的妹妹盈拉（Yingluck Shinawatra）在 2011 年當選總理。由前副總理素貼（Suthep Thaugsuban; 民主黨）領導的許多抗議活動，盈拉在 2014 年 2 月呼籲提前舉行大選。她希望全國恢復平靜，但泰國一直處於政治危機的動盪之中，反對者關注她的政府試圖引入大赦法案，以允許塔信結束流亡返泰。示威者要求總理辭職，指責她領導由她哥哥指導的代理人（魁儡）政府。[1]

反對派在全國的 375 選區中的 28 個選區阻止候選人的登記程序，其中 89 個選區的投票遭到取消。選舉主要是受到反對派民主黨（Democrat Party, DP）的抵制。全泰國 4,900 萬選民中的大約 1,200 萬人無法投票。結果是，選舉未能重返召開眾議院成員所需的最低數量，泰國從而陷入了政治混亂。[2]根據非官方的結果，總理盈拉的政黨，為泰黨（Pheu Thai Party, PTP）贏得了眾議院 500 名成員的約 300 席。然而，在選舉之後，街頭的抗議活動並沒有停止。矛盾雙方的衝突和襲擊事件不斷，迄至 2014 年 2 月 26 日，傷亡人數高達 21 人。

---

[1] Interparliamentary Union, Thailand, 2014. form 〈http://www.ipu.org/parline-e/reports/thaihr_a.htm.〉
[2] 同上

2014 年 3 月 21 日，憲法法院廢止了 2014 年 2 月眾議院的選舉，按照 2007 年憲法，該憲法規定選舉必須在全國各地同時舉行。2014 年 5 月 7 日，憲法法院強制總理盈拉及其他 9 位部長下台。留任的部長們選擇副總理尼瓦塔隆（Niwatthamrong Boonsongpaisan）擔任看守總理。抗議活動繼續進行，並於 2014 年 5 月 22 日由軍方以「恢復秩序」之名接管政權。[3]它成立了全國和平與秩序委員會（National Council for Peace and Order, NCPO），由巴育（Prayuth Chan-ocha）將軍領導。軍政府宣布戒嚴和全國宵禁，禁止政治集會，逮捕和拘留政治人物和反政變活動者，實行網際網路審查並且對媒體的實施管制。

在隨後的數個月裡，軍政府任命其他的軍方主導的統治機構來治理國家，包括：憲法起草委員會、全國立法議會（National Legislative Assembly, NLA）、國家改革委員會（National Reform Council, NRC），[4]改革委員會後來由國家改革常設大會（National Reform Steering Assembly, NRSA）以及內閣取代。政變時軍隊的領袖巴育將軍，2014 年 8 月 21 日被軍方任命的全國立法議會提名為總理。全國和平與秩序委員會宣布了「民主路線圖」，並承諾進行改革，以及之後舉行選舉。選舉日期遭到推遲數次。第一次定於 2015 年，然後是 2016 年中旬，然後是 2017 年。戒嚴令 2015 年 4 月 1 日解除，但不影響軍政府的權力。

---

[3] BBC, Thailand Country Profile, 2015. from 〈http://www.bbc.com/news/world-asia-15581957.〉

[4] 2014 年 10 月，軍政府成立了 250 個席位的國家改革委員會，旨在為治理改革和政治進程提出建議。

二、泰國政治中君王的發展

（一）蒲美蓬國王

泰國國王是國家的元首。他是一個沒有正式政治角色的立憲君主。他擁有半人半神（semi-divine）地位：根據憲法第 8 條規定，他是以崇敬的位置登基。他還擁有軍隊最高長官的地位。[5]生於 1927 年並於 1946 年登基，一些分析家視國王蒲美蓬為全國的穩定人物。他在 12 月 5 日的生日被作為父親節慶祝。他是世界上在任時間最長的國家元首，又稱拉瑪九世（Rama IX），他是卻克里（Chakri）王朝的第九位君主。[6] 然而，蒲美蓬自 2015 年 6 月幾乎永久性的住院治療。

蒲美蓬國王在政治危機的時候以及經由多年的獨裁統治扮演了一種重要角色。他與軍方已建立良好的關係。軍方在 20 世紀變得非常的保皇派，此導致了一些政治觀察家認為，對有關國王繼承人的憂慮已經促使當前的政治動盪。軍方希望確保平穩王室的過渡。他是泰國人認同的基石，也是團結該國的主要力量之一。王宮開始日益頻繁地發佈國王的病情通告，在這個分歧深重的國

---

[5] Interparliamentary Union, Thailand, 2014, from 〈http://www.ipu.org/parline-e/reports/thaihr_a.htm.〉

[6] 1782 年，卻克里（Chao Phraya Chakri）將軍領導了一場政變，奪取了權力，並建立了一個以拉瑪一世（Rama I）國王為名的新王朝。這個國家被稱為暹羅（Siam）和成立一個新的首都曼谷。1917 年，第一次世界大戰期間暹羅成為英國的盟友。1932 年，絕對君主制在一場不流血的政變中結束；君主立憲制與議會政府一起引入。在 1939 年，暹羅改名為泰國，亦即「自由之地」，參見 <http://www.bbc.com/news/world-asia-15641745>.

家，對國王的敬仰一度曾是各方唯一能達成共識的事。而今，泰國王室的未來也面臨著不確定性。

2016 年 10 月 13 日，蒲美蓬去世，他在位 70 年 4 個月，在世界當代國家元首中在位時間最長。他得到泰國國民的巨大支持和尊敬，時而直接干預政治混亂，平息事態，作為泰國社會的穩定支柱發揮了存在感。1782 年結束內亂的卻克里將軍自稱「拉瑪一世」，這是延續至今的泰國王朝的起源。國王作為絕對君主君臨天下，但以 1932 年的立憲革命為轉捩點，存在感有所下降。蒲美蓬國王的哥哥阿南達（Ananda Mahidol）國王（拉瑪八世）在宮殿的寢宮內被槍擊中額頭，結束了 20 歲的生涯。此事被視為泰國現代史最大的謎團，其背景有可能是戰後混亂期的權力鬥爭。隨後即位的蒲美蓬應該慎重揣測了與政治的關係。

開始抬高這位年輕而又謹慎的國王，是由 1960 年前後掌握政權而軍方出身的沙立（Sarit Thanarat）總理。在東南亞政治狀況日趨混亂的背景下，沙立提倡「泰國式民主主義就是以國王為元首的民主主義」，致力於恢復已經弱化的國王和王室的威信。同時，國王也積極接受了軍方的想法，利用國王作為國家統一的象徵。藉由駕臨地方與國民進行交流，同時向很多地區的開發投入資金。加上親自演奏薩克斯風、在帆船國際大賽上大顯身手等形象，致使國民熱狂地支持。在泰國的家庭和企業中，懸掛國王的照片和肖像成為理所當然。

雖有權力但缺乏權威的軍方和與之相反的國王的齊心協力阻止了東西方冷戰局面下共產主義勢力的發展，建立了如今「泰國王國」的骨架。不久，國王的凝聚力開始凌駕於軍隊之上。在軍隊向要求民主化的群眾開炮、導致大量死傷者的 1973 年的「10

月 14 日事件」以及 1992 年的「5 月暴行」中，蒲美蓬命令政權下臺以平息事態，將此一「克里斯瑪」（Charisma，超凡魅力領袖型）角色變得更加穩固。因此，泰國過去發生的 19 次軍事政變，能否獲得國王的事後承認成為軍事政變成敗的分界點。1973 年及 1992 年的事件中，蒲美蓬命令政權下臺以平息事態，確立了自身的超凡領袖地位。

當然，此引發了壓倒性的權威集中於國王個人身上的問題。即使其他任何人繼承王位，也無法輕易繼承到權威和尊敬。蒲美蓬的去世意謂在泰國面臨困境時，國民依賴的「穩定支柱」消失了。近年來泰國的穩定局面不時出現動搖。2001 年至 2006 年擔任總理的塔信以「國家的首席執行長」自居，受到了國民的歡迎。但是有時塔信會試圖扮演與國王並居的「國民之父」角色，遭到對國王不敬的批評。在 2006 年的軍事政變中下臺的塔信認為，國王的諮詢機構樞密院主席布勒姆（Prem Tinsulanonda，前陸軍司令官、前總理）是幕後主使。

塔信流亡國外仍持續發揮影響力，力爭實現復權的塔信支持者與保守派之間的矛盾很深，招致了 2014 年 5 月軍方再次發動軍事政變以打倒塔信派政權的事件發生。對於造成眾多國民傷亡的塔信與軍方兩派的街頭遊行，健康狀況不佳的蒲美蓬國王並未出面裁定。在塔信強烈個性的面前，蒲美蓬沒能看到國民們彌合分裂便與世長辭。泰國希望在前陸軍總司令、臨時總理巴育的帶領下，藉由拆除國內對立萌芽的改革、制定新憲法和選舉，儘早恢復民政。而在這個過渡期，蒲美蓬去世。泰國無法依賴超越世俗的超凡魅力領袖，只能基於全體國民的意見來解決困難，泰國迎來摸索新的國家模式時代。

（二）皇室繼承人

君主制的影響力可能在蒲美蓬國王去世後下降，因為他的繼任者，王儲瓦集拉隆功（Maha Vajiralongkorn），沒有像他的父親一樣受到人民的尊敬，而且沒有像他的父親與軍方建立同樣的關係。然而，浦美蓬國王去世前出現了變化，皇太子在他的私人生活有所收斂，並已採取步驟來改善他與軍方的關係。他大部分時間在兒子迪鵬功（Dipangkorn Rasmijoti）留學的德國生活。學生時代曾在泰國和英國生活，還曾就讀過澳洲的軍校，瓦集拉隆功對軍事相關領域非常關注，具有戰鬥機和噴氣式飛機「波音777」的駕駛資格證。因他非常喜歡狗而被熟知，曾攜帶愛犬出席正式儀式。

瓦集拉隆功生於 1952 年，他是國王蒲美蓬和王后詩麗吉（Sirikit）的獨子。蒲美蓬在 1972 年指定瓦集拉隆功為王位繼承人，意味根據現行的繼承法，國會應該容易地批准國王的選擇。直到晚近，皇太子很少在泰國人面前正式公開的露面。他大部分的生活都在德國，而他的私人生活有規律的成為（泰國外部）頭條新聞。他在 2014 年與他的第三任妻子蒙西拉米（Mom Srirasmi）王儲妃離婚，其中指控她的家人曾濫用其皇族身分以謀取私利。[7]這場離婚已經被解釋為皇太子企圖使自己更受到泰國民眾所接受。

王儲培養與塔信的關係，當後者享有權力時，但在反政府抗

---

[7] Thomas Fuller, "Kin of Thai Princess Stripped of Royal Name," *New York Times*, Nov. 30, 2014. form 〈http://www.nytimes.com/2014/12/01/world/asia/family-of-thai-princess-srirasm-is-stripped-of-royal-name.html?_r=0〉, (accessed on 2017-08-12).

議活動期間，他與欽那瓦（Shinawatra）家族的關係逐漸惡化。在
2014 年 5 月政變後，瓦集拉隆功親王開始接觸軍政府。事實是他
在 2014 年 8 月接受擔任全國立法議會的就職典禮的主席，從而被
理解為對軍政府默示的認可。

在瓦集拉隆功繼位之前，泰國繼承法還留有王室繼承人指定
的模糊空間。一些泰國的觀察家們認為，王儲並不是國王的唯一
的潛在繼任者。自 1974 年以來，憲法已允許國王的女兒加入在沒
有男性繼承人時的王位。詩琳通（Maha Chakri Sirindhorn）公主，
蒲美蓬國王的三個女兒之一，經常被提及作為一個可能的繼承人
選擇。像她的父親，她很受泰國國民歡迎，歸因於她的慈善活動
和謙虛的聲譽。

另一個潛在的皇室繼任者是瓦集拉隆功親王的大女兒和蒲美
蓬國王的第一個孫子，帕差拉吉帝雅帕（Bajrakitiyabha）公主。
她具有康奈爾大學法學院的博士學位，並曾經在多個政府職位中
工作，其中包括泰國常駐聯合國代表團。從 2014 年開始，她在曼
谷總檢察總長辦公室擔任省首席檢察官。[8]該等超越瓦集拉隆功的
競爭者也某種程度展現泰國政治中權威的重要性。

（三）泰國的樞密院

樞密院是由國王的顧問所組成。根據憲法的規定，國王最多
可以任命 18 位成員。他選擇和指定 1 名有資格的人擔任樞密院主
席。[9]自 1998 年以來，前總理和陸軍將領布勒姆一直擔任樞密院

---

[8] The Leaderboard: HRH Princess Bajrakitiyabha 'Pa' Mahidol, 2014, from
〈http://cogitasia.com/theleaderboard-hrh-princess-bajrakitiyabha-pa-mahidol/〉.

[9] 泰國君主制、泰國的樞密院，還包括樞密院成員的完整名單，見

的院長。出生於 1920 年 8 月 26 日，他被認為是保守和極具影響
力的人士。他涉嫌於 2006 年在推翻總理塔信的政變中扮演了某種
角色，而在 2009 年成為「反獨裁民主聯盟」（National United Front
of Democracy Against Dictatorship, UDD）示威者的一個目標。[10]

三、泰國政黨的發展

在 2014 年 6 月，全國和平與秩序委員會暫停了給予政黨的公
共資金。他們繼續在 2007 年的法律下加以規範，但是禁止集會和
從政治活動中募款。此外，全國和平與秩序委員會第 57 號令禁止
新政黨的創建登記。憲法起草委員會曾與一些政黨領導人會晤，
但他們不被允許滿足對新憲事先形成的共同立場。[11]

泰國的政治制度是由兩個主要黨派所主導，首先是民主黨
（Democratic Party, DP）：其與傳統的菁英息息相關，它與人民民
主聯盟（People's Alliance for Democracy, PAD）有緊密的聯繫，俗
稱「黃衫軍」（國王的顏色），一個希望協助推翻塔信的運動。選
民包括許多曼谷的上層和中產階級。

其次是原來前總理塔信的泰愛泰黨（Thai Rak Thai party,
TRT），以及其繼任者人民力量黨（People's Power Party, PPP）和
為泰黨。後者自 2001 年以來幾乎贏得每一場的選舉。雖然全國和

<http://www.thaimain.com/eng/monarchy/privy.html>.
[10] Control Risks Online Solutions, Country Generated Forecast, 3 March 2016.
https://www.controlrisks.com/en/online-solutions.
[11] Freedom House, Thailand, 2015, from 〈 https://freedomhouse.org/report/
freedomworld/2015/thailand 〉(accessed on 2017-08-12)．

平與秩序委員會的行動傾向民主黨核心支持者的利益，但包括民主黨和為泰黨的領導人自 2014 年政變以來，一直維持在政治進程的觀望位置。

政變之前，兩大聯盟被稱為「紅衫軍」和「黃衫軍」。首先是「人民民主改革委員會」（People's Democratic Reform Committee, PDRC）領導的各項抗議，始於 2013 年 11 月在素貼的領導下，其前身為副總理兼民主黨的秘書長。該團體從各種來源和團體吸引支持。其包括黃衫軍運動、極端主義和極端保皇派（ultraroyalist）組織的部分，以及廣大曼谷的中產階級和上層階級。

其次是「反獨裁民主聯盟」（United Front for Democracy Against Dictatorship, UDD）的支持者，通常被稱為「紅衫軍」，是來自泰國東北部和北部農村群眾組成的不同政治壓力團體。它是由曼谷的都市下層階級，以及知識分子所組成。該運動通常代表該等對經濟增長帶來好處感受被排除在外的人，以及傳統的權力槓桿者。它是由前總理塔信的支持者所組成，儘管塔信仍在外流放。然而，並非所有的反獨裁民主聯盟成員都支持他；其中許多人不同意盈拉所提出的大赦法案。

四、泰國軍方的角色

泰國擁有大型與裝備精良的軍隊，其中包括 245,000 人的陸軍部隊、69,850 人的海軍以及 46,000 人的空軍，以及 92,700 人的武警部隊。它是東南亞地區擁有裝備最好的空軍之一，擁有包括鷹獅（Gripen）戰鬥機和薩伯（Saab）340AEW 平台的設備。2016

年泰國的國防預算為 2,070 億泰銖，相較於 2015 年 1,930 億泰銖的預算有顯著的增加，但應該注意的是，在該地區的其他國家增加更多它們的國防預算。舉例而言，孟加拉、新加坡、印尼、菲律賓、巴基斯坦、馬來西亞、東帝汶和澳洲，所有國家都有 20%以上的增長，而泰國的增加是在 3%至 10%之間。2014 年的政變破壞了泰國與美國的同盟關係，導致聯合訓練演習的減少。泰國與中國的關係已經益加友好，泰國有興趣採購中國的潛艇，以及雙方在 2015 年 11 月舉行雙邊的空中演習，皆得以證明。在最南部的三個省份和第四省部分，泰國正在進行對武裝分子的打擊行動，低度的戰爭持續。[12]

　　泰國軍方始終遭到派閥之爭，其圍繞軍方人物個人、畢業班別、單位、企業利益和意識形態的派系。多年來，最顯著的派別都來自於軍方、警察和「東部之虎」（Eastern Tigers）。此已導致泰國軍方成為該等從政變後推動中受益和該等沒有受益之間差距的更加分化。目前最大的派系是「東部之虎」，而皇家禁衛軍（Wongthewan）派也被授予了高階的軍隊職務。[13]

　　政變領導人一直遭受批評，因為他們授予軍事官員廣泛「類警察」（policelike）的權力，以逮捕和拘留公民。陸軍少尉或更高軍銜的士兵獲得授權以防止或制止 27 種罪行，包括違反公共治安、誹謗、賭博、勒索和虐待勞工的罪行，以及能無搜索票即可

---

[12] The Military Balance, Chapter Six: Asia, *The Military Balance, 2016*, from 〈http://dx.doi.org/10.1080/04597222.2016.1127567〉.

[13] Paul Chambers, "Thailand's Divided Military," *The Wall Street Journal*, 30 June, 2014. from 〈http://www.wsj.com/articles/thailands-divided-military-1404148174〉, (accessed on 2017-08-12).

搜索財物。軍方也可以沒收財產、中止金融交易和禁止犯罪嫌疑人的旅行。軍政府的一位發言人皮亞豐（Piyapong Klinphan）上校表示，該等權力實施係以防止對公共秩序構成威脅的罪行。[14]

（一）軍方控制立法機關

根據2007年的憲法，泰國是由兩院制議會體制的方式管理。[15]眾議院和參議院在2014年5月的軍事政變後遭到廢止。2014年7月23日，立法權力歸屬於全國立法議會，一個由全國和平與秩序委員會任命的200名成員組成的議會。[16]全國和平與秩序委員會聲稱它選用的人來自所有職業和政治背景。成員接受來自不同的部門：主要是公、私、民間、學術和專業領域。議會的其他成員包括資深官僚、來自國務委員會（Council of State）的律師、行政法院的律師以及一些前所未聞的成員。近期為政府工作的前政治人物均沒有資格，因為臨時憲法中有所規定。此外，職務已經給予人民民主改革委員會的支持者，他們聯手推翻盈拉並且支持政變：該等包括前參議員、公立大學校長，以及在人民民主改革委

---

[14] Oliver Holmes, "Thai Junta Criticised as Army Given Sweeping Powers of Arrest," *The Guardian*, April 5 2016. from 〈https://www.theguardian.com/world/2016/apr/05/thailand-junta-gives-army-sweeping-powers-of-arrest 〉, （accessed on 2017-08-12）.

[15] 有關以前泰國立法制度的更多資訊，參閱 Marika Armanovica, 2014 In-Depth Analysis Kingdom of Thailand: A distressing standoff, Directorate-General for External Policies Policy Department DG EXPO/B/PolDep/Note/2014, 25 March 2014. <http://www.europarl.europa.eu/RegData/etudes/briefing_note/join/2014/522334/EXPO-AFET_SP(2014)522334_EN.pdf>.

[16] Royal Thai Government, Three-month Progress Report of the NCPO, 2016, <http://www.thaigov.go.th/index.php/en/pressbriefing/item/85621-id85621.html> , (accessed on 2017-08-12).

員會抗議中經常的發聲者。陸軍元帥他儂（Thanom Kittikajorn）
的女兒也獲選加入，他儂是 1973 年下令對大學生屠殺的獨裁者。[17]
巴育的弟弟普瑞查（Preecha Chan-ocha）將軍被任命為樞密院主
席的親密助手。

在實踐中，軍政府似乎無法維持多樣性。職位已經分配給軍
政府的親屬和支持者。另外，大多數全國立法議會的成員都是老
年人，他們很多是很長一段時間並不活躍的軍人和公務員。然而，
全國立法議會的任命可能是朝著正確方向邁出的一步，因為它是
將權力返回給平民的一個例子；然而，此還不是完全的民主。還
有就是關於成員的偏頗選擇獲得了很大的推展，來自菁英和來自
反對欽那瓦家族團體代表的成員人數過多。[18]除了其立法功能，
全國立法議會在強化內閣問責制的角色有限。議會選擇一位總
理，但卻不能撤銷他或她，除非全國和平與秩序委員會提出撤銷
的建議。

軍政府廢除了 2007 年憲法而且取而代之的是在 2014 年 7 月
在沒有公眾諮詢和由國王批准下起草的臨時憲法。它帶來了無法
制衡的權力，並且沒有提供人權的保障。臨時憲法的有效期限是
迄至新憲法通過全民的公決和批准。當然，新憲法已經通過，但
若新憲法沒有通過，軍事統治就會延續，從而出現兩難。公投是
「民主路線圖」的一部分。軍政府聲稱，它將於 2017 年 7 月舉行

---

[17] Paul Chambers, "Thailand's Divided Military," *The Wall Street Journal*, June 30, 2014, from 〈http://www.wsj.com/articles/thailands-divided-military-1404148174〉, (accessed on 2017-08-12).

[18] Khemthong Tonsakulrungruang, Thailand's National Legislative Assembly, CETRI, 26 août 2014. from 〈http://www.cetri.be/Thailand-sNational-Legislative?lang=fr.〉

大選，但此仍有待觀察。

（二）軍方主導憲法的起草與通過

憲法起草委員會於 2014 年 11 月由軍方任命，並於 2015 年初啟動新憲法的起草。它的 36 名成員係由全國和平與秩序委員會、全國立法議會和內閣所提名。它曾與主要政黨和政治運動團體磋商。[19]憲法起草委員會的主席米猜（Meechai Ruchupan）聲稱，憲法旨在解決長期運行的問題，諸如「立法者的濫用權力」。他說，「如果我們要改革國家，我們必須用猛藥，即使政黨對此不同意；我不能保證此將是泰國的最後一部憲法」。[20]

2015 年 4 月，當首部憲法草案公諸於世之後，由於它可能不會受到公民投票通過的風險是非常之高，以致自行加以撤回。2016 年 1 月 29 日公布的新憲第二稿，重新寫入一些初稿中更有爭議的條款，其中最重要的是一個非民選總理的任命，以及軍事主導的委員會來監督政府。

本次公投的選票上設有兩道問題，第一個是「你是否同意（接受）2016 年的新憲法草案？」；第二個是「是否同意參議院（上議院）應該和眾議院（下議院）共同推選總理？」。關於是否接受新憲法草案的投票結果已如前述。至於第二個問題的投票結果，

---

[19] Freedom House, Thailand, Freedom in the World, 2015. from 〈 https://freedomhouse.org/report/freedom-world/2015/thailand. 〉, (accessed on 2017-08-12).

[20] Amy Sawitta Lefevre and Panarat Thepgumpanat, "Draft Constitution for Army-run Thailand's 'Strong Medicine'," *Reuters*, January 20, 2016. from 〈 http://www.reuters.com/article/us-thailand-politics-idUSKCN0UY13E. 〉, (accessed on 2017-08-12).

則是贊成者有 58.1%，反對者有 41.9%，如表 1 所示。值得注意的是，除了傳統上支持塔信的東北部地區外，其他地區的民眾都對公投的兩項問題投下贊成票。而在東北部地區，反對票雖然佔了上風，但與支持票之間的差距並不大。

表 1：2016 年泰國公投結果表

問題	同意		不同意		無效/空白	總票數	註冊選民	投票率
	選票	%	選票	%				
憲法草案	16,820,402	61.4	10,598,037	38.7	2,322,238			
總理的選舉	15,132,050	58.1	10,926,648	42.0	3,681,979	**29,740,677**	50,071,589	59.4

資料來源："Official Charter Referendum Figures Posted," *Bangkok Post*, 11 Aug 2016. <http://www.bangkokpost.com/archive/official-charter-referendum-figures-posted/1058026>.

此外，軍政府也必須處理泰南的問題。戒嚴令和緊急狀態的混合物已經在泰國 3 個最南部的省份第 4 個省份的部分地區執行了 10 年，自 1940 年以來，該地區形成馬來穆斯林的多數聚集，而且分裂主義者的叛亂活動一直在發生。由於 2004 年 1 月軍事行動的升級，超過 6,000 人遭到殺害。平民通常成為槍擊、爆炸和縱火襲擊的標的。武裝分子經常針對作為泰國國家象徵的學校和

教師進行攻擊。

2013 年 2 月，政府與國民革命陣線（National Revolutionary Front, BRN）簽署了協議，並開始第一次正式的和平談判。在政治危機和政變期間，和平對話便停滯不前。全國和平與秩序委員會允許馬來西亞繼續協助與國民革命陣線間進行的談判，但其也追求軍事解決方案。反叛亂行動已經導致數千名激進分子嫌疑人及支持者的浮濫拘留。根據可靠的報告顯示，酷刑和其他侵犯人權行為，包括由雙方安全部隊和武裝分子的法外處決持續的存在。[21]

在 2016 年，致命攻擊率有所提高，此預示著和平談判更加急迫。2016 年 2 月 12 日，在也拉府（Yala）和北大年省（Pattani）的暴力爆發，包括為當地學校教師安全的一個軍事巡邏隊遭路邊炸彈攻擊，以及過路車輛遭遇射擊和縱火襲擊。同樣在 2016 年 3 月 13 日，10 名武裝分子衝進陶公府（Narathiwat）的艾絨醫院（Jog Airong Hospital），並用它為據點攻擊附近泰國政府的安全據點。[22]伊斯蘭合作組織（Organization of Islamic Cooperation, OIC）已提出在泰國南部地區作為泰國政府與分離主義組織之間建立和平進程的推動者。[23]

---

[21] Control Risks Online Solutions, Country Generated Forecast, 3 March 2016, from 〈https://www.controlrisks.com/en/online-solutions.〉, (accessed on 2017-08-12).

[22] Human Rights Watch, Thailand: Insurgents Seize Hospital in South, March 15, 2016, from 〈https://www.hrw.org/news/2016/03/15/thailand-insurgents-seize-hospital-south.〉

[23] Panu Wongcha-um, "Leading Islamic organisation offers to help Thailand rebuild peace in restive south," Channel NewsAsia, 14 January 2016, from 〈http://www.channelnewsasia.com/news/asiapacific/leadingislamic/2423530.html.〉, (accessed on 2017-08-12).

五、新憲法的問題：憲章草案的九個主要缺陷

　　泰國的軍政府，全國和平與秩序委員會表示，它構想憲法草案是邁向實現「全面和永續民主」的關鍵一步。然而，對憲章草案主要條款的檢討表明，其創造了不民主的制度，削弱了未來選舉產生政府的權力，並可能為政治不穩定加添柴火。[24]由於 2016 年 8 月 7 日的全民投票中獲得批准，憲法將允許軍方及其代理人收緊對權力的掌控，並且鞏固軍方對政治事務的影響力。關於人權的保障，憲法草案的重大缺陷和對基本自由微弱的保障，成為憲法不足的結果。新憲法至少有 9 項問題，未來將引發持續的爭議。

第一、軍政府的命令持續有效（第 279 條）

　　全國和平與秩序委員會的所有公告、命令和法案和已生效的全國和平與秩序委員會的領袖，都被認為是合憲和合法的。全國和平與秩序委員會的命令和公告只能由新議會廢除或取代。此允許全國和平與秩序委員的命令和公告能繼續，致使與國際法下泰國的義務，或與憲章本身所規定的並不一致。

---

[24] 此分析是基於一份非官方的英文翻譯，由「國際民主暨選舉建構組織」(Institute for Democracy and Electoral Assistance, IDEA)、聯合國駐泰國協調員辦公室(Office of the United Nations Resident Coordinator in Thailand)，以及國際法學家委員會（International Commission of Jurists, ICJ）所提供，該文網址為：<http://www.un.or.th/wp-content/uploads/2016/06/2016_Thailand-Draft-Constitution_EnglishTranslation_Full_Formatted_vFina....pdf>.

第二、全國和平與秩序委員會，代理人維持對權力的控制（第 269 條）

過渡期允許選出 250 名任期 5 年的參議員。全國和平與秩序委員會將從選舉委員會（Election Commission, EC）提交的個人名單中選出 50 名成員，選舉委員會係由全國和平與秩序委員會指定的委員會，提交 194 名的個人名單，並保留 6 個席位給軍隊、警察以及國防部的高階官員。[25]

第三、非民主的制度（第 107、113 條）

在 5 年的過渡期之後，參議院將由 200 名任命的參議員組成，參議員不能為任何政黨的黨員。一個完全由任命組成的參議院是從 1997 年和 2007 年憲法的重要倒退步伐，之前的兩部憲法分別是全部和半數的參議員由選舉產生。

第四、參議員對憲法修正案擁有否決權（第 256 條）

在對憲法一讀時，憲法修正案至少需要國會議員和參議員總數的 50% 批准。然而，如果沒有至少三分之一的參議員支持，對修正案的表決將失敗。在第三讀也是最後一次審讀中，程序基本上是相同的，如果沒有至少三分之一參議員的支持，修正案將無法通過。

---

[25] 根據憲法草案的第 269(c) 條，6 名為國防常務秘書；最高指揮官；陸軍總司令；海軍總司令；空軍總司令；以及警察總長。

第五、總理可以是非經選舉產生的國會議員（第 158、159、272 條）

國王任命總理，在他／她由眾議院經由議會多數票選出後。[26] 在 5 年過渡期間，如果任何原因由於眾議院中的議員未能從政黨提名的合格候選人名單中選出一位總理，以及議會兩院的聯席會議至少 50% 國會議員的要求，則這種聯席會議可以免除總理來自參加議會的政黨成員，以眾議院議員和參議員總數的三分之二（750 票的 500 票）投票肯定。眾議院然後將以絕對多數票投票選出總理候選人。在這種情況下，眾議院可以提名一位非經選舉的國會議員擔任總理。

第六、總理、部長可以因「道德標準」的欠缺或「貌似誠實」而被撤職（第 82、160、170 條）

由眾議院議員總數的 10% 或參議院議員總數的 10% 簽署，足以向各自議會的議長提出請求，以便開始撤除內閣部長，包括總理職位的彈劾程序，如果他／她不具備「道德標準」，或「貌似誠實」。模糊的術語加上提出投訴所需要的低門檻，使得該體制易受濫用。

第七、更強大且不受限制的「獨立」機構（第 213、224、235 條）

新憲創設「獨立」的機構，諸如憲法法院、國家反腐敗委員

---

[26] 在大選之前，各政黨必須最多提名 3 位擔任總理的考慮人選（第 88 條）。一位提名人至少有眾議院中 5% 議員從政黨的提名人選選舉。然後，提名人必須獲得眾議院現有議員總數的至少 10% 的同意（第 159 條）。

會（National AntiCorruption Commission, NACC）和選舉委員會，享有過分廣泛和不受限制的權力。傳統上是高度政治化和遭指責存有偏見，允許該等機構變得更增加了泰國政治不穩定的風險，因為它們可以直接審查政府的行動，而沒有任何的制衡。國家反腐敗委員會和選舉委員會有權自行發動調查，而不需要第三方的正式投訴。從而增加了它們經由發動法律訴訟和對政府提起訴訟程序，而採取「司法政變」的風險。此外，憲法法院能夠根據個人直接提出的請求審查申訴，而不要求檢察總長或監察員對爭端進行審查。

第八、「無牙的」國家人權委員會（第247條）

如新憲法所述，國家人權委員會缺少一些根據所謂「巴黎原則」（Paris Principles）的「關於促進和保護人權的國家機構的地位原則」（Principles relating to the Status of National Institutions），以有效履行作為國家人權機構職責的關鍵權力。[27]新憲法中明顯欠缺的是確保其能力的規定：尋找關於侵犯人權的資訊，並向政府提出該等問題；鼓勵批准和確保國家立法與國際人權文書的有效執行；以及接受個人的投訴，並尋求解決方案。

---

[27] Principles relating to the Status of National Institutions (The Paris Principles), Adopted by General Assembly resolution 48/134 of 20 December 1993. 參見 Anna-Elina Pohjolainen, *The Evolution of National Human Rights Institutions: The Role of the United Nations*, The Danish Institute for Human Rights, 2006. From 〈http://www.nhri.net/pdf/Evolution_of_NHRIs.pdf.〉

第九、對基本人權的脆弱保護（第 27、34、42、44、47、54、57、59 條）

雖然 1997 年和 2007 年的憲法載有保護公平審判權利的規定，但新憲法顯然缺乏如此明確的規定。

新憲法關於意見和言論表達的自由不符合國際法，因為它不保證尋找、接受和傳遞各種資訊和理念的權利。新憲法中對意見和言論自由權的限制也不符合國際法，因為它們沒有規定此種限制必須符合「必要性」的嚴格測試。新憲法當中關於和平集會自由權的規定，沒有類似的保障措施。

新憲也沒有保護免於基於性取向的一切形式歧視。關於衛生權的規定，雖然允許「貧困人群」免費獲得公共衛生服務，但沒有明確界定此類人士。此外，關於教育、自然資源和資訊的權利，之前列在 1997 年和 2007 年憲法中的「泰國人民的權利和自由」已被歸為「國家的責任」。此種分類意味著個人在新憲法的架構下，即令該等權利遭到侵犯的情況，可能不再能尋求補救措施。

六、結語：塔信元素歷久不衰

如前所述，期待已久對泰國憲法草案的投票於 2016 年 8 月 7 日舉行。選舉委員會的非正式結果顯示，61.4%的泰國人投票支持憲法草案，37.9%的投票反對。[28]泰國的主要政黨和政府的批評

---

[28] "Thai Junta Passes Ballot," *Channel NewsAsia*, August 7, 2016. from 〈http://www.channelnewsasia.com/news/asiapacific/thai-junta-passes-ballot/3022288.html 〉, (accessed on 2017-08-12).

者表示，憲法草案可以確保軍方對該國的政治制度保持相當大的影響力。對此，憲法公投的勝利對欽那瓦家族和為泰黨造成了打擊。為泰黨的代理領導人威羅（Viroj Pao-in）警中將表示，泰國人或許已經務實地投票，因為他們想要盡快舉行大選。

全民投票已被描述為泰國軍政府人氣的試金石。隨著勝利，稱為全國和平與秩序委員會的軍政府現在有信心推出其過渡時期的計劃。問題是全國和平與秩序委員會是否將履行其呼籲在 2017 年選舉的承諾，國王駕崩也成為預期考慮的變數。[29]2015 年 9 月，政府官員即提到，選舉將根據「6-4-6-4 民主路線圖」計劃在 2017 年中期。根據路線圖，政府給予了 6 個月的時間以起草新憲法，4 個月時間對新憲舉行全民公投，6 個月時間草擬法律以支持憲法，以及 4 個月時間準備選舉。[30]由於憲法草案已經經由全民投票通過，選舉應按計劃進行，但國王辭世又引發新的變數。無論如何，2016 年 12 月 1 日，瓦集拉隆功正式接受國會邀請，正式繼位為拉瑪十世。

然而，即使瓦集拉隆功正式繼位且若如期且順利舉行了選舉，泰國也會出現一種「指導式」的民主。根據憲法，參議院 250 名成員將完全由軍方任命，為軍隊和警察的高級代表分配 6 個當然保留席位。[31]而且還有一項重要的規定，亦即允許非經選舉的

---

[29] Prashanth Parameswaran, "When Will Thailand's Elusive Election Be Held?" *The Diplomat*, September 18, 2015. from

〈http://thediplomat.com/2015/09/when-will-thailands-elusive-election-be-held/〉, (accessed on 2017-08-12) .

[30] 6 4 6 4 ก็ออะไร from 〈http://www2.army2.mi.th/army2/component/attachments/download/ 16.html〉.

[31] Tan Hui Yee, "Thailand's new draft Constitution unveiled," *The Strait Times*, March

個人在政治僵局的情況下被任命為總理。本質上，新憲法的起草是為了在過渡時期將全國和平與秩序委員會正當地鑲嵌至國內政治之中。

全國和平與秩序委員會尋求繼續控制源自於它再次保留在自己身上的保管角色，此次是透過遭到驅逐總理塔信的國家腐敗之複雜挑戰和失靈與蒲美蓬國王的繼承問題加以連結，作為全國和平與秩序委員會開展「經濟、社會和政治改革」議程的核心。2014年的政變和全國和平與秩序委員會的建立標誌著持續進行的後蒲美蓬國王時期統治的自然地位爭奪。在描述為「王室網絡」（network monarchy）中有多重博弈者圈子和圍繞泰國皇室家族的影響，通常有競爭性的議程。[32]

目前，巴育與瓦集拉隆功成為「王室網絡」的核心。然而，巴育和他的軍方小圈子懷疑仍然與瓦集拉隆功有密切關係，他們從來不在乎瓦集拉隆功的個人品牌已經成問題，從而實行干預，以避免塔信或他的代理人返回權力的任何可能性。他們的擔心是，瓦集拉隆功繼承王位後將返回自2006年以來採取的措施，以阻止塔信政府造成的政治危機。

對憲法草案接受「贊成」的投票似乎是巴育政府的理想情況。它的目標是建立與泰國公眾的社會契約，賦予全國和平與秩序委員會許可證，以在泰國複雜政體的民主下進行保持長期穩定成熟

30, 2016. from ⟨http://www.straitstimes.com/asia/thailands-new-draft-constitution-unveiled.⟩, (accessed on 2017-08-12).

[32] Duncan McCargo, "Network Monarchy and Legitimacy Crises in Thailand," *The Pacific Review*, Vol.18, No.4 (December 2005), pp.499-519. ⟨ http://www.polis.leeds.ac.uk/assets/files/Staff/mccargo-pacific-review-2005.pdf⟩, (accessed on 2017-08-12).

的艱難事業。此可能包括確保樞密院執行其法定任務，以使其主席布勒姆作為國王駕崩後的臨時攝政。布勒姆甚至可以修改繼承法，布勒姆還可以要求議會在繼任者之前一段不指明的哀悼時間。[33]軍政府先選擇了後者。

然而，全國和平與秩序委員會授權的全國公投無法導致對目前泰國局勢的掌控，因為與泰國公眾的討價還價是具體之事。不同意見的風險繼續向前發展，尤其是在沒有進展跡象的情形下。為了減少異議的風險，最簡單和最有效的行動是向下一次民主選舉傳達具體的步驟。儘管原定於 2017 年 11 月，但現實情況是，由於必須進行的法律和憲法改革，選舉可能會遭到推遲。關鍵是里程碑已在視線之內。如果巴育的威權主義傾向於本身多一點問責性，泰國政界可能願意擴大一點對其的容忍度。

除非泰國政局明朗，並有利於傳達給市場的正面信號，否則外國投資最終將從泰國流失，因為軍政府不能被期望有能力進行長期的經濟規劃。即令泰國仍然享有健全的經濟基本面，勢將很快地消失，使泰國的政治經濟暴跌更加複雜。現在，它仍然在巴育政府的手中，以避免這種命運發生。

---

[33] Eugene Mark and Graham Ong-Webb, "After Constitution Referendum, What Next for Thailand?" *The Diplomat*, August 11, 2016. 〈http://thediplomat.com/2016/08/after-constitution-referendum-what-next-for-thailand/〉.

參考文獻

1. "Official charter referendum figures posted," *Bangkok Post*, 11 Aug 2016. from 〈http://www.bangkokpost.com/archive/official-charter-referendum-figures-posted/1058026.〉

2. "Thai junta passes ballot," *Channel NewsAsia*, August 7, 2016. from 〈http://www.channelnewsasia.com/news/asiapacific/thai-junta-passes-ballot/3022288.html.〉

3. "Thailand's Divided Military," *The Wall Street Journal*, 2014. from http://www.wsj.com/articles/thailands-divided-military-1404148174.

4. 6 4 6 4 คืออะไร。from http://www2.army2.mi.th/army2/component/attachments/download/16.html.

5. Armanovica, Marika, 2014 In-Depth Analysis Kingdom of Thailand: A distressing standoff, Directorate-General for External Policies Policy Department.

6. DG EXPO/B/PolDep/Note/2014, 25 March 2014. from 〈http://www.europarl.europa.eu/RegData/etudes/briefing_note/join/2014/522334/EXPO-AFET_SP(2014)522334_EN.pdf.〉

7. BBC, Thailand Country Profile, 2015. from 〈http://www.bbc.com/news/world-asia-15581957.〉

8. Chambers, Paul, "Thailand's Divided Military," The Wall Street Journal, June 30, 2014, from 〈http://www.wsj.com/articles/thailands-divided-military-1404148174〉.

9. Control Risks Online Solutions, Country Generated Forecast, 3

March 2016. from https://www.controlrisks.com/en/online-solutions.

10. Freedom House, Thailand, Freedom in the World, 2015. from 〈https://freedomhouse.org/report/freedom-world/2015/thailand〉.

11. Fuller, Thomas, "Kin of Thai Princess Stripped of Royal Name," *New York Times*, Nov. 30, 2014. tp://www.nytimes.com/2014/12/01/world/asia/family-of-thai-princess-srirasm-is-stripped-of-royal-name.html?_r=0>.

12. Holmes, Oliver, "Thai junta criticised as army given sweeping powers of arrest," *The Guardian*, April 5 2016. <https://www.theguardian.com/world/2016/apr/05/thailand-junta-gives-army-sweeping-powers-of-arrest>.

13. Human Rights Watch, Thailand: Insurgents Seize Hospital in South, March 15, 2016. from 〈https://www.hrw.org/news/2016/03/15/thailand-insurgents-seize-hospital-south〉.

14. Interparliamentary Union, Thailand, 2014. from 〈http://www.ipu.org/ parline-e/reports/thaihr_a.htm〉.

15. Lefevre, Amy Sawitta and Panarat Thepgumpanat, "Draft Constitution for Army-run Thailand's 'Strong Medicine'," *Reuters*, January 20, 2016. from 〈http://www.reuters.com/article/us-thailand-politics-idUSKCN0UY13E〉.

16. Mark, Eugene, and Graham Ong-Webb, "After Constitution Referendum, What Next for Thailand?" *The Diplomat*, August 11, 2016. from 〈http://thediplomat.com/2016/08/after-constitution-referendum-what-next-for-thailand〉.

17. McCargo, Duncan, "Network monarchy and legitimacy crises in

Thailand," *The Pacific Review*, Vol.18, No.4 (December 2005), pp.499-519. from 〈 http://www.polis.leeds.ac.uk/assets/files/Staff/mccargo-pacific-review-2005.pdf 〉．

18. Panu, Wongcha-um, "Leading Islamic organisation offers to help Thailand rebuild peace in restive south," Channel NewsAsia, 14 January 2016. from 〈 http://www.channelnewsasia.com/news/asiapacific/leadingislamic/2423530.html 〉．

19. Parameswaran, Prashanth, "When Will Thailand's Elusive Election Be Held?" *The Diplomat*, September 18, 2015. from 〈 http://thediplomat.com/2015/09/when-will-thailands-elusive-election-be-held/ 〉．

20. Pohjolainen, Anna-Elina, The Evolution of National Human Rights Institutions: The Role of the United Nations, The Danish Institute for Human Rights, 2006. from 〈 http://www.nhri.net/pdf/Evolution_of_NHRIs.pdf 〉．

21. Principles relating to the Status of National Institutions (The Paris Principles), Adopted by General Assembly resolution 48/134 of 20 December 1993.

22. Royal Thai Government, Three-month Progress Report of the NCPO, 2016, from 〈 http://www.thaigov.go.th/index.php/en/ press briefing/item/85621-id85621.html. 〉

23. Tan, Hui Yee, "Thailand's new draft Constitution unveiled," The Strait Times, March 30, 2016. from 〈 http://www.straitstimes.com/asia/thailands-new-draft-constitution-unveiled. 〉

24. The Leaderboard, HRH Princess Bajrakitiyabha 'Pa' Mahidol, 2014

from 〈http://cogitasia.com/theleaderboard-hrh-princess-bajrakitiyabha-pa-mahidol/〉.

25. The Military Balance, Chapter Six: Asia, *The Military Balance, 2016*, from 〈http://dx.doi.org/10.1080/04597222.2016.1127567〉.

26. Tonsakulrungruang, Khemthong, "Thailand's National Legislative Assembly," CETRI, 26 août 2014. from 〈http://www.cetri.be/Thailand-sNational-Legislative?lang=fr〉.

泰式民主發展歷程

陳虹宇

國立暨南國際大學東南亞學系博士生

摘要

　　民主作為一個政治系統，內含有政治制度、政治角色、政治行為及政治文化等四個要素。每一構成要素的發展與變化，影響整個民主系統的運行與穩定。泰國民主政治發展過程中，軍事力量是政權變遷的主要角色；政治制度與軍事政變形成一種政治循環。這兩者構成泰式民主。

　　泰式民主（Democracy in Thai Style）是一種以軍事力量為主導或指導民主發展的政治系統。軍隊在泰式民主政治系統中，扮演監督、改變與施行政權的主要角色。憲法、政黨、選舉等各項代表民主運作的象徵與方式，必須在軍事力量的控制下，方可進行。

　　軍方利用軍事政變方式，作為政權的轉移的主要方式。隨著軍事干政，民主政治制度中憲法、政黨、國會組成等，經常性改變。最後形成一種規律與循環，這樣規律是泰式民主的政治發展模式。

　　1958 年沙立將軍（Sarit Dhanaraj）將傳統階級，服從權威的文化，結合國王傳統權威，推行「父權專制主義」（despotic paternalism），以作為泰式民主的核心價值。

　　最後，在泰式民主中，國王獨特的權威，是政權轉移與合法性中，最具關鍵性支持與仲裁力量。

關鍵字：**泰式民主、政治惡性循環、軍事干政、父權專制主義、皇室權威**

一、前言

2006 年初，反對塔信政權勢力的「人民民主聯盟」（People's Alliance for Democracy, PAD）因成員身著黃衣，國際媒體稱為「黃衫軍」（The Yellow Shirts）開始進行遊行，抗爭，進行反政府訴求，直至 9 月 19 日軍方發動軍事政變，推翻塔信（Thaksin Chinnawatra）政權。

軍事政變後，泰國先組成臨時政府，之後 2007 年 5 月憲法法庭先解散泰愛泰黨（Thai Rak Thai，TRT），2007 年 12 月 23 日舉行大選。然而，隸屬塔信的政治勢力重組人民力量黨（People's Power Party），並獲得大選，塔信的政治勢力再度掌控泰國政府。而黃衫軍不服選舉結果，再次走向街頭抗爭，佔領政府機關，癱瘓政府運作。

2008 年 9 月 9 日執政的沙馬總理（Samak Sundaravej），被憲法法庭判決下臺，之後眾議院選舉，人民力量黨依舊獲得勝利，代表塔信的政治勢力，頌猜總理執政。2008 年 12 月 2 日憲法法庭再次判決人民力量黨選舉舞弊，並解散該黨。塔信的政治勢力再次重組為泰黨（Phak Phur Thai），再次參與 2008 年底選舉。然而，這次選舉為泰黨落敗，改由傳統政治勢力，民主黨獲得勝利。至此，黃衫軍偃旗息鼓，結束遊行，支援新政府工作。

但是支持塔信勢力的「反獨裁民主聯盟」（The National United Front for Democracy against Dictatorship, UDD）成員身著紅衣，國際媒體亦稱「紅衫軍」（The Red Shirts），一樣不服選舉結果，學習黃衫軍，掀起更大規模街頭抗爭運動，要求舉行重新大選。

2011 年 8 月 5 日塔信的妹妹盈拉（Yingluck Shinwatra）帶領為泰黨在泰國國會選舉中取得「壓倒性」勝利，成為泰國首位女性總理。但是 2013 年 8 月，對於塔信特赦案，再度燃起雙方政治抗爭。2014 年 5 月 7 日，泰國憲法法庭裁決盈拉濫用職權罪名成立，解除其總理職務。支持者與反對者同時舉行大規模示威活動，分別包圍街頭，癱瘓交通，阻擾國際會議等。2014 年 5 月 20 日軍方再度接管政權。國王支持的巴育（Prayuth Chan-ocha）將軍，2014 年 8 月 25 日在唯一候選人的總理選舉中，獲得勝利，並成為泰國第 29 任總理。

由一連串政治紛爭中，發現幾個現象。首先，泰國軍事力量再次進入泰國政治舞臺。自從 1992 年黑色五月事件後，泰國軍事力量退居政治幕後，直至 2006 年的軍事政變，推翻民選塔信文人政權，又出現延續軍事干政的傳統。

其次，就是政權更替迅速，文人政權無法任期 4 年結束，政黨為因應選舉，隨時可以更換與政黨力量薄弱，縱使有強大民意基礎，能未敵傳統勢力。

這些政治發展現象，再次驗證泰國軍事力量強大，不改干政的傳統、惡性政治運作方式再次循環。2006 年軍事政變後，泰國政治環境不僅不能穩定下來，還擴及至群眾佔領街頭，阻擾政府運作等長期抗爭行為。

群眾抗爭成為政權鬥爭的支持力量，並演變成傳統與新興政治勢力的橫向鬥爭，菁英與草根階層的縱向鬥爭。菁英階層反塔信民粹式獨裁，而草根階層是爭取應有的政治權力與利益。

再者，和以往不同的是，之前政權變動所牽涉僅是政府領導階層，與一般大眾無關，且在泰王的關注下，很快平息，恢復正

常生活。

這次政治紛爭，考驗泰王的獨特權威。以往國王支持對象，是解決政治紛爭的關鍵性因素。國王支持誰，就能獲得政權，解決紛爭。但這一次國王支持傳統菁英勢力，支持軍事政變與軍事政權，但卻未能結束紛爭。

因此，軍事領政與政治惡性循環，是泰式民主的呈現。其中，國王獨特權威固然是不可忽視力量。但泰國傳統政治文化，是不是影響此次紛爭的內在因素，這因素是否成為泰式民主核心價值？

在本文裡，首先由泰國民主政治發展過程，說明泰國軍方勢力在政治發展中角色與造成的政治現象，這些影響形成泰式民主。其次，分析泰式民主核心權力，最後，以父權式主義作為泰式民主核心價值的探討。

二、泰國軍事力量

泰國是東南亞地區唯一不被西方國家所殖民的國家。自，拉瑪五世朱拉隆功，提出自強求富的近代化改革運動，泰國隨著世界情勢的變化，彈性與不斷改變國內體制，泰國成為同時代東南亞唯一的主權國家。

然而，雖然國王致力於現代化改革，但權力仍操縱於皇室貴族手中，一般民眾無法使用到權力，加上君主專制政府無法有效因應世界情勢與全球經濟經濟蕭條等變動。1932 年 6 月 24 日由人民黨（khana Ratsadorn，People's Party），結合幾位軍事將領，

發動軍事政變，建立君主立憲制（顧長永，2010）。

　　1932 年軍事政變以來，雖然建立起君主立憲制度，制定憲法等民主制度。但也衍生出種種問題。其中最重要的是泰國軍事力量角色的轉變。因為傳統權力中心突然消失、對於西方民主憲政制度認知不夠，以及情勢的動亂。相對於混亂的文人政治組織，擁有完善組織的軍事力量，迅速填補權力真空。泰國軍事力量開始進入泰國政治，由政治權力的擁護者，進而成為操作者，反對者，最後成為政局變動影響的關鍵因素。

　　在泰國，軍隊的功能體現在軍事、政治、經濟建設和社會發展等方面。政治上，除了直接執政外，更有軍人所成立的政黨勢力；經濟上，擁有自己的銀行與企業；輿論上，泰國軍方控制全國眾多的電臺；加上泰國的軍隊也是泰國社會中唯一最強大的社會組織。文人政權無法對軍隊作有效的控制，其他社會組織也不能與之抗衡（周世亮，2008）。

　　自 1932 年施行民主憲政制度以來，軍事力量長期干涉民主政治發展。直至如今，軍事力量仍是泰國政治發展的主要角色，扮演直接領導與指導或協助民主發展的角色。

（一）軍事威權時期

　　1938 年泰國民主政治進入軍事威權統治時期。披汶（Luang Pibul Songhram）將軍，是 1932 年軍事政變的重要人物，也是在 1938 年與 1948 年，帶領泰國歷經第二次世界大戰與重建的總理（1938-1944；1948-1957。他總計擔任 14 年的總理，且任內僅發生一次軍事政變（1949 年），實際影響著泰國政治發展。

　　披汶執政期間，對內實行軍事獨裁統治。利用民族主義，強

化泰族民族意識；以軍事力量，鞏固政治地位，並減緩或禁止民主的發展。尤其是 1949 年軍事政變失敗與 1951 年軍事內部鬥爭後，更是嚴格執行軍事統治。如禁止 1949 年憲法、解散國會、禁止政黨、建立單一國會，多數內閣與眾議院議員，由總理任命軍人擔任等，1949—1957 年是泰國政治最威權時代。

其次，沙立將軍（Sarit Dhanaraj）推翻披汶軍事政權。任內先推行民主選舉政治，但因成果不彰，所以廢除憲法，解散議會，鎮壓左派共產主義者，禁止所有其他政黨活動。1958 年以提出「父權式」領導方針，穩定與發展，作為施政主軸，進行軍事威權統治（1957，1958-1963）。

再者，由於越戰與反共戰爭的環境因素，他儂將軍（hanom Kittikachorn)則開始另一個歷經 10 年的軍事威權政府(1958；1963—1973 年)。但因國內民主意識抬頭，要求政府作民主改革，批判他儂政府施政政策。所以 1971 年廢止 1968 年憲法、解散國會與政黨、禁止公民集會，更加致力於軍事獨裁。雖然，1972 年再次頒佈憲法，但國會議員皆為任命，多數為軍方代表。加上傳統貪汙問題，以及世界性能源危機。1973 年爆發由學生與中產階級發動的「十月革命」，導致他儂威權政府的結束。

另外，普里姆將軍（Prem Tinslanond）軍事威權政府（1980-1988 年），是最具民主的威權政府。普裡姆是泰國政治史上，至今唯一同時獲得泰皇、文人、軍人支持的總理。加上執政期間所依據的 1978 年憲法，雖然這部憲法仍不符合民主條件，但卻凝聚軍人與文人的共識。

因此，普里姆以軍事將領身分，不隸屬任何政黨，沒有參加任何選舉，卻能被各方推舉為聯合政府總理。執政期間，完成三

次全國性選舉，並自 1932 年來首次以選舉方式，和平交接政權的紀錄。這是泰國民主政治發展中少見，能在各方勢力下，妥協合作的軍事威權政府。實際指導與帶領民主政治的施行。

最後，則是 1991 年軍事政變後，蘇欽達將軍（General Suchinda Kraprayoon）為主的軍事威權政府，先解散國會、廢止憲法、限制人民政治參與權利。再操作國會選舉。直至 1992 年「五月流血事件」後，以及隨後國會選舉軍方政黨失利後，文人政府重新執政，軍人勢力退居幕後，也是泰國政治史第一次，藉由選舉方式，將政權和平轉移至文人政府上。軍事力量隨之退居幕後。

（二）軍事政變頻繁

泰國自 1932 年以來，發生 4 次政變與 20 次軍事政變。軍事政變成功 13 次。從泰國政變定義與規模來看，主要是由泰國軍隊內部的部分成員或小集團直接掌控政治權力的行動（陳佩修，2009）。泰國軍方發動政變的時機，主要是如同 David Hebditch and Ken Conner（2009: 56-63）定義：「文人政權無力解決社會經濟問題，政權合法性遭受質疑之際」。

泰國軍方，就常以軍事政變方式推翻政權，直接或間接執政。泰國軍事力量是泰國政治舞臺上一支重要的政治力量，軍隊時常扮演左右泰國政治發展的重要政治角色。尤其是當政治領導人和社會大眾之間嚴重對立，而自身的政治體制又無法解決時，泰國軍方便以政變方式，打破政治僵局，恢復國內秩序。泰國民主政治發展的歷史可說是「一部軍事政變與軍權統治的歷史」。

泰國長期軍事干政，打破杭亭頓（Samuel P. Huntington）所主張的民主發展中，軍隊退出政治，是實行民主政治的先決條件

（陳佩修，2009）。軍人直接與間接執政時間之久，軍事政變成為政治權力移轉的經常性方式，顯示出軍事力量的強大。相對文人政治組織，泰國軍隊因應二戰、反共、越戰、韓戰等國內外局勢的動盪，發展出嚴密的組織，與完善地方基礎力量。

其次，泰國五世皇在建設泰國現代化軍隊的過程中，提升軍人素質，並將軍隊的地位，提升在政府機構之上。尤其是在講究階級關係的泰國社會，是無背景年輕人進入中、高階層的方式。

再者，泰國軍隊並沒有完全國家化，軍隊在財權和人事權上一直保存獨立性。並且泰國軍隊和王室一直保持著密切的關係。泰國軍隊效忠皇室，而非國家。

最後，泰國軍隊以效忠國王，作為權力的合法性來源，而非效忠政府。加上泰國軍人認為是國家的拯救者，是政治改革力量，這種理念在軍隊中根深蒂固。如差瓦立將軍說：為實現完全的民主，泰國陸軍就應該成為民主的建設者，而不只是一個保護者。

三、政治惡性循環

泰國政治民主化發展中，軍事干政，軍事政變成為改變政治權力的常態力量；中小型政黨林立，政黨不斷上演解散與重組模式；憲法權威不足，憲法伴隨政權的更替，不斷被廢除與制定；國會議員席次與產生方式，也經常性更改；皇室是政治紛爭的仲裁者等，這些是泰國民主政治的現象。長期以來，形成一種「軍事政變─軍事威權或軍事臨時政府─選舉─新政府─軍事政變」的惡性政治循環（陳佩修，2009）。

　　在 Larry Jay Diamon（2008）的民主分類上，泰國還在「選舉民主」階段徘徊，尚未能進入「自由民主」。兩種民主分類差異是「選舉自由」有選舉制度，選出政府領導者，但缺乏獨立司法機構，來限制政府權力、維持選舉制度的公平、保障人民各項自由、尊重少數人權利等，而泰國總理還不完全是選舉產生。

　　另外，民主是不斷在發展中，是開放式的，有進有退。因為是在變動，所以民主政治實行期間也產生出三種矛盾：同意與效率、代表性與治國能力、衝突與認同。這三種矛盾侷限民主政治的運作，互相牽動，對抗，作不斷的協調。

　　這三種矛盾也在泰國政治發展不斷發生、交錯。政府與政黨效能不彰；核心權力混淆，權力的代表性；軍事干政，文武關係衝突與民眾對於政權認同，進而形成政治惡性循環的現象。

　　泰國政治文武關係多數時候，是處於緊張與競爭的。文人政府因為所屬政黨勢力單薄，無法與相對團結的軍事力量抗衡。由1932 年到1997 年泰國65 年經歷的56 屆政府和22 位總理中，文人政府為27 屆，13 人擔任總理，執政時間只有16 年，而軍人政府為29 屆，9 人任總理，執政時間為49 年。從總理屆數、任期時間來看，文人總理任期短暫，反觀軍事威權政權或軍方出身的總理，任期長，執政時間久，且影響性大。

　　泰國政黨型態小、支持度有限、效能不彰，無法與軍事力量相抗衡。在西方成熟的民主體制下，政黨作為政治系統中的現代化力量，在利益表達與整合、保持體系穩定等方面發揮著重要作用。

　　而政黨發展的不成熟，中小政黨間的權力紛爭，影響到了政黨政治的穩定性，使得泰國政局一直處於不斷的變動之中，沒有

任何一屆政府能夠完成四年的任期，最短的執政還不到一年，最長的也不過三年。

中小政黨的紛爭以及聯合政府權力分散的困難導致了政府的低效率，也引起了社會各界對多黨紛爭格局的普遍不滿。在2001 年後泰愛泰黨的崛起之前，活躍於政壇、歷史悠久、發展較健全的民主黨，始終未能在眾議院選舉中獲得簡單多數。

泰國的政黨一般都缺乏明確綱領和長遠的目標，成立政黨的目標往往是為支援某個政治領導人，以符合憲法中眾議員必須隸屬政黨，才能參選的規定。泰國政黨從未代表真正的人民或社會力量，只是代表統治階層的利益（Samuel P. Huntington，1991）。

自從 1932 年運行民主立憲制度以來，泰國民眾對於民主制度的價值，感到陌生，不解。以為推行民主選舉制度，便能解決當時泰國所面臨的各項問題。加上對政治冷漠的傳統文化影響下，所以，泰國選民對政治不感興趣，造就低投票率。低投票率，以及政治勢力鬥爭，形成泰國小型政黨林立。小黨林立，只能組成聯合政府，不僅政府執政效能低，黨派爭權，相對於團結的軍事力量，文人政府權力結構鬆散，更無法代表民眾，與軍事力量抗衡。

經過 1992 年的流血衝突後，迫於情勢，泰國軍事力量退讓，1997 年憲法針對泰國選舉制度，大幅度修改，也使泰國民主政治更進一步。直至 2006 年，泰國未曾發生過軍事政變，政治相對穩定。

1997 年憲法鼓勵民眾參與政治，與解決小黨林立問題，制定相對於以往憲法，更具代表性與合法性規定。泰國國會分作參議與眾議院，兩院制。200 名參議員與 400 名眾議員，皆由選舉而

出。另 100 名眾議員則由參選政黨席次比例分配。總理則由眾議院議。

其次，為解決小黨林立帶來的弊端，1997 憲法規定「政黨名單制」，即 1/5 的眾議院席位根據各政黨所得選票按比例分配，但得票率低於 5% 的政黨除外，鼓勵大型政黨的發展。

然而，1997 年憲法給泰國帶來了短暫的政治穩定和發展，到 2006 年泰國都未曾發生過軍事政變。但塔信的泰愛泰黨，實現憲法精神，經由選舉成為席次過半的第一大黨，塔信也成為泰國政治史上，首次 4 年任期完滿的文人總理。

就在泰國民主政治更往前邁進一步的同時，軍事政變再度發生，跟以往不同的是，泰國傳統政治菁英、泰國皇室、城市中產階級，支持政變的發生。接下來，選舉的落敗，泰國傳統菁英與保守勢力結合下，抵制選舉結果。在塔信支持者的效法與反制下，更是激起雙方對峙，形成階級鬥爭。形成了泰國奇特的政治現象：「農村選出政府，城市推翻政府」。

綜觀泰國民主政治發展過程，政權更替迅速、經常性更換憲法，選舉制度、以軍事政變方式更替政權、泰國的政黨自身又存在著如無長遠規劃、聚散無常、無明確綱領、無有效的基層組織、黨內關係完全是庇護關係，使得泰國的政黨至今仍未成為真正意義上的政治力量（任一雄，2001）。這些政治發展現象，不斷重複發生，形成政治惡性循環。

四、核心權力混淆

　　泰國民主發展與一般民主國家發展不同的是在核心權力的混淆：憲法效能低弱；泰國皇室在政治上擁有特殊權力與影響力。

（一）國王獨特權威

　　君主立憲制政體的泰國，泰王位是名義上的領袖。但在泰國軍方，為使執政權力的合法化，在有意的推動下，泰王力地位提升，成為政權轉移時的關鍵力量。特別是在國家面臨重大危機的時刻，國王仍起著決定性的作用。在泰國，國王居於社會的核心，軍隊與普通民眾對國王都非常尊崇和忠誠。

　　從文化層面來看，佛教文化深深地滲入泰國普通民眾的骨髓，對民眾生活具有深刻影響，並在泰國政治中發揮著重要作用。

　　佛教在泰國生活佔有絕對的統治地位。在君主專制時期，君權與神權的結合，國王被描述成神王、法王，國王是權力的中心。對國王的尊敬與服從已經烙印在泰國的傳統文化中，縱使君主制被推翻後，泰國國王始終是人們心中不可磨滅的精神領袖。

　　其次，軍人支援。泰國軍隊和王室保持著密切的關係。通過依附於皇室，泰國軍事力量得以獲得干政的合法性。因此，「國家、王室、宗教」三位一體的價值觀，決定了民眾長期能接受軍隊干政，而泰國社會在軍事干政後，依舊能可以保持穩定。1992 年五月流血事件後，蘇清達同意辭去總理職務，占隆停止抗議示威運動。之後，國王又通過眾議院議長，提名文人政治家阿南·班雅拉春為過渡政府總理，準備大選。阿南既非選舉產生，也非眾議院

議員，他出任總理是違憲的，但國王的提名得到了普遍歡迎。這一事實證明，國王的權力顯然高於憲法，成了國家最高權力的實際掌控者。

再者，憲法規定、不可批評皇室法律的制定。泰國憲法中有明確規定，國王有不受批評的特權。任何對國王及王室成員的無禮、冒犯舉動都會受到懲戒。「一些人可以置法律於不顧，但卻不能容忍他們對國王的不敬。」

《冒犯君主法》使國王享有了干預政治的豁免權。泰國現今的《刑法典》特別規定，無論誰誹謗、侮辱和威脅國王、王后以及他們當然的繼承人及攝政王，都要被判入獄 3~15 年。

2007 年憲法其中內容規定：國王享有至高無上且不可褻瀆的地位，任何人都不能對國王採取任何形式的指控；國王是國家元首、武裝部隊總司令和宗教的最高護衛者（田禾、周方治，2009）。從中可以看出，泰國國王是泰國人民「國王、民族、宗教」三位一體價值觀念的核心（周世亮，2008）。

國王憑藉自身無上的道德尊嚴和權力，強化自己作為一種精神、道義上的依靠，成為軍事政權和文人政府交替運轉的保證。這些是軍人集團、政黨等政治角色所缺乏的和不可替代的。

（二）憲法權威不足

憲法是君主立憲制的權力核心。以憲法為核心的法律體系是至高無上、不容僭越的。任何人都必須遵從，在法律框架內行使自己的權利，履行法律義務，維護憲政體制的穩定運行，保持憲法核心地位。

但是，泰國憲法更替頻繁。自 1932 年泰國人民推翻封建君

主制建立君主立憲制以來，到 2007 年泰國共頒佈過 20 部憲法，其中 8 部為臨時憲法，每部憲法的平均使用期限僅為 4 年多，即平均 4 年多就會有一部新的憲法出現。

憲法的頻繁更換，侵害憲法應有的權威，憲法不但沒能成為民主政治的權威，反而被掌權者隨意改動的客體。每個政治勢力都把修憲變成維護自身利益和權力的手段，法律失去了公正性（張錫鎮，2009）。因此，原本是民主政治權力核心的憲法，卻失去其權威，無法發揮其功效。

其次，人民的制憲權和制憲程式的正當性，有利於培養憲法權威，增強人民對憲法的認同，增強人民維護憲法的積極性和主動性，從而有利於憲法的穩定（王子昌，2007）。而泰國憲法制定與審核時，多數是由執政者設計，不是經由選舉出來的代表制定的，因此缺乏制憲權與程式的正當性。

另外，憲法的權威來自於政府與人民共同遵守。然而，泰國多次軍事政變與多部憲法制定，顯示憲法僅是權力工具，視人視狀況，加以廢止與制定。

五、「父權專制主義」（despotic paternalism）

除了政治制度，軍人干政因素外，泰國政治文化是不可忽視的因素。泰國政治文化是泰式民主的核心價值，以及塑造泰國政權領導者權力。

融合傳統崇尚權威、階級概念、庇護關係（clientelism）而成的「父權專制主義」的政治文化，是泰式民主核心本質。

　　泰式民主特色中的軍事干政，軍事政變、政治制度經常性改變等政治惡性循環、國王獨特權威、2006 年後階級抗爭等，可說受此影響。「父權專制主義」的政治文化，已經內化在民眾的政治意識中，並持續影響泰國政治的發展。

　　其中，庇護關係是「父權專制主義」的基礎。庇護關係是由利益交換（Exchange Benefits Relation-ship）所組成。利益交換充斥於統治者與被統治者的等級區分；統治階層與被統治階層之間。各階級、階層的利益交換關係逐步演變成了庇護關係。

（一）泰國庇護文化

　　泰國社會文化中有崇尚權威與濃厚階級的觀念。這樣觀念形成庇護文化（萬悅容，2012）。庇護文化是一種二元角色交換關係，庇護者（上位者）利用掌握的資源為被庇護者（下位者）提供保護和利益，而被庇護者則向其庇護者回報以支援和協助，包括私人服務（杜潔、薄文澤，2013）。

　　庇護文化已經深入泰國世俗社會中，無論是家庭倫理關係、社會人際關係、政治君臣關係等，都可見其蹤跡。目的是保障社會生存、避免社會離散的機制，是維繫泰國社會關係的支柱（吳聖楊，2010）。

　　庇護文化在泰國有著深遠的歷史根源，並在泰國政治、經濟和軍隊，以至於整個社會的相互關係中佔有支配地位（任一雄，2002）。簡言之，庇護關係是由掌控權力者提供保護和實惠，追隨者以向其效忠、孝敬作為回報。

　　庇護文化具有幾項特點：由上而下的縱向從屬關係（Vertical Affiliation）；雙方能夠為對方提供各自所需的利益，所延伸出的

利益交換關係（Exchange Benefits Relation-ship）；強調個人主義（Individualism），塑造個人權威。

尤其是政治庇護關係上，庇護者提供一種保護機制，給予被庇護者力量與幫助。如果被庇護者無法直接影響國家政策或官僚，那麼庇護者將出面幫助你（Howard F Stein，1984）。

由於庇護雙方關係是建立在上下從屬、個人權威與利益交換的基礎上，因此，一旦利益解除，個人權威消失，整體庇護關係也隨之結束。然而，注重縱向關係的庇護制，缺乏橫向關係發展，如此一來，團體便容易分裂，不易合作。

泰國政治上政黨小黨林立、政治貪汙、政治人物與政黨為選舉成功，著重於庇護關係的建立與利益的交換，忽視對基層組織的建設。與賄選問題層出不窮等政治現象，都可說是庇護文化的顯象。

其次，佛教的因果觀念和生死輪迴信仰，延續著庇護關係。在佛教思想下，庇護是一種行善積德的行為，通過庇護行為或物質建立起來的人際關係是良性的和穩定的。所以，前生積德不足，今生才會貧困，今生要認命，透過庇護方式，積德行善，來世方有好的生活。在佛教「德業累積」思想的影響下，泰國普通民眾形成一種求助於強勢庇護主的心理，同時形成主僕式的工具性關係（譚融、馮立洋，2016）。

對於泰國人而言，接受生來社會地位的不平等，認同現世所處的社會等級，這是自然和平常的。這也為社會地位不平等和庇護關係提供了「合情合理」的情感依據。今生的窮富、權力已經是命中註定，百姓面對現狀只有認命（任一雄，2002）。所以，庇護關係可說是泰國傳統文化中德行、造化，現世與來世等思想的

結合（吳聖楊，2010）。

（二）父權專制主義的傳統政治

　　1932 年民主立憲後，泰國政治內外環境混亂，威權政府為鞏固權威，先提出泰國民族主義，喚醒泰國傳統文化，其次將「父權專制主義」成為泰式民主施政主軸。

　　「父權專制主義」的基礎是傳統庇護關係。庇護關係早在素可泰王朝（1238~1438）已有雛型，到阿瑜陀耶王朝（1350~1767），八世王波羅摩·戴萊洛迦納時期（1431~1488），實行按爵位等級授田的「薩迪納制」，形成制度，造就泰國傳統政治不可變更，以及封閉的階級體系。

　　1932 年泰國進入民主政治發展軌道後，泰國軍事執政長達 14 年的披汶軍事政權，為鞏固權威，使其政權合法化，提倡「服從領導者」、「大泰族民族主義」、「同化政策」，在倡議民族主義的同時，喚起舊時文化意識。以強化軍事威權政府的必要性，與穩定混亂的政治局勢。

　　披汶提倡大泰族主義，強調泰族為泰國主體，提高泰語地位，禁說方言等民族主義發展策略，其次推動泰族民族經濟，以政府力量鼓勵與獎勵泰族經濟的發展。

　　這兩項政策，加快泰國各民族的同化，並將泰國傳統文化意識，內化至所有泰國人內心深處。尤其是掌握泰國經濟的華人，在相對失去特殊性與經濟優勢後，但隨著同化政策進行，華人相對以往，提高政治的地位，許多泰國總理都擁有華人血統，也繼承其文化意識。

　　其次，泰國執政者為了鞏固權力，在利益交換的庇護關係基

礎上，再注入如父子親情關愛關係，形成「父權專制主義」的統治理念。並將「父權專制主義」的政治文化，成為泰式民主政治的中心思想。

1958 年沙立將軍進一步將泰國傳統服從權威的文化，結合素可泰王國時期的「父子治理模式」，提出「父權專制主義」。簡單而言，上位者要有愛民如子的信念，而人民則要有服從的觀念，並提出唯有穩定的環境，方可發展民生經濟的施政方向。試圖以這樣的模式，加強威權統治的必要性。在此模式基礎下，沙立創造出泰式民主的中心思想。

沙立在泰國政治歷經 26 年的民主制度紛擾下，試圖以泰式民主方式，行威權統治之實。無可厚非，沙立在執政期間落實其理念，雖是威權統治，在 1960 年代，泰國社會與經濟發展，獲得飛速的發展（任一雄，2001）。

（三）個人權威的塑造

泰國政治文化中，服從權威、庇護關係、父權專制主義。造就泰國政治人物個人權威來源。泰國九世皇與塔信，分別是 2006 年後政治紛爭，傳統與新興勢力的中心代表性人物。泰國九世皇的個人權威，最為獨特；塔信則是個人權威塑造最為成功。

1. 泰皇的獨特權威

在君主立憲制度的設計下，國王僅是國家虛位元首，不具政治實質權力。泰國君主專制在 1932 年被推翻後，泰國國王也只享有名義上的政治權力。甚至在披汶政權時期，更加限制泰國皇室的權利與力量。直至 1958 年沙立執政後，放鬆對皇室的限制，並

推崇泰皇的地位。推崇「民族—宗教—國王」三位一體，作為鞏固軍人集團的壟斷地位，並為替其威權統治、泰式民主理念增進合法性地位。

其次，泰國九世皇也運用自己的影響力與資源，在農村與山地地區施行各項補助與社會救助計畫。因此，愛民如子的形象深入民眾內心。

所以，歷屆執政者，以推崇泰皇形象、制定相關法律，來獲取泰皇對其政權的支持，以作為權力合法性的來源。使泰皇在泰國民主政治發展中，成為退而不虛，擁有關鍵性決定力量。如 1973 年和 1976 年學生運動，1957 年、1981 年、1985 年軍事政變以及 1992 年五月事件，都是由於泰國王出面消除了危機（吳輝，2005）。

2.塔信個人權威

泰國民主發展上，2001 年塔信成功將庇護關係、父權專制主義，運用 1997 憲法規定，將泰國民主發展推向一個高峰。他所率領的泰愛泰黨成功成為泰國小黨林立的政黨政治發展中，在選舉制度下，國會席次過半的政黨。並創下第一位經由選舉，且任期 4 年完滿，並在 2006 年連選連任的文人總理。

執政期間，對內發展經濟，推行農村各項發展政策，成立人民銀行，扶持中小型企業；延緩農民償債 3 年；建立鄉村百萬銖發展基金；實施 30 銖醫療計畫；發展具有地方特色的一村一產品計畫等。這些措施減輕了民眾負擔，改善了社會福利保障狀況，使塔信成功取得中北部和東北部農民的認可。對外則積極參加各項國際組織與活動，提高泰國在國際能見度。成功塑造起個人權

威地位。

沙立將「服從」，轉化成「父權專制主義」理念；泰國九世皇也基於此概念下，重新塑造其獨特權力模式；塔信政權更將此概念發揮至極致。

然而，泰國掌握多數資源的中產階級、知識階層以及地方勢力等，則對塔信將資源分向基層選民、損害中上階層的利益、限制言論自由等，感到不滿。在人數上，他們居於少數，所以在 2006年之後大選中均難以撼動塔信勢力，只能在經濟與輿論中，運用抗爭，影響政局。

自 1932 年推翻君主專制政體以來，泰國民主歷經了 20 次政變，憲法也經過數次的中止和修改，民主政治制度成為鬥爭的工具。而呈現出政變、政府輪替、民選、軍事管理的循環。

獨特的泰式民主，可說是「父權專制主義」政治文化的具體呈現。也因如此，泰國民眾並未形成對民主規則的敬畏和信仰，無法依據民主制度，以法處理紛爭。

六、結論

傳統政治文化與「父權專制主義」仍支配泰國的政治發展，根植於中的威權本質，成為泰式民主的本質，無論是軍事領導或文人治理。

其次，在 2006 年軍事政變後，「父權專制主義」的政治文化，在落敗的政治人物操作下，激起更為激烈，影響範圍更大的階級鬥爭。藉由軍事力量推翻選舉而出的文人政權；落敗一方，藉由

群眾抗爭力量，影響民主選舉制度的成果。使得惡性政治循環，範圍擴大至全民，社會因而更加動盪。不服民主選舉成果，運用群眾抗爭的半民主，也成為泰式民主的另一特色。

再者，泰式民主另一個特色為軍事干政嚴重。泰國軍隊歷經多年的發展，仍無法更改干政的習慣、軍隊角色無法國家化與專業化、文人政府依舊無法有效約束軍隊力量。導致軍方經常利用軍事政變，來行政治權力的交替。

加上泰國 20 次的軍事政變，多數是未流血方式進行，影響層面多是政治領導階層，對於政治官僚、中產階級與一般大眾，影響不高。

所以，軍事政變在泰國民眾認知上，無論執政當權，是威權或是民主，只要不好，就可以以軍事力量推翻。軍事干政對於民眾而言，已經成為一種領導階層政治權力交替或改革方式，並非完全是不好的。例如，2006 年，曼谷民眾認同軍事政變，還向曼谷街頭軍隊致意。

最後，泰國政治內在的「父權專制主義」政治文化，外在軍事干政、階級鬥爭的惡性循環，成為泰式民主發展的特色。在民主鞏固理論中，唯有中產階級政治意識抬頭，方可增進民主鞏固力量。但泰國長久以來，城市與鄉村發展不均，所造成的中產階級與農民階級的對立，更是攪亂了政治勢力的分配。

參考文獻

中文

1. 顧長永,《泰國:拉瑪九世皇六十年》,臺北:巨流,2010。

2. 周世亮,〈泰國政局中的政治三角:軍隊、技術官僚、公眾社會〉,《學術探索》,2008 年第 3 期,頁 36-40。

3. 陳佩修,〈泰式民主的脆弱性—2006 年 919 軍事政變與泰國民主的逆轉〉,《臺灣民主季刊》第六卷,第一期 ,2009 年 3 月,頁 73-106。

4. Samuel P. Huntington,《第三波:20 世紀後期民主化浪潮》,譯者:劉軍寧,台北:五南,1991。

5. Larry Jay Diamond, *The Spirit of Democracy,* Times Books, 2008.

6. 張錫鎮:《當代東南亞政治》, 廣西人民出版社,1995。

7. 陳佩修,〈泰國的軍事政變與政治變遷,泰國的軍事政變與政治變遷〉,《東吳政治學報》,第二十七卷第三期,2009,頁 65-116。

8. 任一雄,〈政黨的素質與民主政治的發展—從泰國政黨的歷史與現狀看其民主政治的前景〉,《東南亞研究》,第 5 期,2001,頁 5-18。

9. 田禾、周方治,《泰國》,北京:社會科學文獻出版社,2009。

10. 張錫鎮,〈 泰國民主政治的怪圖〉,《東南亞研究》,第 3 期,2009,頁 4-10。

11. 王子昌,〈人民制憲權的行使與政局的穩定:對泰國政變頻發的法學思考〉,《暨南學報(哲學社會科學版)》,2007 年第 3

期。

12.萬悅容，〈泰國現代政治發展中軍人集團演變軌跡釋因〉，《學術探索》，2012，NO.2。

13.杜潔、薄文澤，〈泰國家族制度演變及其啟示──基於庇護關係分析〉，《人民論壇》，2013。

14.吳聖楊，〈泰國庇護制禮教文化背景與《四朝代》主題剖析〉，《外國文學評論》，2010年，第3期，頁42。

15.任一雄，《東亞模式中的威權政治：泰國個案研究》，北京：北京大學出版社，2002。

16. 譚融、馮立洋，〈論泰國的「政黨跳槽 」〉，《天津師範大學學報（社會科學版）》，2016年第1期。

17.任一雄，〈沙立的民主嘗試及其「泰式民主」〉，《東南亞》，2001。

18.吳輝，《政黨制度與政治穩定──東南亞經驗的研究》，北京：世界知識出版社，2005。

英文

1. Kobkua Suwannathat-Pian, *Kings, Country and Constitutions: Thailand's Political Development, 1932-2000,* Richmond: Routledge, 2003.

2. Ken Connor andDavid Hebditch, How to Stage a Military Coup: From Planning to Execution, Skyhorse Publishing, 2009.

3. Jackson, P. "Virtual Divinity: A 21st Century Discourse of Thai Royal Influence," in Soren Ivarsson and Lotte Isager (ed.), Saying the Unsayable: Monarchy and Democracy in Thailand, NIAS Press, Copenhagen, Denmark, 2010, p. 52.

4. Howard F Stein, *A Note on Patron: Client Theory*, Ethos, 1984, pp. 30-36.

二戰前泰國女性政治參與初探

范若蘭

廣州中山大學國際關係學院教授

摘要

　　泰國婦女史敘事將婦女覺醒定於拉瑪四世時期，認為阿丹（Amdaeng Muan）是第一位女性主義者。於1860年代初向拉瑪四世遞交一份請願書，陳述自己的苦情。國王允許阿丹與情人結婚，並在1865年和1868年頒佈兩道詔書，允許20歲以上的女性不經父母許可，可自己選擇配偶。阿丹因追求和推動婚姻自由，被認為是泰國女權第一人。

　　1932年革命泰國女性開始覺醒，並因1932年革命勝利而獲得選舉權，成為東南亞第一個女性獲得選舉權的國家。1932年政變革命是泰國歷史發展的轉捩點，但並不是泰國婦女歷史發展的轉捩點，儘管婦女獲得選舉權，但她們的政治權利只是停留在紙面上，她們的教育權利基本延續革命之前的基調，沒有重大變化，直到二戰結束，泰國婦女的政治參與程度一直很低。

　　因此，本文主要研究放在二戰前泰國女性的政治參與，並探討女性獲得選舉權的原因，以及對婦女權利和地位的影響。

關鍵字：泰國、女性政治參與、二戰、女權

一、問題與研究綜述

泰國是東南亞唯一沒有經歷殖民統治的國家，這是泰國人特別引以自豪之處。為了救亡圖存，泰國國王拉瑪五世實行改革，包括政治改革、軍隊改革、土地改革、解除農民人身依附關係、廢除奴隸制、興辦教育等，這些改革加強了泰國應對外部挑戰的能力，促進了社會的緩慢發展，但緩慢而又有限的改革滿足不了社會精英的民主要求，他們對絕對君主專制的不滿與日俱增，最終，爆發 1932 年革命。在這樣一個變革的時代，泰國女性也開始覺醒，並因 1932 年革命勝利而獲得選舉權，成為東南亞第一個女性獲得選舉權的國家。這是泰國婦女史和政治史的重大事件，但一般泰國政治史書寫基本不會提及，中國學者對泰國政治有不少高水準的研究專著，如《東亞模式中的威權政治：泰國個案研究》，

《泰國的政治變化：民主和參與》[1]，《王權·威權·金權：泰國政治現代化進程》[2]和《泰國民主政治論》[3]等，這些著作幾乎不提及女性的政治參與，更不會對二戰前泰國婦女的政治參與有所關注。[4]

國外學術界對泰國女性政治參與有不少研究。Louise

---

[1] 任一雄：《東亞模式中的威權政治：泰國個案研究》，北京大學出版社 2002 年版。。

[2] 饒偉訊：《泰國的政治變化：民主和參與》，薛學了等譯，廈門大學出版社，2002 年版。

[3] 周方冶：《王權·威權·金權：泰國政治現代化進程》，社會科學文獻出版社，2011 年版。

[4] 張錫鎮、宋清潤：《泰國民主政治論》，中國書籍出版社，2013 年版。

Edwards 和 Mina Roces 主編了《亞洲婦女爭取選舉權：性別、民族主義與民主》，該論文集主要探討殖民地時期幾個亞洲國家婦女爭取選舉權的鬥爭，分析其與殖民政府、男性民族主義者、宗主國女權運動的關係。其中 Tamara Loos 的論文《泰國婦女選舉權政治》，指出泰國婦女並沒有為選舉權鬥爭過，卻在 1932 年革命後就獲得選舉，這不同於英美等西方國家，也不同於印尼、菲律賓等殖民地國家，作者思考的重點在於：「我們怎樣寫一部關於非西方國家婦女選舉權和權利的歷史而不必暗示它是對西方政治現代化模式的一種模仿？」[5] 該文對於暹羅君主、1932 年立憲政府與婦女解放的分析十分深刻，是為數不多且專門探討二戰前泰國女性參政的研究。

　　Kazuki Iwanaga 主編的論文集《泰國婦女與政治》是高水準的學術研究，[6] 論文集的多位作者都是學者和政治家。該書導論由主編撰寫，從國際視角對泰國婦女參政進行理論梳理，引入性別分析。Juree Vichit-Vadakan 撰寫的第二章分析泰國婦女參政的社會文化環境，認為傳統文化和性別觀念是婦女在政治中面臨的主要障礙。Suteera Vichitranonda 和 Maytinee Bhongsvej 撰寫第三章《非政府組織對泰國政治中女性的支持》，認為非政府組織對女性參政的支援大於政黨和政府。Cambria GHamburg 撰寫的第四章是個案研究，探討婦女非政府組織在泰國東北部最窮的伊桑地區的政治動員能力。Juree Vichit-Vadakan 撰寫的第五章主要分析

---

[5] Tamara Loos, The Politics of Women's Suffrage in Thailand, in Louise Edwards and Mina Roces, eds., *Women's Suffrage in Asia: Gender, Nationalism and Democracy*, London and New York: Routledge Curzon, 2004, p.170.

[6] Kazuki Iwanaga, ed., *Women and Politics in Thailand: Continuity and Change*, Copenhagen: NIAS Press, 2008.

了泰國地方政治中傑出的女政治家，她們的成長經歷和從政成就。Kazuki Iwanaga 撰寫的第六章詳細分析泰國女議員的背景、在議會中的活動，所提議案及其效果，認為泰國女議員關注兒童、福利、婦女等提案，並與男議員一樣能夠成功促成議案通過。Supin Kachacupt 撰寫的第七章探討泰國女公務員的平等權利與參與，而泰國重要女政治家 Supatra Masdit 撰寫自己的從政經驗的章節也十分引人入勝，她在 1979~2000 年先後七次當選議員，並曾進入內閣擔任部長，她的經驗和經歷為我們研究泰國婦女政治參與提供很好的個案。總之，該書集理論探討與實證研究、宏觀視角與個案敘述、全國層面與地方經驗於一書，資料翔實、分析精闢，是目前東南亞婦女政治參與研究最優秀的幾本著作之一。但此書關注于戰後泰國女性政治參與，對二戰前的活動沒有提及。

James Ockey 的專著《製造民主：泰國的領袖、階級、性別和政治參與》，從性別視角探討泰國的領袖、政黨、權力和民主模式等議題，訪問多個女政治家，分析了女政治家與佛教、家族、性別模式與民主的關係。[7] Suwanna Satha Anand 主編的論文集《泰國婦女研究：權力、知識與公正》，探討近代泰國的性別關係，泰國憲法中婦女地位的變化，資料比較豐富。[8] Kazuki Iwanaga 的論文《泰國政治中的婦女》研究 1990 年代以來泰國女議員的家庭背景，男女議員提出的議案，探討為什麼女議員不優先關注婦女議題？並從候選資格、推選過程和選舉三個方面探討女候選人要

---

[7] James Ockey, *Making Democracy: Leadership, Class, Gender, and Political Participation in Thailand*, Honoluu: University of Hawaii Press, 2004.

[8] Suwanna Satha Anand, ed., *Women Studies in Thailand: Power, Knowledge and Justice*, Seoul: Ewha Womans University Press, 2004.

成功當選女議員的障礙。該文不僅資料豐富，分析深入，還注重結合泰國婦女參政實踐對西方政治學進行理論探討。[9] Pawadee Tonguthai 和 Supatra Putananusorn 的論文《面對堅硬的玻璃天花板》分析 1990 年代中期以來泰國婦女對各級立法、行政、司法的參與，認為泰國婦女面臨的選舉障礙主要是性別觀念、庇護政治、金錢政治等。[10] 上述研究仍聚焦於戰後，尤其是 1990 年代以來泰國女性的政治參與。

從學術回顧可見，有關泰國政治的主流研究不關注女性政治參與，更不會關注二戰前女性政治參與，大部分人甚至不知道泰國女性 1932 年就獲得選舉權，是亞洲最早獲得女性選舉權的少數國家之一。泰國女性政治研究大都關注的是戰後女性政治參與，而對戰前的研究極少。基於此，本文主要研究二戰前泰國女性的政治參與，探討女性獲得選舉權的原因，及對婦女權利和地位的影響。

二、泰國婦女的覺醒

泰國婦女史敘事將婦女覺醒定于拉瑪四世時期，認為阿丹（Amdaeng Muan）是第一位女性主義者，她與本村的一位男青

---

[9] Kazuki Iwanaga, Women in Thai Politics, in Kazuki Iwanaga, ed. *Women's Political Participation and Representation in Asia: Obstacles and Challenges.* Copenhagen: NIAS Press, 2008.

[10] Pawadee Tonguthai and Supatra Putananusorn, "Dealing with an Unyielding Glass Ceiling", In Metro Manila ed., *Gaining Ground? Southeast Asian Women in Politics and Decision-Making, Ten Years after Beijing : A Compilation of Five Country Reports,* Philippines : Friedrich Ebert Stiftung, Philippine Office, 2004.

年相愛，但父母將她許配給一個已有妻子的富翁，她堅決不從，與情人私奔，後被父母抓回，以通姦罪被拘禁，她從監牢中逃出，於 1860 年代初向拉瑪四世遞交一份請願書，陳述自己的苦情。國王允許阿丹與情人結婚，並在 1865 年和 1868 年頒佈兩道詔書，允許 20 歲以上的女性不經父母許可，可自己選擇配偶。[11]阿丹因追求和推動婚姻自由，被認為是泰國女權第一人。

拉瑪五世改革推動了女子教育的出現，1901 年第一所平民女子學校韶瓦帕學校建立，標誌著普通泰國女性可以接受正規教育，到 1904 年泰國共有 11,400 名女學生。1921 年拉瑪六世制定基礎教育法案，女子教育為義務教育，要強制實行，這大大促進了女子教育的發展，到 1925 年泰國小學共有 232,120 名女學生，385,808 名男學生。[12] 女子也可以接受高等教育，泰國婦女進入大學的最早時間是 1927 年，有 7 名女生進入朱拉隆功大學，主修醫學，1933 年她們中的 3 人取得醫學學士學位。[13]

泰國女子教育之所以受到鼓勵，是因為王室和民族主義者都認識到婦女作為母親角色對於強國強種的重要性。泰國民族主義精英譚瓦（Thianwan, 1842-1915)最早提出婦女對國家的生存和進步具有重要作用，因為婦女作為母親對培養民族國家的孩子至關重要，婦女作為妻子對激勵丈夫愛國十分重要。他強調：「婦女的

---

[11] Tamara Loos, The politics of women's suffrage in Thailand, in Louise Edwards and Mina Roces, eds., *Women's Suffrage in Asia: Gender, Nationalism and Democracy*, p.174.

[12] Scot Barme, *Women, Man, Bangkok: Love Sex and Popular Culture in Siam*, Lanham: Rowman & Littlefield, 2002, p.135.

[13] Varaporn Bovornsiri, *An Analysis of Access to Higher Education in Thailand*, Singapore, 1985, p.7.

作用非常重要，因為她們有影響男性和國家的正能量和負能量。例如，孩子成為'好孩子'還是'壞孩子'與母親的素質直接相關。……暹羅社會的一大痼疾就是無所事事的、任性的的男性迷戀酗酒或鴉片，生活在痛苦的墮落中，好妻子可以挽救丈夫，……妻子就像一條船的錨，是穩定的來源。」[14]拉瑪六世也重視女性作為母親的作用，他在《阻礙我們車輪的障礙》一文中指出一個好母親努力保障孩子的安全，將他們撫養成誠實的、有禮貌的人，但是一個壞母親放棄她的責任，對孩子不管不顧。

民族主義精英和國王提倡女子教育主要立足於國家、男性的利益，目標是將女子培養成賢妻良母，但他們並不支持男女平等，更不贊成女子與男性競爭。如負責教育的差雅那王子（Chayanat）認為女子應該有與男性一樣的受教育權利，但女子應該學習與家政有關的課程，以確保她們不會同男性在行政管理職位上競爭。1914 年 10 月他在一份名為《女士文萃》（Satriniphon）的女性雜誌上著文：「我們必須小心，不能允許女子偷走屬於男子的職位，不能允許她們自視過高或者與男性討價還價。雖然女子可以學習和男子同樣的知識，但是她們必須被教育成女人並且意識到她們一直是女人。」[15]女性不能從事行政職業，泰國 1914 年頒佈的《地方行政法》規定村長必須是男性，村長助理也必須是男性。

儘管王權希望婦女只充當賢妻良母，但女子教育的發展和西方男女平等思想的傳播不可避免地促進了泰國女性的覺醒。1922

---

[14] Scot Barme, *Women, Man, Bangkok: Love Sex and Popular Culture in Siam*, p.24.

[15] Tamara Loos, The Politics of Women's Suffrage in Thailand, in Louise Edwards and Mina Roces, eds., *Women's Suffrage in Asia: Gender, Nationalism and Democracy*, p.184.

年起，受過教育的女性在婦女雜誌上介紹西方女權運動，探討一夫多妻、女子教育、女子職業、科學育兒等問題。她們贊成女性應該成為新賢妻良母，1928 年的一篇文章指出，「兒童對於一個國家而言是非常重要的資源，如果我們努力去做好媽媽，就知道如何撫養孩子健康成長，培育孩子的良好品德和行為舉止，為他們提供良好教育並將他們訓練成勤勞的人。如果我們能做好這些工作，國家會感激我們。」[16] 她們批評一夫多妻和不平等的婚姻關係，一本婦女雜誌《女士財富》(Satrisap)的一篇文章指出：「在離婚後分割共同財產時，男性在每一方面都比女性佔優勢。事實上，男性和女性相互提高了對方的學識和能力，這反過來有益於國家。因此，不應該使男人在法律上處於優越地位。」[17]她們認為一夫多妻是不文明的，一夫多妻制是家庭破裂的根源，也導致離妓，因為一夫多妻的丈夫不供養家庭，貧困導致女兒成為妓女。她們贊成女子職業和經濟獨立，泰國女性的職業領域拓展到教師、護士、裁縫，藥劑師和律師。婦女組織也開始出現，一般認為泰國第一個婦女組織成立於 1890 年，後來演變為紅十字會，1932 年暹羅婦女協會 (Women's Association of Siam) 成立，這是第一個正式註冊的婦女組織，宗旨包括加強婦女團結，提高婦女地位，協會舉辦女子識字班，對妓女、女工提供教育。[18]

　　應該說這一時期泰國婦女運動還處於初起階段，女子教育剛

---

[16] Suwanna Satha Anand, ed., *Women Studies in Thailand: Power, Knowledge and Justice*, p.69.

[17] *Satrisap*, 21, October, 1922. 转引自 Suwanna Satha Anand, ed., *Women Studies in Thailand: Power, Knowledge and Justice*, p.70.

[18] Mina Roces and Louise Edwards, eds., *Women's Movements in Asia: Feminisms and Transnational Activism*，New York: Routledge, 2010. p.113.

開始發展，絕大部分泰國婦女是文盲，從事現代職業的女性極少，大部分婦女仍從事傳統的農業和商業，女性主義還處於萌芽狀態，只初步探討了一夫多妻、女子教育等問題，根本沒有提及婦女的政治權利。當然，這與專制君主制的限制有很大關係，泰國國王面對社會精英的民主要求，強調的是民眾"民智未開"，沒有實行民主的能力。王權對於一切民主、自由、平等主張都視為洪水猛獸，身為記者的民族主義精英譚瓦因為寫了一些言論激進的要求給奴隸和婦女自由的文章，被指控煽動，判處 17 年監禁。[19] 君主制下的泰國是典型的父權制政治，國王拉瑪七世形象地比喻說，泰國國王與國民的關係親如父子，國王愛民如子，國民尊王如父，父慈子孝方能保證國泰民安。[20] 當然，父親的威嚴不容子女冒犯，國王的權威不容子民分享。

三、1932 年革命與婦女選舉權

隨著民主思想的傳播，泰國社會精英對專制君主制的不滿日益強烈，1932 年 6 月 23 日比裡·帕儂榮領導的民黨與軍官合作發動不流血的政變，迫使國王拉瑪七世簽署《1932 年臨時憲法》，實行君立憲政體。1932 年革命被認為是泰國歷史發展的一個里程碑。

1932 年革命對於泰國婦女也有積極意義，因為 1932 年憲法規定「年滿 20 周歲以上的公民，無論男女，均有選舉權。」泰國

---

[19] 饒偉訊：《泰國的政治變化：民主和參與》，第 276 頁。

[20] 轉引自周方冶：《王權·威權·金權：泰國政治現代化進程》，第 53 頁。

成為東南亞最早給予婦女選舉權的國家。對於這凌空飛來的選舉權，人們不禁要問，當時世界上只有少數歐美國家婦女在 1930 年代以前獲得選舉權，為什麼泰國這個落後的半封建、半殖民地國家能在婦女選舉權上躋身它們之列？歐美女權運動發展有上百年歷史，婦女在教育、就業等方面取得長足進步，在爭取婦女選舉權上也經歷了半個多世紀的激烈抗爭，才取得這一權利，為什麼泰國在女權運動剛剛起步，婦女也未爭取選舉權的情況下就給予她們這一權利？

　　顯然，1932 年泰國婦女獲得選舉權並不是女性爭取的結果，而是民族主義精英基於平等、自由、民主、進步等理念和實踐的結果。以民黨為核心的民族主義精英服膺「自由、平等、民權」理念，他們特別對王室、貴族、平民這種不平等的社會劃分深感不滿，反對專制君主制，稱 1932 年革命為「民主革命」，認為「平等」是 1932 年憲法的核心之一，給予所有 20 歲以上公民選舉權在某種程度上體現了民族主義精英所追求的階級平等和性別平等；他們贊同歐洲空想社會主義者傅立葉的觀點，「在任何社會中，婦女解放的程度是衡量普遍解放的天然尺度。」認為婦女解放程度是衡量一個國家文明和進步程度的標準之一，婦女選舉權是當時世界最能體現進步的標誌，民族主義精英以給予婦女選舉權來表明泰國是先進的和現代的國家，「暹羅的領導人使泰國較之其他沒有賦予婦女政治權利的國家更為文明，政治上更為進步。」[21] 由此更容易得到美國和英國的外交承認。

---

[21] Tamara Loos, The Politics of Women's Suffrage in Thailand, in Louise Edwards and Mina Roces, eds., *Women's Suffrage in Asia: Gender, Nationalism and Democracy*, p.181.

　　但新政府的「自由、平等、民權」理念也僅此而已，民主之花嫁接在泰國這塊長期實行專制的土壤裡，只能結出威權的果實。政府以「民智未開」為由，規定一半議員由選舉產生，另一半由任命產生，但實際上第一屆議會議員全部由任命產生。從1932年憲法頒佈到1946年廢止，由總理任命的議員共計139名，其中93.9%屬於軍政官員，所以，1932年憲法的「平等」只具有象徵意義，它實際上是「寡頭精英」。[22] 泰國婦女儘管獲得選舉權，但這一權利是賜予而不是長期爭取的結果，在寡頭精英主導的政治權力結構內，泰國婦女的政治權利在隨後的十多年中一直處於徒有其名的狀態：新政府沒有廢除1914年的《地方行政法》，婦女仍然不能參加村長的選舉，也不能擔任鄉長。從1932年到二戰結束長達10多年的時間裡，議會中沒有一位選舉產生的女議員，也沒有一位通過任命產生的女議員，直到1949年泰國議會才出現第一位女性。

　　當然，新政府也沒有完全忽視提高婦女地位，畢竟1932年革命以前婦女的覺醒以及性別平等議題是推動1932年民主革命的內容之一，而且新政府也要以「解放婦女」來建構民族國家。所以，首先是婚姻制度改革提上日程，一夫多妻制被認為是舊社會秩序的標誌之一，不利於國家進步，1935年頒佈的《民法和商業法典》（The civil and commercial code）廢除一夫多妻制，該法被認為「是婦女處於附屬地位這種傳統思想和性別平等這種現代思想的結合」，一方面規定丈夫是一家之長，妻子要服從丈夫，另一方面支持一夫一妻制，離婚婦女在共同財產上可以獲得與丈夫

---

[22] 周方冶：《王權·威權·金權：泰國政治現代化進程》，第65頁。

相等的份額。[23] 而且該法沒有對一夫多妻的懲罰規定，所以一夫一妻只是法律規定，而一夫多妻仍然存在。

　　其次，強調婦女的母親和妻子角色，強化男性特徵和女性特徵，服務於強國強種的民族國家需要。政府要求婦女多多生育健康的孩子，因為人口眾多對泰國實現強國夢非常重要，政府設立母親節，獎勵多子母親，同時鼓勵母親認真培養孩子，教育他們成為勤勞、聰明、愛國的公民。政府認為男性和女性的不同角色有益於國家繁榮，強調男性是「國家的防護欄」，其責任是保護國家的主權和安全，婦女是「國家的花朵」，其責任是成為美麗、溫順的妻子和女兒，給她們的丈夫和父親提供精神慰藉和生活享受。政府還制定姓名法，要求改名要男女有別，男性的姓名應具有男子氣概，以與「國家的防護欄」形象相適應，女性則要取溫柔、甜美的姓名。[24]

　　再次，規範性別行為來體現國家的現代和進步。總理鑾披汶·頌堪將軍于 1941 年簽署《國家文化條例》，進行社會改革運動，包括「文明穿著運動」，要求國民得體著裝，規定男性必須穿著襯衫長褲，女性則要身著罩衫長裙，因為政府認為西式服裝是國家文明的一個標誌，泰國女性逐漸接受西方風格的穿著打扮，如裙子、鞋子和帽子，以「美好」的形象體現國家的文明。同時，條例還要求「尊重婦女」，規定男性公務員在離家和回家時必須親吻妻子。[25]1943 年政府還在文化部下設立「婦女事務文化辦公室」

---

[23] Suwanna Satha Anand, ed., *Women Studies in Thailand: Power, Knowledge and Justice*, pp.73-74.

[24] Ibid., p.77, 79.

[25] 周方冶：《王權·威權·金權：泰國政治現代化進程》，第 84 頁。

（the office of culture on women's affairs），主任就是總理夫人，該辦公室主要配合實施政府制定的女性形象和行為規範要求。

四、結論

1932 年革命是泰國歷史發展的轉捩點，但並不是泰國婦女歷史發展的轉捩點，儘管婦女獲得選舉權，但她們的政治權利只是停留在紙面上，她們的教育權利基本延續革命之前的基調，沒有重大變化，1937 年 85%的泰國婦女是文盲，而男性有 57%是文盲。[26] 政府強調女性的母親和妻子角色，服務于強國強種的需要，強化了男女有別的性別模式。政府熱衷於規範性別行為，以體現泰國的文明和進步，但婦女地位並沒有實質上的提高。

實際上，二戰前泰國儘管是東南亞唯一保持獨立的國家，也自主地給予婦女選舉權，但泰國婦女的政治參與並不比殖民地國家的婦女政治參與程度高，甚至呈現低參與特點。這或許與泰國的非殖民地位有關，其他東南亞國家的民族主義因為反對殖民統治而得到充分發展，為了對抗殖民者這個最大的共同敵人，民族主義精英要動員包括婦女在內的所有力量，因而婦女運動受到民族主義的啟蒙、鼓勵和領導，婦女積極參與民族獨立鬥爭和爭取選舉權鬥爭，在政治參與上較為活躍。[27] 而泰國民族主義的主要對手是專制君主制，但國王不是外來殖民者，王權在民眾中根深

---

[26] Bhassorn Limanonda, "Exploring Women's Status in Contemporary Thailand," in L. Edwards and M. Roces, eds., *Women in Asia: Tradition, Modernity and Globalization*, St. Leonards, N.S.W.: Allen & Unwin, 2000. p.255.

[27] 范若蘭，《東南亞女性的政治參與》，社會科學文獻出版社 2015 年版。

蒂固，民族主義精英不能動員民眾來反抗王權，而是與王權妥協，因此婦女的政治動員程度低，婦女運動處於萌芽狀態。1932 年革命是一場不流血的革命，也是民族主義精英與王權妥協的結果，隨後建立的政府實行威權統治，所以直到二戰結束，泰國婦女的政治參與程度仍一直很低。

參考文獻

中文

1. 任一雄：《東亞模式中的威權政治：泰國個案研究》，北京大學出版社，2002 年版。

2. 周方冶：《王權·威權·金權：泰國政治現代化進程》，社會科學文獻出版社，2011 年版。

3. 范若蘭：《東南亞女性的政治參與》，社會科學文獻出版社，2015 年版。

4. 張錫鎮、宋清潤：《泰國民主政治論》，中國書籍出版社，2013 年版。

5. 饒偉訊：《泰國的政治變化：民主和參與》，薛學了等譯，廈門大學出版社，2002 年版。

英文

1. Bhassorn Limanonda, "Exploring Women's Status in Contemporary Thailand," in L. Edwards and M. Roces, eds., *Women in Asia: Tradition, Modernity and Globalization*, St. Leonards, N.S.W.: Allen & Unwin, 2000.

2. James Ockey, Making Democracy: Leadership, Class, Gender, and Political Participation in Thailand, Honoluu: University of Hawaii Press, 2004.

3. Kazuki Iwanaga, ed., Women and Politics in Thailand: Continuity and Change, Copenhagen: NIAS Press, 2008.

4. Kazuki Iwanaga, Women in Thai Politics, in Kazuki Iwanaga, ed. Women's Political Participation and Representation in Asia: Obstacles and Challenges. Copenhagen: NIAS Press, 2008.

5. Mina Roces and Louise Edwards, eds., Women's Movements in Asia: Feminisms and Transnational Activism, New York: Routledge, 2010.

6. Pawadee Tonguthai and Supatra Putananusorn, "Dealing with an Unyielding Glass Ceiling", In Metro Manila ed., Gaining Ground? Southeast Asian Women in Politics and Decision-Making, Ten Years after Beijing: A Compilation of Five Country Reports, Philippines: Friedrich Ebert Stiftung, Philippine Office, 2004.

7. Scot Barme, *Women, Man, Bangkok: Love Sex and Popular Culture in Siam*, Lanham: Rowman & Littlefield, 2002.

8. Suwanna Satha Anand, ed., Women Studies in Thailand: Power, Knowledge and Justice, Seoul: Ewha Womans University Press, 2004.

9. Tamara Loos, The Politics of Women's Suffrage in Thailand, in Louise Edwards and Mina Roces, eds., Women's Suffrage in Asia: Gender, Nationalism and Democracy, London and New York: Routledge Curzon, 2004.

10. Varaporn Bovornsiri, An Analysis of Access to Higher Education in Thailand, Singapore, 1985.

第二部分

邊境治理和一帶一路區域發展

泰國邊境區域治理策略與模式－以泰緬邊境為例

宋鎮照

國立成功大學政治系暨政經所特聘教授

林詩萍

國立成功大學政治經濟碩士

洪鼎倫

國立成功大學東南亞研究中心助理研究員

摘　要

　　冷戰結束後的國際情勢，盛行區域經濟一體化的發展，更因為中國的崛起以及東協經濟共同體（AEC）的建立之後，在中國經濟的快速成長下，也讓中南半島國家與中國在地緣上的發展關係更為密切，尤其在 1992 年 GMS 的成立與推動下，更拉近彼此合作關係。值此之際，泰國因為地理位置及其經濟利益之優勢，讓泰國在 GMS 經濟上扮演更重要的關鍵角色。

　　泰國透過邊境經貿關係影響到其周圍國家之經濟，尤其是泰國北部與東北部所接壤的緬甸、寮國及柬埔寨等三國，更是提高了泰國在邊境地區的市場影響力。因此，可以看出泰國邊境經濟發展，特別是在 GMS 的發展戰略框架下，更可以看出泰國推動

邊境貿易發展的優勢，也必然有其高度的區域經濟戰略考量。

因此，在本文裡，將以泰國與緬甸在地理位置上的連結，以及其跨境經濟口岸作為主要的研究對象，並選取以泰國清萊府（Chiang Rai）的美塞（Mae Sai）、達府（Tak）的美索（Mae Sot）邊境口岸為個案分析，因為此兩個口岸為通往緬甸的兩個重要關口，可以檢視泰緬雙邊邊境經貿發展情況。

基於此，觀察泰國的跨境經濟及與鄰國的發展關係，可以透過兩個重要口岸來觀察其發展趨勢，以及並將泰國的政治層面、經濟層面及人文層面作為重要的鋪陳，尤其當泰國的國家發展逐漸移轉至北部和東北部，以及逐漸重視邊境的貿易經濟活動之際，將會影響泰國與緬甸之間的經貿關係發展。利用邊境經濟、跨境經濟、地緣經濟以及區域經濟合作的概念，加上區域治理的思考，來探討泰國邊境地區的區域治理與發展模式，將是本文探討的重點。

關鍵字：泰國、邊境經濟、大湄公河次區域、經濟特區、邊境治理

一、研究背景與動機

現今隨著中國大陸一帶一路倡議的推動，加上東協經濟共同體（ASEAN Economic Community, AEC）的成立與開啟，以及世界各國開始積極推動雙邊自由貿易（FTA）。而中國的崛起更加速了東亞區域經濟整合，以至於提升東協在亞太區域的政經角色地位，而 GMS 區域的發展無疑地首先受惠於中國一帶一路倡議的推動。

冷戰結束之後，國際勢力從雙極轉向單極，加上 911 事件的發生，美國對於東亞的採用和平的處理方式，間接地促使中國勢力擴大，加上中國經濟的崛起、以及中國地緣發展策略的重視，造就東南亞區域地位的日受國際重視。也使得東協國家的區域經濟政經關係之重建與建構，像是東協高峰會、東協十加一、東協十加三及東亞高峰會（東協十加八）之舉辦，近年來其重要性也迅速提升，以致全球將目光轉移至東協國家研究，而國際間大國也紛紛拉攏東協十國，積極地與東協國家建立政經外交關係，以掌握目前和外來政經發展的機會。

當各個國家的策略重心從全球觀點轉到區域發展，進而造就地緣經濟的蓬勃發展，國家與國家都會存在競爭，或是積極推動相互依存的合作關係，由經濟拉近國家之間的關係，而國家開始從邊境及跨境的經濟貿易活動開始發展，國家開始與鄰近國家相互連接，不再以政治及軍事的剛硬手段作為外交關係，21 世紀的國家會以地緣經濟作為在區域中發展的重要手段，因此地緣經濟及邊境、跨境經濟成為研究國際關係或是區域研究的重要考量之

一。

　　而在東亞區域內，中國也積極利用地緣經濟手段建立區域中的地位，對於東北亞國家，中國因為地緣的關係，也直接間接地與北韓及南韓國家建立經濟上的關係。而在東南亞國家中，因中國國土與中南半島國家的連接，而且中國雲南瀾滄江又是中南半島重要流域「湄公河」的上游，更加拉近中國與東南亞國家的關係。就在 2013 年 10 月中國國家主席習近平首次提出「絲綢之路經濟帶」及「21 世紀海上絲綢之路」，就是想利用亞洲與歐洲上的地緣連結，讓中國成為歐亞大陸區域的主導者。更在 2014 年有印度、巴基斯坦、新加坡、中亞國家等 22 個國家想加入「一帶一路」及「亞洲基礎設施投資銀行」（Asian Infrastructure Investment Bank, AIIB）。

　　而「一帶一路」中的一帶係指從太平洋到波羅的海運輸通道，連結東亞、西亞、南亞的交通運輸通道，而一路係指串聯中國與東南亞國家，以歐亞非經貿易體化為目標。而「亞洲基礎設施投資銀行」是中國設立的區域多邊開發機構，主要是支持基礎設施建設的資本。[1] 而在中國崛起之後，中國不僅具有經濟實力，國力也更加強大，中國就地理位置上的關係發展發展出更多的經貿關係，而「絲綢之路經濟帶、21 世紀海上絲綢之路」的一帶一路倡議就是中國地緣經濟策略應用的象徵。[2]

---

[1] 鉅亨網新聞中心，〈一帶一路：中國經貿新戰略〉，《鉅亨網》，2015 年 3 月 13 日，〈http://news.cnyes.com/special/oneRoad/〉，(檢索日期：2016 年 4 月 15 日)。

[2] 梁國勇，〈中國新視野-「新區域主義」崛起〉，《中時電子報》，2015 年 10 月 17 日，〈http://www.chinatimes.com/newspapers/20151017000086-260203〉，檢

　　近年來，特別是 GMS 區域的經濟發展蒸蒸日上，美其名為 GMS 經濟抬頭，而使得泰國出現有大躍進的經濟機會。GMS 從 1992 年建立至今，從一開始針對湄公河基本問題的協商，以營造互信的關係，接著一連串的專案合作建立，到目前全方位的發展，也受到各國的關注，例如日本、美國、歐盟、紐澳等國家積極想搭上 GMS 的經濟利益。連帶地也讓泰國成為各國所重視欲交往的國家。就經濟而言，泰國擁有密集的交通運輸路線，有利於貨物的流通，成為全中南半島或是東南亞最佳的物流中心，而國際上及區域的發展也會帶動泰國的工業產值、製造業產值、服務業以及出口量的提升，畢竟泰國位於 GMS 區域經濟的核心地位。

　　泰國內部經濟發展重點長期以曼谷地區為主，目前泰國經濟重心逐漸出現變化，開始向泰國北部及東北部移動，主要是因為「泰國內部為均衡國家南北區域發展」與「外部 GMS 區域經濟發展整合與中國的崛起」，[3] 在泰國國內為了國家發展均衡而使經濟重心出現變化，外部更因為近年來的全球化、區域一體化的推力，使得泰國北部與東北部逐漸成為區域經濟發展的新重點位置，自從泰國加入 GMS 以及中國崛起之後，泰國因而逐漸打開北部與東北部的門戶，而地緣上的關係造就泰國前往鄰國、發展合作約定及建立交通走廊，加深泰國與鄰國的關係，並且深化泰國在這區域內的經濟影響地位。

　　泰國位於中南半島的中心，具有最好的地理優勢，而泰國北部與東北部接壤緬甸、寮國及柬埔寨，因而造就邊境及跨邊境的

索日期：2016 年 4 月 15 日。

[3] 撒俐，《探究泰國經濟重心移轉之研究：以地緣經濟學的角度詮釋分析》，(台南：國立成功大學政治經濟學研究所碩士論文，2015 年)，頁 104-105。

經濟關係，近年來泰國更因為加入 GMS 之後，使得泰國的經濟優勢、利益從與鄰國鄉接壤的邊境與跨境關係中輻射至整個中南半島。目前泰國在邊境設立 10 個經濟特區，[4] 分別為「達府」（Tak）、「穆達漢府」（Mukdahan）、「沙繳府」（Sa Kaeo）、「達叻府」（Trat）、「宋卡府」（Songkhla）、「北碧府」（Kanchanaburi）、「清萊府」（Chiang Rai）、「廊開府」（Nong Khai）、「那空帕農府」（Nakhon Phanom）及「陶公府」（Narathiwat），其中的八個邊境經濟特區在於太國的北部與東北部。邊境經濟特區的吸引緬甸、寮國、柬埔寨及馬來西亞的勞工到泰國境內工作，並且是當日來回的跨境勞工，不僅促進邊境產業發展也帶動邊境經濟效益。泰國政府出租許多經濟特區內的土地及優惠政策，吸引廠商進駐，而廠商也為了搶攻泰國邊境經濟版圖，看上泰國的地理優勢、交通基礎建設及與鄰國之間的邊境貿易商機等優勢因素。[5] 由此可見泰國北部與東北部的邊境地區成為日後矚目的地區。

因而觀察到泰國北部與東北部的邊境經濟正在如火如荼的成長，因為地理位置的重要，以加入 GMS 經濟整合發展利基，讓邊境經濟發展拉近泰國與緬甸、寮國、柬埔寨之間的關係，進而使得泰國的政治、經濟及社會發展產生變化，而泰國邊境地區出現發展的現象，也讓邊境發展之治理受到重視。

根據上述的背景及動機，目前屬於全球化及區域一體化的時代，再加上中國崛起之後，東南亞成為各國爭相研究及競爭的區

---

[4] 中國─東盟中心（ACC），〈泰國積極推進經濟特區建設〉，《中國東盟觀察》，第 33 期，2014 年 11 月，頁 10。

[5] 萬年生，〈不可錯過新泰國〉，《商業週刊》，第 1439 期，2015 年 6 月，頁 96-107。

域，而區域組織也相繼產生，本文主要是以「大湄公河次區域經濟合作」（Greater Mekong Subregion Economic Cooperation Program, GMS）區域組織為背景，觀察泰國與緬甸之間的邊境經濟，進而探討泰國產業政策產生的治理模式。

因而觀察到泰國北部與東北部的邊境經濟正在如火如荼的成長，因為地理位置的重要，加入 GMS 經濟整合發展利基，讓邊境經濟發展拉近泰國與緬甸、寮國、柬埔寨之間的關係，進而使得泰國的政治、經濟及社會發展產生變化，而泰國邊境地區出現發展的現象，也讓邊境發展之治理受到重視。

二、相關文獻探討

面對泰國新邊境區域治理思考─以泰國與緬甸的境內境外發展之探討，主要探究的出發點在於泰國的邊境地區以及與緬甸的地緣跨境經濟活動，將檢閱「邊境貿易與跨境經濟」相關文獻作為分析泰國邊境內外地區發展的依據與參考，以「地緣經濟發展」作為分析泰國與緬甸的地緣經濟關係，以及其存在的政治、經濟及社會現象與發展。將以「區域治理」概念來探討泰國的區域發展策略，以及其存在的政治、經濟及社會發展狀況，作為連結探討泰國政府對於泰國邊境之內外治理模式作為，提供一個較為整體的分析框架，以下將依序闡述邊境貿易和合作之相關文獻的理論與概念探討。

（一）邊境貿易、跨境經濟合作

而邊境貿易產生的效應是邊境國家雙方進行的經濟貿易活動，雙方國家會經由邊境貿易的活動而產生不同的變化，以往的傳統邊境貿易只影響邊境地區內部，在現代邊境貿易越來越開放的邊境貿易市場，帶動的是逐漸往國家中心經濟上的效益連結，連帶著也擴大到影響國家的政治、外交，甚至與鄰國的全方位關係發展更加密切，進而產生雙方互利的政策。

邊境貿易經濟的效應逐漸受到重視，而且其對國家經濟發展的重要性也不容忽視。[6] 邊境貿易效益的變化，隨著現代邊境貿易擴大貿易範圍、參與的企業及投資者逐漸增加、能源提供改善、邊境經濟合作、人力資源發展、以及交易商品數量、種類和金額明顯增加，產生相當具體的經濟成長效益。邊境貿易經濟效益之提升和多元，無疑地也產生許多正面的影響：首先，會帶起富民興邊的效果，以及完善地方基礎建設的發展。其次，雙方邊境國家相互交換優勢生產要素，有利彌補國內市場缺乏的原物料或是生產要素，促進生產規模擴大或是產業升級的現象。第三，邊境雙方國家逐漸擴大市場、提高生產規模效益，刺激經濟增長，帶動邊境產業向外發展。最後，邊境貿易區吸引更多的產業進入，如金融業、交通運輸業、商業、餐飲業及旅館產業的投資，使得邊境之經濟蒸蒸日上，可以帶動市場擴張、資源聚集、資本跨境

---

[6] See Erik Lee and Christopher Wilson, eds., "The U.S.-Mexico Border Economy in Transition, Washington, D.C.," Woodrow Wilson International Center for Scholars, February 2015, 〈 https://www.wilsoncenter.org/sites/default/files/Border_Economy_Transition_Wilson_Lee.pdfS 〉，（檢索日期：2016 年 4 月 15 日）。

流動、技術跨境轉移及邊境國家內貨幣流通。[7]

　　儘管如此，邊境貿易的發展亦可能會產生一些不利或負面的衝擊，例如就業機會成長、非法移民、教育訓練、基礎建設需求、低勞工薪資、甚至色情、毒品販賣、賭博、社會治安等社會問題等，這些都必須要加以面對。[8]

（二）地緣經濟發展

　　地緣經濟學是結合政治、經濟與地理的概念，從地緣關係出發，探討如何利用地緣上的優勢，再經由經濟手段來實現國家經濟戰略目標，即增加該國在國際上的影響力。冷戰時期的國際關係以地緣政治為依據，冷戰結束後國際關係轉向地緣經濟俾為取得利益的參考，將以往軍事、外交及政治轉為強調經濟、生態環境及環保等面向，因此經濟利益成為國家關係最為重要的爭奪。在全球化和區域整合盛行的時代，各國使用經濟手段取的國家利益，用地緣優勢提升在國際上重要的經濟戰略地位。[9]

　　國家與鄰近國家也產生新的合作機制，經由地緣經濟聚集區域內各國的優勢生產要素、產業和重要資源，建立各國之間更多的經濟合作及交流機會，在國與國產生的地緣經濟內開拓區域內國家的經濟及向外與國際經濟接軌的機會，也組合相鄰國家內互

---

[7] 梁漢陸，〈邊界效應與我國跨境經濟合作區發展〉，《天府新論》，第 1 期，2015 年 1 月，頁 136-143。

[8] See Federal Reserve Bank of Dallas, "The Border Economy," Federal Reserve Bank of Dallas, June 2001, full text can be downloaded from〈http://www.dallasfed.org/assets/documents/research/border/ tbe_issue.pdf〉，（檢索日期：2016 年 4 月 15 日）。

[9] 韓銀安，〈淺析地緣經濟學〉，《外交學院學報》，第 75 期，2004 年 1 月，頁 70-75。

補性資源及要素，產生最具優勢的經濟，因為地緣經濟而出現新的合作機制。

（三）區域整合發展

區域經濟整合是國與國之間逐漸去除彼此間貿易障礙與生產要素移動限制，也就是商品、服務與生產資源的市場可以逐漸融合的過程，而參與經濟整合的通常是區域上或是地理上相連的國家，因而有區域經濟整合。

基本上，區域經濟整合之出現可以產生以下四種效果：第一，在尋找新的市場與貿易機會。經濟整合可以擴大市場與實現規模經濟，增進經濟成長，因而促使大多數國家積極參與區域經濟整合。第二，因為具有地緣戰略及政治利益，雖然區域經濟整合屬於經濟方面的利益，但卻與政治、戰略及安全息息相關，畢竟經濟屬於不敏感的外交軟實力，容易成為區域內或國際政治上重要的戰略手段。第三，區域經濟整合是貿易的天堂，當國與國之間擁有緊密的經濟同盟，區域內成員國就可以獲得出口市場的保障。第四，由多個國家組成的區域經濟合作組織，可以提高國際經貿地位，以提升相對的議價能力，甚至提高在國際社會中的發言權。[10]

區域經濟整合的考量，主要分成政治因素、人文因素及經濟因素。其中政治因素包含政府基本政策、法律及國內團體支持程度。而人文因素是來自血統、語言及社會價值觀。最後經濟因素與經濟結構、貿易結構、產業結構、市場結構、國內市場容量、

---

[10] Paul Cook and Colin Kirkpatricks, "Globalization, Regionalization and Third World Development," Regional Studies, Vol.21, No. 1, February 1997, pp.55-66.

政府經濟政策、勞動供需及勞動能力、資金、技術、企業行銷能力、企業管理能力、產業整合（水平、垂直）能力、相關零組件配合能力、自然資源有關。[11]

（四）治理

而治理的改變可能受到政治變化影響，而政治變遷的主要原因在於經濟發展、工業社會、現代化、民族國家、行政與法治的發展、群眾動員與參與、民主政治、秩序變遷及社會變遷等現象的衝擊。[12] 特別是經濟的成長所帶來全面性影響，已經成為國家政治變化的主要原因。工業國家因為工業化帶動國家發展，也會對政治產生轉變。而現代化及行政與法治的發展，亦會使國家逐漸成長，進而帶動政治成長。而民族思想的轉變也可以牽動國家政治，改變政治發展走向。然而，群眾形成動員及參與活動，也會改變政府內部的政治活動，形成政治不可忽視的力量。民主思想形成的意識形態，也會成為改變政治的思想力量。而社會的種種變化讓市民社會興起，更是讓政治變化的重要因素。

因此，依照上述的治理概念，政治、經濟及社會所形成的三角互動關係，是影響治理變化的主要因素。政府不但會受到經濟及社會的影響，經濟也受影響到政治及社會運作，而社會變化也影響到政治及經濟的發展，彼此之間產生相互影響，形成對治理三角模式的分析架構。（如圖一）

---

[11] 張福榮，《經濟發展管理-觀念與策略》，（台北市：五南圖書出版，1996年），頁213-217。

[12] 周志杰，〈探索東南亞政治變遷的動因〉，《臺灣的東南亞區域研究年度論文討論會論文集》，第2卷第1期，2005年4月，頁97-148。

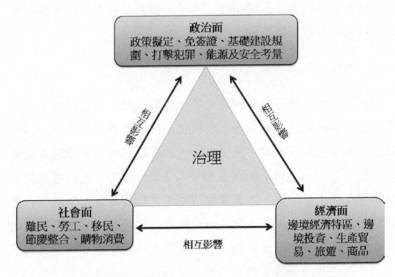

圖一：政治、經濟及社會關係
資料來源：作者自繪

　　而將「邊境貿易、跨境經濟合作」、「地緣經濟學」、「區域整合發展」連結，依照「邊境貿易、跨境經濟合作」的運作，並以政治、經濟、社會、基礎建設、環境和自然資源作為研究泰國與鄰國之間的跨境經濟發展依據，去探討泰國現在的跨境經濟發展狀況，瞭解泰國因為什麼樣的政治考量、經濟考量、社會考量、基礎建設發展、以及對環境和自然資源考量，做為後續分析的主要框架。（如圖二）

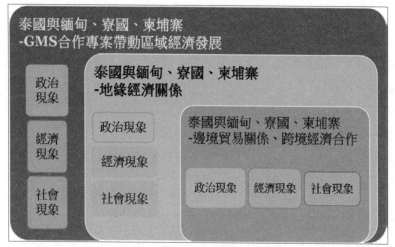

圖二：政治、經濟及社會關係

資料來源：作者自繪

三、研究分析架構

　　本文的分析過程將規劃成三個重要階段（如圖三）：（1）首先第一階段是經由政治、經濟及社會的指標，將泰國邊境地區與緬甸、寮國及柬埔寨之間的地緣及區域關係劃分出政治、經濟及社會的類別。（2）第二階段觀察泰國邊境地區與緬甸、寮國及柬埔寨之間的地緣及區域關係內存在的政治、經濟及社會現象中，主要是由政治權力主導，還是經濟利益主導，又或者是社會文化現象的主導，政府屬於划槳的主導者，屬於由上而下過程的治理模式。還是以經濟因素為主，是市場的力量扮演重要導向角色，而政府是輔助導航的角色，人民以個人經濟利益為主軸，屬於縱向

合作過程的治理模式。又或者是以社會因素為主，是政府服務人民及協助社會團體的利益為主，人民需要的政府就提供服務，就像社會中存在的現象成為主導政府治理的方向，屬於由下而上過程的治理模式。(3) 第三階段便可以分辨以政治權力為主，是屬於「由上而下」過程的治理模式；以經濟因素為主，是市場的力量扮演重要導向角色是屬於「縱向合作」過程的治理模式；而以社會因素為主，社會中存在的現象成為主導政府治理的方向是屬於「由下而上」過程的治理模式。

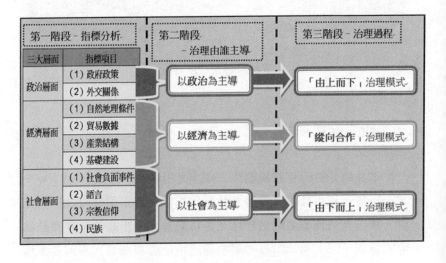

圖三：研究分析框架與流程

資料來源：作者自繪

（一）第一階段：指標分析

　　首先，在政治層面指標為：（1）政府政策：政府的政策對於國內邊境地區、地緣上兩國關係以及區域經濟合作形成極大的影響力，有政府政策作為基本經濟活動的有利推手，可使區域內活動更為順利，政策不僅可以帶動邊境地區經濟及社會發展，也可以使地緣關係上的兩個政府相互間的信任加深，更有助於區域經濟組織在區域內的活動，以及經濟政策的政策推動有助於邊境地區、地緣經濟活動以及區域經濟發展。（2）外交關係：在政治層面上，當本國與地緣上相鄰的國家之間的互動良好，將有助於帶動邊境地區內的經濟及社會發展。但是當國家對外關係不佳，與鄰國有諸多衝突，對於邊境地區及地緣關係上則有重大影響，進而造成經濟活動受阻及社會不穩定。

　　其次，在經濟層面上指標為：（1）自然地理條件：泰國國界邊境地區、地緣位置關係及區域組織內部區域，因為自然地理位置上的條件，形成自然的地理優勢條件。在邊境地區泰國與鄰國形成邊境經濟活動。而與泰國具有地緣關係的國家之間形成地緣的經濟關係。同時區域經濟組織的建立更加深因自然地理位置相接的地區，以及區域內泰國與鄰國的經濟發展。（2）貿易數據：對於泰國與鄰國之間相接的邊境地區內貿易數據不僅代表國家雙方的經濟活動，而且也可以顯示泰國與鄰國之間的經濟互動關係及發展。（3）產業結構：產業結構屬於經濟層面的一環，泰國與鄰國之間因為地理位置的相接，產生邊境經濟、地緣經濟以及區域經濟活動，同時也對於泰國的產業結構產生影響。（4）基礎建設：基礎建設對於泰國與鄰國之間的邊境地區及跨境地區的發展

有極大的影響力，因為基礎設施的建立有助提提高經濟活動的效率及節省成本，對於經濟有正面的效益，因此泰國或是鄰國在於邊境地區的基礎建設有助於邊境經濟、地緣經濟及區域經濟整合。

最後，在分析社會文化層面指標為：（1）社會負面事件：社會活動中存在負面現象貧窮、勞工、毒品走私，社會負面事件的產生與政治及經濟有極大關係，政治的不穩定造成社會的分歧，而同時經濟的活動，造就社會的貧富差距，進而出現貧窮、勞工糾紛或是毒品走私等社會負面事件。（2）語言便利性：語言是人們溝通的工具，當泰國與鄰國之間存在相似的語言，則有助於泰國與鄰國之間的關係，但是當語言造成溝通不良時，容易造成誤解，出現社會矛盾事件，間接影響經濟活動與政治關係發展。（3）宗教信仰：宗教深深影響世人的價值觀與生活習慣，更會影響人做決定的思考，當泰國與鄰國之間具有相同宗教信仰，對於邊境區域內的人民與國家有怎樣的發展，是具有正面效益帶動政治、經濟及社會文化，或是造成不穩定的衝突。（4）民族文化：國家內存在的民族都具有各種不同的意識形態及文化生活方式，不僅會影響社會的生活及活動，同時也影響到邊境區域內經濟活動及政治關係。

（二）第二階段：治理由誰主導

在第二階段裡的研究，可以歸納出治理的概念：（1）以政治因素為主，著重在政治界定的目標之治理政策設計與執行，政府屬於划槳的主導者。（2）以經濟因素為主，其中市場的力量扮演重要導向角色，政府是輔助導航的角色、社會受到經濟利益主導。（3）以社會因素為主，政府服務人民及協助社會團體的利益為優

先，人民將需求反映給政府，成為主導政府治理的方向。

因此，治理受到政治、經濟及社會文化三角互動的影響，並且三者之間在協調之下，將出現以政治利益為主導，或是以經濟利益為主導，又或者是以社會文化價值為主導，治理將形成三種可能性的情況，分別為以政治為主導（如圖四所示）、以經濟為主導（如圖五），或是以社會文化為主導（如圖六）。

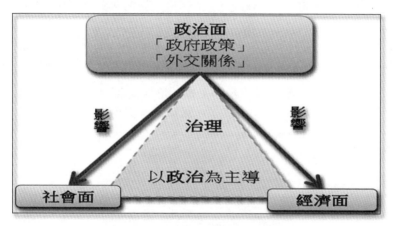

圖四：以政治主導的治理模式

資料來源：作者自繪

（三）第三階段：治理過程

第三階段的處理專注於治理的過程，其主要流程為，首先將政治、經濟及社會排列為三層結構關係上，最一層（上層）為政治，第二層（中間層）為經濟，最後第三層（下層）為社會，(如圖七)。

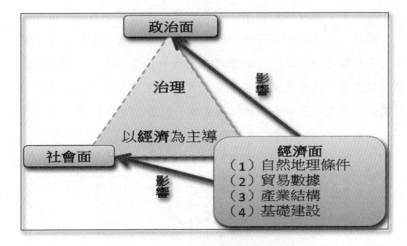

圖五：以經濟主導的治理模式

資料來源：作者自繪

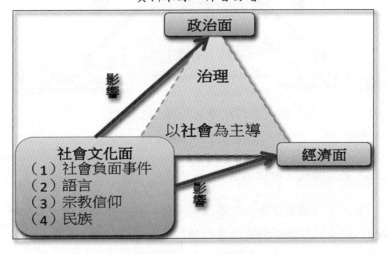

圖六：以社會主導的治理模式

資料來源：作者自繪

圖七：政治、經濟、社會階層
資料來源：作者自繪

　　第三階段主要是用以研究泰國與緬甸之間的邊境口岸的通商發展。首先在邊境經濟、跨境經濟和地緣經濟，以及區域經濟作為泰國與緬甸發展的基底，其次產生出第二階段的「治理由誰主導」，因而對於泰國治理過程將出現的類型，套入治理的概念之後，最後便可以分辨「治理過程」以及產生的模式。（1）以政治權力為主導的過程，是屬於「由上而下」過程的治理模式；（2）而以經濟因素為主導的過程，是市場的力量扮演重要導向角色，是屬於「縱向合作」過程的治理模式；（3）以社會因素為主導的過程，社會中存在的現象成為主導政府治理的方向，是屬於「由下而上」過程的治理模式，其中治理過程的模式分別為「由上而下」模式、「縱向合作」模式、以及「由下而上」模式。

四、泰國與緬甸邊境區域之政濟及社會發展

泰國與緬甸皆位在中南半島上，泰國北部與緬甸相鄰，其邊境的長度都比泰國與寮國、柬埔寨及馬來西亞的邊界線來得長，泰緬邊境總共長約 1,799 公里，兩國交界的地區多為高山地區，泰國從北到南共有 10 個府與緬甸相交，而泰國的清萊府鄰近泰國與緬甸接界的金三角地帶，靠近美塞（Mae Sai）口岸，也頗具有泰國對緬甸的政治、經濟及社會文化意義的發展。而泰國與緬甸接壤地區的南方位置，便是泰國農業與工業中心之一，其靠近湄南河發源地，關係著泰國與緬甸之間的經濟發展，也靠近美索口岸。

在政治上，緬甸存在的問題對泰國來說，是充滿著威脅性，但是緬甸對於泰國政府又是不可忽視的一個國家，同時緬甸本身的政治問題，也時時刻刻威脅到泰國的穩定，並且緬甸的地理位置是泰國向外延伸至印度及中國西南部的重要過境地區。

泰國北部與緬甸的關係，泰國與緬甸的關係從以前開始就存在勢不兩立的關係，因為邊境領土、外交等問題，直到冷戰結束之後，雙方國家為了經濟發展而破冰。2001 年泰國前總理塔信（Thaksin Shinawatra）訪問緬甸，進而促使泰國和緬甸恢復正常的外交互動。[13] 但是泰國北部與緬甸目前仍然會因為緬甸邊境問題，而產生緊張的關係，以至於影響泰國政府對於緬甸邊境發展

---

[13] 孫偉，〈鄰和方能謀遠大——他信的「破冰之旅」〉，《人民網》，2001 年 6 月 21 日，〈http://www.people.com.cn/BIG5/guoji/24/20010621/494379.html 〉，(檢索日期：2016 年 4 月 15 日)。

的態度。

　　泰國北部對於緬甸帶來的泰緬邊境問題，存在著許多的疑慮。泰國北部與緬甸在政治關係上，存在著理不斷的衝突與糾葛，主要是因為泰國與緬甸從以前就開始爭奪土地主權，以及顧及到邊境安全、販毒和犯罪猖獗、人口走私販賣等層出不窮。但因為冷戰結束之後，泰國前總理塔信（Thaksin Shinawatra）訪問緬甸，以及泰國與緬甸加入 GMS 之後，雙方開始為了國家間的經濟發展需要著想，出現了合作的關係。雙方更藉由彼此的邊界相連地區作為經濟合作的區域，泰國北部與緬甸共同發展經濟，成為相互依賴的經濟關係。

　　但是泰國政治對於邊境地區而言，仍然是處於動盪不穩定的狀態。因為一直以來存在的邊境「緬甸問題」，讓泰國對於緬甸的反應，是既期待又怕受傷害的心情。希望泰國北部的經濟能有均衡穩定的發展，但是又常因為邊境「緬甸問題」之騷擾，而暫停或終止雙邊邊境的活動關係。

　　泰國北部「美塞」（Mae Sai）既想與緬甸邊境進行經貿合作關係，但是又怕緬甸邊境的問題影響到泰國北部的經濟、社會穩定和發展，在政治層面上，泰國政府「美塞」口岸需要考慮緬甸邊境問題的複雜，而提出一套「對緬政策」。

　　首先，泰國北部認為緬甸邊境問題主要是因為毒品問題、難民問題及邊境上的少數民族衝突事件，[14] 泰國北部「美塞」在地理位置上又靠近「金三角」（Golden Triangle）區域，這是泰國、

---

[14] 胡博巍，〈從泰國歷史看泰緬關係的發展〉，《天津市經理學院學報》，第22 期，2009 年 4 月，頁 61-62。

緬甸及寮國的交界處，這裡是緬甸北部毒品生產地及販賣地點，而泰國北部就自然而然地成為毒品流通的地區，進而影響到泰國經濟及社會安定。[15]

　　此外，泰國北部常是緬甸少數民族移居的重要地點，因為緬甸對於少數民族的迫害頻傳，緬甸的少數民族透過陸地遷移，潛入泰國北部。「美塞」地區變成為阿卡族（Akha）主要的遷移居住地，[16] 即使緬甸政局目前轉向民主，但是邊境地區仍然持續有民族戰事，以致難民並沒有選擇離開泰國，而持續待在泰國難民營中，目前已有 11 萬難民從緬甸遷移至泰國北部，而將近有 10 萬人留在美索（Mae Sot）邊境附近，被稱為「小緬甸」。[17] 而邊境的衝突主要是因為難民的問題，緬甸難民在泰國北部邊境發生戰爭，造成泰國北部「美塞」的不穩定，以及邊境毒品衝突、勞

---

[15] 法新社，〈緬甸在「金三角」毒品搶奪 20 萬藥丸〉，《法新社》，2017 年 08 月 10 日，〈http://www.mizzima.com/news-domestic/myanmar-seizes-20m-pills-%E2%80%98golden-triangle%E2%80%99-drug-bust〉，(檢索日期：2017 年 9 月 04 日)。

[16] 阿卡人是「哈尼族」的一個支系，又稱「愛尼人」，或自稱「阿卡」。阿卡人是個跨境民族，分佈在中國雲南省南部、緬甸東北撣邦、寮國北部、越南西北部和泰國北部。以打獵為生，屬於典型的高山少數民族。20 世紀初，阿卡人開始從緬甸向泰國遷徙，泰國的第一個阿卡人村就在泰緬邊境。阿卡人的文化認同感很強，兩個素不相識的人，只要都是阿卡人，彼此之間的距離就會拉近很多。目前人口約有 33,500 人，占泰國山地部落族人口的 6%。阿卡人在泰國有另一個稱呼，叫做「尹戈」(Ikaw)，但他們不喜歡這種稱呼。阿卡人喜居在海拔 3,000 到 4,000 英尺的高山上，除了種稻米、玉米、黃豆之外，也會種植鴉片。阿卡人是當地高山族男性中，染上鴉片癮最多的一族，因為他們相信鴉片能治癒疾病和疼痛。

[17] 參閱 鄭詩韻，〈緬甸縱使變天 流落泰國難民兩樣情〉，《中央通訊社》，2015 年 11 月 03 日，〈http://www.cna.com.tw/news/aopl/201511030112-1.aspx〉，(檢索日期：2016 年 4 月 15 日)。

工衝突等問題。

在泰國北部下方的「美索」（Mae Sot）是泰國與緬甸邊境貿易據點中進出口額為最大的據點，而且經過「美索」的邊境貿易額，約佔據泰國與緬甸雙方貿易額的80%。[18] 加上投資促進理事會（Board of Investment, BOI）提出「邊境經濟特區」（Special Economic Zones, SEZ），[19] 首要發展階段的五個區域中，「美索」是泰國與緬甸唯一在第一階段中要發展的邊境經濟特區，加上「美索」接近緬甸最大城市仰光，以至於泰國政府藉由「美索」的經濟發展作為政治手段，來拉近兩國之間的外交關係，但即使兩國雙方經濟關係非常緊密，也不可避免緬甸難民不斷湧入的壓力，而「美索」附近主要聚集緬甸的克倫族（Karen），只要緬甸各民族沒有和平共處，邊境難民的問題仍然會持續存在，將讓泰國與緬甸邊境地區受到安全威脅，並且影響到「美索」當地的經貿發展。

泰國眼中的「緬甸問題」以及泰國政府的「對緬政策」，是泰國政府對緬甸發展的重要考量課題。泰國政府對於緬甸的基本態

---

[18] 袁淑妍，〈泰國：東盟的重要物流樞紐〉，《香港貿易發展局-經貿研究》，2015 年 5 月 12 日，〈http://hkmb.hktdc.com/tc/1X0A25UR/%E7%B6%93%E8%B2%BF%E7%A0%94%E7%A9%B6/%E6%B3%B0%E5%9C%8B%EF%BC%9A%E6%9D%B1%E7%9B%9F%E7%9A%84%E9%87%8D%E8%A6%81%E7%89%A9%E6%B5%81%E6%A8%9E%E7%B4%90〉，(檢索日期：2016 年 4 月 15 日)

[19] The Government Public Relations Department, "Special Economic Zone Committee Agrees on 5 Potential Border Areas to be Developed as Thailand's First Special Economic Zones," Royal Thai Government, July 15 2014, 〈http://www.thaigov.go.th/index.php/en/_pressbriefing/item/84774-84774〉，(檢索日期：2016 年 4 月 15 日)。

度都以「接觸」為主要思考，以「壓迫」為輔助的作為。[20]「接觸」策略是因為泰國考慮到與緬甸的經濟合作關係，彼此之間存在相互依賴的關係。換言之，泰國需要緬甸的資源，而緬甸也需要泰國的資金投入。因此，泰國政府積極發展與緬甸的經濟發展，並提出邊境經濟特區政策為手段，[21] 試圖讓經濟來化解彼此之間的政治衝突。但是泰國多年來受到緬甸邊境問題的干擾，尤其是緬甸難民問題，讓泰國倍感壓迫，希望能解決緬甸難民問題。

　　雖然緬甸邊境問題對泰國始終是一個相當棘手的事件，但是泰國邊境地區與緬甸的經濟合作卻又持續進行中，而泰國政府也積極地與緬甸共同建立經濟合作。近年來泰國政治由軍方政府所控制與統治，被認為是有利於泰國與緬甸的外交關係發展，主要是因為向來泰國軍方與緬甸軍方保持不錯的默契關係，彼此對於加強邊境地區的軍事安全戒備和軍事合作都有共識，不但可以提高管制非法移民、難民、毒品等緬甸問題，而且可以提高彼此間的勞務合作、投資貿易及邊境地區建設，來提高雙方經濟效益的協議。[22]

---

[20] 參閱 周紹永，〈緬甸在泰國對外政策中的地位〉，《廣角鏡》，第 449 期，2014 年 3 月，頁 263-264。

[21] The Government Public Relations Department, "Special Economic Zone Committee Agrees on 5 Potential Border Areas to be Developed as Thailand's First Special Economic Zones," Royal Thai Government, July 15 2014, from 〈http://www.thaigov.go.th/index.php/en/pressbriefing/item/84774-84774〉(accessed on 2016-05-05).

[22] Royal Thai Government, "Thailand-Myanmar Strengthen Security Collaboration to Prevent Non-traditional Threats," Royal Thai Government, August 28 2015, from 〈http://www.thaigov.go.th/component/k2/item/95100-95100?lang=en〉(accessed on 2016-04-15).

　　在經濟上，泰國與緬甸的發展目前屬於相互依賴的關係，泰國需要便宜的勞工解決國內薪資上漲及勞動力不足的問題，而緬甸也需要藉由泰國的經濟來帶動國內經濟發展，基於此需求，兩國之間具有經濟互補的關係。甚至在泰緬之間產生經濟垂直整合的合作關係，緬甸也成為泰國商品出口的重要消費市場，

　　由泰國北部與緬甸的邊境貿易關係，如圖八所示，泰國出口至緬甸的貿易，主要以邊境口岸作為流通管道，泰國出口至緬甸的貿易額都大於泰國向緬甸的進口額，而且泰國經由邊境貿易出口到緬甸的貿易額，更是快速的成長。泰國北部對緬甸邊境地區的貿易發展，也成為泰國與緬甸之間的重要貿易流動路線。

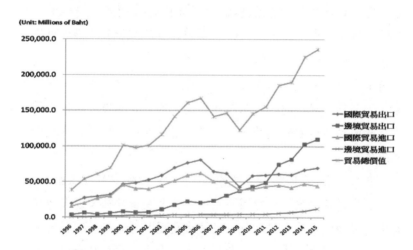

圖八：泰國與緬甸國際貿易與邊境貿易進出口額

資料來源：作者繪製 Bank Of Thailand, "Regional Economic and Financial-Northern," Occtober 2015, from https://www.bot.or.th/English/Statistics/RegionalEconFinance/Northern/Pages/default.aspx，(檢索日期：2016 年 4 月 15 日)。

最近泰國投資促進理事會（Board of Investment, BOI）提出邊境經濟特區（Special Economic Zones, SEZ）發展，這對於邊境地區帶來了極大的經濟效益。達府或來興府（Tak）的「美索」口岸發展，是泰國邊境經濟特區開發計畫中的第一階段發展區域之一。而清萊府（Chiang Rai）的「美塞」口岸是邊境經濟特區的第二階段發展地區，政府規劃區許多帶動邊境地區經濟的策略，希望藉此可以吸引更多資金、投資以及加強泰國與緬甸之間的經貿關係發展。

可是即使泰國與緬甸的邊境地區帶來許多經濟利益，也讓泰國與緬甸之邊境貿易成為雙方貿易的重要來源，但是貨物流通的重要邊境口岸卻常常會因為緬甸內部的衝突事件而成為阻礙，只要緬甸邊境帶來不穩定的訊號，泰國政府便將會關閉邊境口岸，禁止雙方任何的互動、流通。由於邊境地區常因為民族的衝突、緬甸軍事行動或是毒品衝突影響邊境的安寧，讓「美塞」與「美索」兩個關口曾因為緬甸問題而關閉，而且在邊境區域的山區更是軍隊與警察嚴密管制的地區，為了邊境的安全通常會實施管制的措施。

在社會上，泰國屬於多民族國家，而緬甸的少數民族也不少，大都位於邊境位置，也曾因為戰爭，或是受到民族壓迫，遷移至泰國邊境地區定居者很常見，也造成泰國社會波動和不穩定。

泰國北部邊境「美塞」與「美索」存在的重要社會問題，主要是難民問題、勞工問題及毒品販賣，足以影響邊境地區的社會安定。由於泰國北部的邊境地區與緬甸都屬於佛教文化，相同的文化之間讓雙方國家並沒有嚴重的衝突事件，但是長期以來受到緬甸難民事件影響，容易造成社會的不穩定，而難民大量移入之

後隨即會產生治安問題。難民因為沒有居住地、工作及物資，以至於沒有穩定收入，而處於貧窮，不僅「美塞」具有大量外國難民，「美索」地區也聚集了許多難民，對於泰國北部邊境地區造成社會的不安，成為泰國邊境的一大隱憂。

而在文化上，泰國與緬甸都屬於信奉佛教的國家，而佛教文化深深影響泰國的政治、經濟及社會，宗教的相同對兩國在文化上增加便利性及包容性。泰國北部與緬甸的邊境關係以及地緣上的經濟連結，加上泰國與緬甸都是 GMS 和東協的成員國，這些都牽連著泰國北部邊境地區與緬甸的政治、經濟、社會及文化的發展。而且在推動東協經濟共同體後，勢必對泰緬經濟或是邊境經貿的開放，都將會有正面的貢獻。

五、泰國北部與緬甸邊境治理模式

目前，緬甸在東協地區是泰國第六大貿易合作夥伴，近 5 年來（2010-2014 年），泰緬平均每年的雙邊貿易額約為 68 億美元，每年以 14.06% 的幅度逐漸成長。2014 年時雙邊貿易額約為 81 億 5,583 萬美元，其中出口額約 42 億 3,911 萬美元，而進口額約 39 億 1,672 萬美元。2015 年的前 10 個月，雙邊貿易增加到 65 億 8,654 萬美元，其中出口額約 34 億 4,271 萬美元，進口額約 31 億 4,437 萬美元。[23] 2017 年 4 月初到 6 月底，緬甸與東協其他 9 個國家的雙邊貿易額已達 26 億美元，其中緬甸出口 8.92 億美元，

---

[23] 泰國世界日報，〈明年泰緬貿易 4200 億　邊貿重頭戲〉，《泰國世界日報》，2016 年 01 月 07 日，〈http://www.udnbkk.com/article/2016/0107/article_133353.html〉，（檢索日期：2016 年 4 月 15 日）。

進口約 16 億美元。

在東協國家中，緬甸與泰國的雙邊貿易額最高，達 10 億美元；而新加坡和馬來西亞則分居二、三位，與緬甸貿易額分別為有 8.01 億美元和 2.53 億美元。其他國家分別為：印尼有 2.08 億美元、越南有 1.97 億美元、菲律賓有 0.11 億美元，柬埔寨、寮國和文萊則共計約 140 萬美元。[24]

2016 年 1 月 14-15 日，在緬甸內比都舉辦「泰國－緬甸聯合貿易委員會」（JTC）會議，由來自兩國的政府部門和民間企業代表組成，兩國希望加強合作，擴大雙邊貿易與投資範圍。兩國預定在 2017 年的雙邊貿易額度目標，可以達到 3,500~4,200 億泰銖，其中邊境貿易便是重頭戲，貿易目標訂為 3,000 億銖，幾乎是雙邊貿易總額的 73%，前景一片大好。[25]

增加兩國商貿合作，進一步提高貿易與投資便利是泰緬兩國勢在必行的政策。泰方重視交換與貿易投資有關的規定和資訊、兩國高官互訪、舉辦產品展銷會、商業接洽等，與緬甸政府展開磋商，以擴大兩國貿易與投資範圍為目的，並深度開放和升級邊境貿易，加深兩國邊境城市之間的友誼，特別是美索與妙瓦底（Myawaddy）的邊境貿易。

此外，泰緬兩國在農產品品質上的管控、邊境農產品貿易便利問題相當重視，特別是玉米的進口，雙方就進口條件以及時效做出明確規定，一方面避免給泰國農業產品造成影響，另一方面

---

[24] 緬甸環球新光，〈緬甸與東盟其他九國貿易額已達26億美元〉，《緬甸環球新光》，2016 年 01 月 07 日，〈http://www.ccpitgx.org/index.php?m=content&c=index&a=show&catid=15&id=10299〉，(檢索日期：2017 年 9 月 04 日)。
[25] 同註釋26。

也可以對鄰國的農業和農戶發展的一種扶持。

　　再其次，泰國與緬甸雙邊也同時推動許多層面的基礎發展，包括擴大交通運輸基礎設施構架的連接，就泰緬貨運合作達成協議；增加兩國金融與銀行業合作，支持使用當地貨幣便於國際間投資貿易，促使兩國商業銀行有更多業務往來；加緊推動土瓦經濟特區與其他經特區的發展和連結。

　　2016 年 5 月 10 日，泰緬兩國交通部長在緬甸首都內比都舉行「泰緬第二座友誼大橋」工程項目協議簽署儀式，該座大橋投資近 40 億泰銖，目的是推動「東西經濟走廊」的發展。針對連接泰國與緬甸兩國的第二座友誼大橋工程，是兩國政府就連接泰國 130 號公路達成的合作協議，主要由泰國交通部公路廳負責泰國境內公路與大橋的建設施工部分，以推動「東西經濟走廊」（EWEC）的全面發展，以滿足泰國和緬甸道路交通運輸的需要。而在友誼大橋投資 40 億泰銖預算中，其中泰國和緬甸各自境內的道路預算各為 18 億泰銖，大橋預算約 8 億泰銖，雙方海關口岸大樓約 10 億銖，以及土地徵收費用。泰方將負責緬甸部分橋樑費用 3 億 1,000 萬銖，但不包括徵地費用。[26] 第二座泰緬友誼大橋的完成，無疑地將促使美索口岸的貿易發展，更能連結東西經濟走廊的商機。

　　此外，素有「金三角城市」之稱的泰國清萊府美塞，每年在新年期間，邊界貿易觀光車水馬龍特別熱絡，緬甸人進入泰國補貨，大批緬甸人到泰國補貨，包括辣椒乾、乾貨、彈簧床、雜貨

---

[26] 泰國世界日報，〈泰緬建第二座友誼大橋 合約簽就〉，《泰國世界日報》，2015 年 09 月 11 日，〈 http://www.udnbkk.com/article/2015/0911/article_130683.html 〉，(檢索日期：2016 年 4 月 15 日)。

等，因為泰國的價格比緬甸便宜。泰國人也跨越邊境到緬甸旅遊，邊境口岸人員流量大。從美塞可以直接走路跨越邊界進入緬甸的大其力，泰緬兩國人民只要蓋個邊境章，就能進出兩國進行觀光或貿易。

再者，第二座泰緬友誼大橋甚至可以延伸到土瓦經濟特區和迪拉瓦（Thilawa）經濟特區連結，特別是在共同管理的緬甸土瓦經濟特區之開發，尤其受到重視。目前合資股份由緬泰日三方各持股33.33%，緬泰日共同開發土瓦經濟特區。[27] 日本參與緬甸土瓦經濟特區發展計畫，將積極與泰國南部地區的經濟加強聯繫。而該座大橋投資約39億泰銖之多，目的是推動東西經濟走廊的發展。

土瓦經濟特區計劃是緬甸當局推動的三個經濟特區裡規模最大的一個，總面積為196平方公里。發展藍圖包括一個深水港、煤礦場、發電廠以及酒店等設施。該計劃也將開發陸路交通管道連接泰國、越南和柬埔寨，以便把湄公河流域發展成為出口印度、中東和非洲的一大門戶。

2015年9月泰國政府同意加緊發展普喃隆邊境關口，該關口與緬甸邊境毗鄰，已與正在發展階段的土瓦經濟特區實現一起，可以各種形式的交通連接，相當方便。目前與土瓦經濟特區的交通連接，已經計畫興建城際高速公路直通北碧府，未來將由公路廳興建通往普喃隆關口的道路。[28] 除此之外，泰國政府還計畫發

---

[27] 泰國世界日報，〈泰緬日開發土瓦經特區〉，《泰國世界日報》，2015年12月11日，〈http://www.udnbkk.com/article/2015/1211/article_132739.html〉，（檢索日期：2016年04月15日）。

[28] 泰國世界日報，〈泰將發展普喃隆 連接土瓦經特區〉，《泰國世界日報》，2015

展鐵路系統,在整個項目中建立天然氣管道系統,包括普喃隆關口的發展,雖然該關口現在已經升級成為永久性關口,但關口前方必須增加興建大樓,以提升該關口的出入境通關能力,實現與土瓦經濟特區的各種形式交通的互聯互通。此計畫關注了經濟特區第一期工程進度,亦涵蓋了達(來興)、沙繳、宋卡、穆達漢以及廊開等府經濟特區的開發情況。

由上述泰國北部邊境地區中的政治因素、經濟因素及社會文化因素分析,可以發現泰國北部與緬甸方對於邊境治理的模式,有幾個重要現象:首先,「美塞」口岸和「美索」口岸這兩個邊境之發展,具有相似的政治、經濟及社會文化狀態,不難發現泰國北部與緬甸通商口岸的處理模式,是由上而下的治理模式,特別重視政治外交的考量,以及社會治安與毒品管控,希望能維持暢通與健全的經貿活動。

其次,在泰國北部對於緬甸邊境的活動,受到政治因和社會因素的影響很大,經濟的活動只是順應著政治與社會的需求而受到限制。泰國與緬甸邊境地區發展受到政治與社會的緬甸問題之影響極大,包括有難民問題、跨境勞工問題、以及毒品交易等問題,都讓政治主導邊境發展的意味相當濃厚,往往讓邊境經濟的發展處於次要選擇的地位。而且當緬甸邊境地區出現衝突事件,泰國會不計邊境經濟效益而關閉雙方口岸,可見關於社會安全相關的事件之影響力仍大於經濟利益的考量。

最後,對於泰國北部目前與緬甸建立經濟雙邊關係之同時,

年09月07日,〈http://www.udnbkk.com/article/2015/0907/article_130532.html〉,(檢索日期:2016年04月15日)。

通常可以發現泰國與柬埔寨的邊境地區的活動常受到社會因素影響，這些社會因素來自緬甸問題，造成泰國北部邊境地區的社會不安寧現象，正所謂的以社會層面主導及影響政治面及經濟面，因此泰國在於政府在於治理的過程中採取「由下而上」的模式，如(圖九)。

　　泰國與鄰國相鄰的地區形成邊境地區，而邊境地區內存在泰國與緬甸、寮國及柬埔寨之間的政治、經濟及社會文化因素，在政治方面，泰國與鄰國之間建立政策合作、免簽證、基礎建設合作方案、共同打擊犯罪、毒品走私、能源的買賣協議或是安全考量議題等政治活動。而經濟方面，泰國設立邊境經濟特區、邊境進出口貿易、邊境投資或是跨境旅遊等活動。然而在社會方面，泰國與緬甸皆信仰小乘佛教，在於邊境地區的居民會經由跨境進行購買節慶所需用品或是買賣相關商品，並且在於邊境地區存在難民移居、移民現象，同時邊境經濟特區也存在跨境勞工的活動。以上的政治、經濟及社會活動在於泰國相鄰的緬甸邊境地區。

　　然而泰國與緬甸的邊境地區之間屬於「由下至上」模式的治理模式，泰國與緬甸的邊境貿易額高於泰國與寮國及柬埔寨，泰國與緬甸的經濟關係緊密，泰國政府也希望經濟的活動可以帶動北部地區的經濟均衡及社會穩定，泰國積極推動與緬甸的建設及邊境經濟特區建設，例如泰國開放緬甸之間的免簽證、泰國與緬甸之間的貿易量暴增進而在美索口岸建立第二座友誼橋樑，但是當社會出現難民問題及邊境民族衝突事件時，泰國政府會以「強押」的態度，因為社會事件而影響泰國與緬甸相臨的邊境地區下的政治、經濟活動。在泰國與緬甸的邊境地區一直以來經濟活動帶來彼此的關係緊密，從泰國與緬甸的口岸「美塞」與「美索」

中發現邊境經濟活動的緊密，但是當緬甸地區發生內戰或是民族衝突事件時，緬甸的人民就遷移至泰國成為大量居住在泰國的難民，而難民問題也造成泰國的困擾，難民沒有工作，而造成貧窮或是犯罪等事件，因為緬甸難民造成泰國社會問題，因此泰國政府對於邊境地區的治理主要考量在於社會因素，而出現「由下而上」的治理模式。

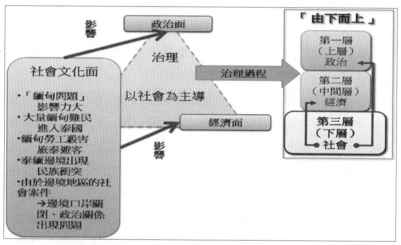

圖九：泰國北部邊境地區與緬甸的治理模式

資料來源：作者自繪

六、結語：泰國欲建立「佛教經濟圈」的策略

基本上，泰國推動與提升工業 4.0 的發展策略後，可以看出泰國的工業生產投資的基地，不再只限於曼谷或曼谷地區而已，也延伸到邊陲地區和邊境地帶，試圖建立更大的泰國市場，甚至跟 GMS 國家的市場連結一起，畢竟在東協經濟共同體（AEC）的推動，又可以連結中國一帶一路倡議向 GMS 區域延伸其基礎建設，更讓泰國在印支半島的核心地位更加凸顯出來。

如何讓泰國能夠在 GMS 區域或是整個印支半島上扮演執牛耳的地位與角色，勢必讓泰國政府縝密思索其在地緣政經上的發展策略，如何更加擴大泰國在具有本場優勢的地區經濟，拓展其經濟優勢，而不會被中國所取代。

泰國政府面對此，如何思考地緣發展戰略，無疑地從泰國曼谷核心經濟圈拓展到邊疆和邊境經濟圈的連結，才能讓泰國對於接壤的國家（緬、寮、柬三國）或是 GMS 國家產生更進一步的經濟接觸面，也才能夠讓泰國產生「經濟輻射效應」，去整合周邊國家的經濟，而不讓中國專美於前，這種的地緣策略發展思維，無非就是要建立一個「佛教經濟圈」（Economic Zone of Buddhism）的發展優勢，簡言之就是要延伸以往所強調的泰銖經濟圈的概念。

因此，面對此佛教經濟圈的戰略思維，如何可以讓泰國捷足先登於區域經濟優勢，從上面的探討可以發現泰國區域戰略的步驟，其重要的策略如下：

第一，透過泰國工業 4.0 的策略推動，提高泰國產業的競爭力。

第二，消弭核心曼谷經濟與邊疆邊境（北部、南部與東北部）經濟的邊陲經濟之間的差距，將工業園區開始推向邊疆地區，平橫區域經濟的發展。

第三，發展北部與東北部的經濟和工業競爭力，可以優勢地連結或主導周邊國家市場的經濟。

第四，隨著 GMS 區域經濟的成形，以及享有高度的經濟成長，周邊國家的消費市場興起，提供泰國不錯的市場商機。

第五，改善泰國曼谷地區與邊疆邊境之間的交通運輸與基礎建設投資，以及資訊科技的網路開發與連結，有助於提供泰國物流與運輸效能的提升。

第六，善用中國一帶一路倡議的打通 GMS 地區艱困的地理限制，透過基礎運輸與公共投資產生出涓滴效應（trickle-down effect）或是附加效果（spin-off effect），有助於泰國區域地緣戰略的連結。

第七，透過邊境經濟或跨境經濟的密切連結，有助於泰國邊陲地區跟 GMS 其他國家的市場經濟連結，這是打通泰國通往周邊國家關口經脈的優勢，就像本文探泰緬邊境的經貿整合，便可以建立泰緬兩國未來經濟的結合優勢，或是規劃自由貿易區設立，再透過泰國工業園區移到邊疆生產的優勢，連結商品物流業的開發，都將提高泰國的競爭優勢。

第八，就上述的戰略思維之整合，無疑地是為泰國建立「佛教經濟圈」的發展新戰略地位，讓泰國可以高枕無憂的享受持續經濟成長的成果。

　　無疑地，面對泰國邊境經濟的開發與推動，也成為泰國邁向佛教經濟圈建立的重要跳板。而泰緬邊境的經濟發展，也提供泰國經濟前進緬甸的重要管道。而泰緬邊境經濟發展的整合中，無疑地也受到政治、社會、族群等因素的影響。因此，要邁向佛教經濟圈的建立，勢必要面對除經濟因素外的整合，尚有政治、外交、社會、文化、族群、宗教的共同認知與共識信任，這又是泰國相對於中國大陸的另一種優勢條件。

參考文獻

中文

1. 泰國世界日報，〈泰緬建第二座友誼大橋 合約簽就〉，《泰國世界日報》，2015 年 09 月 11 日，〈http://www.udnbkk.com/article/2015/0911/article_130683.html〉，(檢索日期：2016 年 4 月 15 日)。

2. 泰國世界日報，〈泰緬日開發土瓦經特區〉，《泰國世界日報》，2015 年 12 月 11 日，〈http://www.udnbkk.com/article/2015/1211/article_132739.html〉，(檢索日期：2016 年 04 月 15 日)。

3. 泰國世界日報，〈泰將發展普喃隆 連接土瓦經特區〉，《泰國世界日報》，2015 年 09 月 07 日，〈http://www.udnbkk.com/article/2015/0907/article_130532.html〉，(檢索日期：2016 年 04 月 15 日)。

4. 緬甸環球新光，〈緬甸與東盟其他九國貿易額已達 26 億美元〉，《緬甸環球新光》，2016 年 01 月 07 日，〈http://www.ccpitgx.org/index.php?m=content&c=index&a=show&catid=15&id=10299〉，(檢索日期：2017 年 9 月 04 日)。

5. 周紹永，〈緬甸在泰國對外政策中的地位〉，《廣角鏡》，第 449 期，2014 年 3 月，頁 263-264。

6. 胡博巍，〈從泰國歷史看泰緬關係的發展〉，《天津市經理學院學報》，第 22 期，2009 年 4 月，頁 61-62。

7. 孫偉，〈鄰和方能謀遠大—他信的「破冰之旅」〉，《人民網》，2001 年 6 月 21 日，〈http://www.people.com.cn/BIG5/guoji/24/

20010621/494379.html〉，(檢索日期：2016 年 04 月 15 日)。

英文

1. Paul Cook and Colin Kirkpatricks, "Globalization, Regionalization and Third World Development," *Regional Studies*, Vol.21, No. 1, February 1997, pp.55-66.

2. Royal Thai Government, "Thailand-Myanmar Strengthen Security Collaboration to Prevent Non-traditional Threats," *Royal Thai Government*, August 28, 2015, 〈http://www.thaigov.go.th/component/k2/item/95100-95100?lang=en〉，(檢索日期：2016 年 04 月 15 日)。

3. The Government Public Relations Department, "Special Economic Zone Committee Agrees on 5 Potential Border Areas to be Developed as Thailand's First Special Economic Zones," Royal Thai Government, July 15 2014, from 〈http://www.thaigov.go.th/index.php/en/pressbriefing/item/84774-84774〉，(檢索日期：2016 年 05 月 05 日)。

「一帶一路」戰略下 AIIB 對泰國發展的政經意涵

陳蕙如

國立成功大學政經所碩士、現任國立北門農工教師

宋鎮照

國立成功大學政治系暨政經所特聘教授

摘要

　　「一帶一路」戰略下，所設立的 AIIB 為亞洲基礎設施建設的重要資金銀行，中國與 ADB 長期具有「依賴─合作」關係，中國並不希望因 AIIB 的成立，大幅度調整與 ADB 的合作關係，進而衝擊中國對亞洲的戰略發展。對中國而言，要掌握對東南亞的優勢，勢必掌握 GMS 的經濟整合優勢，以順利發展「一帶一路」戰略，而泰國的 GDP 為 GMS 五國中之首，因此中國與泰國的關係堪為重要。「一帶一路」戰略力推「高鐵外交」，其中的中泰鐵路是泛亞鐵路中線的重要組成部分，中國與泰國在中泰鐵路方面的合作與協商，近年來多有轉折。泰國在「一帶一路」戰略下，以及 AIIB 運作的過程中，泰國不僅被動接受中國的合作計畫，基於國家發展的需求，也主動參與「一帶一路」戰略，出資AIIB；而基於國家安全考量，泰國亦同時與日本合作高鐵計畫。

關鍵詞：**一帶一路、AIIB、中泰鐵路、GMS、亞洲開發銀行**

一、前言

習近平於 2013 年接任中國國家主席以來，旋即提出「一帶一路」(One Belt One Road, OBOR) 與「亞洲基礎設施投資銀行」(Asian Infrastructure Investment Bank, 以下簡稱 AIIB) 的構想，對於中國的全球和區域發展佈局產生了極大的突破,也讓中國「走出去」戰略足以更具體地向外延伸,這是中國自 1979 年改革開放以來，從「引進來」到「走出去」的戰略轉變。

中國要建構一個歐亞經濟一體化的目標,順著漢唐絲路拓展之歷史概念,架構出新世紀「一帶一路」的陸路與海路發展的雄偉戰略藍圖,最終讓分裂的歐亞大陸經濟,實踐歐亞經濟整合圈的目標。[29]因此,可以假設「一帶一路」是戰略發展藍圖,AIIB是支撐一帶一路拓展經濟帶的重要資金支柱;也就是「區域互聯」戰略中,強調中國對東南亞的基礎設施建設的投資,而這種對東南亞的政經發展策略的方向,又著重在「大湄公河次區域」(Greater Mekong Sub-region, GMS)。

近年來，GMS 沿線國家中，泰國的 GDP 為 GMS 五國中之首,因此,對中國而言,要掌握 GMS 的經濟整合優勢,以順利發展「一帶一路」戰略,中國與泰國的關係堪為重要。

「一帶一路」戰略著重跨國鐵路網絡的建設,「高鐵外交」是最能從點到線到面逐步完成「一帶一路」大目標的作法,在亞洲,「泛亞鐵路」不僅為連接中國與東南亞的重要鐵路建設,其中

---

[29]Theresa Fallon, 2015, "The New Silk Road: Xi Jinping's Grand Strategy for Eurasia," *American Foreign Policy Interests*, Vol.37, No.3: 140-147.

的中泰鐵路（Sino-Thai Railway）預計於 2021 年全線建成通車，
是泛亞鐵路中線的重要組成部分，除了構建中國與東協的鐵路運
輸網絡，也進一步推進「一帶一路」的發展目標。[30]

　　泰國除了是 GMS 沿線需要投入大筆資金進行基礎設施建設
的重要國家，也是泛亞鐵路的集散國。在「一帶一路」戰略下，
以及 AIIB 運作的過程中，泰國不僅被動接受中國的合作計畫，
基於國家發展的需求，也主動參與「一帶一路」戰略，出資 AIIB；
而基於國家安全考量，泰國亦同時與日本合作高鐵計畫。

二、「一帶一路」戰略下，AIIB 在東南亞的發展與意義

（一）中國與 ADB 的「依賴-合作」關係

　　從歷史制度主義的觀點來看，制度的發展除了受到路徑依賴
（Path Dependence）的制約外，在演化的過程中，因著權力不平
衡所凸顯的權力需求，將會為制度帶出一條創新的路線。也就是
試圖透過制度的變革，帶來實質的體制改變，來突顯出中國在區
域或國際金融體制上建立自己的優勢地位。

　　從地緣政治經濟的角度來看，AIIB 的成立，國際社會指向
將會直接衝擊亞洲開發銀行（Asian Development Bank, 以下簡稱
ADB）。但本文認為，若從理性選擇制度主義的角度來看，AIIB
的成立是否直接衝擊 ADB，還需要時間觀察，因為中國長期與

30　參閱新華網，2015，〈中泰鐵路合作項目正式啟動〉，
〈http://news.xinhuanet.com/world/2015-12/19/c_1117516212.htm〉，(檢索日期：
2016 年 10 月 18 日)。

ADB 具有「依賴－合作」關係，在維持穩定發展的情況下，不會因為提出 AIIB 的建制，而大幅度調整與 ADB 的合作關係。

根據 ADB 統計，自 1986 年中國加入 ADB 以來，中國在 ADB 獲得的貸款共約計 315.8 億美元，是 ADB 的第二大借款國。以 2014 年為例，ADB 向中國提供的援助總額達 18 億 4,537 萬美元（表一），包括四個優先部門的 11 個貸款項目，涵蓋交通、城市、自然資源、能源和社會基礎設施和服務。

表一　2014 年 ADB 對中國的貸款、贈款與技術援助 [31]

貸款項目				
主權貸款	非主權貸款	技術援助	贈款	總計
1,490.00	330.00	20.28	5.09	1,845.37

註：金額單位為百萬美元，贈款和技術援助包括聯合融資。作者自行編製。

此外，根據 ADB 的統計，截至 2014 年，中國在農業、教育、能源、金融、交通、城市和社會基礎設施和服務等方面，長期依賴 ADB 的資金援助，數量共計 1,045 件；總金額達到 321 億 1 千 2 百 7 拾 7 萬美元。其依賴援助的行業依比例來看，交通產業最高，占 53.55%；能源產業次之，占 14.42%；供水和其他市政

---

[31] ADB. 2014. "Asian Development Bank and People's Republic of China: Fact Sheet,"〈 http://www.adb.org/publications/peoples-republic-china-fact-sheet 〉, (accessed on 2016-3-19)

基礎設施及服務產業第三，占 13.93%（如圖一所示）。

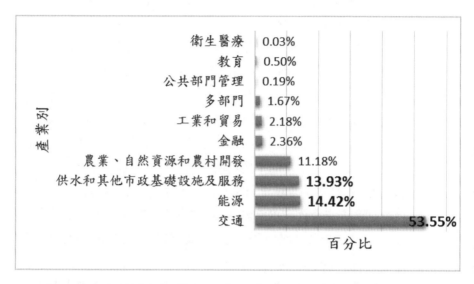

圖一 ADB 批准中國的貸款、贈款和技術援助累計金額[A]

[A] 截至 2014 年，貸款包括主權、非主權貸款和技術援助。贈款和技術援助包括
聯合融資。

資料來源：ADB. 2014. "Asian Development Bank and People's Republic of China:
Fact Sheet," http://www.adb.org/publications/peoples-republic-china-fact-sheet.
作者自行繪製。

上述資料呈現出中國長期依賴 ADB 的貸款與援助以進行國
內發展，但在中國崛起的過程中，中國在國際社會中已成為一個
積極性的能動者角色，中國在倡議成立 AIIB 之前，其實已積極
展開與 ADB 的各種合作夥伴關係。例如：

中國是亞洲發展基金（Asian Development Fund, ADF）資金
捐贈的成員國之一；參與 ADB 學院、泛美開發銀行和拉丁美洲

的知識共用計畫；為支援 ADB 的減貧和區域合作計畫，中國於 2005 年出資 2,000 萬美元成立中國減貧與區域合作基金，並於 2012 年再次捐資 2,000 萬美元。[32]

此外，ADB 的國別合作戰略計劃配合中國國民經濟和社會發展的規劃。從 ADB 出版的 2011~2015 年《國別合作夥伴戰略》與中國第十二個五年規劃（2011~2015）的重點工作保持高度一致可見。ADB 積極推動中國朝著更綠色、更具包容性的發展轉變，例如：在 2011－2015 年，ADB 規劃的貸款業務中，90%以上的重點均關注發達不足的中國內陸地區，以支援包容性發展。該戰略凸顯 ADB 更加重視中國瞬息萬變的國情，及其創新和附加值，也更關注南南合作，以鞏固 ADB 與中國不斷發展的夥伴關係。

此外，2014 年的 ADB 也已開始制定新的 2016~2020 年《國別合作夥伴戰略》，並為中國第十三個五年規劃（2016~2020）提出了若干建議。如，2015~2017 年，ADB 對中國貸款規劃總額為 39.9 億美元，其中 28%將用於支持城市發展、供水和衛生，23%用於交通運輸，38%用於農業和自然資源領域，12%用於能源領域。ADB 已經撥款 890 萬美元予中國，用於 2015 年的能力建設及政策，和諮詢類技術援助；亦撥款 320 萬美元用於項目準備。[33] 從 1986 年中國加入 ADB 到 2015 年末，中國已獲得 ADB 公共部門貸款 226 項，總計 310.8 億美元，此外還有 56.8 億的非主權項目貸款和 4.6 億美元的贈款。[34]

---

[32] 同上。

[33] ADB. 2016. "ADB: People's Republic of China Partnership Strategy," 〈http://www.adb.org/zh/prc/strategy〉．(accessed on 2016-3-21).

[34] ADB. 2016. "ADB to Deepen Partnership With PRC Under New 5-year Strategy,"

對 ADB 而言，為了要維持在亞太地區主導權的穩定性，也早在 AIIB 被提出之前，即已提出亞太地區的各種合作計畫與基礎建設基金，如 CAREC 計畫與「東協基礎設施基金」(The ASEAN Infrastructure Fund, AIF)，這顯示 ADB 這個區域性的國際金融制度，其掌握區域的變化速度較快，同時也面臨區域變化較多的壓力，而在地緣政治經濟關係下，由於 ADB 首當其衝面臨中國崛起的壓力，因此，ADB 與亞太地區各國的互動相當強調合作互利，以維持其主導權的穩定。

（二）AIIB 在東南亞的發展與意義

雖然中國與美日主導的 ADB 仍然存在「依賴──合作」關係，但由於中國不能繼續依賴 ADB 的制度發展路線，AIIB 應該透過發展中國家之間的「新南南合作」，形成發展中國家與新興國家之間的新經濟迴圈，以建構出世界經濟的「雙迴圈結構」；因為發展中國家間的經濟一體化，最欠缺的不是資金、技術，也不是市場，而是一個整合各項條件的超國家金融機制。[35]美國、日本等國認為中國推動「一帶一路」與 AIIB，是利用「區域互聯」的名義、透過基礎設施建設的聯合通商，將周邊國家納入以中國為中心的經濟圈，提升中國的區域角色及國際影響力。[36]

中國「一帶一路」戰略與 AIIB 已對全球的政治經濟產生影

〈http://www.adb.org/news/adb-deepen-partnership-prc-under-new-5-year-strategy 〉(accessed on 2016-3-21).

[35] 王躍生，2015，〈亞投行「新經濟循環」的深遠意涵〉，《人民論壇》，第 12 期，頁 52-54。

[36] 蔡明彥，2015，〈「一帶一路」和「亞投行」牽動的地緣政經效應〉，《新社會政策》，第 38 期，頁 26-29。

響力。除了已經挑戰美國的全球戰略佈局和其霸權地位外，中國與周邊經濟的整合也如火如荼地進行：一則推動人民幣的國際化、二則佈局「一帶一路」的戰略、三則推動 AIIB 的區域基礎建設、四則建立「海洋大國」的地位。在中國崛起的過程中，要影響國際政治經濟的發展，唯有透過「一帶一路」戰略與 AIIB 的並行運作，才能創造出新的國際秩序。

2016 年 8 月 4 日，第八屆大湄公河次區域（GMS）經濟走廊論壇在柬埔寨金邊舉行。GMS 的 6 個成員國，即泰國、柬埔寨、緬甸、寮國、越南和中國，以及發展夥伴亞洲開發銀行（ADB）各高級官員，在論壇時共商推動區域貿易策略。柬埔寨發展理事會（CDC）秘書長速真達索彼表示，新成立的 AIIB，將能為 GMS 區域國家和合作夥伴提供另一融資管道，從而提昇區域基礎建設和帶動區域貿易。[37]

整體而言，「一帶一路」下的 AIIB 之創新戰略，其實不同於國際社會所謂的「中國版的馬歇爾計畫」。第一，「一帶一路」強調「互聯互通」與「產能合作」[38]，高鐵外交是具體落實的作法，「高鐵戰略」可以弱化中國在國際上政治制度「不接軌」所帶來的不信任，「高鐵戰略」運作成功，能夠更加強化與鞏固國際經濟的聯帶。[39] 第二，AIIB 為「一帶一路」提供重要的金融配套制度，

---

[37] 柬埔寨星洲日報，2016，〈柬埔寨金邊舉行第 8 屆大湄公河次區域經濟走廊論壇〉，〈http://www.roc-taiwan.org/vnsgn/post/7505.html〉，(檢索日期：2016 年 10 月 16 日)。

[38] 中國外交部長王毅於 2015 年 12 月 12 日在北京發表演講時說提到，2016 年中國將以推進「一帶一路」建設為主線，「互聯互通」與「產能合作」為兩大重點。

[39] BBC 中文網，2014，〈高鐵：中國經濟與政治實力的延伸軌道〉，

AIIB 等多邊機構的設立將彌補中國雙邊或多邊管道的不足，中國在 AIIB 的實際出資只占中國外匯儲備的極小部分，但中國卻能從中獲得各方面更大的收益。[40] 第三，中國宣布 AIIB 將以美元作為主要結算貨幣，考量人民幣在當今國際中的占比仍低（如圖二所示），人民幣尚難於取代美元做為國際關鍵儲備貨幣和國際主要結算貨幣，因此使用美元結算的阻力最小。從歷史制度主義的角度來看，AIIB 宣布以美元作為結算貨幣，其實想創造報酬遞增（Increasing Returns），累積隱藏的權力需求；即能調節中國龐大的外匯存底，規避美國與中國在貿易上長期失衡的問題，並維持對美國的債權。[41]

最後，AIIB 制度的創新在於可以成為一個串聯資金的平臺，結合如金磚國家銀行、上海合作組織銀行、中非開發銀行，絲路基金、中非基金，中非論壇、中國-中亞國家論壇、中阿論壇、中國東協論壇，中澳、中新、中韓、中國東協、中智、中瑞自貿協定，RCEP 等多邊自由貿易投資安排，以及與周邊國家的金融合作、貨幣互換協定等，將有別於 ADB 的「南南合作」，而會形成「新南南合作」的新局面，推動世界經濟結構轉型。[42]

〈http://www.bbc.com/zhongwen/simp/china/2014/10/141014_analysis_china_hs〉，（檢索日期：2016 年 10 月 26 日）。

[40] 參閱〈一帶一路的棋局觀〉，《金融時報中文網》，2015，〈http://www.ftchinese.com/story/001061687?full=y〉，（檢索日期：2016 年 10 月 24 日）。

[41] 參閱〈亞投行是中國對抗美國的錢莊〉，《蘋果日報》，2015，〈http://www.appledaily.com.tw/realtimenews/article/new/20150403/586268/〉，（檢索日期：2016 年 10 月 16 日）。

[42] 王躍生，2015，〈亞投行「新經濟循環」的深遠意涵〉，《人民論壇》，第 12 期，頁 52-54。

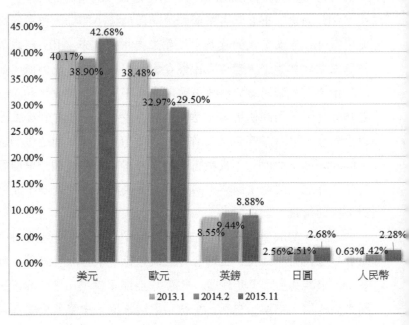

圖二　2013-2015 全球支付貨幣占比

資料來源：環球銀行金融電信協會（SWIFT），作者自行編製。

三、中泰合作的最短距離？-中泰鐵路的政經意涵

　　如同前言所提，「一帶一路」戰略力推「高鐵外交」，以與日本拚搏。在亞洲，2006 年開工的「泛亞鐵路」為連接中國與東南亞的重要鐵路建設，由中國昆明出發，往東、西、中三條路線向下延伸並於泰國曼谷交會後，再共用一條鐵路線到達新加坡，其

中的中泰鐵路全長 867 公里，將與中國——寮國鐵路相連，是泛亞鐵路中線的重要組成部分。由於泛亞鐵路三條路線匯集後都需要經過泰國，因此，中國與泰國在中泰鐵路方面的合作與協商，受到相當關注。

　　2013 年中國與泰國達成「鐵路換大米」協議，兩國將建設連接昆明與新加坡的中泰鐵路，預計 2021 年完成。中國總理李克強會見泰國外長敦‧巴穆威奈時曾指出，中泰鐵路合作是當前雙方合作的重點，此有利於將「一帶一路」倡議與泰國的發展戰略相銜接，帶動兩國經濟發展，也能為中國、泰國以及中南半島各國的經貿合作，與密切的人文往來創造有利條件。2015 年 10 月 9 日，李克強總理向泰國方面再次強調了中泰鐵路早日開工的重要性，並希望雙方盡快達成共識，確保中泰鐵路早日開工建設。[43]

　　對中國而言，中泰鐵路具有相當重要的戰略意義：第一，中泰鐵路網能讓貨運列車從昆明出發，經寮國直抵暹羅灣，除將推動 GMS 的互聯互通建設外，也將使暹羅灣沿海的泰國港口，成為中國西南內陸地區重要的貨運出海口。第二，中泰鐵路是海路聯運的重要通道，能推動沿途投資開發，促進跨國資源整合，建構更完整的地區產業分工，為「21 世紀海上絲綢之路」的互利共贏開創新格局。第三，海陸聯運網路的形成，將能解除泰國東北地區的交通瓶頸，泰國也能分享中國「西部大開發」的外溢紅利。[44]

　　中泰貿易主要運輸方式包括水運、航運和公路運輸。鐵路運

---

[43] 參閱壹讀，2016，〈泛亞鐵路一旦修好，會帶來哪些影響？〉〈https://read01.com/o4PkoP.html〉，(檢索日期：2016 年 10 月 15 日)。

[44] 周方冶，2015，〈中泰鐵路合作：21 世紀海上絲綢之路建設的探路者〉，《中國遠洋航務》，第 2 期，頁 46-47。

輸的總體成本相對其它運輸方式有比較優勢，其運輸量大，節省運費又縮短時間。從兩國進出口貨物項目來看，泰國從中國進口的主要商品（表二）為：電機及零配件、機械設備及零配件、家用電器、化工品，以及鋼鐵、鋼鐵製品等。

　　而從泰國向中國出口的主要商品（如表三）來看，近四年來，中國主要從泰國進口的農產品約占泰國向中國出口商品的1/4；以2015年為例，包括橡膠、稻米、木薯和水果這四樣農產品占所有出口商品的24.13%。特別是出口比重最大的橡膠，近年來隨著中國汽車工業的發展，中國已成為世界第一大天然橡膠消費和進口國，從泰國進口橡膠的需求數量，在農產品貿易中佔據最大比重。中泰鐵路建設後，運輸和時間成本的降低，除使中國從泰國進口橡膠的數量大幅增長外，對中國而言，進口橡膠的成本將也相對降低。[45]

---

[45] 楊秋月，2016，〈中泰泰路建設對兩國貿易影響研究〉，《中國經貿》，第2期，頁37-39。

表二 泰國從中國進口主要商品比重（%）[46]

序號	商品	年份				
		2013	2014	2015	2015 年 1-8 月	2016 年 1-8 月
1	電機及零配件	13.19	13.34	15.22	13.71	15.41
2	機械設備及零配件	10.55	10.53	10.71	10.91	10.71
3	家用電器	10.68	10.75	9.75	9.40	8.84
4	化工品	6.46	7.09	6.56	7.02	6.92
5	鋼鐵、鋼鐵製品	5.46	5.99	5.48	6.13	6.82
6	電腦及零配件	9.47	8.07	6.82	7.04	5.83
7	汽車零配件	3.77	3.41	6.00	4.87	5.70
8	金屬製品	3.08	3.48	3.25	3.33	3.05
9	塑膠製品	2.13	2.40	2.57	2.59	2.62
10	其他廢舊金屬	2.41	2.56	2.63	2.83	2.58
11	積體電路	2.11	2.12	2.17	2.33	2.01
12	光纖、光纜	1.74	1.90	1.89	1.90	1.97
13	日常用品	1.90	1.96	1.85	1.87	1.95
14	匹布、面料	2.22	2.15	1.91	1.95	1.94
15	水果、蔬菜	1.82	1.70	1.90	1.55	1.92

[46] 作者自行整理自：泰國商業部、泰國海關（駐清邁總領事館商務領事張志文編譯），〈2016 年 1-8 月泰國從中國進口的主要商品〉，http://th.mofcom.gov.cn/article/d/，中華人民共和國駐泰王國大使館經濟商務參贊處，(檢索日期：2016 年 10 月 30 日)。

表三　泰國向中國出口的主要商品比重(%)[47]

序號	商品	年份				
		2013	2014	2015	2015 年 1-8 月	2016 年 1-8 月
1	塑膠粒	10.54	12.12	11.44	12.04	10.02
2	天然橡膠	13.84	10.97	10.52	10.60	8.47
3	木薯製品	7.37	9.29	9.57	10.66	7.99
4	電腦及零配件	9.66	8.37	7.61	7.96	7.32
5	化工品	11.74	10.47	6.89	7.53	6.15
6	木材	4.06	4.38	4.34	4.36	5.97
7	積體電路	1.68	2.12	4.73	3.63	4.14
8	汽車及零配件	0.67	0.81	1.37	1.32	2.78
9	橡膠製品	8.51	7.10	4.23	5.01	2.76
10	成品油	6.96	5.28	3.86	3.78	2.70
11	水果	1.64	1.56	2.02	2.35	2.52
12	機械設備及零配件	1.00	1.49	1.76	1.62	2.06
13	電器及零配件	2.25	2.00	1.97	2.01	1.87
14	大米	0.92	1.53	2.02	1.77	1.79
15	鋼鐵、鋼鐵製品	0.45	0.55	1.03	0.84	1.27

---

[47] 作者自行整理自：泰國商業部、泰國海關（駐清邁總領事館商務領事張志文編譯）〈2016 年 1-8 月泰國向中國出口的主要商品〉，〈http://th.mofcom.gov.cn/article/d/〉，中華人民共和國駐泰王國大使館經濟商務參贊處，(檢索日期：2016 年 10 月 30 日)。

　　從經濟貿易的角度來看，中泰鐵路的建成，確實對泰國與中國的經貿發展具有實質幫助。但如表四顯示，泰國對中泰鐵路的建設，在 2016 年上半年出現許多轉折，2016 年三月，泰國總理巴育（Prayuth Chan-ocha）與中國總理李克強會面時表示，泰國將自行融資並僅建造泛亞鐵路計畫中的部分鐵路。本文分析，泰國認為，第一，中國應該對此計畫投資更多，因為這條戰略計畫將對中國有利；第二，泰國拒絕中國享有開發鐵路沿線土地的使用權；[48]第三，是泰國對於中國提供的融資條件有所不滿，[49]泰國表示將向日本洽談更低利率的融資。因為，早在 2015 年 5 月 27 日，泰國即與日本簽署鐵路建設聯合調查備忘錄[50]，其中已洽談合作的「清邁—曼谷」高鐵，尋求日本 ODA（Official Development Assistance，官方開發援助）的低息貸款約 1.0%左右。2016 年 8 月 6 日的報導也指出，泰國與日本就「清邁-曼谷」高速鐵路項目簽訂合作備忘錄，泰國將正式採用日本新幹線技術，全長 700 公里的高鐵線路預計在 2018 年動工。[51]

---

[48] 壹讀，2016，〈中日分別拿下一條泰國高鐵項目，博弈再升級〉，〈https://read01.com/zxdRzL.html〉，(檢索日期：2016 年 10 月 23 日)。

[49] 泰國對中國所提的2.5%貸款利率不滿意，希望中國給予的優惠利率能降低至2%。

[50] 這份2015 年的聯合調查備忘錄，只指日泰之間當時只存在雙方的合作意向，並不是已訂定商務契約，更不是即將合作開工。資料來源：〈http://military.china.com/critical3/27/20160817/23312276_all.html.〉，(檢索日期：2016 年 10 月 23 日)。

[51] 同20。

表四　中泰高鐵的重要發展進程

時間	重要大事
2006 年	聯合國亞太經濟社會委員會在印尼雅加達開會，由 60 餘個亞太國家及地區共同討論，通過了一個「泛亞鐵路網政府間協議」。[A]
2009 年 8 月	中國、泰國、柬埔寨、越南、寮國與緬甸等 6 國討論訂定「大湄公河次區域鐵路銜接計畫」，全部按 200-250 公里時速的高速鐵路規劃設計，預定於 2011 年開工，並希望在 2015 年至少有一線可以在昆明曼谷之間通車。[B]
2010 年	兩國就高鐵建設計畫簽署框架協議，中泰雙方採取合作建立國有鐵路公司的形式，泰中各持51%和49%的股份。註冊資金1000億泰銖，中國從泰國國家鐵路局獲取50年的特許經營權，該項框架協議經泰國國會討論批准。但不久之後，簽署該項框架協議的時任總理阿披實政府下臺，議會解散。[C]
2012 年	中泰兩國重新簽訂中泰鐵路合作專案修建的諒解備忘錄。為此，中國已經於2012年10月向泰國交通部提交可行性調研報告，但該備忘錄沒有提到經費預算和分配的問題。[D]
2013 年	中國與泰國達成「鐵路換大米」協議，中泰將建設連接昆明與新加坡的中泰鐵路，預計 2021 年完成。
2014 年 12 月	中泰雙方簽署《中泰鐵路合作諒解備忘錄》，全長約 860 公里，途經泰國 10 府。
2015 年 12 月 19 日	中泰兩國官員，出席中泰鐵路合作項目啟動儀式。
2016 年 3 月 25 日	泰國宣佈，選擇為該專案自行籌措資金，不再謀求中國的資金支持。原定路線也隨之縮短，僅建設「曼谷-呵叻」一段，全長250公里，設計時速250公里。[E]
2016 年 7 月	中泰鐵路 9 月開工，關於中泰鐵路的總造價，中泰兩國已達成共識，將不高於341.4 億元人民幣，資金由泰方獨立融資。[F]
2016 年 8 月 23 日	泰國內閣通過經重新調整的「中泰鐵路合作框架」，新方案將「曼谷至呵叻段」鐵路由中速鐵路更換為高鐵系統，施工建設將分為四段，由泰國 100%自行投資。[G]

資料來源：作者自行整理，並參考以下資料。

[A]保羅，2012，〈泛亞鐵路〉，《中興工程》，(117)：101-104。

B 余宏陽，2016，〈中泰鐵路為何屢生變故〉，《Insight China》，(10)：50-51。

C、D 余海秋，2015，〈中泰鐵路合作項目構建中南半島交通新格局〉，《社會主義論壇》，(6)：14-15。

E 文匯網，2016，〈中泰鐵路生變！泰方：不用中國資金〉，〈http://news.wenweipo.com/2016/04/22/IN1604220014.htm〉，(檢索日期：2016年10月23日)。

F 中時電子報，2016，〈中泰鐵路九月開工，造價最高341.4億元〉，http://www.chinatimes.com/newspapers/20160730000121-260203，檢索日期：2016年10月23日。

G 東網，2016，〈中泰鐵路重定合作框架，曼谷至呵叻段變高鐵〉，〈http://hk.on.cc/cn/bkn/cnt/news/20160824/bkncn-20160824151158511-0824_05011_001.html〉，(檢索日期：2016年10月23日)。

　　本文分析，從中泰高鐵的建設開發一案來看，泰國仍以一貫的外交思維，進行對外的各種合作。泰國國王朱拉隆功五世曾有名言：「泰國為一小國，人力有限，不能與強國從事戰爭，必須八面玲瓏，與人無爭，不能過分親近某一強國，亦不可過分疏遠某一小國」，此成為泰國日後外交政策的重要方針。[52]此外，學者陳鴻瑜所提泰國的外交政策[53]，即「反制觀念原則」、「尋求多邊政治支持者」以及「自主獨立性原則」，亦解釋了泰國分別與中國合作建造「中泰鐵路」，又與日本合作建造「清邁—曼谷」高鐵（如圖三），讓中國與日本彼此在高鐵外交的競爭局面上，相互反制，而泰國此一小國，則在兩個大國間，營造出「是友亦可加以反對，是敵亦可以商談」的八面玲瓏之自主空間。

[52] 張耀秋，1986，〈泰國外交政策的剖析〉，《問題與研究》，第25卷第6期，頁81。

[53] 陳鴻瑜，1992，《東南亞各國的政治與外交政策》，台北：渤海堂，頁145-146。

圖三 中泰鐵路/日泰鐵路^A 路線圖

註^A：日泰鐵路共有三線，其中的「清邁-曼谷」高鐵為北線。

資料來源：http://whwb.cjn.cn/html/2015-06/05/content_5448973.htm，作者參考網路圖片，並自行編繪。

四、AIIB 對泰國的政策啟示

泰國內閣於 2016 年 1 月 26 日批准向 AIIB 出資 105 億銖，按照 AIIB 成員國所能享受的成員待遇，泰國能夠分配到 528.16 億銖（14.7 億美元）的基礎設施建設的投資額，約佔 AIIB 總資

本的 1.4275%。[54]泰國作為 AIIB 的 57 個創始成員之一，與美國主導的世界銀行或日本主導的亞洲開發銀行相比，泰國內閣同意出資 105 億銖，泰國在 AIIB 的持股比例將為 1.43%，投票比佔 1.5%，比泰國在世界銀行或亞洲開發銀行的投票占比還要多，[55]而且可能從 AIIB 獲得更便宜的貸款利率和更靈活的貸款條件。[56]

資料顯示，泰國軍政府通過超過 1 兆 9,000 億泰銖（約 1,000 億美元）的資金計畫以重振泰國經濟，積極改善國內的基礎設施包括鐵路、公路、航空以及海港等大規模的基礎設施建設（如表五所示）。

泰國軍政府自 2014 年 8 月上任以來，快速通過國家預算的發放，並發佈一些大型項目投資計畫，試圖改革國家的經濟不景氣。泰國能源部長 Narongchai Akrasanee 表示，在亞洲，因為泰國受到長期融資的限制，AIIB 可能是解決方案與另一個金融來源；他亦表示，過去 10 年來，政府和私營部門正在學習如何合作和開發專案，因此 AIIB 來得正是時候。[57]

---

[54] 參閱 泰國中華網，2016，〈泰內閣同意出資 105 億銖加入 AIIB〉，〈 http://thaizhonghua.com/2016/01/27/%E6%B3%B0%E5%86%85%E9%98%81%E5%90%8C%E6%84%8F%E5%87%BA%E8%B5%84105%E4%BA%BF%E9%93%A2-%E5%8A%A0%E5%85%A5aiib/ 〉，(檢索日期：2016 年 10 月 18 日)。

[55] 泰國在世界銀行的投票占比為 0.49%；在亞洲開發銀行（ADB）的投票占比為 1.39%。

[56] East by Soundeast, 2016, "Thailand bets on China-led AIIB to finance massive infrastructure needs," 〈 http://www.eastbysoutheast.com/thailand-bets-on-china-led-aiib-to-finance-massive-infrastructure-needs/ 〉 (accessed on Oct. 23, 2016).

[57] The Wall Street Journal, 2015, "Military Regime, China-Led AIIB Could Boost Infrastructure: Thai Minister," from〈 http://blogs.wsj.com/indonesiarealtime/2015/04/21/military-regime-china-led-aiib-could-boost-infrastructure-thai-minister/ 〉 (accessed on 2016-10-21).

表五 泰國交通基礎設施發展規劃

期間：2015-2022 年

運輸項目	投資預算(百萬泰銖)	比重(%)
公路運輸	623,608.95	32.60
鐵路	1,071,965.10	56.05
雙軌列車 A	494,460.96	25.85
地下鐵路	577,504.14	30.19
水運	101,288.83	5.30
航空 B	50,068.10	2.62
運輸系統連結	65,750.81	3.44
總計	1,912,681.79	100

資料來源：Ministry of Transport, Thailand. April, 2015.
〈https://www.krungsri.com/bank/getmedia/aad28c04-274f-4e92-929d-19530b3d847e/Research-econ-14092015.aspx〉
A 不包括對寬度為 1.435 公尺的標準雙軌軌道的投資。
B 不包括 the Suvarnabhumi 機場發展專案，但包括在泰國皇家海軍的 U-tapao 機場發展計畫下的投資。

　　綜觀泰國軍政府主動出資 AIIB 預算案一事，本文有幾點觀察：第一，軍政府希望在國內有所作為，並希望儘速改革國家的經濟景氣；第二，泰國在交通基礎設施的資金來源上，有 51.6% 的資金需要政府對外借貸（圖四），因此 AIIB 的資金挹注，確實能有效推動泰國的基礎設施的建設；第三，泰國將在中國和日本間激烈的外交對抗中受益。承如，泰國能源部長 Narongchai

Akrasanee 在 2015 年 4 月的演講中表示，泰國所學到的一件事是：「如果我們歡迎中國人，日本人就會巴不得跑來幫忙」。[58]

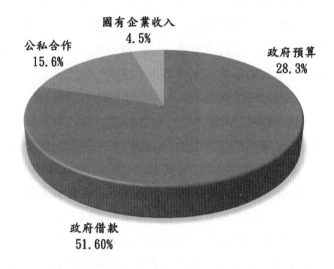

圖四　泰國交通基礎設施投資的資金來源

資料來源：Public Debt Management Office, Ministry of Finance, Thailand.
〈https://www.krungsri.com/bank/getmedia/aad28c04-274f-4e92-929d-19530b3d847e/Research-econ-14092015.aspx〉.

---

[58] East by Soundeast, 2016, "Thailand bets on China-led AIIB to finance massive infrastructure needs," 〈http://www.eastbysoutheast.com/thailand-bets-on-china-led-aiib-to-finance-massive-infrastruc ture-needs/ 〉, (accessed on 2016-10-23).

五、結論：泰國與 AIIB 合作的獲利與挑戰

　　總而言之，泰國如何透過在 AIIB 的融資將利益最大化，樂觀的看法有：第一，AIIB 將是泰國基礎設施發展的另一個重要替代資金來源；此外，由於泰國是 AIIB 創始成員之一，與世界銀行和亞洲開發銀行的貸款利率相比，泰國將可能獲得更便宜的貸款利率與更靈活的貸款條件。第二，AIIB 的宗旨符合泰國和東協在亞洲的大目標，即「加強區域一體化」。基礎設施和後勤系統的改進，不僅至關重要，亦將是確保泰國和該地區朝向更平穩發展的關鍵。第三，AIIB 所採取的「公私合作夥伴關係」（*Public-Private-Partnership*, PPP）形式，幫助泰國私人投資者將有更多機會參與大型基礎設施開發的專案。第四，泰國計畫大規模投資大約 1 兆 9,000 億泰銖（約 1,000 億美元）的基礎設施項目，同時有利於東南亞地區與中國之間的供應鏈網路和貿易路線，此舉，亦吸引 AIIB 主動投資的高度興趣。[59]

　　但泰國與 AIIB 的合作關係，亦可能造成挑戰。前外交部長兼泰國民主黨當前顧問 Kasit Piromya 批評 AIIB 的成立是「中國的全球戰略的一部分」，並在亞洲金融論壇上指出，「中國將會進一步削弱東協社區」。[60]

---

[59] Bank of Ayudhya (Krungsri), 2015, "The Asian Infrastructure Investment Bank (AIIB) and the Implications to Thailand," from 〈 https://www.krungsri.com/bank/getmedia/aad28c04-274f-4e92-929d-19530b3d847e/Research-econ-14092015.aspx 〉. (accessed on 2016-10-31).

[60] East by Soundeast, 2016, "Thailand bets on China-led AIIB to finance massive infrastructure needs," from 〈 http://www.eastbysoutheast.com/thailand-bets-on-china-

　　中國透過「一帶一路」戰略框架形成新的區域經濟形式，輻射出「大國戰略關係」（Major Power Relation Strategy），其積極作法則是協助東協國家完成需求很高的基礎設施建設。「一帶一路」戰略框架將改變中國與東協的經濟和政治關係，在經濟方面，中國透過「一帶一路」戰略重建在東協地區的經濟一體化（Economic Integration）目標，在政治方面，「一帶一路」戰略將被用來改變中國核心地位和在東協地區利益的策略，但這將擴大中國與東協之間的政治差異（Political Discrepancy），因為東協國家在政治上相當謹慎，並不想要陷入「朝貢體系」（Tribute System）和附庸國（a tributary nation）的陷阱，反而是要與美國保持更密切的外交與軍事關係。[61]

　　因此，泰國在國內基礎設施建設資金不足與「一帶一路」戰略，以及 AIIB 成立的國際因素促使下，其面對國內發展的強烈需求，仍然謹慎且步步為營的維持泰國一貫的外交策略，維持自身在大國壓力下的利益與空間。

---

led- aiib-to-finance- massive-infrastructure- needs/　〉, (accessed on 2016-10-31).

[61] Jenn-jaw Soong. 2015. "The Political Economy of Development between China and ASEAN States: An Emerging New Form of Economic Integration and Political Discrepancy," *Prospect Journal,* Vol.13: 63-100.

參考文獻

中文

1. 陳鴻瑜，1992，《東南亞各國的政治與外交政策》，台北：渤海堂，頁145-146。

2. 王躍生，2015，〈亞投行「新經濟循環」的深遠意涵〉，《人民論壇》，第12期，頁52-54。

3. 余宏陽，2016，〈中泰鐵路為何屢生變故〉，《Insight China》，第10期，頁50-51。

4. 余海秋，2015，〈中泰鐵路合作項目構建中南半島交通新格局〉，《社會主義論壇》，第6期，頁14-15。

5. 周方冶，2015，〈中泰鐵路合作：21世紀海上絲綢之路建設的探路者〉，《中國遠洋航務》第2期，頁46-47。

6. 保羅，2012，〈泛亞鐵路〉，《中興工程》，第117期，頁101-104。

7. 張耀秋，1986，〈泰國外交政策的剖析〉，《問題與研究》，第25卷，第6期，頁81。

8. 楊秋月，2016，〈中泰泰路建設對兩國貿易影響研究〉，《中國經貿》，第2期，頁37-39。

9. 蔡明彥，2015，〈「一帶一路」和「亞投行」牽動的地緣政經效應〉，《新社會政策》，第38期，頁26-29。

10. BBC中文網，2014，〈高鐵：中國經濟與政治實力的延伸軌道〉，〈http://www.bbc.com/zhongwen/simp/china/2014/10/141014_analysis_china_hs〉，(檢索日期：2016年10月26日)。

11. 文匯網，2016，〈中泰鐵路生變！泰方：不用中國資金〉，〈http://news.wenweipo.com/2016/04/22/IN1604220014.htm〉，(檢索日期：2016年10月23日)。

12. 中時電子報，2016，〈中泰鐵路九月開工，造價最高341.4億

元〉,〈http://www.chinatimes.com/newspapers/20160730000121-260203〉,(檢索日期:2016 年 10 月 23 日)。

13. 中華網論壇,2016,〈日本真從中國手裡奪食泰國高鐵項目了嗎?〉,http://military.china.com/critical3/27/20160817/23312276_all.html (檢索日期:2016 年 10 月 30 日)。

14. 東網,2016,〈中泰鐵路重定合作框架,曼谷至呵叻段變高鐵〉,〈http://hk.on.cc/cn/bkn/cnt/news/20160824/bkncn-20160824151158511-0824_05011_001.html〉 ,(檢索日期:2016 年 10 月 23 日)。

15. 金融時報中文網,2015,〈一帶一路的棋局觀〉,〈http://www.ftchinese.com/story/001061687?full=y〉,(檢索日期:2016 年 10 月 24 日)。

16. 東埔寨星洲日報,2016,〈東埔寨金邊舉行第 8 屆大湄公河次區域經濟走廊論壇〉,〈http://www.roc-taiwan.org/vnsgn/post/7505.html〉,(檢索日期:2016 年 10 月 16 日)。

17. 泰國商業部、泰國海關,2016,〈2016 年 1-8 月泰國從中國 進口的主要商品〉,〈http://th.mofcom.gov.cn/article/d/〉,中華人民共和國駐泰王國大使館經濟商務參贊處,檢索日期:2016 年 10 月 30 日。

18. 泰國中華網,2016,〈泰內閣同意出資 105 億銖加入 AIIB〉,〈http://thaizhonghua.com/2016/01/27/%E6%B3%B0%E5%86%85%E9%98%81%E5%90%8C%E6%84%8F%E5%87%BA%E8%B5%84105%E4%BA%BF%E9%93%A2-%E5%8A%A0%E5%85%A5aiib/〉,(檢索日期:2016 年 10 月 18 日)。

19. 壹讀,2016,〈泛亞鐵路一旦修好,會帶來哪些影響?〉,〈https://read01.com/o4PkoP.html〉,(檢索日期:2016 年 10 月 15日)。

20. 壹讀,2016,〈中日分別拿下一條泰國高鐵項目,博弈再升級〉,〈https://read01.com/zxdRzL.html〉,(檢索日期:2016 年 10

月23日）。

21. 新華網，2015，〈中泰鐵路合作項目正式啟動〉，〈 http://news.xinhuanet.com/world/2015-12/19/c_1117516212.htm 〉，(檢索日期：2016年10月18日)。

22. 蘋果日報，2015，〈亞投行是中國對抗美國的錢莊〉，〈 http://www.appledaily.com.tw/realtimenews/article/new/2015040 3/586268/〉，(檢索日期：2016年10月16日)。

英文

1. Soong, Jenn-Jaw. 2015. "The Political Economy of Development between China and ASEAN States: An Emerging New Form of Economic Integration and Political Discrepancy," Prospect Journal, (13): 63-100.

2. Fallon, Theresa. 2015. "The New Silk Road: Xi Jinping's Grand Strategy for Eurasia," American Foreign Policy Interests, 37 (3): 140-147.

3. ADB. 2014. "Asian Development Bank and People's Republic of China: Fact Sheet," http://www.adb.org/publications/peoples-republic-china-fact-sheet (accessed on 2016-3-19).

4. ADB. 2016. "ADB-People's Republic of China Partnership Strategy," 〈http://www.adb. org/zh/prc/strategy〉, (accessed on 2016-3-21).

5. ADB. 2016. "ADB to Deepen Partnership With PRC Under New 5-year Strategy," from 〈 http://www.adb.org/news/adb-deepen-partnership-prc-under-new-5-year-strategy 〉, (accessed on 2016-3-21).

6. Bank of Ayudhya (Krungsri), 2015, "The Asian Infrastructure Investment Bank (AIIB) and the Implications to Thailand," 〈https://www.krungsri.com/bank/getmedia/aad28c04-274f-4e92-929d-19530 b3d847e/Research-econ-14092015.aspx.〉, (accessed on 2016-10-31).

7. East by Soundeast, 2016, "Thailand bets on China-led AIIB to finance massive infrastructure needs," 〈http://www.eastbysoutheast. com/thailand-bets-on-china-led-aiib-to-finance-massive-infrastructur e-needs/〉, (accessed on 2016-10-23).

8. The Wall Street Journal, 2015, "Military Regime, China-Led AIIBCould Boost Infrastructure: Thai Minister," 〈http://blogs.wsj. com /indonesiarealtime/ 2015/04/21/military-regime -china-led-aiib-could-boost-infrastructure-thai-minister/〉 (accessed on 2016-10-21).

中泰經貿關係的現狀與展望

康端嚴

新加坡國立大學東亞研究所訪問研究員

摘要

　　泰國近幾年來飽受內憂外患的困擾，全球經濟不振內部政治動盪不安，從而導致經濟發展受到限制，尤其2014年經濟成長率只有0.8%，2015年也只提升3.6%。中國2013年以來提倡一帶一路發展計劃，以促進沿線國家的互聯互通為目的，尤其是處在節點位置的東南亞國家普遍基礎建設不足，泰國其實是個開展合作的好對象。儘管中國與泰國的經貿關係走在穩定成長的路上，在一帶一路的倡導下泰國也能依據其他東南亞國家的路徑，加強不管是基礎建設計劃還是加工製造業的合作。

　　美國新總統川普上台後所帶來的不確定性，對區域經濟所可能帶來的衝擊也將直接或間接的影響中泰的經貿關係。美國可能「強迫」一些企業把廠房從中國移回美國，間接地影響中國產品產業鏈下游的在泰國廠商，甚至也會直接造成泰國當地的美商不得不採取同樣的政策呼應川普的要求減少對泰國的外人直接投資。

關鍵字：泰國、中國、一帶一路、川普、產業鏈

一、前言

　　泰國近幾年來飽受內憂外患的困擾，全球經濟不振內部政治動盪不安，從而導致經濟發展受到限制，尤其 2014 年經濟成長率只有 0.8%，2015 年也只提升 3.6%。2015 年泰國的經濟相對於與東協國家，只優於新加坡（2.2%）和汶萊（-1.2%），在發展相近的東協四國（菲律賓（5.9%）、印尼（4.7%）、馬來西亞（4.7%）、泰國）中卻是敬陪末席，更比不上近年來迅速發展的中南半島 CLMV 國家：即寮國（7.6%）、柬埔寨（7.0%）、緬甸（7.0%）和越南（6.5%）。[1]

　　中國 2013 年以來提倡一帶一路發展計劃，以促進沿線國家的互聯互通為目的，尤其是處在節點位置的東南亞國家普遍基礎建設不足，泰國其實是個開展合作的好對象。然而，相對於中國－印尼鐵路合作、中國－馬來西亞的關丹科學園區以及馬六甲港口等共同開發案，還有中國－新加坡第三個政府與政府（G2G）重慶發展計劃，中泰經濟合作關係相對來說比較不順利的，泰國政府甚至基於自身利益考量 2016 年曾決定不向中國貸款合作建設鐵路工程。

　　中泰經貿關係受到泰國內外政經情況的影響，使其未來發展趨勢不明朗。不過觀察中國－泰國的經貿的發展情況，以及一帶一路下中泰投資關係的可能選項，能釐清思路了解中泰經貿的未來的發展趨勢與所面對的挑戰。在泰國新國王瓦拉吉隆功就任以後，軍政府擬定新憲法準備還政於民的發展下，政治的穩定加上

---

[1] 經濟成長率資料來自美國 CIA 網站。

中國一帶一路倡議的推波助瀾或許能協助中泰經貿關係的提升。當然美國新任總統川普主張美國優先的貿易政策所帶來的不確定性，也可會牽動中泰兩國未來的經貿發展。這兩股力量可能互相拉扯，也可能是喜上加喜，使中泰經貿關係更加緊密。

二、中國的一帶一路倡議

中國一帶一路的想法起源自中國國家主席習近平 2013 年初出席博鰲亞洲論壇（BAF）時，提出中國希望加強與周邊地區的互聯互動建設，積極搭建地區性金融平台以強化區域內融合。到了 2013 年 9 月，習近平在官訪中亞國家哈薩克斯坦時提出了「絲綢之路經濟帶」的構想，希望在古絲綢之路的基礎上與沿路國家建立更為緊密的經濟合作關係。相隔一個月，習近平在出席印尼 APEC 領導人會議把這個構想延伸到東南亞，希望與東協國家建立「21 世紀海上絲綢之路」。

「絲綢之路經濟帶」（一帶）與「21 世紀海上絲綢之路」（一路）並列形成中國的一帶一路倡議。此倡議主要希望與沿線國家在互聯互通的共同發展目標下，達到政策溝通、設施聯通、貿易暢通、金融融通與民心相通。簡單來說，一帶從中國內地出發經過中亞、西亞進入歐洲。一路從中國沿海出發經過東南亞、南亞與西亞而轉入非洲。一帶一路的潛在合作國家涵蓋 50 多個國家，包括 44 億人口，佔全球約三分之二，經濟總量超過 20 兆美元，約佔全球三分之一。這些國家中大部分是發展中國家，急需基礎建設的發展以及經貿往來來促進國內經濟成長。

發展基礎建設最需要的是充足的資金，因此在中國的鼓吹下亞洲基礎建設投資銀行（Asian Infrastructure Investment Bank, AIIB）於 2016 年年初正式成立，目的就是沿線國家能夠藉由這個平台籌資發展國內的需要如鐵路、港口設施、水電等等，強化各國間的互聯互通。截至 2016 年年底，AIIB 已經有 57 個國家加入，批准了 9 個合作計劃，其中就包括東協國家中緬甸的水力發電計劃、印尼的平民窟改建計劃等等，總投資金額已經達到 17 億美元。AIIB 目標至2030 年能籌集40 兆美元發展區域基礎設施。[2]

中國提倡一帶一路除了促進國際合作的考量，其中也有國內因素。中國近年來貿易量下滑使經濟下行進入「新常態」，國際大環境不佳的前提下需要尋找新的增長點。加上國內一直存在投資過量，產能過剩的問題，尤其是基礎建設所需要的鋼鐵、石灰、玻璃等產業特別嚴重，因此把這些產能往外推，不但可以協助這些國家的基礎建設發展，也能同時克服中國的內部問題，從而達到結構優化經濟轉型。

三、中國與泰國的經貿關係

中國一帶一路倡議是有利於中、泰兩國在現有的經貿關係之上加速發展。根據 CEIC 的資料庫，中國與泰國的貿易關係這三十年間持續呈現成長的趨勢（如圖一所示）。1984 年，泰國的貿

---

[2] Asian Infrastructure Investment Bank, "Quick Facts and Number," Source: 〈https://www.aiib.org/en/index.html 〉, (accessed on 2017-1-23).

易量還不大,當時中國佔泰國貿易的比例只有3%左右。2000年以前中國佔泰國貿易總額也只維持在 3%~5%,即使泰國貿易總額已經逐漸成長至1,000億美元。然而2000年後,隨著中國加入世界貿易組織(World Trade Organization, WTO)對外經貿巨量成長,而泰國也因此受惠。泰國的貿易總額在 2010 年已經成長到4,000億以上,而中國佔泰國貿易的比例也上升到兩位數而且持續成長,在 2015 年已經佔 16%,儘管這兩三年泰國的貿易有下滑的趨勢。

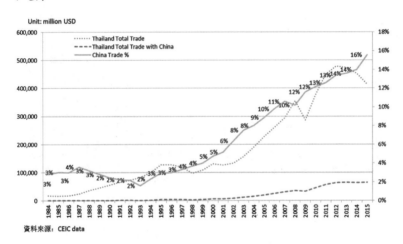

圖一　貿易（總額與比例）：與中國貿易持續成長

不過進一步看中泰之間的貿易結構可以發現,泰國對中國的貿易逆差在不斷擴大,尤其是 2010 以後,中國進口泰國不斷增加力道,從250億美元提升到2015年的400億美元以上 （如圖二所示）。相對的,泰國出口到中國的幅度在這段時間卻增加不多而且近年衰退。2010 年泰國出口中國約 200 億美元,上升到 2013

年的 250 億美元以上，然後逐漸滑落至約為 220 億美元。從中國
佔泰國進出口比例的發展趨勢也可以看出貿易逆差情況。中國佔
泰國出口的比例雖然 2000 以後有成長，由長期的 2%~3%上升到
2010 年的 11%，但是之後一直只維持在 1%~2%的成長幅度，也
就是在 10%~12% 之間。但是中國佔泰國進口的比例在 2000 年
以後就一直成長至今，從 3%~6%增長到 2015 年的 20%。

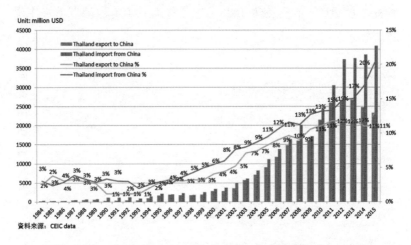

圖二　貿易（進出口與比例）：貿易逆差擴大

　　雖然泰國與中國的貿易逆差持續加大，但是泰國本身對全球
的貿易仍是呈現順差，表示其出口仍然強勁（如表一所示）。泰國
對全球的貿易總額從 2013 年的 4,790 億美元下跌到 2015 年的
4,170 億美元，其中出口為 2,144 億美元，進口為 2,027 億美元，
順差 117 億美元。進一步觀察 2015 年的貿易額成長率可以發現，
泰國總貿易額成長率下跌 8.4%，出口成長率下跌 5.8%，而進口
最嚴重，下跌 11%，這就為何泰國對全球仍呈現貿易順差。

表一　貿易（全球與中國）：對全球順差

泰國-全球貿易	價值（百萬美元）				成長率（%）				比例（%）			
	2012	2013	2014	2015	2012	2013	2014	2015	2012	2013	2014	2015
總貿易額	478221	478912	455272	417005	6.0	0.1	-4.9	-8.4	100.0	100.0	100.0	100.0
出口	229106	228505	227524	214352	2.9	-0.3	-0.4	-5.8	100.0	100.0	100.0	100.0
進口	249115	250407	227748	202653	8.9	0.5	-9.1	-11.0	100.0	100.0	100.0	100.0
貿易差額	-20009	-21902	-225	11699	-222.7	-9.5	99.0	5302.6	100.0	100.0	100.0	100.0
泰國-中國貿易												
總貿易額	63990	64960	63583	64807	12.8	1.5	-2.1	1.9	13.4	13.6	14.0	15.5
出口	26870	27233	25084	23742	2.4	1.4	-7.9	-5.4	11.7	11.9	11.0	11.1
進口	37121	37727	38498	41065	21.7	1.6	2.0	6.7	14.9	15.1	16.9	20.3
貿易差額	-10251	-10494	-13414	-17323	-141.2	-2.4	-27.8	-29.1	51.2	47.9	5965.0	-148.1

Source: Ministry of Commerce Menucom Statistics System, Thailand

　　泰國出口到中國的十大種類中，以工業用品為主，包括丙乙烯聚合物、橡膠、自動化機械與零組件、化學產品、集體電路（IC）等，其他還有木薯粉、橡膠產品、木製產品等等（如表二所示）。這些工業用品主要為中國生產塑膠製品如一次性餐具、泡麵、建築中間隔板等產品的中間材。在這些出口到中國的產品當中，自動化機械與零組件的衰退最為明顯。

　　觀察從 2012 年到 2015 年，自動化機械與零組件從 45 億美元下跌到只剩下 18 億美元，幾乎達到三倍。從成長率來看，2012年還有成長 4.7%，但是到了 2013 年急劇下降 41.6%，2014 年下跌 20.2%，2015 年也下降 13.9%。自動化機械與零組件佔泰國出口中國的比例也因此從 2012 年的 16.8%一路下跌到 2015 年的 7.6%。近年表現最好的是集體電路（IC），這四年間成長了三倍，不過 2015 年產值仍只有 11 億美元，佔出口中國比例只有 4.7%。

表二　貿易（泰國出口到中國）

種類	價值(百萬美元)				成長率(%)				比例(%)			
	2012	2013	2014	2015	2012	2013	2014	2015	2012	2013	2014	2015
1丙乙烯聚合物	2,587	2,871	3,041	2,717	6.0	11.0	5.9	-10.7	9.6	10.5	12.1	11.4
2橡膠	3,613	3,768	2,753	2,499	-21.7	4.3	-27.0	-9.2	13.5	13.8	11.0	10.5
3木薯粉	1,496	2,008	2,331	2,271	10.1	34.2	16.1	-2.6	5.6	7.4	9.3	9.6
4自動化機械與零組件	4,501	2,631	2,100	1,807	4.7	-41.6	-20.2	-13.9	16.8	9.7	8.4	7.6
5化學產品	2,916	3,198	2,626	1,637	8.8	9.7	-17.9	-37.7	10.9	11.7	10.5	6.9
6集體電路 (IC)	390	458	531	1,122	-43.1	17.5	16.1	111.2	1.5	1.7	2.1	4.7
7木材與木製產品	952	1,105	1,100	1,031	4.2	16.0	-0.4	-6.3	3.5	4.1	4.4	4.3
8橡膠產品	2,120	2,318	1,781	1,004	18.1	9.4	-23.2	-43.6	7.9	8.5	7.1	4.2
9精煉油	1,194	1,896	1,324	915	298.6	58.8	-30.2	-30.9	4.5	7.0	5.3	3.9
10米	153	251	385	480	-35.3	64.6	53.1	24.9	0.6	0.9	1.5	2.0
小結	19,923	20,505	17,971	15,483	250.4	183.8	-27.7	-18.8	74.2	75.3	71.6	65.2
其他	6,947	6,718	7,113	8,260	0.3	-3.2	5.7	16.1	25.9	24.7	28.4	34.8
總數	26,870	27,223	25,084	23,742	2.4	1.3	-7.9	-5.4	100.0	100.0	100.0	100.0

Source: Ministry of Commerce Menucom Statistics System, Thailand

　　簡單而言，泰國與中國的貿易仍持續成長，但貿易逆差也隨之擴大，不過比較正面的是泰國本身對全球的貿易仍維持順差。泰國出口到中國主要集中在工業產品的中間材，其中最主要的自動化機械與零組件的份額逐漸在縮小，而集體電路有成長的趨勢。

　　相對中、泰貿易，中國投資泰國的規模還算小，但這幾年有明顯上漲。從 2008 年到 2013 年，中國投資泰國的先起後跌，大部分時間低於 1,000 億泰銖，最多時候也不超過 2,000 億泰銖（如圖三所示）。然而，2014 年有很大的轉變，中國投資泰國達到 3,500 億泰銖，佔泰國外人投資的 8%。

金額：百萬泰銖

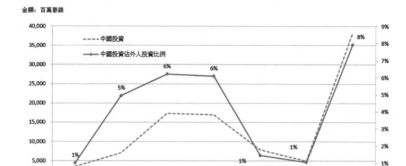

資料來源：泰國投資委員會 (The Board of Investment of Thailand)

圖三 投資（中國投資的變遷與其佔泰國外人投資的比例）

　　在中國投資泰國的產業類別中，近年來以金屬製品與機械業，以及電子與電機產品業最為突出，尤其是 2014 年在其他投資不盡理想的情況下，前者投資金額從 2013 年的 18 億泰銖大幅成長至 208 億泰銖，而後者也從 4 億泰銖增加到 52 億泰銖（如表三所示）。

表三　投資（中國投資泰國產業類別）

單位：百萬泰銖

產業分類	2008		2009		2010		2011		2012		2013		2014	
	計劃數	金額	計劃數	金額	計劃數	金額	計劃數	金額	計劃數	金額	計劃數	金額	計劃數	金額
農業產品	4	312	2	322	6	1,686	10	3,688	5	1,845	5	917	4	884
礦物與陶瓷	2	351	-	-	2	1,810	2	6,746	1	1,370	-	-	-	-
輕工業/紡織	4	143	2	94	4	912	8	1,190	1	769	1	10	2	39
金屬製品與機械	8	628	2	87	7	5,991	6	4,233	14	1,794	13	1,842	11	30,801
電子與電機產品	4	553	-	-	2	40	6	983	7	338	4	395	9	5,173
化學品	3	203	6	6,403	4	191	3	79	8	334	6	1,822	13	1,340
服務	2	1,284	3	103	3	6,681	1	3	2	1,452	1	5	1	11
總數	27	3,474	15	7,008	28	17,312	36	16,922	38	7,901	30	4,991	40	38,248

資料來源：泰國投資委員會 (The Board of Investment of Thailand)

　　進一步看 2014 年中國投資泰國的金屬製品與機械產業，主要集中在汽車組裝與零組件、金屬零組件、太陽能模組以及生物科技產業（如表四所示）。其中可以發現，中國最大的汽車組裝公司—上海汽車集團已經插足泰國的汽車組裝與零組件產業。中國投資泰國的規模雖然還不是很大，但已經逐漸看到成長，尤其是在一些新興產業上面，例如結合泰國汽車產業的優勢。

表四 投資（2014年中國投資泰國-金屬製品與機械）

汽車組裝與零組件	LLIT (THAILAND) CO., LTD SAIC MOTOR -CP CO., LTD SENTURY TIRE (THAILAND) CO., LTD HASCO -CP CO., LTD MAXSUS INNOVATION CO., LTD
金屬零組件	BOASHENG PRECISION CO., LTD POWER METAL (BANGKOK) CO., LTD THAIGANGSCREW CO., LTD
太陽能模組	YINGLI GREEN ENERGY HOLDING Co Ltd TC RENEWABLE ENERGY CO., LTD
生物科技	SUNSHINE BIOTECH INTERNATIONAL CO., LTD BOAIFENG BIOTECHNOLOGY (THAILAND) CO., LTD

資料來源：泰國投資委員會（The Board of Investment of Thailand）

四、一帶一路下泰國引進中國投資的可能選項

　　中國的一帶一路提倡至今，陸陸續續地已經看到一些發展，東南亞國家位處海上絲綢之路的重要節點，所以也是最快看到合作成果的地方。目前在一帶一路下取得中國投資最為顯著的東南亞國家包括馬來西亞、印尼、菲律賓與越南，其中前三者以基礎建設的案子為主，尤其是馬來西亞在2015-2016年得到許多中國大規模的投資合作案，而越南則以加工出口業的投資最為突出。

　　中國與馬來西亞的基礎建設投資案主要集中在政府間所簽訂的合作計劃，包括官方的綜合發展計劃、添海造地計劃與電力發

展計劃。企業合作案以房地產發展計劃為主，加上少部分的製造業設廠計劃（如表五所示）。在官方的合作發展計劃中，馬中關丹工業園區是一帶一路倡議後第一個標誌性的政府間合作計劃。馬中關丹工業園區是在一帶一路鼓吹的當時，以及中國與馬來西亞在廣西省欽州兩國產業園區的發展基礎下所設立，達成中馬在各自國家設立兩國共同持有及發展的產業園區。除了這個產業園區，中馬政府這兩年間還談成了廣東－馬六甲皇京港發展計劃、吉隆坡大馬城建設計劃以及馬來西亞東部鐵路建設計劃，而最受矚目的吉隆坡－新加坡高速鐵路也在努力競標當中。

在中國投資馬來西亞的添海造地計劃中，以中國建商碧桂園在馬來西亞柔佛州依斯甘達區造島建城計劃最為被人注視，其打算在馬來西亞最南端靠近新加坡的地方建出四個島，並在島上以綠色環保的產業來帶動城市發展。在電力發展方面，中國通用技術集團投資發展火力發電，中國水電建設集團投資水力與天然氣發電站，而中廣核電協助核電計劃。

由於地理位置的接近以及越南政府採取類似中國特色的市場發展道路，所以中國的企業傾向於把在國內失去生產優勢的產業或是過剩的產能移往越南，使越南成為最能吸收中國加工製造業的國家。

根據越南計劃投資部外國投資管理局的統計，截止至 2016 年 3 月，中國投資越南的加工製造業共有 922 件，佔總件數 1,354 件的三分之二，投資金額為 54 億美元，超過總金額 104 億美元的二分之一（如表六所示）。其他主要投資產業類別如批發零售與汽模修理、建築、礦產等產業的投資金額加總起來不超過 30 億美元。

表五　中國投資馬來西亞的模式（基礎建設為主）

投資類型	項目	中國投資人
官方綜合發展	馬中關丹工業園區計劃 廣東-馬六甲友好關係計劃 吉隆坡大馬城 馬來西亞東部鐵路 吉隆坡-新加坡高速鐵路（競標中）	 中鐵 中鐵 中鐵
填海	檳城沿海擴建海 依斯甘達區（柔佛州）造島建城計劃	中國交通建設 碧桂園
電力	Manjung 火力發電 Bakun 水力發電站/天然氣發電站 核電計劃	中國通用技術集團 中國水電建設集團 中廣核電
製造業	電力車箱（火車） 鋼鐵 玻璃	中國北車 北京首鋼 中國聯合鋼鐵 德隆鋼鐵 信義光能 株洲旗濱集團 卡姆丹克太陽能科技
房地產		碧桂園 綠地 新華聯集團 富力地產 卓達集團

資料來源：作者整理

表六　中國投資越南的模式（加工製造業為主）

產業分類	項目數	金額（億美元）
加工製造業	**922**	**54.1**
批發零售與汽模修理	133	11.1
建築業	105	2.97
專業與公共科學	56	5.9
氣電水生產配送	4	5.1
房地產經營	20	3.1
礦業	18	1.2
其他	96	20.83
總數	1354	104.3

資料來源：越南計劃投資部外國投資管理局

五、中國與泰國經貿關係的挑戰與展望

　　儘管中國與泰國的經貿關係走在穩定成長的路上，在一帶一路的倡導下泰國也能依據其他東南亞國家的路徑，加強不管是基礎建設計劃還是加工製造業的合作，不過有幾個重點可以繼續追蹤以探視中、泰未來的挑戰與合作傾向。

　　首先是中、泰兩國在經濟發展上的替代與互補關係。從產品價值鏈的角度來說，中、泰兩國仍是以生產為主的國家，尤其是中國被認為是全球性眾多產業的生產基地。兩國的主要產業都是製造業，尤其是加工出口這一塊。從這方面來看，中泰兩國的經

濟發展有很高的替代性，這將導致中、泰的競爭大於合作。不過中國近些年來正努力往附加價值比較高的產業發展，加強研發與設計的能力，並擴大物流、行銷等環節的滲透。中國在 2016 年所推行的《中國製造 2025》與《互聯網+》等措施就是往這個方向去，做強做大中國的製造業，使中國轉型為智慧製造大國。

泰國也正在努力發展產業升級，提出《泰國 4.0》與《泰國新投資促進戰略 (2015-2021)》，嘗試把現有的低端優勢產業推升成為高端的新興產業。例如在現有的食品加工業基礎上發展醫藥食品，在電器產品的基礎上發展物聯網設施，以及在汽車生產的基礎上發展航天設備。

中國與泰國都朝著產業結構轉型的目標前進，看起來中國是走得比較前面，而且企圖心非常強烈，其所涵蓋的戰略性新興產業種類就有十個，而且最終目標是要做到世界最強。其實中泰的新興產業發展程度與速度的落差剛好提供了兩國經濟發展的互補性。兩國可以藉由技術能力的差距，勞工與土地成本的差距，以及泰國在東協經濟共同體的成員角色，中國國內市場等互補性因素達成合作。

中、泰經貿關係的第二挑戰是亞洲貿易情況有逐年下滑的趨勢。從圖四中可以明顯看到，亞洲國家貿易成長率不管是在出口還是進口都在下跌，雖然仍是維持正成長。亞洲國家大環境不佳的情況下，加上美國新總統特朗普上台後強調現存的自由貿易體系對美國利益是有傷害的，所以終止了跨太平洋夥伴關係協定（Trans Pacific Partnership, TPP）的批准程序，要求重談 NAFTA，並且不惜與中國大打貿易戰來奪回美國失去的工作機會等因素，都會影響中泰的貿易發展。美國的新貿易政策沒有優先把餅做大

的意思，而是藉由關稅要搶更大的份額，這絕對會提升其他國家的貿易成本降低合作機會。像東南亞這些主要依靠貿易來來動投資，推進經濟成長的國家肯定會是站在最前線，最快受到影響。

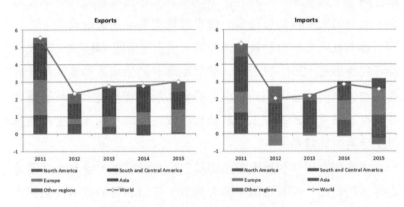

圖四　亞洲貿易成長率逐年下滑

資料來源：WTO秘書處

　　中、泰經貿關係的第三個挑戰是東協國家間的競爭關係。中國是東協國家的最大貿易夥伴國，各國都與中國有深度的貿易往來。但是大部分東協國家的產業發展形態類似，產品同質性高，都以加工製造為主，這導致各國間都競爭和中國做生意。地理的接近使越南是加工製造最大的受惠國，而新加坡的自由港口貿易優勢也促進了中新貿易發展。中國近年來大量投資馬來西亞也有帶動貿易發展的功能。印尼地大自然資源豐富，也推升了中印的礦產貿易。就連菲律賓因為維持南海穩定等政治因素，中國也開始加強與菲律賓的投資與貿易關係。相對的，泰國的角色就十分尷尬，泰國位處東南亞國家的中央，資源以橡膠為主，與中國的

貿易沒有絕對的優勢。但是中國要發展雲南到新加坡的鐵路必需經過泰國，這個關係如何強化中、泰的經貿關係還有待觀察。但是東南亞其他國家已經開始和中國發展更密切的經貿合作關係，泰國需要更積極的發展一些中泰合作項目。

如圖五所示，儘管中國對東南亞國家的投資佔全亞洲的比例年年上升，從 2003 年的 2.2%提升到 2013 年的 8.0%，2014 年稍微下降 0.1%。但是，泰國所佔的份額是逐漸在減少的，說明了泰國吸引中國投資的誘因與條件，相對其他東南亞國家顯得不足。

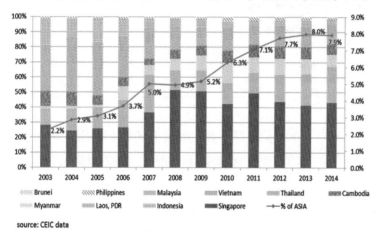

source: CEIC data

圖五　東協各國佔中國對東協總投資的比例：2003~2014

泰國吸引中國投資面對的另外一個挑戰是政治的不穩定性。根據泰國在 2015 年全球競爭力評比，政府不穩定（政變）、貪污、政府效能與政策不穩定這些政治變數都是影響泰國經商環境最大的因素（如圖六所示）。尤其是具有威望的泰王普美蓬過世以後，軍政府何時還政於民，新憲法的效力如何，新泰王哇集拉隆功在軍方與民選代表之間的角色為何等等，這些泰國政治的未來發展

都將會影響泰國政治的穩定性，從而局限了吸引中國投資的能力與條件。

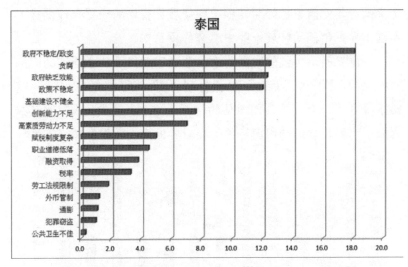

圖六　泰國全球競爭力：政治不穩定是經商絆腳石

資料來源：世界經濟論壇《2015-2016全球競爭力報告》

六、結論

　　中國與泰國的經貿發展在一個穩定的步調中成長，雖然泰國對中國是貿易逆差，但對全球仍是順差，所以目前的貿易結構仍對泰國的經濟發展有利。然而，泰國仍需逐步調整中泰貿易結構關係，藉由中國推行一帶一路倡議，以及東南亞地理區位的重要性來助推中泰經貿關係的發展。相對於貿易，中國投資泰國的規

模則仍小，近年主要集中在金屬製品與機械相關產業。泰國需根據自己優勢的新興產業銜接《中國製造2025》的產業政策以升級泰國具有競爭力的產業，並借鏡馬來西亞與越南經驗強化中泰經貿合作。泰國也必需善用東協經濟共同體（ASEAN Economic Community）、ASEAN P Plus、AIIB、TPP 與 RCEP 等區域貿易與投資機制與中國建立更為緊密而長期的經濟互補關係。不論是國內或者是區域的經濟合作關係，目前也必需與經濟大環境的變化相結合，尤其是美國因素。美國新總統川普上台後所帶來的不確定性，對區域經濟所可能帶來的衝擊，也將直接或間接地影響中泰的經貿關係。美國可能「強迫」一些企業把廠房從中國移回美國，間接地影響中國產品產業鏈下游的泰國廠商，甚至也會直接造成泰國當地的美商不得不採取同樣的政策呼應川普的要求，減少對泰國的外人直接投資。這些可能的轉變仍在發展當中，2017年能夠更清楚的看到發展軌跡，其將與中國一帶一路倡議共同影響中泰未來的經貿發展。

參考文獻

中文

1. 李向陽，2015，《一帶一路：定位、內涵及需要優先處理的關係》，北京：社會科學文獻出版社。
2. 宋鎮照，1996，《東協國家之政經發展》，台北：五南。
3. 宋鎮照、翁俊桔與蔡相偉，2015，《中國－東協自由貿易區發展的政治與經濟分析：關係、模式與策略》，台北：五南。

英文

1. Li, Keqiang (2015). "Take China-Malaysia Cooperation to A New High." *Keynote Speech at the Malaysia-China High-Level Economic Forum.* 23 November, 2015.
2. Lim Tai Wei, Henry Chan Hing Lee, Katherine Tseng Hui Yi and Lim Wen Xin (2016), *China's One Belt One Road Initiative*, Singapore: World Scientic Publishing.
3. The Economist Intelligence Unit (2015), Prospects and Challenges of China's "One Belt, One Road", A Risk Assessment Report in *The Economist,* London: The Economist Newspaper Limited.
4. Djankov, Simeon, Multilateral Development Banks and Asian Investment: Room for More? Lecture. Washington, September 30, 2015.
5. Klaus, Schwab (2015). Global Competitiveness Report 2015-2016, World Economic Forum.

6. MIDA (2016), Malaysia Investment Performance Report 2015, 29 February 2016.

7. "Can China Rebuild its Special Relationship with Malaysia?" *The Diplomat,* 18 November 2015.

8. "China Investments to Lift Malaysia's Outlook," *The Star Online.* 17 April 2016.

9. "China's Developers Bring Changes to Malaysia's Real Estate Market," *China-Asean Business*, 32-33. December 2015.

10. "Thailand 4.0: Are we ready?" *Bangkok Post,* 2 Jan 2017.

11. "Trump Abandons Trans-Pacific Partnership, Obama's Signature Trade Deal", *The New York Times*, 23 Jan, 2017.

12. Asian Infrastructure Investment Bank (2016), "Quick Facts and Number".

13. Board of Investment, Thailand (2016), Foreign Direct Investment: Annually Statistics.

14. Ministry of Commerce Menucom Statistics System, Thailand (2016), Trade Statistics.

15. CEIC Data (2016), Trade and Investment Statistics of ASEAN Countries.

16. CIA, United States (2016), Economic Growth of ASEAN Countries.

泰國對中政策的歷史與展望

趙文志

國立中正大學戰略暨國際事務研究所教授

摘要

　　泰國是東協最重要的國家之一，其對中國大陸政策的發展也很大程度會牽引東協對於中國的立場與態度。泰國與中國大陸兩國關係發展經歷不同的時期與演化。從過去 1949~1975 年的敵視時期，雙方互不往來，到 1975 年以後關係正常化時期，雙方展開交往與互動。亞洲金融危機發生時，中國堅持人民幣不貶值的政策，讓泰國已經搖搖欲墜的經濟獲得了喘息的空間，進一步扭轉了泰國對中國大陸的印象，讓兩國關係進一步發展獲得了更有利的條件與環境。本文主要研究目的是對泰國「對中政策」進行歷史的梳理，同時要檢證其變化以及在面對敏感議題：南海問題上，泰國的立場，也瞭解泰國對中政策的最新發展。

關鍵詞：**泰國、中國大陸、中國政策、南海問題**

一、前言[1]

　　泰國一直以來的外交傳統就以善用本身的地理位置以及權變著稱，這使得泰國在面對西方帝國主義挾其船堅炮利到亞洲來搶佔殖民地的同時，利用其地理上優勢做為西方列強之間的緩衝，使其得以保持獨立自主，免受西方國家殖民。這樣的外交傳統特質也反映在泰國近代外交史與對中關係以及政策上，讓泰國可以在詭譎多變的國際政治與東南亞情勢中，保持和大國間的微妙平衡關係。

　　泰國與中國大陸關係（中華人民共和國）歷經許多不同階段，其間從相互敵視到相互試探再到相互友好。泰國是東協最重要的國家之一，其對中國大陸政策的發展及兩國關係演變也很大程度會牽引東協對於中國的立場與態度。泰國與中國大陸兩國關係發展經歷不同的時期與演化。其間，由於冷戰結構的外部環境制約，讓兩國從過去 1949-1975 年處於敵視時期，雙方互不往來，泰國選擇美國為首的民主陣營，對抗共產主義。1975 年以後的關係正常化時期，雙方展開交往與互動。越南入侵柬埔寨提供了兩國合作的基礎；亞洲金融危機發生時，中國堅持人民幣不貶值的政策，讓泰國已經搖搖欲墜的經濟獲得了喘息的空見，進一步扭轉了泰國對中國大陸的印象，讓兩國關係進一步發展獲得了更有利的條件與環境。金融危機之後，兩國關係進一步深化，雙方展開全方位的合作與互動。

---

[1] 本文泰中兩國經濟合作與南海問題檢證的部分內容為本文作者另一著作：中國經濟外交理論與實踐一書中的部分內容，並經過改寫，特此說明。

　　本文主要研究目的是對泰國對中政策進行歷史的梳理，同時要檢證其變化以及在面對敏感議題：南海問題上，泰國的立場，也瞭解泰國對中政策的最新發展。因此，本文首先簡要探索泰國近代外交政策的傳統，其次、耙梳兩國關係發展與泰國對中政策，第三是藉由具體案例檢視泰國對中國的外交立場與實踐，最後為本文結論。

二、泰國外交政策的傳統思維

　　泰國今日的外交思想與對外戰略受到其外交傳統影響很深。泰國是東南亞近代史上唯一一個沒有被西方國家殖民而保持形式上獨立的國家。面對西方帝國主義紛紛到亞洲國家競逐殖民地之時，泰國巧妙應用西方列強彼此之間的競爭，尤其是英國與法國之間的矛盾，讓其成為兩強之間的緩衝國，保全了泰國的獨立。這樣的外交傳統，讓泰國在亞洲近代外交史的發展當中一直是具有相當靈活性與實用主義的特色。[2]

　　泰國歷史上與外部強權互動的經驗，行塑泰國重視彈性（flexibility）與實用主義（pragmatism）的外交文化，被學者稱為如「隨風彎曲的竹子」（bamboo bending with wind），亦即為了生存可以有足夠彈性彎曲。這也意味著泰國外交決策過程對外部環境是極其敏感，其常常突然做出改變去回應面臨的壓力。彈性原則使泰國可以達到兩個目標，一是避免與大國衝突，二是在國家

---

[2] 趙光勇，〈泰國外交政策的演變〉，《紅河學院學報》，第四卷第三期（2006），頁 13-14。

主權與安全上維持現狀。事實上，泰國充分認識到其一個中等國家，其需要謹慎維持與外部強權國家的關係，避免對其生存帶來負面影響，這充分反映在泰國外交決策菁英的現實主義思考中。[3]

　　泰國這種彈性的外交作為，可從二次世界大戰後一連串立場看出。二戰結束後，泰國維持與共產與非共產國家同時交往策略，但隨著冷戰開始，泰國改採反共立場，與共產主義國家相互敵視，但隨著越南入侵柬埔寨，泰國立即轉變立場與中國大陸交往，到後冷戰時期，泰國開始追求更全方位的外交，不再固著於意識形態之爭。就如同泰國前外交部長 Thanat Khoman 所說：「在大國競爭權力之間，泰國必須不能投向任何人的懷抱，但是要維持一個均衡的政策，不能依靠任何人太多，因為這樣會把泰國綁的太緊以致於無法自在呼吸。」[4] 也因為這樣的外交傳統思維，讓泰國在面對複雜的中南半島的情勢，試圖去平衡大國在東南亞間的競逐，為泰國生存與發展找尋最大的戰略空間。

　　隨著時空環境的演變，泰國政府在本身角色上的權變以及對局勢的判斷，讓泰國整體外交政策從柬埔寨衝突的中止，開始轉向。在外部威脅消失，泰國國家戰略方向轉以經濟發展為主要目標。在區域上，其外交政策配合國家整體戰略，試圖要讓泰國扮演中南半島經濟轉型者的角色。Chatichai Chunhawan 試圖推動泰國成為中南半島重要角色的願景也成為泰國後續領導者的迴響。

---

[3] Pongphisoot Busbarat, "Bamboo Swirling in the Wind: Thailand's Foreign Policy Imbalance between China and the United States," *Contemporary Southeast Asia*, Vol. 38, No. 2 (2016), pp. 234-236.

[4] Pongphisoot Busbarat, "Bamboo Swirling in the Wind: Thailand's Foreign Policy Imbalance between China and the United States," *Contemporary Southeast Asia*, Vol. 38, No. 2 (2016), p. 237.

Anand Panyarachun 總理試圖打造泰國為中南半島的門戶，推動泰國成為東南亞大陸的商業、金融與集散中心。[5] 泰國的外交政策經歷過一個影響深遠的改變，反映出這個國家的轉變，從一個中等國家，需要依賴外部強權來捍衛其安全，到一個走自己路的區域經濟大國。[6]

　　這樣的轉變也反映在具體對中關係與政策的實踐上，泰國政府開始調整對中政策，積極拉近與中國大陸關係，嘗試跳脫過去選邊戰作法，不再單一依靠美國或是任何單一強權。試圖從既有權力結構中，獲取泰國最大國家利益。其中包括在政治與主權上獲得安全，在經濟上獲得成長。所以，除了與美國保持固有關係之外，也展開與中國大陸經濟乃至安全軍事上合作，希望扮演在中南半島上乃至東協的關鍵性角色。也因此，泰國外交政策呈現出兩個特色，一是軍方扮演重要角色，二是外部同盟關係具有重要性，尤其是與美國和中國關係（美國與中國可以協助泰國抵抗越南的入侵）。

三、泰中兩國關係的歷史發展與對中政策

（一）兩國關係歷史發展

　　1. 1949-1975 年的敵對時期：此時期由於中國大陸的政治體

---

[5] Leszek Buszynski, "Thailand's Foreign Policy: Management of a Regional Vision," *Asian Survey*, Vol. 34, No. 8(Aug., 994), pp.721-726

[6] Leszek Buszynski, "Thailand's Foreign Policy: Management of a Regional Vision," *Asian Survey*, Vol. 34, No. 8 (Aug., 994), p.736.

制與意識形態之故，因此在其整體的外交政策是採取「一邊倒」、對外輸出共產革命，再加上意識型態是中國大陸此時期對外援助的考量，因此，在領土的爭議與過去支持東南亞共產主義者的發展下，中國大陸一直被泰國視為威脅。

對於泰國來說，冷戰期間，東南亞地區一直是一個國際強權、意識型態與權力鬥爭的場域。整個東南亞地區許多國家面臨後殖民時期的動盪與國家建立的艱困過程。因此，這樣的歷史經驗也讓東協國家特別關注本身內部與區域穩定、領土完整、自決與在國際事務上不干涉原則。同時，在對外關係上，泰國在內的東協領導者們採取寧可在軍事上依賴美國、經濟上依賴日本，而不願意將兩者全部依賴在任何單一強權上，[7] 而對中國大陸則是在兩極體系結構冷戰外部環境下採取敵對的態度。

就在這樣的背景下，泰國與中國大陸兩國是分屬不同敵對陣營，泰國選擇加入美國為首的民主集團，對於中國大陸的認知與想法是威脅的來源，並恐懼中國大陸將共產主義傳入泰國。因此，在泰國認知中，基於意識形態的選擇，面對外部環境威脅，其認為可以協助泰國維持國家安權與主權領土完整的只有民主美國，透過加入美國所建構之區域安全網絡可以抵抗共產主義勢力威脅，確保泰國國家獨立自主與安全保障。所以彼此在此時期的關係是一種敵視關係，兩國甚少互動與交往，雙邊經貿合作乃至經濟援助也近乎沒有。

2. 1975 年以後關係正常化時期：到了 1970 年代中國大陸結束了文化大革命，鄧小平重新掌握政權，提出改革開放政策，整

---

[7] Sandra R. Leavitt, "The Lack of Security Cooperation between Southeast Asia and Japan," *Asian Survey*, Vol.45, No.2 (Mar.-April, 2005), pp.227-235.

個經濟外交政策核心重點轉變為以經濟建設為中心，尋求為中國大陸經濟發展與現代化建設創造良好外部環境。此時期，中國大陸不再以意識型態區分敵我，以不結盟和全方位和平外交戰略為訴求，展開對外關係發展。[8]在這樣的外交戰略轉變下，中國大陸經濟外交重點也轉變過去意識型態為主的交往，這也影響到了中國大陸與泰國之交往的態度與政策。中國大陸開始經營與泰國另一種不同於以往之關係，其不再輸出共產革命於泰國，同時開始減少對泰國共產黨之援助。然而，對泰國來說，由於越南入侵柬埔寨，讓泰國直接感受到在越南壓力，在中國大陸反對越南入侵柬埔寨下，泰國外交決策菁英認為有必要拉攏中國大陸共同對抗越南，以避免直接面對越南軍事威脅壓力。這樣的思維讓泰國政府與中國大陸追求和平穩定周遭環境期待有了關係開展的契機與基礎，而讓雙方關係開始正常化。

於是 1975 年 7 月 1 日兩國正式建交，雙方並進一步開始展開雙邊經貿合作關係。在 1978 年兩國簽署了第一份經貿合作協議，開啟了雙邊經貿合作的大門，其後雙方合作項目擴展到投資、貿易經濟與技術合作、雙邊貨幣互換協議、泰國基礎建設合作、農產品交換合作項目等，雙方截至 2013 年為止在經貿合作上簽署了超過十項各式合作協議，這也讓中國大陸與泰國的經貿關係越加緊密（相關經貿協議見表一所示）。

事實上，在關係正常化之後，隨著中國大陸經濟快速發展，大部分泰國領導人都將中國崛起視為經濟合作的機會，中國大陸

---

[8] 宮力、門洪華、孫東方，〈中國外交決策機制變遷研究：1949-2009〉，《世界經濟與政治》，第 11 期（2009 年），頁 44-54。

在亞洲金融危機期間提供 10 億美元援助以及人民幣不貶值政策大幅改變泰國領導人對中國大陸印象認知，這也讓雙邊經貿關係持續獲得強化與伸展。[9]

除經貿合作之外，中國大陸也展開對泰國經濟援助。1997年亞洲金融危機爆發，泰國為主要受影響國家，在經濟遭受重創之時，中國大陸提供了超過40億美元的低利貸款援助給泰國，同時堅持人民幣不貶值政策，以免帶給泰國經濟上更大衝擊。相較於美國等西方國家近乎袖手旁觀與西方國家主導的國際貨幣基金（IMF）對泰國援助的同時提出許多附加嚴苛條件，來自中國大陸的援助並不附加條件，同時願意犧牲自己經濟利益，這對於泰國來說具有重大意義，也讓泰國進一步扭轉對中國大陸國家形象的認知，讓泰國願意與中國大陸發展緊密的關係。除此之外，中國大陸也積極對泰國天災以及偏遠地區提出救助與開發計畫，加強對泰國的經濟外交工作（見表二所示）。

表一 中國與泰國雙邊經貿合作協議（1975-2014）

年份	項目
1978	兩國簽署《貿易協定》、《成立貿易聯合委員會議定書》。
1979	兩國簽署《進出口商品議定書》
1985	兩國簽署《促進和保護投資協定》、《成立經濟合作聯合委員會之協議》。
1986	兩國簽署《避免雙重徵稅和防止偷漏稅協定》。

---

[9] Anuson Chinvanno, "Rise of China: A Perceptual Challenge for Thailand," *Rangsit Journal of Social Sciences and Humanities*, Vol. 2, No. 2(2015), p. 16.

1990	兩國簽署《互免國際運輸收入間接稅之協定》。
1997	兩國簽署《貿易經濟和技術合作諒解備忘錄》。
2001	中國人民銀行與泰國銀行簽署《雙邊貨幣互換協議》。
2003	兩國簽署《自由貿易協定》。
2009	兩國於該年6月簽署《擴大和深化雙邊經濟合作的協議》。
2012	兩國於該年4月簽署《經貿合作五年發展規劃》。
2013	兩國簽署《中泰政府關於泰國鐵路基礎設施發展與泰國農產品交換的政府間合作項目的諒解備忘錄》。

資料來源：作者整理自：中國外交部，網址：〈http://www.fmprc.gov.cn/mfa_chn/gjhdq_603914/gj_603916/yz_603918/1206_604642/sbgx_604646/〉；以及中泰商務網，網址：〈http://www.thailand-china.com/ThaiandChinaLinks/BilateralAgreements.aspx〉。

此外，雙方也展開軍事上的合作。2001年，兩國國防部長舉行會議，同意中國大陸展開對泰國軍售，同時也進行軍事訓練、演習以及年度軍事會議制度化面向的合作。2005年，首次泰中聯合軍事演習於泰國灣（the Gulf of Thailand）舉行，這也是中國大陸首次與東協國家舉行軍事演習。2007年，泰國與中國大陸簽署了「泰中戰略合作聯合行動計畫」（Joint Action Plan on China-Thailand Strategic Cooperation），同時兩國也持續舉行軍事演習合作。2010年，泰國特種部隊與中國大陸進行聯合反恐演習。[10]

[10] Wen Zha, "Personalized Foreign Policy Decision-making and Economic Dependence: A Comparative Study of Thailand and the Philippines' China Policies," *Contemporary Southeast Asia*, Vol. 37, No. 2 (2015), pp. 252-253.

表二　中國對泰國援助項目（1975-2014）

年份	項目
1997	該年亞洲金融危機爆發後，中國政府在國際貨幣基金組織安排的框架內並通過雙邊渠道，向泰國等國提供了總額超過 40 億美元的援助。
2005	該年1月，中國政府援助為印度洋海嘯受災國之一的泰國，總價約 750 萬人民幣的救難物資；同年 9 月，中國政府實施援助泰國掃雷行動計畫，包括捐贈掃雷裝備、派專家組赴泰培訓掃雷人員並現場指導掃雷。
2006	中國政府向泰國政府提供 800 萬人民幣用於實施國王山地開發計畫項目。
2011	為幫助泰國政府抗洪救災，中國政府向泰國政府提供 100 萬美元現匯援助及共值 8,000 萬人民的救難物資。

資料來源：中國外交部、新華社。

　　就在上述合作計畫下，也讓泰國成為與中國大陸關係最緊密的東協國家之一。雙方在地緣位置、歷史、種族連結、互利經濟合作、戰略與安全等因素下保持密切合作。1999 年雙方簽署二十一世紀合作計畫聯合宣言，做為未來兩國全面性合作關係發展的框架與指導原則。2001 年雙方發表聯合公報，進一步將雙方關係升級至戰略合作層次。[11]

　　上述的發展，不管是經濟合作或是援助乃至軍事合作，都讓

---

[11] Anuson Chinvanno, "Rise of China: A Perceptual Challenge for Thailand," *Rangsit Journal of Social Sciences and Humanities*, Vol. 2, No. 2 (2015), pp. 13-14.

兩國關係進一步深化與密切，也因此泰國極為重視與中國大陸雙邊關係。這樣的發展也間接影響了泰國在南海問題上的立場。

（二）泰國對中政策

由以上雙邊關係的梳理可以發現，泰國在 1950 年代到 1970 年代對中國政策是受到中國大陸對泰國共產黨政策以及亞洲權力結構等因素所影響。[12]所以在 1975 年泰國與中國關係正常化之前，泰國領導人對共產主義充滿恐懼，把中國大陸視為國家安全最大威脅，認為中國大陸是共產國際擴張的通道和越南共產主義的支持者。所以此時期泰國的對中政策呈現出敵視以及對抗的特色。由於泰國選擇與美國同盟，共同對抗共產主義，再加上中國大陸支持泰國境內共產黨勢力，因此，面對共產中國，泰國政府的「對中政策」是斷絕與中國大陸的交往。

然而越南入侵柬埔寨，對泰國「對中政策」提供了轉變的基礎。對泰國來說，越南在柬埔寨與寮國部署重兵，讓泰國成為與越南對陣的前線國家。1980 年越南軍隊進入泰國邊界，更讓泰國改變對中政策，積極尋求與中國大陸在安全上的合作。中國大陸則因為越南與蘇聯簽訂友好條約，意味著雙方同盟正式形成，對中國產生威脅，而讓中國大陸努力阻止越南侵略柬埔寨與泰國，並對泰國提供武器並展開軍事合作關係。[13]

泰國政府體認到，中國大陸不僅可以牽制越南，同時與中國

---

[12] Shee Poon Kim, "The Politics of Thailand's Trade Relations with the People's Republic of China," *Asian Survey*, Vol. 21, No. 3 (Mar., 1981), p. 310.

[13] 李小軍，〈論戰後泰國對華政策的演變〉，《**東南亞研究**》，第四期（2007），頁 43。

大陸保持良好關係還可以促使中國大陸減少對泰國共產黨的支援，削減泰國共產黨的勢力，結果也使的中國大陸政府自 1979 年開始減少對泰國共產黨援助，使得泰國共產黨勢力漸漸消退。[14]

　　整體來說，泰國對中政策既不是對抗平衡（balancing）也是不追從（bandwagoning），而是將中國大陸視為應對越南安全威脅的幫手，隨著中國大陸崛起，進一步將中國視為經濟上的機會而非過往安全上的威脅，採取的是一種混和式的戰略（Mixed Strategies），其依循東協與中國大陸交往的目標，希望將中國大陸社會化，讓其依循東協的組織規範與行為準則，確保東協的自主性，在這樣的目標下，泰國採取與中國大陸全面交往的一種平衡性關係。[15]

　　此外，在面對美、中兩強下，泰國對美中兩國立場是持一種平衡作法，只要其中一方不會變成一種立即安全上的威脅，泰國就維持著這樣一種平衡策略。雖然泰國一般維持著在安全上與美國保持關係，在經濟與政治上與中國深化發展，但 1990 年代開始冷戰結束後，中國因素在泰國外交取向上日漸增加影響力。經濟利益在後冷戰時期成為雙邊關係的基礎。泰國視中國大陸為重要經濟伙伴成為重要推進因素，中國對泰國出口來說是一個重要市場，有助於泰國經濟成長，中國大陸西部大開放戰略（go west strategy）也成為雙方經濟關係緊密的重要外部環境因素。[16] 2013

---

[14] 戴萬平，〈泰國對中國外交政策的演變：建構主義的分析觀點〉，《台灣東南亞學刊》，第八卷第一期（2011），頁79。

[15] Ann Marie Murphy, "Beyond Balancing and Bandwagoning: Thailand's Response to China's Rise," *Asian Security*, Vol. 6, No. 1(2010), pp. 1-27.

[16] Pongphisoot Busbarat, "Bamboo Swirling in the Wind: Thailand's Foreign Policy Imbalance between China and the United States," *Contemporary Southeast Asia*, Vol.

年中國大陸成為泰國第一大貿易夥伴，雙方貿易總額為 560 億美元，占泰國對外貿易比重為 15.6%。同時泰國早在 2003 年成為第一個與中國大陸簽署在農產品方面的早期收穫清單自由貿易協定國家，比中國－東協自由貿易區（China-ASEAN Free Trade Agreement, CAFTA）早了 7 年。[17]

　　這些經濟上的發展都是對中政策下的結果。意識形態對立時代的結束，安全威脅問題獲得解決，經濟發展成為泰國首要目標，中國大陸龐大市場誘因，使得泰國對中政策著重強化雙邊經貿關係發展，進而外溢到政治與軍事面向上合作，即使泰國不同政黨、派系乃至軍人政府，彼此之間高度對立與鬥爭，但在面對中國大陸時，其對中政策仍保持高度一致性。例如、在塔信時期的中國政策與其後塔信時期的中國政策，並沒有因為不同政黨或是軍人執政產生明顯不同。在塔信時期，2002 年泰國與中國大陸在中國東協自由貿易協定下簽署了早期收穫協定，中國大陸減少對泰國水果與蔬菜的關稅，此外，雙方簽署泰中自由貿易協定。另外，塔信政府在 2001 年與中國大陸展開軍售關係以及 2005 年泰中之間第一次舉行聯合軍事演習。在塔信被推翻後的軍政府以及後續文人政府，基本上並沒有推翻塔信的中國政策，反而持續與中國維持緊密關係，雙方在經貿以及高速鐵路運輸上展開密切合作。[18]

38, No. 2 (2016), pp. 238-239.

[17] Pongphisoot Busbarat, "Bamboo Swirling in the Wind: Thailand's Foreign Policy Imbalance between China and the United States," *Contemporary Southeast Asia*, Vol. 38, No. 2 (2016), p. 239.

[18] Wen Zha, "Personalized Foreign Policy Decision-making and Economic Dependence: A Comparative Study of Thailand and the Philippines' China Policies," *Contemporary Southeast Asia*, Vol. 37, No. 2 (2015), pp. 252-254.

　　整體上來說，泰國對中政策目前仍是以積極態度以 2012 年與中國大陸展開全面性戰略夥伴關係作為基礎（With the PRC, Thailand was keen on intensifying the Comprehensive Strategic Partnership which the Thai and Chinese Prime Ministers jointly announced in 2012），透過高層互訪，雙方在九大面向建立其長期夥伴關係，包括了：政治合作（political cooperation）；經濟合作，特別是基礎建設的投資（economic cooperation, in particular investment in infrastructure）；國防與安全（national defense and security）；交通連結（transportation and connectivity）；教育、文化與旅遊（education, culture, and tourism）；科學、技術與創新（science, technology, and innovation）；能源（energy）；海事合作（maritime cooperation）等。[19]　在這樣的政策下，南海問題即是泰國不願意與中國大陸因為政治主權議題與中國交惡之案例。也因此，其寧可不站在同為東協成員國之一邊，而在立場上與中國一致，目的在於不願這樣議題影響雙邊關係發展，強調與中國合作之重要性。

四、南海問題的檢證

　　對本文來說，使用南海問題做為泰國對中政策的檢證主要目的在於：對於泰國來說，本身並非是南海問題的當事國，面對南海問題其態度與立場理應與東協立場一致採取不偏袒另一方的態度，但由於泰國本身對中國政策之影響，使泰國必須在東協框架

---

[19] Ministry of Foreign Affairs, Kingdom of Thailand, "Annual Report 2013," Jan. 28, 2015, 〈http://www.mfa.go.th/main/en/policy/9〉, (accessed on Nov. 2, 2016).

下，最大程度維護泰國的利益，其「對中政策」亦是如此。在「對中政策」要與中國大陸保持密切關係下，其在南海問題上，是否偏向中國大陸立場，尤其是在東協框架下，就是一個值得檢證的議題。也因此，本文試圖透過南海問題去說明，泰國的「對中政策」除了採取親中關係外，也避免在東協架構下，與中國大陸產生衝突。

中國大陸一直以來對於南海問題的立場大致有以下幾點：（一）反對南海問題國際化，（二）反對區域外第三方介入南沙爭議、（三）南海領土爭端是雙邊而不是多邊問題、（四）希望通過雙邊談判來解決領土爭端以及（五）共同開發、擱置爭議。[20]中國外交部長王毅就直接表明南海問題應由直接當事方談判解決，他表示：「中國在南海問題上的主權立場是明確和一貫的，有關領土爭議應通過雙邊談判和平解決。」[21] 2006 年時任中國國務總理的溫家寶在東協-中國建立對話關係 15 周年紀念峰會上也表示：「中國與東協雙方應把握機遇，加強合作，推動雙方關係邁向新台階。繼續落實《南海各方行為宣言》，推進南海共同開發。」到了 2010 年當時外交部長楊潔篪持續表示：「南海問題是中國與鄰國的爭議而非與東協的爭議，排除將南海問題國際化與多邊化。」2011 年溫家寶在第六屆東亞高峰會表示：「南海爭議應由直接有

---

[20] 參閱〈中國在南海問題上的的基本立場以及解決南沙爭端的政策主張〉，《中華人民共和國外交部》，〈http://www.scio.gov.cn/zfbps/wjbps/2014/Document/1375011/1375011.htm〉，(檢索日期：2014 年 10 月 12 日)。

[21] 趙穎，「王毅：南海問題應由直接當事方談判解決」，2013 年 7 月 3 日，國際在線，〈http://gb.cri.cn/42071/2013/07/03/6351s4168358.htm〉，(檢索日期：2014 年 10 月 13 日)。

關的主權國家通過友好協商和談判、以和平方式解決。」[22] 2013
年中國外交部仍重申中國大陸過去一貫立場外並表達願意繼續落
實南海各方行為宣言並推進相關準則談判。到了最近 2014 年中國
外交部長王毅依舊表示：「應尊重歷史事實、國際法規、當事國與
國直接對話、中國與東協共同維護南海和平穩定的努力。」[23]

　　與中國大陸對於南海問題相對照發現，泰國面對南海問題的
立場與中國高度類似，也是呼籲各國保持自我克制，採取和平方
式解決爭端，支持各方進行雙邊談判，南海爭端國際化會使地區
形式更加複雜。[24]除此之外，泰國政府在呼應中國大陸立場之外，
並一再強調與中國關係的重要性。首先泰國一再強調與中國大陸
保持合作關係的重要性，例如 2012 年泰國外交部表示：「泰國未
來 3 年擔當中國－東協協調國期間，泰國將不會允許讓南海爭端
問題妨礙東協與中國之間的合作。」[25] 2012 年當時泰國外交部長
Surapong Tovichakchaikul 在東協外長會議時認為南海爭端不應該
影響東協與中國關係的大局。此外，泰國亦表示不希望南海爭端

---

[22] 郭家靜，〈溫家寶：南海問題應由直接有關國家談判解決〉，《中國評論新聞》，2011 年 11 月 19 日，from〈http://hk.crntt.com/doc/1019/1/1/1/101911166.html?coluid=180&kindid=7714&docid=101911166 &mdate=1119205842〉。(檢索日期：2016 年 11 月 1 日)。

[23] 蘇曉暉，〈王毅談南海問題：只有尊重歷史，才能再談法規〉，《新華網》，2014 年 9 月 9 日，http://big5.xinhuanet.com/gate/big5/news.xinhuanet.com/world/2014-09/09/c_126965239.htm，2016 年 11 月 1 日下載。

[24] 李小軍，〈論戰後泰國對華政策的演變〉，《東南亞研究》，第四期 (2007)，頁 42-45。

[25] 中國評論新聞網，〈泰：不允許南海爭端妨礙中國與東盟合作關係〉，網址：〈http://hk.crntt.com/doc/1021/6/5/9/102165910.html?coluid=93&kindid=2783&docid=102165910〉，(檢索日期：2014 年 10 月 30 日)。

擴大化與國際化。泰國對南海的態度來自於對自身經濟的考慮、扮演協調者的外交傳統以及對泰中關係的重視。[26] 2013 年泰國總理盈拉（Yingluck Chinnawat）在第 22 屆東協高峰會上也表示：「不允許南海問題蓋過中國和東協合作發展給該地區帶來的和平與繁榮，現在的問題是東協應該共同努力推動《南海行為準則》的進程。」[27]

其次，在外國干涉南海問題立場上，泰國政府也認為外國不應干涉南海問題，應該由中國大陸與其他當事國自行解決。例如 2010 年泰國外交部長格實（Kasit Piromya）於美國與東協十國領袖在紐約所召開的峰會上表示：「如果只有美國和東協就此（南海問題）進行商討，而沒有中國的參與，這有些不合適。我們不希望被認為是在和美國拉幫結夥對付中國。」[28]泰國前商業部長那隆柴（Narongchai Akarasanee）在 2012 年一場研討會上也表示：「泰國總理盈拉應藉著歐巴馬即將訪問泰國的機會，建議歐巴馬不要介入南海爭端，應讓中國和其他相關國家自己解決。」[29] 前副總理塔帕朗西（Korn Dabbaransi）在接受記者採訪時也表示：「應當盡量限制南海爭端對中國與東協關係的影響，並稱不能允許外部

---

[26] 邵建平、劉盈，〈泰國對南海爭端的態度：表現、成因、趨勢與影響〉，**《東南亞研究》**，第三期（2015），頁 62-65。

[27] 周喜梅、梁霞，〈泰國高層對南海爭端的看法〉，**《南洋問題研究》**，第 3 期（2013 年 10 月），頁 94。

[28] 參閱〈美挑撥東盟圍堵中國〉，《東方日報》，網址：http://orientaldaily.on.cc/cnt/news/20100926/_00174_001.html。（檢索日期：2014 年 10 月 30 日）。

[29] 參閱〈泰政客建議英拉借奧巴馬訪泰勸美勿插手南海〉，《環球網》，網址：http://world.huanqiu.com/_exclusive/2012-11/3261854.html。（檢索日期：2014 年 10 月 30 日）。

干涉力量侵擾我們的談判桌。」[30]

　　第三、泰國認為中國大陸願意在南海各方行為宣言基礎上以和平方式去處理南海相關爭端與合作。例如泰國前總理盈拉在東協峰會上表示：「她認為中國從總體上看是願意遵守《南海各方行為宣言》的，她希望大家能在這個框架的指引下和平相處，發展貿易和國外投資合作。」[31]

　　第四、在南海問題應由當事國自行談判解決的立場上，泰國外交部次長西哈薩（Sihasak Phuangketkeow）在第 11 次泰國--新加坡民事服務交流計劃協調會議期間談及中菲南海爭端時表示，泰國將尋求實現中國和菲律賓之間的談判。泰國官員這樣的發言也與中國大陸一直以來強調南海問題應該由當事國自己處理的立場是一致。[32]

　　由上述一連串泰國官員的發言立場來檢視，我們可以歸納出泰國立場的幾個重點：一是南海問題的爭議不應超越東協與中國大陸的合作關係，二是南海問題應該由當事國自行解決，不應讓非當事國介入南海問題，三、泰國願意扮演協調國角色，促進當事國自行談判解決南海問題。四是中國大陸願意遵守南海行為準則，應在此一基礎上尋求解決南海問題。而這些重點與中國大陸官方的立場是高度相似，雖然泰國表明在南海問題上中立的立場，但在泰國官方的表述上顯然是較為接近中國官方意見。究其原因，（一）基於東協一體化原則，泰國擔心一旦東協在南海上形

---

[30] 周喜梅、梁霞，〈泰國高層對南海爭端的看法〉，《南洋問題研究》，第 3 期（2013 年 10 月），頁 93。

[31] 同前註，頁 94。

[32] 同前註，頁 93。

成與中國大陸立場不同之共識，則勢必使泰國會直接面對與中國大陸雙邊關係受損的壓力，尤其是東協南海議題當事者：菲律賓與越南，一直尋求在東協內部形成對南海的共同立場以便對中國大陸施壓，而一旦形成兔同立場，將會使泰國面臨與中國大陸直接對抗的僵局與壓力，這樣的壓力將會衝擊泰中之間經濟與其他面向上合作的關係。（二）兩國關係從正常化以來，經濟合作不斷增加，中國大陸已經成為泰國重要貿易夥伴與出口市場，避免南海問題影響雙邊合作，損及泰國利益，甚至在南海問題上，對中國大陸釋出善意，成為泰國的戰略思考。因此，在雙邊關係高度密切下，對泰國在南海此一議題上的立場產生影響，讓泰國雖然與南海問題並沒有直接關聯，理應在此議題上無需發言或是保持中立，但顯然泰國擔心在南海問題上，因為東協整體一致的立場對南海問題採取強硬態度而影響了泰國與中國大陸雙邊關係，因此泰國不斷強調在南海問題上不應損及與中國大陸關係，而其中原因乃是與雙邊關係密切所致。

五、結論

　　泰國對中政策充分反映出現實主義的思考。雖然現實主義處理的是國際體系中大國關係發展如何影響國際關係運作，但對小國來說，面對國際關係中大國政治運作，小國也須依據權力結構作相對應之調整。

　　泰國是國際政治中的中小型國家，面對亞洲權力政治結構的轉變，從過去美蘇中冷戰體系結構格局，泰國一開始選擇依附美

國陣營，以確保本身獨立自主，與中國大陸是一種對抗性關係，但面對越南安全上威脅時，在國家安全現實利益考量下，泰國選擇與不同陣營的中國大陸合作，來確保本身安全。因此，泰國與中國之關係之間一開始是屬於一個從屬於強權的典型案例。由於泰國面臨來自柬埔寨衝突的威脅，泰國認為需要中國協助同時需要審慎與中國協商相關議題並要小心注意不要引起中國的敵意，同時還需向中國保證不會損及中國的立場，其目的在於泰國需要中國作為平衡越南的影響力與可能的侵略，也因此泰國與中國關係呈現一種不平衡狀態。但隨著柬埔寨衝突結束，泰國開始了外交自主的時期。[33]也就是，泰國開始進一步奉行一種調適性外交政策，一方面謹慎應對對中關係，避免不必要的衝突，另一方面，為避免過於依賴中國大陸和免受中國大陸控制，泰國也採取大國平衡外交策略，同時與美國、日本發展合作關係，以平衡中國力量的增長。[34]

這種權力平衡的作法實反映出泰國外交傳統，靈活與實用主義的精神。避免與大國發生直接衝突，面對直接主權、領土威脅與安全衝擊，泰國可以立即改變其外交立場與作為，對中政策即是這種特質的表現。隨著中國崛起，泰國強化與中國關係，尤其是經貿關係，這也讓泰國不願意東協其他事務阻礙對中關係發展。也因此，在南海議題上，泰國顯然是在維持兩國關係大局下，採取與中國立場高度接近的戰略選擇。

---

[33] Leszek Buszynski, "Thailand's Foreign Policy: Management of a Regional Vision," *Asian Survey*, Vol. 34, No. 8 (Aug., 1994), pp.733-734.

[34] 李小軍，〈論戰後泰國對華政策的演變〉，《東南亞研究》，第四期（2007），頁43。

參考文獻

中文

1. 〈中國在南海問題上的的基本立場以及解決南沙爭端的政策主張〉，**中華人民共和國外交部，**

　　〈http://www.scio.gov.cn/zfbps/wjbps/2014/ Document/1375011/1375 011.htm〉，(檢索日期：2014 年 10 月 12 日)。

2. 中國評論新聞網，〈**泰：不允許南海爭端妨礙中國與東盟合作關係**〉，〈http://hk.crntt.com/doc/1021/6/5/9/102165910.html?coluid= 93&kindid=2783&docid=102165910〉，(檢索日期：2014 年 10 月 30 日)。

3. 李小軍，〈論戰後泰國對華政策的演變〉，《**東南亞研究**》，第四期（2007），頁 41-45，81。

4. 周喜梅、梁霞，〈泰國高層對南海爭端的看法〉，《**南洋問題研究**》，第 3 期（2013 年 10 月），頁 92-96。

5. 東方日報，〈美挑撥東盟圍堵中國〉，

　　〈http://orientaldaily.on.cc/cnt/news/ 20100926/00174_001.html〉，(檢索日期：2014 年 10 月 30 日)。

6. 邵建平、劉盈，〈泰國對南海爭端的態度：表現、成因、趨勢與影響〉，《**東南亞研究**》，第三期（2015），頁 62-68。

7. 宮力、門洪華、孫東方，〈中國外交決策機制變遷研究：1949-2009〉，《**世界經濟與政治**》，第 11 期（2009 年），頁 44-54。

8. 郭家靜，〈溫家寶：南海問題應由直接有關國家談判解決〉，《中國評論新聞》，2011 年 11 月 19 日，〈http://hk.crntt.com/doc/1019/1/1/1/

101911166.html?coluid=180&kindid=7714&docid=101911166&mdate=1
119205842〉，(檢索日期：2016 年 11 月 1 日)。

9. 趙光勇，〈泰國外交政策的演變〉，《紅河學院學報》，第四卷第
三期（2006），頁 13-15。

10. 趙穎，〈王毅：南海問題應由直接當事方談判解決〉，2013 年 7
月 3 日，《國際在線》，〈http://gb.cri.cn/42071/2013/07/03/
6351s4168358.htm〉，(檢索日期：2014 年 10 月 13 日)。

11. 戴萬平，〈泰國對中國外交政策的演變：建構主義的分析觀
點〉，《台灣東南亞學刊》，第八卷第一期（2011），頁 65-100。

12. 環球網，〈泰政客建議英拉借奧巴馬訪泰勸美勿插手南海」，
〈http://world. huanqiu.com/exclusive/2012-11/3261854.html〉。

13. 蘇曉暉，〈王毅談南海問題：只有尊重歷史，才能再談法規〉，
《新華網》，2014 年 9 月 9 日，〈http://big5.xinhuanet.com/gate/big5/
news.xinhuanet.com/world/2014-09/09/c_126965239.htm〉，(檢索日
期：2016 年 11 月 1 日)。

英文

1. Busbarat, Pongphisoot, "Bamboo Swirling in the Wind: Thailand's
Foreign Policy Imbalance between China and the United States,"
Contemporary Southeast Asia, Vol. 38, No. 2 (2016), pp. 233-257.

2. Buszynski, Leszek "Thailand's Foreign Policy: Management of a
Regional Vision," *Asian Survey*, Vol. 34, No. 8 (Aug., 1994),
pp.721-737.

3. Chinvanno, Anuson, "Rise of China: A Perceptual Challenge for
Thailand," *Rangsit Journal of Social Sciences and Humanities*, Vol.

2, No. 2 (2015), p. 13-18.

4. Kim, Shee Poon, "The Politics of Thailand's Trade Relations with the People's Republic of China," *Asian Survey*, Vol. 21, No. 3 (Mar., 1981), pp. 310-324.

5. Leavitt, Sandra R., "The Lack of Security Cooperation between Southeast Asia and Japan," *Asian Survey*, Vol.45, No.2 (Mar.-April, 2005), pp. 216-240.

6. Ministry of Foreign Affairs, Kingdom of Thailand, "Annual Report 2013," Jan. 28, 2015, 〈http://www.mfa.go.th/main/en/policy/9〉, (accessed on 2016-11-2).

7. Murphy, Ann Marie, "Beyond Balancing and Bandwagoning: Thailand's Response to China's Rise," *Asian Security*, Vol. 6, No. 1 (2010), pp. 1-27.

8. Zha, Wen, "Personalized Foreign Policy Decision-making and Economic Dependence: A Comparative Study of Thailand and the Philippines' China Policies," *Contemporary Southeast Asia*, Vol. 37, No. 2 (2015), pp. 248-262.

台灣扣件產業投資泰國之初探—以 A 公司為例

田光祐

空軍航空技術學院通識教育中心人文科學組助理教授

呂駿彬

空軍航空技術學院通識教育中心人文科學組講師

周志杰

國立成功大學政治經濟研究所教授

摘要

　　台灣螺絲螺帽（扣件）品質佳、交期迅速，上、中、下游供應鏈完整，為全球主要供應國，並享有「螺絲王國」盛名，相關廠家數已逾 1,500 家，從業人員達 3 萬人以上，現以車用扣件為主要市場。而新興市場之一的東協十國，人口約 6.26 億人、整體國民生產總值達 2.4 兆美元，東協經濟共同體於 2015 年底完成後，東協將成為全球人口數量僅次於中國大陸及印度的第三大之市場，有機會在 2018 年成為全球第 6 大汽車市場，而其中又以泰國為區域內最大汽車產量國家。

　　新政府的總體產業政策主推「新南向政策」，泰國車用市場看似前景可期，但國內汽車產業高達 65% 為日系大廠所主導，所

需汽車扣件亦以日本為主要供應者，因此本文主要目的，在探討台灣汽車扣件市場是否有機會打入泰國這個主要的東協車用市場，並以台灣車用螺絲螺帽為首的 A 公司為研究對象，初探該公司對泰國車用扣件市場的投資策略，期作為台灣扣件產業因應東協汽車市場之參考。

關鍵字：扣件產業、東協、泰國汽車市場、東協經濟共同體、螺絲螺帽

一、前言

　　2014 年全球工業扣件整體營收達 731 億美元，較 2013 年成長 5%，預估 2018 年全球工業扣件市場規模規可達 936 億美元之譜。而東協經濟共同體（ASEAN Economic Community, AEC）被列為第七大經濟體，2018 年將成為世界第五大經濟體。國際貨幣基金組織（IMF）2016 年 7 月公布的世界經濟展望預測，東協五國今（2016）年成長率為 4.8％（全球 3.4%）、2017 年為 5.1%（全球 3.6%），雖稍遜於印度和中國，但明顯優於巴西及俄羅斯等其他新興市場，並持續保持強勁的增長走勢。此外，東協在 2011 年每人平均所得突破 3,000 美元，2013 年擁有 3,630 萬個總收入達 1 萬美元或以上的家庭，預計在 2018 年倍增至 7,970 萬家庭。由於扣件需求的趨勢與各地區人均收入呈相對關係，因此消費市場蓬勃發展，且中產階級迅速增加又儲蓄率低的東協地區，無疑是工業扣件市場的主要戰力。

　　工業扣件產業動能主要來自汽車、營建、機械三大終端應用市場與維修市場（Maintenance, Repair, and Overhauling, MRO），其中汽車扣件已逾全產業用量 28%。國際汽車製造商協會（Organisation Internationale des Constructeurs d'Automobiles，OICA）「2014 年全球汽車產銷報告」預測，全球汽車工業銷售量將從 2014 年的 8,900 萬輛成長至 2018 年的 1 億輛（紀翔瀛 2016），而東協市場近年因人均所得的提高，以及區域內近 6 億人口數，將大幅推升汽車消費市場的成長，預估 2018 年前可望成為全球第 6 大汽車市場。而泰國是東協中僅次於印尼的第二大經濟

體，位於東協及大陸地理中心點，不但具有6千8百萬人口紅利，更是東協最大汽車生產地區、全球第9大汽車生產國，未來更樂觀預期2017年前達到300萬輛（TAIA），因此跨國公司陸續將其生產線轉移至此。由於一輛汽車平均使用高達 2,500~3,000 個扣件，各車廠衍生的汽車扣件需求缺口勢將成為兵家必爭之地，對素有「螺絲王國」美名的台灣，自然不能缺席。

我國扣件產業從低品級五金標準件開始做起，歷經不斷研發改善，成功開發出多種質量兼具的自動化機器，復引進生管、品管與資訊技術，且產業上中游結構發展完整，為國際間少見之產業聚落，均促使台灣螺絲螺帽產品在低單價、高品級、交期準確的表現上，備受國外客戶肯定，出口值不斷突破新高，為我國重要創匯產業之一。2005 年在中鋼公司帶頭下，開始量產汽車扣件，迄今業已轉型到汽車扣件等級。適逢新政府力推「新南向政策」之際，東協尤其是泰國汽車產業理應為我國扣件業者亟需切入之市場，然而主導泰國汽車場市的日系車廠體系頗為封閉，主要的 OEM 汽車零配件多為代理商或合資廠商所壟斷，在外國生產的日系汽車原廠零配件 OEM 供應業者甚難進入供應鏈。因此本文之目的，在以台灣生產車用螺絲螺帽位居領先的 A 公司為研究對象，初探其對泰國車用扣件市場的投資策略，期作為後續業者切入泰國汽車產業鏈供應之參考。

二、台灣螺絲螺帽（扣件）產業介紹

螺絲、螺帽、鉚釘、墊片、螺栓等零件被統稱為「扣件」

（fastener），又稱「緊固件」，是將各種零件結合成一系統或完整之物件，以發揮整件功效。簡言之，扣件身負連結、緊固之重責大任，雖非尖端科技產品，但與工業高度相關，使用量更被視為國家工業發展程度指標之一，因此被譽為「工業之米」。工業扣件種類一般可分為公螺紋式（Externally Threaded）、標準等級（Standard）以及航太等級（Aerospace Grade）三種類型，應用於汽車、營建、機械三大生產市場，統稱製造代工市場（Original Equipment Manufacturer, OEM），以及維修市場（MRO）。

　　Vernon（1966）擷取國際貿易理論中比較利益原則的精神，提出了產品循環理論（Product Cycle Theory），主張企業會選擇先進國家投資，主要係因當地需求足以支撐在當地生產的成本，而當產品標準化且市場因價格競爭與成本壓力下而趨於飽和時，自然會移轉到勞工成本較低的開發中國家生產。換言之，當該國需求足以支撐在當地生產，企業便會決定到海外投資，而在成本壓力下，則會移往成本低的國家從事海外投資。揆諸扣件產業發展歷程，早期是在歐美先進國家生產，1960 年代逐漸移往日本，1980 年代再移至台灣生產，近年則移往中國大陸發展並產生跟進式行為，其歷程與產品循環理論相符。

　　扣件產業在台灣傳統製造業中始終表現不俗，產業鏈成熟，發展迄今已逾 60 年歷史，屬中度資本密集、人力密集與高度全球化的出口行業（外銷比逾九成）。2015 年我國各種不同等級之扣件出口值達 40.7 億美元，出口量逾 157 萬公噸，為全世界第三大扣件出口國，持續扮演全球主要扣件產品供應國。全台現有廠商數逾 1,300 家，相關從業人員亦達 26,000 人之多，最大的扣件產業聚落座落於台南及高雄地區，單就高雄岡山地區即聚集超過

600 家業者，顯現大高雄地區於產業分佈的重要地緣性。台灣扣件產業演進依時序面分析大致分為萌芽期、成長期、茁壯期、成熟期、南進期、西進期與轉型期等七個主要的時期，以下分別介紹（金屬工業研究發展中心 2001；馮世達 2007）。

1.萌芽期（1945 年至 1967 年）

產業發展初期以內銷為主，原料與設備多依賴日本進口，以生產尺寸較小且不需經熱處理的木螺絲和機械螺絲為主。由於當時產業剛起步，產品種類較少，技術水準也較為低落，使得台灣此時的螺絲品質較差。但也因為螺絲產業的起步，使得台灣的螺絲產業得以建立起大量生產的雛形，有助日後工業的發展，並奠定台灣扣件工業在國際市場上競爭的基礎。

2.成長期（1968 年至 1978 年）

台灣螺絲廠商開始自行研發成型機，並持續開發各種材質、高品質的螺絲。而整個扣件產業以不銹鋼扣件最為亮眼。因為產業的快速成長，也使得螺絲產業開始進入大量生產的階段，並開始大量外銷。該期間平均外銷金額達 2,600 萬美元，為台灣賺取不少外匯。

3.茁壯期（1979 年至 1983 年）

由於十大建設的成效，中鋼公司開始供應國內產業所需的線材（至今螺絲螺帽之上游線材原料約有八成由中鋼提供），並持續研發高速、高品質與低價的成型機。也由於中鋼提供品質穩定與交期準時的線材，使得台灣的螺絲螺帽業之材料免於操控於外國廠商，有助扣件產業的起飛。此外隨著產業的蓬勃發展，開始出現產業聚落，而各廠之間的競合，更加速台灣螺絲產業的發展，

致使該期間平均外銷金額大幅倍增至 1 億美元，螺絲業呈現茁壯之態。

4.成熟期（1984 年至 1987 年）

除中鋼外，春雨、嘉益等廠家也開始提供各項符合國際標準之球化退火線材，對提昇螺絲產品之品級有極大的幫助。此外，聚集而成的產業聚落能相互支援，且業者成功研發出螺絲自動化生產與品管制度，大量降低生產成本，又因當時的政府政策，使得螺絲價格低廉、品質優良以及交期準確，使得台灣於 1984 年之後，開始享有螺絲王國的美譽。

5.南進期（1988 年至 1994 年）

當時東南亞國家為發展經濟，提供優惠條件積極鼓勵外資前往當地投資設廠。由於台灣螺絲產業係以外銷歐洲市場為主，基於關稅與勞力成本等因素之考量，幾家主要螺絲工廠遂掀起赴海外投資的第一波熱潮，設廠地點包括馬來西亞、泰國與菲律賓。而台灣螺絲廠商也在此階段逐漸經由跨國投資提升跨國營運能力，產業也開始轉為國際化，同時也大幅提高台商在全球螺絲產品市場的佔有率。

6.西進期（1995 年至 2002 年）

雖然螺絲螺帽產品外銷數量與出口單價年年成長，但在高科技產業逐漸成為經濟發展的主流下，包括扣件在內的傳統產業，在資金或人才方面明顯受到排擠。又土地與勞動力成本不斷提升、環保意識抬頭，部分業者盱衡大陸市場的發展潛力與國內製造成本後，選擇赴大陸投資設廠，此為台灣螺絲產業的第二波海外投資熱潮。然相較南進階段，此次投資方式乃大型螺絲廠帶動

週邊產業外移，如成型機製造廠、熱處理設備廠、模具廠以及電鍍設備製造廠。海外投資方式設廠雖然強化了台灣螺絲產業的全球化策略，卻也衝擊到台灣本土螺絲產業的生存空間。

7.轉型期（2003 年至今）

　　台灣一般品級的螺絲廠因中國一般品級與低品級螺絲的低價策略而漸漸失去競爭優勢，又因周邊廠商的遷出，中鋼與扣件業者便開始成立策略聯盟，轉而以生產高品質、精密及高附加價值的車用或航太扣件為主要市場。部份廠商也因通過各項國際驗證，成功打入歐美大廠供應鏈，承接許多汽車、特殊規格、3C 或航太等高附加價值的螺絲螺帽產品，使產業技術水準再度升級。是故，面對 2015 年全球經濟成長不如預期時，由於國際汽車大廠對扣件代工訂單持續熱絡推升下，整體扣件出口價量仍維持一定水準，亦相較其他產業 2 位數的下滑，其僅現 1.38%微幅衰退。

　　台灣扣件產業從拼湊生產機械，到引進日、美、德等先進國之技術；從模仿中累積技術經驗到自行改良研發，終於開發出全球生產速度最快與品質精密的生產機械。台灣之所以成為全球主要之螺絲螺帽供應國，除了業者為滿足不同等級之客戶所需，不斷轉型尋找定位、特色與推升產能、效率外，產業聚落所帶來的奧援、技術人員流動形成的技術擴散等，更有助奠定台灣螺絲業強勢的競爭地位。只是螺絲螺帽進入門檻較低，容易形成高競爭、低報酬的產業困境，且台灣扣件製造商都是直接或透過專業扣件貿易公司供應產品給全球，均迫使台灣扣件製造業必須要移向高價位市場和進行自我能力升級。因此，為了避免陷入產業的殺價競爭，唯一的道路就是產業升級及拓展。然而高單價扣件產品中，

電腦用扣件是體積小且重量輕的產品，產量不大；航太用扣件品質要求又過於嚴格，目前台灣的供應商甚少。故目前全球扣件高單價、數量大、品質要求嚴格的扣件，就屬汽車用扣件，是為扣件業鎖定的目標領域（劉和財，2010）。因此，汽車工業及耐久財強勢成長的泰國，對台灣扣件業的重要性不言而喻。

三、泰國汽車扣件市場

　　泰國位於東協及大陸地理中心點，鄰近馬來西亞、寮國、緬甸及柬埔寨。世界銀行《2016 年物流績效指標》（Logistics Performance Index）指出，160 個國家地區中泰國位居第 45 位，在東協各國亦僅次於新加坡與馬來西亞，具運費低、速度快之優勢。另聯合國貿易和發展會議（UNCTAD）2014 至 2016 年跨國企業最具前景投資國家（Top Prospective Host Economy）調查，泰國名列第 8，世界銀行亦將其列為 2016 年東亞經商容易度第 2 名。雖言政治動亂因素影響跨國企業擴廠計畫及機場港口物流，但由於當權者深諳政經分離之原則，泰國央行也持續採行貨幣寬鬆政策，此也反映在國際債信機構將泰國未來展望列為穩定的評價上（紀翔瀛 2013）。2016 年第 1 季國民生產總值（GDP）為 3.2%，全年上看 3.5%，前景可期。

（一）泰國汽車及扣件發展歷程

　　雖然泰國是東南亞國家中唯一未受西方強國殖民的國家，但自 1855 年「鮑林條約」（Bowering Treaty of 1855）簽訂後，對外

貿易便採取「門戶開放」（Open-Door Policy）策略，讓外來投資的關係變得極為密切（宋鎮照 1996）。而泰國汽車產業在 90 年代前受到國家機關的保護，跨國車廠到泰國投資設廠需符合 25% 自製率的規定，甚至限制國內生產車款與進口車款，來達到市場經濟規模（曾繁漢 2001）。但在 90 年代自由化浪潮下，泰國政府意識到必需依賴技術發展的趨勢才能使汽車產業持續發展，旋改採開放政策，讓跨國企業主導汽車產業發展（劉靜 2005）。也因降低進口稅率、放寬行業限制等政策的施行，大批國際汽車製造商相繼投入，使泰國在 1996 年達到汽車產業發展的第一個高峰，產量達 55 萬輛。

　　雖然 1997 年亞洲金融風暴席捲泰國並重創其內需市場，但由於勞工技能優異、國內基礎設施齊全、原料及相關零配件充足，加上政府實施促進投資政策等優勢，再度吸引跨國企業的投資，解決過剩產能。2000 年因應加入世界貿易組織 WTO，廢除整車零組件的原產地限制，並允許跨國企業可獨資設廠，與鼓勵跨國公司收購瀕臨倒閉的泰國工廠（趙孟誼 2006；戴萬平 2010），誘發 Toyota、Nissan、Ford、GM 等多家國際車廠在泰國設置生產基地，供應泰國及全球汽車市場需求。只是允許外資獨資雖大幅提升跨國公司的地位（相對壓縮泰國本土廠商），也為日後日系車廠支配泰國汽車工業埋下伏筆。

　　除了 WTO 的規範促使泰國進一步開放汽車產業外，外資製造業不斷湧入造成經濟增長和人手短缺，因此東南亞各國在 2013 年 1 月皆上修最低工資標準 [1]，外資企業則將新興經濟體的工資

---

[1]泰國全國 77 府中 69 府最低薪資，將自 2017 年 1 月 1 日起由現行每日 300 泰銖

上漲視為擴大內需的良機,均積極調整生產體制,轉向在東協主要國家內生產及銷售的經營模式,推升泰國汽車產業的蓬勃發展。而東協自由貿易區(ASEAN Free Trade Area, AFTA)的整合,更有助汽車產業的自由化(戴萬平 2008)。依據「東協工業合作計畫」(ASEAN Industrial Cooperation Scheme, AICO),進口至泰國的汽車若滿足東協40%的原產地規範,可在東協自由貿易區內享受 0~5% 的特別關稅。泰國的汽車產業關稅調降項目符合東協自由貿易框架的時程,因此自 2003 年起進口到泰國的汽車關稅即降到 5%(許福添 2002),至 2009 年,印尼、泰國、馬來西亞、菲律賓、新加坡、越南等 6 等東協國家之間的汽車進口關稅為零,2010 年之後所有東協國家彼此間汽車進口關稅均已降為零,汽車零組件亦不再課徵奢侈稅(蕭瑞聖 2014)。保持開放市場的泰國顯然成了區域整合下最大的受益者。

2014 年東協汽車市場又因政治動盪、經濟鈍化與外銷不振影響,拖累了整體表現,不論是產量及銷量均雙雙下跌。根據東協汽車聯合會公布的汽車產銷數字,2014 年東協汽車總銷量 319 萬輛,較 2013 年的 355 萬輛衰退 10%;汽車總產量 398 萬輛,較 2013 年的 444 萬輛下跌 10%。然國際研究機構 Frost&Sullivan(2016)仍樂觀於東協汽車產業的爆發力,預估 2022 年產量將可達 496 萬輛,成為全球次於中國、美國、印度、巴西、日本、德國及俄羅斯的第八大汽車銷售市場,泰國仍維持東協最大汽車生產國的地位,產量 235 萬輛。

綜上,汽車產業乃泰國主要產業之一,為其帶來龐大的經濟

分別調高 5 至 10 泰銖。

價值。而產業開放的結果，更使得泰國在短短幾年內成為領先的地區性與全球性汽車製造國之一，現已為世界第一大皮卡車（1 ton Pick-up）生產國，並取得東南亞最大的汽車組裝中心地位。泰國的扣件市場因為汽車製造的持續成長，加上整體製造業對扣件的需求，已出現了供不應求的狀況，前四大進口國為日本、中國、馬來西亞及台灣。泰國扣件製造商多為中小型廠商，以日本的扣件公司據點最多，德國及美國也有設製造廠，其他跨國公司包含台灣在內主要以建立銷售及配銷通路（紀翔瀛 2013）。

（二）日本汽車企業在泰國的發展

　　長期以來，日本對東協之投資布局十分積極，居東協多個國家累積外資來源國首位。2012 年日、中關係因領海主權爭議後急凍，促使日本企業加快分散投資風險，降低對中國市場的依賴，東協再度成為日商於亞洲投資主要地點。亦如日本貿易振興機構（JERTO）所統計，迄去年（2015）日本對東協十國 FDI 已連續第三年金額超過中國和香港（2015 年底日本對東南亞 FDI 超過 200 億美元，高於對中國 FDI 約 120 億美元），其中包含日本汽車大廠 Toyota、Honda、Nissan、Mitsubishi、Suzuki 等擴大布局東南亞，在泰國等國擴增產能。然而泰國汽車工業創建伊始（1961 年），Nissan 等大廠早已引進其資金與技術，也奠定往後日本對泰國汽車產業的影響力。

　　起初，泰國政府採取「進口替代工業化」（ISI）策略來發展經濟，也成功地推展了汽車產業發展的第一步。1961 至 1969 年間，共有 Toyota 等 9 家知名跨國公司進入泰國投資並設立的配裝廠子公司。1971 年 7 月，泰國工業部(MOI)限制汽車型號、車型

與引擎大小，歐美跨國公司因而紛紛退出泰國汽車市場。反觀日本的跨國公司卻很支持此政策，也採取順應政策的策略。因此，日本跨國公司逐漸支配泰國汽車產業（Doner 2009）。1985 年的「廣場協議」造成日本汽車公司被迫遷廠至國外以降低成本，泰國便成為首選，日本對泰國汽車產業的影響更加深化。此時，日本跨國公司選擇泰國，除做為進入 ASEAN 區域內貿易的跳板，也可利用區域內貿易進行國際分工，除了可達到降低成本的目的，也可使生產達到規模經濟（佐土井有里 2009; Nopprach 2009）。1993 年「自由化」成為泰國的經濟政策方針，因此陸續放寬進口禁令，歐美的汽車跨國公司又再度進駐泰國，甚至廉價的韓國汽車也趁機進入泰國市場，讓原先支配泰國汽車產業的日本跨國公司，轎車銷售量的市場佔有率從 1990 年的 79％降到 1995 年的 68.7％，為應付當前的變化，日本跨國公司決定降低生產成本，並著手投入低價亞洲轎車的生產（Fujita 1998）。

　　東協在面臨經濟全球化的嚴峻挑戰下，於 1996 年 11 月開始實施「東協工業合作計畫協議」（AICO），欲以跨國工業合作之方式，提升區內工業之產能與產量，以及東協產品在區域市場與全球市場的市場占有率，進而提高東協在製造業工業之國際競爭地位。在 AICO 的機制中，最主要的優惠即是被核准進行 AICO 計畫之企業，其生產之原材料、零件、半成品、成品等所有工業產品於東協區域內流通，可享有 0~5％之優惠關稅。然 AICO 有很大一部份是屬於汽車相關產業，比例更占了全部的 89.15％（Nopprach 2009）。這代表了汽車產業所帶動的工業化幾乎屬於全面性。當中受益最大的還是深耕泰國汽車產業最久的日本，歐美車廠因為輸在市場進入的時機，獲益遠不及日本車廠。

　　1997 年為因應亞洲金融風暴而實施的「百分之百股權持有」措施，使諸多跨國公司紛紛進入泰國設立生產線逐漸成為重要的汽車生產基地。2002 年 Toyota 決定在泰國生產 Pick-up，預計年產量達 1 萬 5 千輛（駐泰國代表處經濟組 2002）；翌年更宣布投資 50 億泰銖成立「研發中心」（駐泰國代表處經濟組 2003），主要從事 1 噸 Pick-up 的研發作業，並做為 Toyota 東南亞「區域總部」（Regional Headquarter）（Toyota 2010），及規劃未來「世界車」的生產（みずほ総合研究所 2003）。發展迄今，泰國已是東協最大汽車產量國家，更是日系企業家數最多的國家。而在菲律賓、泰國、印尼境內日系車市佔率高達 7 成以上，且除了馬來西亞外，Toyota 都是境內最大的車場（整個東協的平均市佔率約 15%）。

　　汽車產業及其相關零組件產業構成典型的中衛體系。中心車廠將零組件外包給一階（1st tier）衛星廠，一階衛星廠再將細部零組件轉包給二階、三階衛星廠，形成多層次的金字塔型分工結構。時至今日，泰國的汽車產業高達 65% 為日系車廠所主導，汽車零組件供應商有 90% 以上都是以供應日本車廠為主。由於各車廠都有對其供應商的特定要求，因此我國扣件廠商必須要有具備配合車場要求的能力，才有機會進入其國際供應鏈體系。

四、個案 A 公司分析

　　個案 A 集團目前有 20 多家關係企業、15 座工廠、40 個營業據點，全球員工超過 3,000 人，核心產品焊接螺帽，並延伸產製焊接螺帽的冷鍛成型核心技術，經逐年精進發展後，已進入其他

汽車用螺帽、螺栓、螺絲、異形件、沖壓件、加工件及多件組合等領域，兩岸年產量達 10 萬公噸，在全球市占率達 95%，是全球第 1 大專業製造廠，更是大陸龍頭車廠第一大供應商，創造年營收高達新台幣 110 億元，目前主要客戶群包括 Volkswagen、Ford、Chrysler、GM、Mercedes-Ben 等汽車大廠。近年來，該公司又加碼投資設備，包括新增製程，納入大型風電熱鍛緊固件、小型風力發電機、精密脫蠟鑄造件及液壓成型件等新產品，朝向「汽車金屬零配件整合製造」方向發展。

1980 年中期，供應商代管庫存（Vender Managed Inventory, VMI）模式於美國崛起，持續演進並導入各個產業；扣件產業之後勤模式亦由接單後生產（Build to Order, BTO）朝向 VMI 及聯合規劃預測及補貨（Collaborative Planning, Forecasting, and Replenishment, CPFR）發展，並以 2 Bin、3 Bin、Kanban、JIT 等多元形貌呈現。VMI 主要是買方將庫存委託供應商管理，讓供應鏈整體庫存量最小化、庫存配置最佳化，以降低成本、加快回應速度，並提升營運效益與客戶服務滿意度（鄧祖漢 2002）。A 公司創立之初為扣件通路經營者，專注本業核心競爭力之培植，於 1997 年導入 VMI 系統，提供客戶遠端庫存代管（Remote VMI）、自動補貨服務與多產品一站購足（one stop shopping）的服務，提升服務深度並和顧客建立夥伴關係，同時打造動態運籌網路及協同設計服務，矢志成為亞太地區 OEM VMI Provider 的領導廠商。

由於扣件用於多種產業，產品項數高達 50 萬種，競爭情況極為複雜且動態多變。其中，MRO 市場係以價格取向的自由競爭市場，競爭激烈程度係依市場供需情形而定。當景氣低迷且需求疲軟時，部份廠商基於營業壓力，降價求售，引導行情下跌，

造成利潤下降。台灣扣件長期在 MRO 外銷市場位居龍頭地位，然伴隨同業分赴海外設廠，來自大陸、泰國、馬來西亞、越南等國的競爭逐年上升，尤以大陸廠商挾其龐大內需市場規模及低成本製造優勢，現已為 MRO 普通扣件外銷市場之霸主。反觀 OEM 市場競爭主軸為品質系統、產品研發、客戶關係、後勤服務及整體營管能力之綜合體，屬於「質」的競爭，不同於 MRO 市場「價」的競爭。

台灣扣件業多年發展累積之製造能力、成本控管能力及外銷客戶基礎等，實已具備國際競爭水準。欲自低階 MRO 市場升級至 OEM 市場，必須向歐、美、日之國外扣件大廠學習，不斷提升行銷、研發、品質、服務等管理能力，追求規模之擴充，提升再投資之能力，以進入並擴大諸如汽車業等高附加價值產品之 OEM 市場。

因此，為了供應 OEM 零件，A 公司積極進行自我能力升級，並相繼取得 QS 9000、ISO 9001、ISO 14000I 及 ISO/TS 16949 品質系統認證，藉以移向高價位市場，是國內少數有能力直接供應國際車廠的扣件廠。迄今所獲之國際車廠及零件廠的供應認證包括：上海大眾汽車、上海通用汽車、東風日產汽車、福特 Q1、德國三大車廠、TRW、Beneteler 及 Dana 等全球合格供應商認證，並透過其在美國、德國及泰國設立海外發貨倉庫，直接發貨銷售給北美、歐洲及東南亞車廠及一階供應商等客戶。A 公司自動車業用扣件及零組件已佔其營收總額約八成。

此外，A 公司開始跨足中國大陸扣件供銷體系，並全力拓展全球通路與海外據點，朝國際化腳步邁進。如入股（之後併購）汽車螺絲先進技術的德國扣件廠商，其核心競爭技術為鋁製螺

栓，主要提供高階車種之鋁合金引擎使用，約有七成營收來自 Daimler、BMW、VW/Audi 等優質德國車廠。此投資亦提高 A 公司在一線大廠的能見度，並大幅增加歐洲 OEM 客戶訂單。再者，隨著中國政府致力於汽車零組件在地化生產，A 公司藉由其既有通路打入該三家優質德國車廠之契機，掌握其國產化商機，拓展中國市場，結合內部既有資源與外部優勢能力，除進一步完備公司在歐、美、亞供貨能力之佈局建構汽車扣件營運平台，並掌握中國大陸汽車扣件之成長機遇，競逐產業領導地位。

　　藉由入股泰國供應日系車廠的扣件製造商，取得進一步耕耘東協市場的機會，而發貨倉庫本是藉由海外據點，強化工程服務，與車廠客戶發展協同設計與測試，將集團的獲利模式，由傳統的代工製造朝向加值性設計與通路推升，為客戶創造更高價值，並建立無可替代的供應地位。就車廠而言，採購汽車組裝線所需的扣件，不可能逐一向不同的扣件廠購買，因為管理不易、成本也高。因此 A 公司有一貫化高品質生產能力及代管庫存、提供整合服務，自然成為國際車廠歡喜交付任務的對象。

　　綜上，全球扣件產業分工甚細，每家都各有專精品項，有專做螺絲，也有專攻螺帽，同時擁有螺絲、螺帽兩種大規模生產線的廠家則不多，加上會製造、也掌握通路者，在國際間更是寥寥可數，A 集團就是其中的一家，而且主攻汽車扣件領域，殊屬不易。

五、結論與建議

Teece et al.（1997）提出「動態能力（Dynamic Capabilities）」概念，認為企業維持競爭優勢之方法來自於動態能力的展現；動態能力則包括「能力的更新」與「能力的延展」兩個部份。研究發現，個案公司不斷更新自我優勢以適應環境變動，以進出口業務起家，逐步跨入扣件製造的技術領域，並利用規模經濟與範疇經濟的優勢，成功垂直整合上、中、下游產業發展相關事業。

通路端，不斷強化代管庫存（VMI）能力，提供一站式整合配套服務，亦透過入股或併購方式發展海外據點，以製造結合通路的布局，建立無可替代的供應地位。

製造端，除積極取得國際車廠及零件廠的供應認證外（部分認證甚可直接交貨車廠之全球汽車組裝廠，層級高於一階供應商），為避免產品過度集中汽車市場，並預先設想未來產業的變化，乃投入航太扣件的開發，同時佈局小型風力發電機市場，搶攻綠能商機。

個案公司不斷利用過去發展路徑上之經驗，並倚靠對扣件產業的瞭解及觀察，順利由標準品級扣件轉向車用、航太品級件，並藉由台灣與中國大陸蘇州廠、廈門廠的充足產能，造成生產上的規模經濟，不但產生了外溢效果，也對今日產品能在市場上佔有一席之地，扮演重要的角色。

回顧個案公司的發展進路與謝瑞崇（2005）在報導中轉登台灣區車輛工業同業公會黃文芳組長針對國際行銷規劃之建議相符，包括：(1) 先攻 AM 售後服務市場，再積極培養研發及自創

品牌的能力，以便近一步攻取 OEM 市場；（2）採用母雞帶小雞的方式，追隨高階廠商前往各地設置據點；（3）加入跨國大廠的全球採購體系，先求進入國際分工體系，再尋求擴大產能以符合大廠需求；以及（4）尋找適合的策略夥伴。而面對新興的泰國汽車市場，個案公司選擇於 2002 年進入，結合既有之完整扣件製程與代管庫存能力，投資（49%股權）設立海外發貨倉庫，供貨如泰國 Dana（全球第一大傳動及車軸廠）等一、二階供應商，長期經營當地內銷通路及服務品牌。期間不斷研發並提升產品品級，遂於 2015 年董事會通過入股泰國扣件廠投資案，並於 2016 年執行，以泰銖 150,000 仟元取得 20%股權（約新台幣 135,000 仟元），而其主要客戶為日系車廠，長年維持穩定的營收、獲利表現，個案公司可望藉著入股該扣件廠，取得進一步耕耘東協市場的機會。

　　近年來，台灣輸泰國扣件數量呈現成長趨勢，從 2011 年的 1.6 萬公噸成長至 2015 年的 2.2 萬公噸，為泰國第四大進口國。而汽車扣件向來為台灣的強項，又日本重要車廠均於泰國設立 ASEAN 製造中心，並開發完整供應鏈，其自製率依車型不同均可達到 60-90%。因此建議後進者，或可循個案公司先行建立配銷中心，或發揮固有之聚落生產優勢，強化與日系車廠供應鏈之合作關係，以利切入泰國汽車產業供應鏈。再者，泰國汽車市場以 SUV 與皮卡車（1 ton Pick-up）為大宗，或可先行切入上述車型之 MRO 市場，深耕後再轉型 OEM 市場。

　　本文提出二點研究限制，並據其說明未來研究建議。第一，本文以個案公司為單一個案做為我國扣件產業在泰國發展歷程之方式，供後進者參考。雖然力求客觀詳實，但在文獻解讀與個案詮釋上，或有過於主觀或資料蒐集疏漏之處。第二，個案公司於

2006 年正式上市，在此之後的相關報章雜誌及年報才有較豐富的資料，但自 1985 年創立至上市這段期間，其參考資料或多有遺闕。最後，我們認為策略是企業成長過程中累積的實務經驗，企業除了依其所處的內外環境選擇適合的策略手段之外，更需找出『隱藏在特殊文脈中之特殊解』，以創構其獨特之策略故事（Strategic Story）（蔡展維 2012）。

　　換言之，策略故事應具備『故事差異性』與『故事連接性』等兩樣不同之本質，前者指公司在不同時間，將前後相異之手段與連結，來達成策略手段之獨特性以獲取競爭優勢；後者乃企業在達成目的的過程中，所採取的策略手段之間必需要具有邏輯性與連結性，不同策略手段間若能具有相乘效果，將會決定企業的競爭優勢並成為企業策略之關鍵要素。策略故事並非強調策略手段間之互斥性，而是強調手段間之連結性，是一種動態的概念。因此，建議後續研究可以透過同產業企業的比較，探討扣件業者在面對相同的制度、文化與技術環境時，策略變化的軌跡，進而瞭解策略故事對企業整體績效之影響。

參考文獻

中文

1. 宋鎮照，《東協國家之政經發展》，台北：五南，1996 年。

2. 佐土井有里，2009，〈タイ自動車部品産業における現地タイ人技術者の設計技術力分析〉，《名城論叢》，第 10 卷第 1 期：103-117。

3. 紀翔瀛，2013，〈逐鹿東協-從亞洲底特律泰國汽車扣件市場之崛起〉，金屬中心產業評析。

4. 紀翔瀛，2016，〈全球工業扣件市場分析與挑戰〉，金屬中心產業報導。

5. 許福添，2002，〈東亞亞洲金融危機對東協自由貿易區之發展概況〉，《東南亞投資雙月刊》，第 10 期。

6. 馮世達，2007，〈台灣螺絲螺帽產業競爭力分析〉，國立成功大學資源工程研究所碩士論文。

7. 曾繁漢，2001，〈泰國及馬來西亞汽車產業發展政策〉，《工業簡訊》，第 31 卷第 2 期：17-22。

8. 鄧祖漢，2002，〈供應商代管庫存模式在緊固件供應鏈之企業動態經營研究〉，國立中山大學管理學院國際高階經營碩士學程論文。

9. 趙孟誼，2006，〈台商投資產業分析報告－泰國汽車零組件產業〉。

10. 劉靜，2005，〈泰國汽車工業發展概況及前景〉，《汽車工業研究》，頁 47。

11. 蔡展維，2012，〈策略故事概念之初探〉，《東吳經濟商學學報》，第 78 期：69-108。

12. 戴萬平，2008，〈經濟合作對於東協國家產業政策的政經衝擊：馬來西亞汽車產業的個案」〉，《亞太研究論壇》，第 42 期：513-76。

13. 戴萬平，2010，〈國家機關與產業發展：馬來西亞與泰國汽車產業政策的政治經濟分析〉，《問題與研究》，第 49 卷第 3 期，71-103。

14. 蕭瑞聖(2014)，〈新興國家－東協國家汽車產銷概況〉，工研院產經中心。

15. 恒耀國際股份有限公司公開說明書。

16. 駐泰國代表處經濟組，2002，〈Fiat、Toyota 將以泰國為汽車生產基地〉，《國際商情網》，〈http://www.trademag.org.tw/News.asp?id=A816474&url=/NewsSearch.asp〉。

17. 駐泰國代表處經濟組，2003，日〈本豐田汽車投資泰國 50 億泰銖〉，《國際商情網》，〈http://www.trademag.org.tw/News.asp?id=A787844&url=/NewsSearch.asp〉。

英文

1. Doner, Richard F., 2009. *The Politics of Uneven Development: Thailand's Economic Growth in Comparative Perspective*, N.Y.: Cambridge University Press.

2. Nopprach, Somsupa, 2009. Location Choices of Japanese Firms in the Asian Automobile Industry, *Thammasat Economic Journal*, 27(3), pp.92-122.

3. Mai Fujita, 1998. "Industrial Policies and TradeLiberalization－The Automotive Industry inThailand and Malaysia," in KeijiOmura ed., *The Deepening Economic Interdependence in the APEC Region*, Tokyo: APEC Study Center,Institute of Developing Economies, 149-187.

4. Teece, David J., Gary P. Pisano, and Amy Shuen (1997), "Dynamic Capabilities and Strategic Management." *Strategic Management Journal*, 509-33.

5. Vernon, Raymond (1966), "International Investment and International Trade in the Product Cycle," *Quarterly Journal of Economics*, 80, No.2, pp.190-207.

泰國企業的政經關係網路：理論與文獻的探索

戴萬平

正修科技大學國際企業學系教授

摘要

在過去的研究討論中，業界批評教授討論議題都只是在教科書上紙上談兵，何不以所受的學術背景，實地參與運作，找出經營管理的實際問題？

為此，本文試先建構一個「待研究的領域」，然後萌生概念；目標是要能忠實反映社會現象。「紮根」的意義是於實地所搜集資料加上分析「發現」（discover）理論存在。」 這也是研究者透過參與，將過去零碎片段的資料歸納、分析、統整為某些類別或主題，再經由持續不斷的個案資料搜集，包括記錄、分析、轉譯、摘記和報告撰寫等科學化的步驟，以求理論的飽和。

這樣的分析方法可以補充以往文獻二手資料的不足，算是在政治經濟領域方法上的突破。為進行「紮根」的實證分析，由資料中建立出新秩序。

本文將試著透過上述研究方式，來討論泰國企業的政經脈絡和筷子網路，再透過正大集團企業當個案的分析，總結出泰國企業在政經脈絡上的發展途徑，及分析出相關變數及可發展的議題。

關鍵字：泰國、政經網絡、正大集團、筷子網路

一、前言與背景

在泰國企業中，最為著名的就是「正大集團」（Charoen Pokphand Group）。該公司在台灣稱為「卜蜂」，是以畜牧聞名的公司，「正大集團」是一個營運橫跨農業、零售業與通訊業的大型跨國公司，同時涉足金融、房地產、生物製藥、汽車摩托車等 10 多個行業領域，經營範圍超過 30 國。根據網路資訊，「正大集團」2014 年的營業額 140 億美元，員工人數超過 25 萬人，旗下所經營的動物飼料產量、蝦養殖量是世界第一，雞和豬的養殖量全球前三大。[1]

進一步瞭解「正大集團」的發展，集團為泰國華人所創辦企業，起源於 1921 年，最初是兩位潮州華人企業謝氏家族（Chearavanont family），從中國進口種子並賣給泰國農民；後期從事農產品種子培育、改良和推廣工作。發展至今，「正大集團」董事長謝國民（Dhanin Chearavanont）先生被美國《Forbes》雜誌評為全球最具影響力的 50 位商界領袖、亞洲商界領袖 25 強；2014 年《Forbes》全球華人富豪榜，「正大集團」主席謝國民淨資產 114 億美元，排行第 11，是東協第 2 首富，僅次於馬來西亞首富郭鶴

---

[1] 不僅在泰國，「正大集團」是投資中國的第一個外商，設立企業 300 多家，員工超 8 萬人，總投資超 1,100 億元，年銷售額超 750 億元。成為在中國投資規模最大、投資專案最多的外商企業。當然不可以否認，泰國有其他重要的華人企業 Saha Union）蘇旭明（Charoen Sirivadhanabhakdi），以及「皇象水泥集團」（Siam Cement），「中央百貨集團」（Central Group）的鄭氏家族（Chirathivat family）第三代鄭昌（Tos Chirathivat），未來都可以本文為基礎，對泰國華人企業進行「關係研究」的對照對象。

年。[2] 這些商業成就引起學術界的注意，美國哈佛大學商學院和歐洲的 INSEAD 大學商學院，都曾經挑選「正大集團」作為研究對象。[3]

作者在「正大集團」擔任企業訪問學者三年，接觸集團內部各部門。令人印象深刻的是，集團非常重視「關係」。最明顯的例子，在集團內除一般企業業務部門外，公司特別還有「企業網路」（Business Networking）的專責單位。在 Business Networking 部門，是由一位資深副總裁擔任部門主管，底下包括：中國事務，日本事務，歐洲事務等不同「次部門」，這些次部門最主要的工作就是與所轄的國家建立聯繫管道，這些「關係」的聯繫不是建立在「商業往來」，舉凡教育、文化交流、乃至於官方聯繫，都是 Business Networking 部門的業務範疇，每年預算超過千萬。

不僅是「正大集團」將資源投資在「關係建立」，重視「關係」的論點更是反應在整個東南亞國家的華人企業中。有學者指出：華人企業之所以在東南亞地區能夠建立龐大的企業帝國，歸功於建立關係的「筷子網路」（Bamboo Network）文化。「筷子網路」概念主要來自 Murray L. Weidenbaum，用以解釋亞洲區域華人企業間聯繫與經濟互動（見圖一）。

---

[2] 黃亦筠，〈泰國首富稱霸亞洲的祕密〉，《天下雜誌》，〈http://www.cw.com.tw/article/article.action?id=5061511〉，(檢索日期：2015 年 12 月 05 日)

[3] Ray A. Goldbergand and Cate Reavis, "Charoen Pokphand Group: A Renewed Focus," *Harvard Business School Case 903-415*, November 2002; Kirby, William C., Michael Shih-ta Chen, Tracy Manty, and Yi Kwan Chu, "International Agribusiness in China: Charoen Pokphand Group," *Harvard Business School Case 910-418*, February 2010.

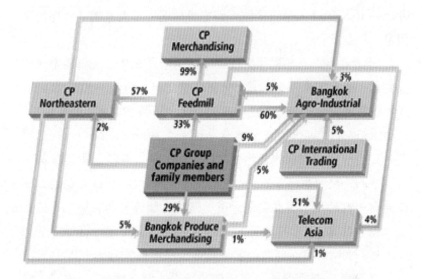

圖一：「正大集團」的筷子網路：1990 年代在泰國的投資與控股
資料來源：Murray L. Weidenbaum, "The Bamboo Network: Asia's Family-run Conglomerates," *Global Perspective*, Issue 10, January 1, 1998, p. 2.

　　「筷子網路」命題假設是：華人企業藉由關係網絡創造財富，進而帶動整個區域經濟的成長。[4] 根據表一：「2014 年FORBES 泰國 10 大富豪排行榜」，在泰國國前 10 大富豪中，就有 8 位是來是於華人家族企業。

---

[4] Murray L Weidenbaum, *The Bamboo Network: How Expatriate Chinese Entrepreneurs are Creating a New Economic Superpower in Asia* (Martin Kessler Books, Free Press, 1996), pp. 4-5.

表一：2014年「富比士」(FORBES) 泰國10大富豪排行榜

家族	中文名稱	資産(億美元)	年紀	從事行業
Chirathivat family	鄭氏家族 （Central Group）	127		零售，房地產
Dhanin Chearavanont & family	謝國民及其家族 （正大集團）	115	75	食物，零售，
Charoen Sirivadhanabhakdi	蘇旭明 （Chang 啤酒）	113	70	軟飲料
Chalerm Yoovidhy	許書恩	99	63	飲料
Krit Ratanarak	李智正	51	68	傳媒，房地產
Vanich Chaiyawan	侯業順	39	82	保險，軟飲料
Santi Bhirombhakdi & family	（非華人）	28	67	能量飲料
Prasert Prasarttong-Osoth	（非華人）	23	81	醫院
Vichai Maleenont & family	徐漢光及其家族	17	94	媒體
Thaksin Shinawatra & family	丘達新（塔信）家族	17	64	投資

資料來源：「2014年FORBES泰國10大富豪排行榜」，FORBES中文網，見：
〈http://forbeschina.com/review/list/002184.shtml〉，(檢索日期：2015年12月15日)。

　　就表面上的數據來看，「正大」這樣的華人企業，對泰國、對東南亞的經濟貢獻宏偉。過去三年在擔任「企業訪問學者」期間，也常聽到「華人掌控泰國經濟」的論點：「建立「關係網絡」對於生意的重要，特別是華人社群的網路」；泰國商界與學界，能夠講流利中文的菁英不在少數。訪問泰國的年輕學子，他們普遍認為學習中文，建立「華人人脈關係」，對於日後生涯發展相當有

幫助。

　　這樣的論點也受到挑戰，這些批評來自：建立「建立關係」的目的不是藉由網路創造財富；而是藉由「關係」獲取「政商利益」。這個論點主要來自周博（Joe Studwell）所著的「亞洲教父：透視香港與東南亞的金權遊戲」（Asian Godfather：Money and Power in Hong Kong and South-East Asia）一書[5]。「亞洲教父」討論東南亞大型企業，特別是華人企業對於當地經濟的貢獻，他的結論是：「華人集團對東南亞的經濟貢獻比一般人相信的少」。這樣的論點來自於：從殖民時期開始，東南亞的經濟發展是「政治和經濟力量交互作用」的結果。在後殖民時代，政治菁英直接給與商業菁英壟斷經營的特許權，讓商業菁英不需要有特別的技術能力，或具有品牌資產的企業和生產能力。而經營特許權變成本土政治領導人用來培養自己班底，甚至是非本土的商人。這些商人獲得利益後，將成果與政治上的主人分享，卻不致於威脅到主人的政治勢力。這樣的結合，既可滿足自己的政治目的，也可累積龐大的個人財富。[6] 亞洲教父的觀點認為：關係網絡建立的目的不是「筷子網路」而是在「建立政商結構壟斷財富」。荷蘭經濟歷史學家James Ingram 對於泰國經濟的描述也認為：雖然泰國經濟有許多轉變，但是平均所得相較於勞工和新科技的方法並沒有太大的提升，資金運用上也沒有多大的轉變。整體而言，泰國經

---

[5] 劉盈君譯，周博（Joe Studwell）原著，《亞洲教父：透視香港與東南亞的金權遊戲》（台北：天下雜誌，2010）。

[6] 該書認為：這些地區經濟成長，多數得自於以製造業為主的小型創業家，當地廉價勞力外租給高效率外國進出口商的政策所得。

濟仍是屬於被動的主體。[7]

　　雖然亞洲教父一書不是針對泰國而寫，但該書引述研究發現：「過去二十年泰國整體經濟發展在農業、製造業的生產所得成長，遠比主要由大亨們所主導掌控的服務業成長來的顯著許多」。[8]而本文所選擇的個案：泰國「正大集團」，更被作者認為是亞洲教父的重要個案，正大集團主席謝國民先生更被周博認為是「泰國首席教父」。[9]

　　就此看來，不論是「筷子網路」還是「亞洲教父」，兩種論點都特別指出華人企業重視「關係」，但「筷子網路」與「亞洲教父」存在是相反的假設：

　　華人企業藉由關係網絡創造財富帶動經濟成長？（筷子網路）還是華人企業藉由關係網絡建立政經結構壟斷財富？（亞洲教父）

　　到底哪一個假設可以解釋如同「正大集團」一樣的華人企業，建立關係網絡對當地（泰國）政治經濟的影響？該以怎樣的觀點去討論「華人企業」對東南亞的政治經濟影響力？

　　在過去，持「制度途徑」（Institutionalism）或「新制度途徑」（New Institutionalism）政治經濟學者會以「商業組織」對於發展

---

[7] James Ingram, *Economic Change in Thailand, 1850-1970* (Standford, CA: Stanford University Press, 1971).

[8] 劉盈君譯，前揭書，頁99，頁111，內文對「正大集團」與泰國政治經濟關係進行基本描述。

[9] 劉盈君譯，前揭書，頁230。

中國家的政治經濟影響進行研究，[10] 強調「商業群體」視為一種「制度」功能，扮演市場中介、[11] 解決市場失靈角色。[12] 但是在東南亞國家，這些商業團體，就往往會牽涉到「族群」，種族與社群的敏感性讓這樣的研究更具複雜，而不能僅以單純「商業群體」概念等同之。[13] 雖然東南亞華人對台灣與中國學者來說，是熱門議題，但是以「單一華人商業集團」所進行的「政治經濟研究」，因為所進行的時間長、議題敏感、研究資源的取得難度高，相關研究較為缺乏。[14]

從另外一個角度，某些制度學派的學者會從「制度性的網絡」看待一國產業發展，認為商業網絡的存可以解決在所有權保護傘下的市場失靈，提供各自獨立的個人或是企業規則性連結。[15]特別是在全球化時代，「生產社會系統」(social system of production)相當重要的：產業發展並非只是經濟活動，尚須社會條件配套，

---

[10] Nathanirl H. Leff, "Entrepreneurship and Economic Development: The Problem Revisited," Journal of Economic Literature, No.17, 1979, pp.46-64.

[11] Imai Kenichi, "The Corporate Network in Japan," *Japanese Economic Studies*, Winter 1987, pp.3-37.

[12] Charmers Johnson, "Political Institutions and Economic Performance: The Government-Business Relationship in Japan, South Korea, and Taiwan." in Frederic C. Deyo (ed.), *The Political Economy of the New Asian Industrialism* (Ithaca, NY: Cornell University Press,1987).

[13] Nathanirl H Leff, *Trust, Envy and the Political Economy of Industrial Development: Economic Groups in Developing Countries,"* Master Thesis, Columbia University Graduate School of Business, 1990.

[14] Richard F. Donner, "Approaches to the Politics of Economic Growth in Southeast Asia," *The Journal of Asian Studies*, Vol.50, No. 4 (November 1991), p.833.

[15] Jeffery S. Arpan, Mary Bary and Tran Van Tho, "The Textile Complex in the Asia-Pacific Region: The Patterns and Textures of Competition and the Shape of Things to Come," *Research in International Business and Finance*, Vol. 4 (1984), pp.101-164.

也就是社會分工對產業發展有其重要性。[16]例如泰國與日本汽車產業的跨國分工。這樣的觀點特別適合討論在市場生產分工的效率問題，但非本文的重點。

　　本文的焦點在討論「關係網絡」在「文化途徑」與「政商途徑」的爭辯，並不採取「制度途徑」進行討論。

二、華人企業「關係網絡」的政治經濟學：族群文化途徑、「筷子網路」與泰國經濟

(一) 華人與東南亞經濟研究

　　以族群為主軸進行分析，一直是東南亞經濟研究的重要基礎。從 16 世紀開始，來自歐洲的殖民者陸續抵達東南亞，直到 19 世紀開始擴張。由於殖民的國家並沒有派遣很多人到該地，於是設法透過當地已有的精英來進行統治，同時整合以殖民力量為主的三邊關係（殖民者、當地統治者和當地居民）。至此，歐洲人代表了至高無上的力量，使得當地的政經領袖除彼此建立聯繫之外，還必須與這些外來者保持「良好關係」，這樣保持「關係」的文化帶來深遠的影響。

　　這樣重視關係的華人商業文化持續至今，讓華人所擁有的上市公司資產，在東南亞國家中的股市佔有率估計在50-80%間。主要原因是在來自整個東南亞地區的商業主導精英中，許多都是佔

---

[16] Rogers Hollingsworth and Robert Boyer (eds.), *Contemporary Capitalism: The Embeddedness of Institutions* (New York: Cambridge University Press, 1997).

當地移民人口最多的海外華人。與華人在該國的人口組合相比，菲律賓人口中華人比例是 2%，印尼是 4%，泰國是 10%，馬來西亞是 29%，而新加坡則是 77%。有研究者從另一個角度指出，1990 年代時，華人控制了菲律賓 45%的主要企業；印尼 20 個最大的企業中有 18 個為華人所有；而泰國前 10 大企業中 9 個屬華人所有；馬來西亞前 60 大企業中的 24 個也是華人企業。[17]

到經濟發達的 1980 至 90 年代，更是文化途徑研究的高峰影響。[18] 在過去有關東南亞外來的「華人資本」研究，對於東南亞經濟發展提供一個特定的視角，特別是在華人遍及的東南亞區域。重要的研究包括：Robison 與 Yoon 對於印尼；[19] Lim 對於馬來西亞；[20] Hewison、[21] Suehiro、[22] 與 Phipatseritham 對於泰國；[23] Yoshihara[24]、Bello et al.對於菲律賓的研究。[25] 在實質統治上，新

---

[17] Joel Kotkin, *Tribes: How Race, Religion and Identity Determine Success in the New Global Economy* (New York: Random House, 1994).

[18] S. Gordon Redding, *The Spirit of Chinese Capitalism* (Portland: Walter de Gruyter, 1993); Sterling Seagrave, *Lords of the Rim* (New York: Putnam's Sons, 1995).

[19] Richard Robison, *Indonesia and the Rise of Capital* (London: Allen and Unwin, 1986); Yoon Hwan Shin, "Role of Elites in Creating Capitalist Hegemony in Post-Oil Indonesia." Paper presented at the symposium on The Role of the Indonesian Chinese in Shaping Modern Indonesian Life, Cornell University, July 13-15,1990.

[20] Lim Mah Hui, *Ownership and Control of the One Hundred Largest Corporations in Malaysia* (Kuala Lumpur: Oxford University Press, 1981), and Lim Mah Hui, "Contradictions in the Development of Malay Capital: State, Accumulation and Legitimation," *Journal of Contemporary Asia*, No. 15, Vol. 1, 1985, pp.37-63.

[21] Kevin Hewison, *Bankers and Bureaucrats: Capital and the Role of the State in Thailand* (New Haven, Conn: Yale University Southeast Asia Studies,1989).

[22] Suehiro Akira, *Capital Accumulation and Industrial Development in Thailand* (Bangkok: Social Research Institute. 1985).

[23] Phippatseritham Krirkhiat, *A Study of Big Business Ownership in Thailand* (Bangkok: Thai Kadi Institute, Thammasat University. 1982).

[24] Yoshihara Kunio, *Philippine Industrialization: Foreign and Domestic Capital* (New

加坡開國元勳李光耀更以「亞洲價值」作為治國理念,做為新加國重要的核心價值。

　　21 世紀中國崛起,有關東南亞華人與中國經濟的結合更創高峰,文化論者都預言「大中華經濟圈」的來臨或亞洲的興起,是一個超越國界的華人實體。華人之間商業網絡的建立以及華人經濟成功的原因。[26] 這類著作繁多,像是 Shapipo、Gedajlovic 與 Erdener 認為:「文化與社會的連結是亞洲華人家族推動國際化的重要趨力」,相關研究就不一一列出。[27]

(二) 泰國華人與泰國經濟:由「賤民資本家」到「關係網絡」建立

　　華人長期在泰國經濟領域扮演重要角色,已經是一個主流的看法。所以,研究華人的經濟活動對於解釋泰國的經濟發展,是相當重要的。[28] 相較於東南亞國家中,泰國華人歸化的速度相當快。1855 年,泰英簽定《鮑林條約》,迫使泰國對外開放,讓泰

York: Oxford University Press, 1985).

[25] Bello Walden and Stephanie Rosesenfeld, *Dragons in Distress: Asia's Miracle Economies in Crisis* (San Francisco: Institute for Food and Development Policy, 1990).

[26] 陳琮淵,「東南亞華人經濟發展論析:經濟社會學理論的參照」,淡江史學,第 26 期,2014 年,頁 245-265。但是這類著作中,有學者指出:東南亞華人經濟表現佔優勢,並不只是因為族群文化的不同,同時也與歷史上的殖民政策、移民經驗和市場條件等結構因素有密不可分的關係。龔宜君,**東南亞華人的經濟成就與其跨國商業網絡初探**,台北:中研院東南亞區域研究計劃東南亞研究論文系列第六號,1997。

[27] D. M. Shapiro, E. Gedajlovic and C. Erdener, "The Chinese Family Firm as a Multinational Enterprise,*The International Journal of Organizational Analysis*, No.11, Vol. 2 (2003), pp. 105-122.

[28] 蕭文軒、顧長永,前引文,頁 125。

國捲入資本主義的貿易體系。等到 20 世紀初，移民數量急遽增加（肇因於中國政治經濟的崩潰動盪、新式客輪出現），更多中國婦女抵達泰國，讓泰國變成海外華人重要的移居地，華人企業開始聚集一些小資本，從事碾米業、銷售、出口貿易等相關行業。

　　近代改變泰國政經結構的第一重大的是向來自 1932 年的不流血政變。當時全球性的經濟蕭條加上對民生物資需求的快速成長，憲政取代絕對君主政權，泰國宣告要以「保護平民百姓的利益」為前提進行統治。這時當泰國民族主義興起，「泰國的經濟由泰國人主導」成為主要的號召。拉瑪六世國王，推崇當時在歐洲十分流行的「種族理論，將莎士比亞反猶太人的著作「威尼斯商人」（Merchant of Venice）翻譯成泰文，並寫了一篇關於亞洲華人發展的文章，名為「東方猶太人」（The Jews of the Orient）及「覺醒吧！暹羅」（Wake Up, Siam）等文件，對華人限制越來越多。[29]於是在 1939 至 1957 年，執政的披汶將軍（Pibul Songgram）實施「唯泰主義」（Ratha Niyom）的「同化措施」，企圖把華人企業的經濟資源都留在泰國，例如在經濟推動對外國人監督限制。當時多數華人既然遠渡重洋，自是希望能找新天地安身立命，對政治普遍較為冷感，亦不願節外生枝。在政府排斥外國資本的情況下，越來越多的華人選擇同化于泰國社會，選擇與泰人通婚（ethnic intermarriage），或將資本登記在泰籍家庭成員名下，被稱為是「賤民資本家」（Pariah Entrepreneurship）。[30]

---

[29] Fred W, Riggs, *Thailand: The Modernization of a Bureaucratic Polity* (Honolulu Eastwest Center Press.1966).

[30] Sungsidh Piriyarangsan, *Thai Bureaucratic capitalism,1932-1960*. Master Thesis, Faculty of Economics, Bangkok: Thammasat University, 1980, p. 56.

　　1957 年沙特將軍（Field Marshal Sarit Thanarat）發動政變，泰國政府逐漸放棄原有的「經濟民族主義」的同化政策。華人企業開始與人民黨、軍隊都結成新同盟，建立更深厚經濟基礎。1973 年，泰國軍人政府被群眾運動推翻，政治體系轉化為一個由國王、軍隊、技術官僚、資本家集團和商民組成的多極結構。從此，華人企業趨向獨立，成為政黨的主要贊助者。政黨同盟的產生使華人企業與當政者的「主從」變成「合夥」。[31]

　　相對於東南亞其他國家華人對於政治的冷漠，在 80 年代開始，每次選舉都有越來越多華人企業進入國會。這種趨勢使得政治和經濟界線變得模糊，這種現象更被主導大型企業中持續同化的華裔泰商形象所強化。90 年代以後，40-50 年代的民族化經濟已經被遺忘，部分擁有華人血統的商人所組成國會，也不再被視為族群問題，打造企業和政治力量完美結合的關係舞台。[32]

　　面對中國的崛起，華人企業一樣搭上與中國商業聯結的順風車，大膽且卓見的與中國建立繫關係。以「正大集團」而言，在 1997 前金融危機發生前，是外國資本投資中國最大的單一公司，已經發展到僅有一半的獲利來源是來自於泰國本地。1979 年，當深圳成為第一個中國對外開放投資的城市，在其他外商仍在觀望，「正大集團」就大手筆投入 1,500 萬美元，開啟中國的養殖事

---

[31] Jhon L.S Girling, *Thailand: Society and Politics* (Ithaca, NY: Cornell University Press,1981).

[32] Gary G. Hamilton and Tony Waters, "Ethnicity and Capitalist Development: The Changing Role of the Chinese in Thailand," in Daniel Chirot and Anthony Reid (eds.), *Essential Outsiders: Chinese and Jews in the Modern Transformation of Southeast Asia and Central Europe* (Seattle: University of Washington Press, 1997), pp. 258-284.

業。[33] 1989 年「六四天安門事件」，中國前景極為混沌的時刻，外資幾乎撤光，「正大集團」親自登門拜訪鄧小平，並將投資規模進一步的擴大。中國在近年分別取代日美，成為泰國最大的貿易夥伴，泰裔華人則扮演了泰中橋梁的關鍵性角色，這樣的「筷子網絡」（bamboo network）更編織擁有足以影響亞洲經濟結構的能動者。[34]

　　總結以「族群文化途徑」解釋華人對泰國經濟的影響，Danny Unger 曾以三種經濟部門（金融、紡織業、為重工業與運輸而建設的基礎設施）比較研究，運用社會資本途徑來解釋為何華人企業在經濟發展戰略中有效地享有優勢。他的結論是：「泰國人的社會資本傾向是比較低的；而重視關係取向的華人，社會資本則有較高水平的傾向」。這就印證了泰國華人關係網絡的發達，因此能在泰國經濟領域扮演關鍵性的角色。[35]

　　簡單而言，從「族群文化途徑」探討泰國華人企業對泰國的影響，是依照下列的發展模式進行：

i. 資本融合：20 世紀初方言群聚集的商業活動，如泰國的米業
ii. 文化融合：40 年代泰化運動迫使華人企業選擇同化建立文化
　　　聯結
iii. 經濟融合：60 年代華人經濟在地化並與政府結盟

---

[33] 1970 年代亦響應中華民國國政府的號召，在風雨飄搖之際投資台灣，也就是日後的「卜蜂集團」。同時，謝家亦不忘兩邊押注，中國改革開放當深圳特區一成立，「正大集團」便成為天字第一號的中外合資企業。

[34] 蕭文軒、顧長永，前引文，頁 115-156。

[35] Danny Unger, *Building Social Capital in Thailand: Fibers, Finance, and Infrastructure* (New York: Cambridge University Press, 1998).

iv. 政治融合：80 年代開始參與政治活動

v. 社會（華人世界）融合：1990 年代加入大中華圈與在地連結

　　所謂的「融合」就必須仰賴不同型式「關係」的建立。「關係建立」讓泰國華人不僅只是傳統「筷子網絡」的一員，而是擁有足以影響亞洲經濟結構的能動者。

三、華人企業「關係網絡」的政治經濟學：政商途徑、「教父」與泰國政治經濟

　　對於文化途徑而言，「關係」對指「人際的連結」，但是對政商途徑學者而言，「關係」指的是：「關係建立，用以協助生意發展的聯繫，也暗指賄絡支出和收受，達成複雜的交易。」[36] 政商途徑的學者認為，或許第一代的東南亞華人工人階級移民，必須仰賴其他使用相同方言的團體而存活，這或許可以算是「筷子網絡」（族群文化途徑）。但是在全球化時代，東南亞長期的中央集權統治，加上以階級為基礎的社會結構，透過「關係」與掌權者建立的「交易」通常容易實現，是成功商業模式選擇。[37]

　　在過去的著作中，最著名研究泰國教父的當屬美國學者 William Skinner 在 1950 年對泰國華裔商人進行大規模的研究。研究發現否定「文化因素」，因為他發現多數華人企業的語言能力、

---

36 劉盈君譯，前揭書，頁 142。
37 劉盈君譯，前揭書，頁 146。

風俗習慣與教育，其實都不如外界所預測的「中國化」。[38]所以他提出「周圍領導」（Leadership from the Periphery）的概念，教父是透過「財富」和「影響力」來領導社區。在當時富有、有影響力的華人企業往往表現越不像華人，只是他們在不同的語言的文化中適應得很好，最終必須保留一定的「中國化」以便維持在華人社區領導人的地位。同樣的，Anek Laothamatas Business and Politics in Thailand: New Patterns of Influence 亦是研究1980年代泰國政商關係的重要著作。[39] 在Anek Laothamatas 的文章中，把泰國的政商(特別是華人)的參與分為：（1）透過選舉直接參與國會與（2）透過商會，特別是公私部門聯合顧問委員（Joint Public-Private Consultative Committees, JPPCCs）進行遊說，而並沒有討論單一商業集團如何經營政商關係。[40]

於泰國政治經濟發展來說，「教父」的概念存在於兩個層次：教父不僅存在泰國華人對於政治經濟的影響，同時也存在地方政治上。

在地方層次，歷年來泰國選舉勝負決定性關鍵在於鄉村地區選票之上，而鄉村地區選票又大多為「教父」（Chao Pho）所操縱。[41]

---

[38] 另一項反駁「文化途徑」的論點在於，對於第一代移民，必須仰賴相同的方言團體（如：潮州話）建立「關係」，但到國際化時代的當代教父，絕大數教父彼此之間是競爭關係，爭取各自的政治庇護，而非「筷子網路」所言的合作幫助。劉盈君譯，前揭書，頁148。

[39] Anek Laothamatas, "Business and Politics in Thailand: New Patterns of Influence", *Asian Survey*, Vol. 28, No. 4 (Apr., 1988), pp. 451-470

[40] Anek Laothamatas, op.cit., 1988, p. 452.

[41] 陳敏正，**當代泰國「教父」政治的變遷**，南投：國立暨南國際大學東南亞研究所碩士論文，
2004年，頁27。

「教父文化」的興起，是藍自農村地方權貴和從事非法貿易的華人後亦演變而來。[42] 政黨對於人民來說並不具有意義，教父與人民的互動關係密切，因此政黨在地方上的動員必須仰賴教父的人脈資源，始能在選舉中握有優勢，教父對地方政治的操縱，使泰國政治普遍呈現貪污腐敗亂象。教父在經濟發展的過程中，獲取相當龐大之經濟利益，教父經濟實力的茁壯，使其能夠將這些經濟資源轉化為政治實力。[43]

但本文所討論「教父」的概念放在國家經濟發展的層次，特徵是：

i. 教父是家族企業的擁有者；
ii. 在當地市場擁有寡佔的地位；
iii. 多數的時間集中花在維繫政商關係；
iv. 共同投資，建立關係，尋找有影響力的合夥人拓展政商勢力。

雖然教父的影響力自華人企業抵達東南亞就已經開始，但是在泰國，受制 1930 年代「經濟民族主義」，華人政商關係轉趨低調。[44] 等到 1958 年沙立將軍發動軍事政變後，近代教父的概念開始影響泰國政治經濟。沙立掌權後，開始推動「進口替代的工

---

[42] 張靜尹，《塔信政權與泰國政治變遷》，前揭書，'頁 72。

[43] James Ansil Ramsay, "The Limits of Land Reform in Thailand," *The Journal of Developing Areas*, Vol. 16, No. 2 (Jan., 1982), pp. 173-196.

[44] 當時在軍事政權的統治下，國會議員一半是直接任命產生，另一半則由間接選舉的方式產生，人民幾乎沒有參政權可言。泰國華人影響參與政治的機會就相當有限。

業化」(Import substitution strategy)，讓政府官員轉為資本家，這些政府官員就是選擇與華人大亨合夥有關。這些華人企業都有貿易的背景，因此也決定了製造業的走向。他們向政治人物和軍方取得特許權，然後讓國外企業，通常是日本企業，提供技術和生產流程。泰國已有的製造者通常較難擴大規模，因為進口替代工業化政府項目的產業，需要一定的投資和生產能力，是一般人無法達到的。這些已有的企業並未因政府政策的助益，而擴張成具競爭性的規模，反而讓關係良好的商人獲得壟斷保護的製造權。1957 年的政變集團就更深刻的涉入商業。他們透過成立自己的商業公司來建立經濟基礎，尋求控制國營企業及半公營公司，並從華人成立的私人企業中獲取免費的分股。華人因為缺乏與經濟實力相符的政治影響力，所以，常常被迫加入軍方控制的恩從體系中來提升商業活動。[45]

1980 年代開始，經濟菁英在國會贏得越來越多席次，並迅速將經濟和政治大量的利益開始結合（見表二）。快速的經濟發展造就大資本家和中產階級兩大利益團體，有助於政治參與的提升和政黨組織的擴展，越來越多的商業巨頭進入政黨參加選舉。商業與政治的聯盟使許多重要的建設工程展開，促進經濟發展，但負面效應也開始顯露。商業巨頭已賄賂政治獻金換取政府特殊惠顧，滋生出腐敗現象。同時，經濟增長也使財富和自然資源分配不公的問題日益突出。[46]

---

[45] Chai-Anan Samutwanit, *The Thai Young Turks* (Singapore: Institute of Southeast Asian Studies, 1982), p. 14.
[46] Paul Handley, "More of the Same? Politics and Business, 1987-96," in Kevin Hewison (ed), *Political Change in Thailand: Democracy and Participation* (London and New York: Routledge, 1997), pp. 94-113.

表二：泰國國會議員的企業背景之比例，1933-1986

單位：%

1933	1937	1938	Jan-46	Aug-46	1948	1949	1952	Feb-57	Dec-57	1969	1975	1976	1979	1983	1986
19.2	19.8	22	20.8	11	22.2	33.3	20.3	26.3	27.5	45.7	14.6	29.4	37.2	38.3	53.6

資料來源：Daniel Unger, "Government and Business in Thailand," *Journal of Northeast Asian Studies*, Vol.12, No.3 (Fall 1993), p. 80.

1990 年代開始，泰國所有主要政黨已經都是「商業加政客」（businessmen-politicians）的聯合體[47]。華人教父在經濟發展的過程中，獲取相當龐大之經濟利益，教父經濟實力的茁壯，使其能夠將這些經濟資源轉化為政治實力，因此泰國經濟發展有益於教父之發展；[48] 隨著民主化進程的發展，教父所屬的政商集團進入權力結構核心圈層，而不會像二戰或冷戰時期的商人群，在軍人集團的武力壓制下成為政治依附者。臣那越集團（Shin Corp）主席塔信（Thaksin Chinnawatra）出任外交部長即為一例。1990 年代泰國經濟的榮景被認為是教父們以「資產交易」取代生產力換得，更是導致 1997 年金融體系瓦解的重要原因。[49]

亞洲金融風暴後，所有教父都受到金融危機很大的打擊。[50] 1997 年新憲法實行，本以為經濟風暴摧毀原有的教父結構，讓泰

---

[47] Patrick Jory, "Multiculturism in Thailand? Cultural and Regional Resurgence in a Diverse Kingdom," *Harvard Asia Pacific Review*, Vl.4, No.1 (Winter 2000), p. 19.

[48] 方虹鈞，〈**泰國教父政治之研究**〉，高雄：國立中山大學中山學術研究所碩士論文，2006，頁 1。

[49] Anek Laothamatas, *Business Associations and the New Political Economy of Thailand: From Bureaucratic Polity to Liberal Corporatism* (Boulder, San Francisco and Oxford: Westview Press and Singapore: ISEAS, 1992), p. 14.

[50] 當金融危機發生，當時「正大集團」出脫一些非核心業務，像是蓮花超市等。

國的政治經濟邁向新階段，危機發生淘汰或削弱1990年代不具競爭力的教父：這是因為外來援助帶來相當程度的法規改變：去管制化引進外來投資，競爭力的增加會對原有政經體質造成衝擊。實際上，「政商途徑」的學者發現經濟危機並未改變東南亞的政治經濟結構，「金錢政治」仍充斥泰國，教父反而變得更為強大。[51]

　　金融危機爆發前，塔信成為道德力量黨的領袖，並在擔任兩任短期副總理。當泰銖釘住匯率制被打破時，塔信的主要電信事業是唯一受到外匯債務高度保護而未貶值的。金融風暴後，塔信離開「道德力量黨」，創立「泰愛泰黨」（Thai Rak Thai）被認為是泰國教父勢力的最大延伸。在政策附和中下階層、特別是農民的需求，在選舉獲得地方教父的人脈資源。[52] 塔信雖然成功挽救泰國的經濟，甚至將更多的商人帶進政府中，並透過國家權力來厚實自己的家族企業。[53] 最終導至2006年的政變。

　　由「政商關係」途徑研究泰國政治經濟，亦可以解釋其實2006年塔信的政變。金融風暴後塔信創造出的公共形象以起的選民共鳴，讓當時首席教父、也就是「正大集團」的謝國民提供資金加以支持。「泰愛泰黨」將所有泰國教父的利益聚集，克服金融風暴的危機，但取得權力後，塔信讓自己成為最大受益者，卻不願支持「正大集團」經營的電信事業，並在禽流感在泰發生時沒有給予「正大集團」公部門的協助。媒體大亨林同坤（Sondhi Limthongkun），本來也是支持塔信的教父，最後變成反對要角。

---

[51] 劉盈君譯，前揭書，頁222。

[52] 陳尚懋，前引文，頁

[53] Pasuk Phongpaichit and Chris Baker, "Reviving Democracy at Thailand's 2011 Election," *Asian Survey*, Vol.53, No.4 (July/August 2013), pp. 608-609.

失去這些教父的支持，給了軍方可趁之機，導致下台。周博批評：「塔信下台後，謝國民依舊是泰國首席教父，直到今日這樣的政商結構依舊未改變」。[54]

就「政商途徑」而言，周博對這些華人教父的評價充滿腹面與敵意。然而這代表這些華人企業經營「政商關係」就對泰國政治經濟完全是負面的影響嗎？Scott Christensen 在一篇討論華人企業對泰國經濟影響的論文中提到「正大集團」發展玉米的收購體系，解決 80 年代泰國鄉村地區地主與農民之間的衝突，是對泰國經濟還是有助益的。[55] Leff 認為：華人企業看似壟斷當地經濟，但是創建出商業體系，反而彌補是市場經濟不建全的缺憾；[56] Dugger 認為：企業追求個別利益反而有可能製造更有效率的商業體系。[57]

四、結論與建議：後續研究方法與研究議題

綜合上述的理論討論，表三為作者所提出華人企業「關係」取向的政治經濟詮釋的理論評析。

---

[54] 當然，另一項導致塔信下台的理由是他同樣得罪曼谷的中產階級，將其經營電信公司賣給新加坡的淡馬錫控股（Temasek Holdings）。

[55] Christensen Scoot "The State, Political and Economic Influence: A Study of Associations in Thailand," op.cit., 1991, p. 36.

[56] Leff, 1979, op.cit.

[57] Willian M. Dugger, "The Transaction Cost Analysis of Oliver E. Williamson: A New Synthesis?" *Journal of Economic Issues*, Vol .17, No. 1, 1983, pp. 95-114.

表三：華人企業「關係網絡」的政經詮釋

理論途徑	理論假設	理論代稱	目的	要項
族群文化途徑	華人企業藉由「關係」網絡創造財富帶動成長	筷子網路	擴大財富(經濟層面)	**依順序的** ●資本融合 ●文化融合 ●經濟融合 ●政治融合 ●社會（華人世界）融合
政商途徑	華人企業藉由「關係」網路建立政經結構壟斷財富	亞洲教父	創造政經利益（政治經濟層面）	●教父是家族企業的擁有者； ●家族在當地市場擁有寡佔性的地位； ●多數的時間集中花在維繫政商「關係」； ●共同投資，尋找有影響力的合夥人拓展政商勢，以確保自身利益。

資料來源：作者整理。

　　進行完有關於理論評述後，相關實證研究該如何進行？

　　在過去的研究討論中，業界批評教授討論議題都只是在教科書上紙上談兵，何不以所受的學術背景，實地參與運作，找出經營管理的實際問題？在「我在漢堡店**臥底**的日子：一個教授對服務業經營管理的探索」，[58]一書中提及「紮根研究」的重要性。事實上，英國的《金融時報》（Finance Times）的專欄作家 Tim Harford 也鼓勵所有的經濟學者與經濟評論者要當一個「**臥底的經濟學家**」，利用經濟學理論去解釋人類日常生活中習以為常的現象，該

---

[58] 但漢敏譯，紐曼（Jerry M. Newman)原著，《**我在漢堡店臥底的日子：一個教授對服務業經營管理的探索**》（台北：商智，2007）。

專欄也被認為是有史以來《金融時報》最被關注的專欄。[59]這樣「臥底」與「紮根」的研究理念，套用至政治經濟的研究者身上，**既然過去的概念讓所有的研究者都知道華人企業對於泰國政治經濟具有影響力，學者就必須用「紮根」研究的方法加以實證區辨。**

簡單而言，對於政治經濟研究學者而言，有關於「政商關係」的研究，除相關的文獻評述，獲得研究必須具備的背景知識，並不企圖預先設定立場，而是建構在：「研究者不是先有一個理論然後去證實；而是先有一個「待研究的領域」，然後**萌生概念**；目標是要能忠實反映社會現象。**「紮根」的意義是於實地所搜集資料加上分析「發現」（discover）理論存在。」**[60] 也就是研究者透過參與，將過去零碎片段的資料歸納、分析、統整為某些類別或主題，再經由持續不斷的個案資料搜集，包括記錄、分析、轉譯、摘記和報告撰寫等科學化的步驟，以求理論的飽和。

這樣的分析方法可以補充以往文獻二手資料的不足，算是在政治經濟領域方法上的突破。為進行**「紮根」的實證分析**，由資料中建立出新秩序，在「泰國政商關係」的**紮根過程**下列議題是值得探究，也是本文初步的結論。[61]（如圖三所示）

---

[59] 哈福特（Tim Harford），〈臥底經濟學家：讓窗戶消失的英國富人稅〉，《**商業週刊**》，第 1446 期，2015 年 12 月，頁 24-26。

[60] Anselm L Strauss, *Qualitative Analysis for Social Scientists* (New York: Cambridge University Press, 1987), pp. 25-39.

[61] 舉例而言，2015 年 12 月 19 日泰國 4G 專營權招標，結果 AIS（臣那越集團（Shin Corp）為塔信家族企業）與「正大集團」（CP）的（TRUE）共同獲得該專營權，執照合計 1,519 億 5,200 萬銖，競標與執照取得過程即是很好的討論個案。

議題 1、議題2 經濟面向	議題1:從內部資料與經濟數據檢證「後金融危機時代」企業集團經營項目、獲利與泰國經濟起落的關係；
	議題2:討論「後金融危機時代」企業集團與中國經濟的「關係聯繫與運作」
議題 3、議題4 政治經濟面向	議題3:討論泰國企業執照取得，與壟斷競爭市場（Monopolistic Competition Market）的運作
	議題4:討論「後金融危機時代」企業集團對於泰國政治參與及影響，包含與政治人物的聯繫以及與其他「教父」的互動關係。

圖三:「泰國政商關係」研究議題

參考資料

中文

1.方虹鈞，〈**泰國教父政治之研究**〉，高雄：國立中山大學中山學術研究所碩士論文，2006 年。

2.但漢敏譯，紐曼(Jerry M. Newman)著，《**我在漢堡店臥底的日子：一個教授對服務業經營管理的探索**》（台北：商智，2007）。

3.宋鎮照，〈東南亞區域研究的政治經濟學：理論與實務之連結〉，發表於由成大政經所主辦「政治經濟學科定位研討會」，台南國立成功大學政治經濟研究所，2003 年 6 月 15 日。

4.李國雄，〈印尼政商「關係」變遷與發展〉，《東亞研究所年會》，台北：國立政治大學，2000。

5.李國雄，〈泰國政局與變遷中的政商「關係」〉，《第三屆東南亞問題學術研討會》，台北:國立政治大學，2001；

6.周黃俊達，〈**戰後印尼華人企業集團發展與政商「關係」之研究**〉，淡江大學東南亞研究所碩士論文，2003。

7.哈福特（Tim Harford），〈臥底經濟學家：讓窗戶消失的英國富人稅〉，《**商業週刊**》，第 1446 期，2015 年 12 月，頁 24-26。

8.陳尚懋，〈塔信執政前後泰國的政商「關係」〉，《**問題與研究**》，第 47 卷第 2 期，2008，頁 151-179。

9.陳敏正，〈**當代泰國「教父」政治的變遷**〉，南投：國立暨南國際大學東南亞研究所碩士論文，2004 年。

10.陳琮淵，〈東南亞華人經濟發展論析：經濟社會學理論的參

照〉,《淡江史學》,第 26 期,2014 年,頁 245-265。

11.黃亦筠,〈泰國首富稱霸亞洲的祕密〉,《天下雜誌》

12.劉盈君譯,周博（Joe Studwell）原著,《亞洲教父：透視香港與東南亞的金權遊戲》（台北：天下雜誌,2010）。

13.蕭文軒、顧長永,〈當代泰國華人政治認同與角色變遷之研究〉,《逢甲人文社會學報》,第 28 期,2014 年,頁 115-156。

14.龔宜君,〈東南亞華人的經濟成就與其跨國商業網絡初探〉,台北：《中研院東南亞區域研究計劃東南亞研究論文系列第六號》,1997。

英文

1. Anek Laothamatas, "Business and Politics in Thailand: New Patterns of Influence," *Asian Survey*, Vol. 28, No. 4 (Apr., 1988), pp. 451-470

2. Anek Laothamatas, *Business Associations and the New Political Economy of Thailand: From Bureaucratic Polity to Liberal Corporatism* (Boulder, San Francisco and Oxford: Westview Press and Singapore: ISEAS, 1992), p. 14.

3. Anselm L Strauss, *Qualitative Analysis for Social Scientists* (New York: Cambridge University Press, 1987), pp. 25-39.

4. Bello Walden and Stephanie Rosesenfeld, *Dragons in Distress: Asia's Miracle Economies in Crisis* (San Francisco: Institute for Food and Development Policy, 1990).

5. Chai-Anan Samutwanit, *The Thai Young Turks* (Singapore: Institute of Southeast Asian Studies,1982), p. 14.

6.Charles Ragin, *The Comparative Method: Moving Beyond Qualitative and Quantitative Strategies* (Los Angeles: University of California Press, 1987).

7.Charmers Johnson," Political Institutions and Economic Performance: The Government-Business Relationship in Japan, South Korea, and Taiwan." in Frederic C. Deyo (ed,), The Political Economy of the New Asian Industrialism (Ithaca: Cornell University Press,1987).

8.Christensen Scoot "The State, Political and Economic Influence: A Study of Associations in Thailand," op.cit., 1991, p. 36.

9.D. M. Shapiro, E. Gedajlovic and C. Erdener, "The Chinese Family Firm as a Multinational Enterprise, *The International Journal of Organizational Analysis*, Vol.2, No.11, 2003, pp. 105-122.

10.Danny Unger, *Building Social Capital in Thailand: Fibers, Finance, and Infrastructure* (New York: Cambridge University Press, 1998).

11.Fred W, Riggs, *Thailand: The Modernization of a Bureaucratic Polity* (Honolulu Eastwest Center Press.1966).

12.Gary G. Hamilton and Tony Waters, "Ethnicity and Capitalist Development: The Changing Role of the Chinese in Thailand," in Daniel Chirot and Anthony Reid (eds*.), Essential Outsiders: Chinese and Jews in the Modern Transformation of Southeast Asia and Central Europe* (Seattle: University of Washington Press, 1997), pp. 258-284. 〈 http://www.cw.com.tw/article/ article.action?id= 5061511 〉,(檢索日期：2015 年 12 月 05 日)。

13.Imai Kenichi, "The Corporate Network in Japan," *Japanese Economic Studies*, Vol.16, Issue 2, Winter 1987, pp.3-37.

14.James Ansil Ramsay, "The Limits of Land Reform in Thailand," *The Journal of Developing Areas*, Vol. 16, No. 2 (Jan., 1982), pp. 173-196

15.James Ingram, *Economic Change in Thailand, 1850-1970* (Standford, CA.: Stanford University Press, 1971).

16.Jeffery S. Arpan, Mary Bary and Tran Van Tho, "The Textile Complex in the Asia-Pacific Region: The Patterns and Textures of Competition and the Shape of Things to Come," *Research in International Business and Finance*, Vol. 4 (1984), pp.101-164.

17.Jhon L.S Girling, *Thailand: Society and Politics* (Ithaca: Cornell University Press.1981).

18.Joel Kotkin, *Tribes: How Race, Religion and Identity Determine Success in the New Global Economy* (New York: Random House, 1994)

19.Kevin Hewison, *Bankers and Bureaucrats: Capital and the Role of the State in Thailand* (New Haven, Conn: Yale University Southeast Asia Studies,1989).

20.Kirby, William C., Michael Shih-ta Chen, Tracy Manty, and Yi Kwan Chu, "International Agribusiness in China: Charoen Pokphand Group," Harvard Business School Case 910-418, February 2010.

21.Lim Mah Hui, "Contradictions in the Development of Malay Capital: State, Accumulation and Legitimation," *Journal of Contemporary Asia*, Vol.1, No. 15, 1985, pp.37-63.

22.Lim Mah Hui, *Ownership and Control of the One Hundred Largest*

Corporations in Malaysia (Kuala Lumpur: Oxford University Press, 1981).

23. Murray L Weidenbaum, *The Bamboo Network: How Expatriate Chinese Entrepreneurs are Creating a New Economic Superpower in Asia* (Martin Kessler Books, Free Press, 1996).

24. Nathanirl H Leff, *Trust, Envy and the Political Economy of Industrial Development: Economic Groups in Developing Countries,"* Master Thesis, Columbia University Graduate School of Business, 1990

25. Nathanirl H. Leff "Entrepreneurship and Economic Development: The Problem Revisited," Journal of Economic Literature, No.17, 1979, pp.46-64.

26. Pasuk Phongpaichit and Chris Baker, "Reviving Democracy at Thailand's 2011 Election,*" Asian Survey*, Vol.53, No.4 (July/August 2013), pp. 608-609.

27. Patrick Jory, "Multiculturism in Thailand? Cultural and Regional Resurgence in a Diverse Kingdom," *Harvard Asia Pacific Review*, Vl.4, No.1 (Winter 2000), p. 19.

28. Paul Handley, "More of the Same? Politics and Business,1987-96," in Kevin Hewison (ed), *Political Change in Thailand: Democracy and Participation* (London and New York: Routledge, 1997), pp. 94-113.

29. Phippatseritham Krirkhiat, *A Study of Big Business Ownership in Thailand* (Bangkok: Thai Kadi Institute, Thammasat University. 1982).

30.Ray A. Goldbergand and Cate Reavis, "Charoen Pokphand Group: A Renewed Focus," Harvard Business School Case 903-415, November 2002.

31.Richard F. Donner, "Approaches to the Politics of Economic Growth in Southeast Asia," The Journal of Asian Studies, Vol.50, No. 4 (November 1991), p.833.

32.Richard Robison, *Indonesia and the Rise of Capital* (London: Allen and Unwin, 1986).

33.Rogers Hollingsworth and Robert Boyer (eds.), *Contemporary Capitalism: The Embeddedness of Institutions* (New York: Cambridge University Press, 1997).

34.Ronald H. Chilcote, Theories of Comparative Political Economy (Boulder, CO: Westview Press, 2000).

35.S. Gordon Redding, *The Spirit of Chinese Capitalism* (Portland: Walter de Gruyter, 1993).

36.Sterling Seagrave, *Lords of the Rim* (New York: Putnam's Sons, 1995).

37.Suehiro Akira, *Capital Accumulation and Industrial Development in Thailand* (Bangkok: Social Research Institute. 1985).

38.Sungsidh Piriyarangsan, *Thai Bureaucratic capitalism,1932-1960*. Master Thesis, Faculty of Economics, Bangkok: Thammasat University, 1980.

39.Willian M. Dugger, "The Transaction Cost Analysis of Oliver E. Williamson: A New Synthesis?" *Journal of Economic Issues*, Vol .17, No. 1, 1983, pp. 95-114.

40.Yoon Hwan Shin, "Role of Elites in Creating Capitalist Hegemony in Post-Oil Indonesia." paper presented at the symposium on The Role of the Indonesian Chinese in Shaping Modern Indonesian Life, Cornell University, July 13-15,1990.

41.Yoshihara Kunio, *Philippine Industrialization: Foreign and Domestic Capital* (New York: Oxford University Press, 1985).

第三部分

社會族群與難民問題

泰國華僑華人認同新變化之觀察與思考

楊保筠

北京大學國際關係學院國際關係學院教授

泰國法政大學比裡·帕儂榮國際學院教授

摘要

海外華人的認同問題始終是學界所關注的要點。東南亞是世界華人最為集中的地區，而泰國又是該地區華僑華人數量最多的國家之一，學界對泰國華人華僑問題的關注度甚高。本文擬介紹筆者對中泰建交以來，特別是在中國實行改革開放，經濟獲得高速發展以及中泰關係不斷加強的大背景下，泰國華人華僑界出現的新現象，以及在此條件下泰國華人的國家認同與族群認同觀念可能發生變化，此具有研究上的價值，並進一步觀察一些對華人認同影響的因素和改變。

關鍵字：泰國、華僑華人、族群認同、中泰關係

一、前言

　　學界對目前泰國華僑華人總數的估計一直存在很大爭議。據查理斯·艾夫·凱斯估計，現在居住在泰國的華人與華僑估計約600餘萬人（包括華僑21萬餘人），在泰國6,000餘萬人口中，約占十分之一。 又據潮州會館報導：「一般估計，如果將有中國血統的華裔也算在內，那麼在泰國的華人、華僑、華裔要占其人口的20%左右，約有1,000萬。」[1] 實際上，由於與東南亞其他國家相比，泰國華人的融入程度非常高，因此華裔人口的數量難以精確統計。另據廈門大學莊國土教授的估算，2007 年泰國的華僑華人數量大約為 700 萬，大約占泰國總人口的11%。[2]

　　至於海外華人的認同問題，眾說紛紜。著名華裔學者王賡武教授在 20 世紀 80 年代提出東南亞華人多重身份認同的理論，並提出研究種族、國家、階級、文化等的多重認同規範、標準。[3] 莊國土教授則提出，可將東南亞華人的認同分為政治（國家）認同和族群認同兩大類，認為其他各種認同都可以歸於這兩類。本文在談及泰國華人的認同問題時，也主要是從國家認同和族群認同的視角來進行探討，而探討的範圍則主要分為老華人、新生代華人和新移民三個群體。

---

[1] 轉引自吳群、李有江，〈二戰後泰國華僑華人社會的變化〉，《雲南師範大學學報》2004年第5期。

[2] 莊國土：〈東南亞華僑華人數量的新估算〉，《廈門大學學報（哲學社會科學版）》，2009 年第 3 期。

[3] 王賡武：〈東南亞華人的身份認同與研究〉，《中國與海外華人》，香港，商務印書館，1994 年，第 252-253 頁。

二、泰國老一代華人是否存在「再中國化」的身份認同趨勢

　　中國人移居泰國歷史久遠，在與當地民族的長期融合的過程中也形成了自己的鮮明特色。事實上，華人融合於泰國社會的漸進演變過程既是一種自然的融合，又有當權者的宣導和制約，這和泰國歷朝政府的對華關係及其華人政策密不可分。在中泰關系相對友好的背景下，泰國政府對華人採取了比較溫和的同化政策，並取得巨大成功。例如，20世紀60~70年代，泰國華僑改隸泰國國籍的人數急劇增加，在華僑中人數最多的潮州人，「加入泰國籍的占百分之九十五以上。」[4] 到1980年代末1990年代初時，泰國華僑人數更是只剩下 25 萬人左右，僅占當年泰國總人口的0.46%，[5] 而且其中的大多數人都是已退休在家的老華僑。

　　正是政府的溫和同化政策，使泰國華人對當地政治的參與程度相當高。泰國政府對已經入籍的華人採取「一視同仁，不加歧視」，甚至特別優待和重用的政策。由於戰後泰國政治體制的改革，政府官員和公務員主要通過普選、任命和公開招考的競爭方式進行徵聘，所以一些受過高等教育和有才幹的華人獲得擔任政府職務的機會。[6] 由於他們早已深深地融入泰國社會，得到泰國

---

[4] 吳群、李有江：〈二戰後泰國華僑華人社會的變化〉，《雲南師範大學學報》，2004年第5期。

[5] 泰國統計局統計資料。轉引自許梅：〈泰國華人政治認同的轉變—動因分析〉，《東南亞研究》 2002年第6期，第50頁。

[6] 陳健民，〈泰國對華人的政策和戰後華人社會的變化〉，《華僑華人歷史研究》

其他各族群的認可，因此也不必避諱自己的華裔身份。 例如，前任泰國總理英拉不僅承認自己的華人身份，下野後還曾于 2014 年 11 月初攜帶兒子陪伴其兄長、前政府總理塔信，一同到祖籍所在地廣東梅州豐順縣尋根。[7] 據泰國學者 Vorasakdi Mahatdhanobol 教授認為：雖然泰國華人人口僅占總人口的 10%~15%，但 70% 的泰國國會議席及 75%的省議會席位是由華人、華裔所佔據，[8] 泰國華人參政程度之深，由此可見一斑。

此外，泰國歷屆政府對華人的經濟政策也與其在政治上的同化政策相輔相成，為華人成功地深度融入泰國社會創造了有利條件。泰政府認可華人在本國經濟事務中所發揮重要作用，因此，大批富有朝氣的華人企業家在泰國的銀行、製造、貿易、進出口等各行各業中均有出色表現。一大批傑出的華人企業家在工業、金融、投資等部門擔任領導職務。泰國經濟的這一特色也使華人經濟事實上與該國經濟完全融為一體，不可分離，也沒有出現其它東南亞國家所謂的華人經濟從外僑經濟轉變為民族經濟的過程，從而真正成為泰國經濟中富有活力的組成部分。 可以說，泰國已經通過同化政策基本上達到了「經濟泰化」的目標。華人所從事的職業遍及國計民生各個領域，在各個行業中都有相當份量的比重。也正因如此，那些指稱華僑華人控制泰國經濟的說法是站不住腳的。誠如有的學者所言：「泰國經濟如不能有現代化的發展，就不會有泰華經濟之現代化，相反的，沒有泰華經濟之快速

1989 年第 4 期。

[7] 參閱〈http://news.xinhuanet.com/world/2014-11/01/c_127165101.htm〉。

[8] 參閱〈https://www.academia.edu/1678843/The_Chinese_communities_of_Thailand_Le_dragon_et_le_Kinaree_les_communautés_chinoises_de_Thaïlande〉。

成長，也就不會有泰國經濟的快速發展。」[9]

　　與此同時，到泰國經商居住的華人也帶來了他們的思想、生活方式、藝術和知識，為曼谷等商業城市增添了活力和色彩，也為泰國的社會文化的發展做出了令人矚目的貢獻。正因泰國政府的融合政策取得成效，才使該國的華人與泰人的關係十分融洽。正如泰國前副總理、泰中友好協會會長功•塔帕朗西先生於 2014 年 9 月在中國成都舉行的第九屆中國-東協民間友好大會上所說：「我相信，在這個世界上，沒有一個國家能像泰國跟中國這樣宛如一家了，中泰一家親是兩國關係的基石。」[10]

　　1975 年 7 月 1 日中泰建交促進了兩國在政治、經濟、文化等各個領域中關係的全面發展。特別是 1978 年中國實行改革開放以及 2001 年中國加入世界貿易組織等一系列事件所帶來的機遇，加深了泰國華人與中國的經濟聯繫；與此同時，他們的華人屬性隨著與中國的密切交往也開始重新顯現出來。一些大型泰國華人企業，如正大集團從改革開放伊始就到中國投資興業。據正大集團農牧食品企業中國區資深副董事長謝毅介紹，1979 年中國改革開放伊始，正大集團就在深圳投資 1,500 萬美元，建成當時全國最大的年產 8 萬噸的現代化飼料生產企業—「正大康地有限公司」，成為中國第一個外商獨資企業。當時，正大集團決心進軍中國市場是需要勇氣的。謝毅稱：「正大集團當初進入中國，並不是從純商業的角度出發考慮的，當時就是一種中國情結，就是愛國。……假如當時真的政策變了，那我們就算送給國家了，就

---

[9] 轉引自王望波，《泰國華人政策及其影響》，《八桂僑史》，1996 年第 1 期。

[10] 參閱〈http://gb.cri.cn/42071/2014/09/22/6071s4701223.htm〉.

沒打算再收回來。」他認為，「華人特別可貴的就是有中國情結，絕大多數的華僑華人都是愛國的。這個情結也註定正大集團所走的路。」[11] 隨著赴華投資泰國華商數量增加、大批華人子弟到中國的學校就讀，泰國華人華裔學習漢語的熱情不斷提高等現象，他們的「中國情結」在一些西方學者的筆下則成為所謂的「再中國化」，或稱「再華化」的問題，甚至提出了「是泰國華人的再中國化，還是泰國的中國化」的疑問，其邏輯是基於泰國華人與祖籍國中國的關係不斷深化，有可能導致其改變了對其已歸化的居住國泰國的國家認同發生改變，而回歸對祖籍國中國的認同；由於華人在泰國政治、經濟及社會文化方面均佔據著重要地位，則又有可能導致泰國的「中國化」。[12]

　　實際上，這只是基於表面現象而提出的「偽命題」。據泰國華人學者江白潮的觀察，泰國華僑族群自上個世紀 1970 年代就出現了華僑人口年齡老化、後代子孫迅速泰化、華族語文危機嚴重化、落地生根的觀念普遍化等四個主要特徵，至 1980 年代更加顯著。正是由於華僑跟祖國關係疏隔既久，國內親人日漸減少，而泰國子孫則多已成群。他們在這裡與泰人和睦相處，受泰國文化、宗教的薰陶，熟悉這裡的風俗習慣，既然落葉歸根有困難，那就只有認同泰國社會，作落地生根的打算了。華僑歸化泰籍效忠泰國，以報答數十年來或自他們先人以來，泰國給予安居和生活照顧的恩惠，也為便於從各方面作更大的努力，對當地社會作出更

---

[11]　正大集團網：〈謝毅：正大集團來華投資係因愛國　就沒打算收回〉，2014-08-08，〈http://www.cpgroup.cn/Content.aspx?curID=6698〉。

[12]　J. Baffie, "Resinisation des Chinois de Thaïlande ou sinisation de la Thaïlande?" in Monde Chinois, No. 7, printemps 2006, pp.31-46.

大的貢獻。這是人們最普遍的想法。即便如此，改籍並非意味著不愛祖籍國。自中國開放以來，泰國華僑華人前往大陸旅遊、探親以及捐款給故鄉興辦醫院、學校和作其他公益的熱潮，至今仍在繼續，就是最好的說明。[13]

　　但無論如何，隨著泰國華人在政治、經濟和社會文化等方面全面深入地融入泰國社會，形成了華人的知識階層和中產階層，並不斷擴大，華人族群將更理智、更成熟地接受世界新思潮，繼續深化與泰國社會的結合。因此，他們對泰國的政治認同，或者說是國家認同是不會因為與中國的關係而改變的。華人族群為當地的社會、政治、經濟、文化的發展盡心盡力，並以其創造的社會財富回報泰國社會，支援泰國的建設。例如，1997 年金融危機爆發後，泰國華人積極參與了政府發起的「泰助泰運動」。1998年 1 月，泰國華人金銀珠瑙公會一次就捐款 400 萬銖（約合 10 萬美元），同年 9 月泰國華人團體又捐款數百萬銖給王室作為「免費午餐」基金，以救濟失業者和窮人。[14] 泰國華人華裔還成立了不少專業的社會慈善機構服務整個泰國社會，配合泰國政府應付各種災難和重大事件。例如，凡有重大事件發生，人們都能夠看到都華僑報德善堂的身影。泰王拉瑪九世於 2016 年 10 月 13 日駕崩後，報德善堂隨即派出了大量人員和車輛，調集大批食物和物資，為到王家田廣場和王宮弔唁國王的民眾提供服務，協助維持廣場的整潔和維護周邊的安全。

　　但是，老一輩華人融入泰國社會，並不意味著泰國華人捨棄

---

[13] 以上部分見〔泰國〕江白潮：〈對泰國華僑華人現狀的探討〉，《東南亞》，1991 年第 2 期。

[14] 成元生：〈泰國華人融進當地社會〉，《江海僑聲》，1999 年第 2 期。

其作為一個族群本身所具有的文化。他們不會忘卻來自祖先的「根」文化，並對祖籍國及其文化懷有與生俱來的感情，正如一位華裔學者對筆者所言：中國的發展使我在作為一個泰國人的同時，也更為自己的華裔身份感到自豪。

由此可見，雖然改革開放以來泰國華人與中國在經濟上的關係不斷加深，泰國華人對中國的認同感也比以前有所上升，但這種認同感除了有對祖籍國的關注和對族群文化之根的依戀，但同時也往往著眼于對經濟利益的追求，也就是經濟上的認同，而他們在政治上認同自己是泰國人的基本狀況並不會發生改變，因此所謂的華人「再華化」的說法是難以成立的。因此，所謂華人的「再華化」會導致泰國被「中國化」的說法則就更是荒謬了。

三、新生代華人的認同問題

本文所說的「新生代華人」主要是指第三、四代華人，即華裔青年群體。之所以關注這一群體，主要是由於筆者在泰國教學三年有餘，所接觸的基本上均是這一年齡段的華裔大學生。深感他們與其祖輩和父輩有著明顯的差異。他們的認同問題，是一個很值得深究的課題。

如前所述，泰國華人無論在血統上還是在文化上，融入泰國社會的程度都比較高。研究泰國華人的著名學者史金納（G. William Skinner）根據泰國華人的同化狀況提出了華人的同化模式，認為華人同化于當地社會和民族，不僅是歷史上普遍存在的現象，也是歷史發展的必然趨勢。他甚至預言，第三、四代華人

將不復存在，會被同化於泰國的社會文化中。[15]

實際上，由於泰國政府對華人所推行的同化政策，特別是在教育方面的全面泰化的政策，如：撤銷華文學校；泰文學校無視華人學生的中華文化背景，要求所有華人學生採用泰文名字，穿著統一的校服，在學校只能使用泰語，行為舉止也必須與泰人相同，這使當地教師的行為、生活方式和理想信念成為華人學生仿效的楷模。為了加強同化的進程與效果，學校對不遵守校方規定的華人學生不提供各種獎勵，如果華人學生在行為方式和習慣等方面嚴重違規，還會受到各種處罰等種種舉措，目的是從小就向華人學生灌輸其是一個泰人的觀念。[16] 而新生代華人的父母輩都經歷過這樣的一個過程，他們中的大多數人基本上完成了被同化和融入泰國社會的過程，大多數華人除了因家庭內部交流之需保留了一定的方言表達能力之外，對漢語和漢字的使用能力基本上已經消失殆盡。在這樣的情況下，他們的後代子孫──即新生代華人普遍不識漢字，有的甚至連祖家的方言也不會講，其泰化更是難以避免的事情了。

但即便如此，這一現象也不意味著新生代華人因此而對其祖先的文化一無所知，並因此而否認自己的華裔身份。當代泰國華

---

[15] Walwipha Burusratanaphand, "Chinese Identity in Thailand," Southeast Asian Journal of Social Science, Vol. 23, No. 1, The Ethnic Chinese of Thailand (1995), pp. 43-56; Charles Keyes, "G. William Skinner and the Study of Chinese in Thailand and the Study of Thai Society," from 〈https：//www.academia.edu/16415295/G_WILLIAM_SKINNER_AND_THE_STUDY_OF_CHINESE_IN_THAILAND_AND_THE_STUDY_OF_THAI_SOCIETY〉。

[16] 潘豔賢：〈當代泰國華裔青年的認同意識〉。作者係廣西民族大學東盟學院助理研究員。論文是其為 2016 年 11 月 26 日在廈門華僑大學舉辦的「第二屆華僑華人與中國周邊公共外交研討會」提供的參會論文稿。

裔青少年如何看待自己的身份？據一位研究工作者在泰國華裔青年中所做的統計顯示，在接受調查的學生中，有99%的人把泰國當成自己的祖國，100%的學生認為泰國對他們來說是最重要的國家，如果泰國發生社會騷動或遇到重大困難時，他們將選擇與當地人民一起克服困難，說明泰國華裔學生已經明顯確立了對泰國的國家認同意識。但與此同時，有95%的華裔學生認為自己是「華人」或「華裔」。在做自我介紹時，有 50%的學生表示願意介紹自己是泰國華人/華裔，30%的學生願意介紹自己是泰國人，還有10%的學生表示會根據場合而定，說明這些泰國華裔青年仍然具有比較明確的華人身份認同意識。[17]

　　這項調查的結果與筆者在教學過程中所做的觀察基本相符。在本人直接授過課的 300 多名泰國青年大學生中（其中95%以上為新生代華人），在首次見面自我介紹時，百分之百的華裔學生都首先說明自己是「泰國人」，70%左右會主動介紹自己是華人/華裔。同時，其他學生也會在回答筆者進一步提出的「有沒有華人血統」的問題時，坦率承認自己的華裔身份。據學生們介紹，雖然很多家長已經不會講漢語、識漢字，但家裡仍然保持著中國的傳統文化和習俗，對春節、清明、端午、上元、中秋等傳統節

---

[17] 潘豔賢：〈當代泰國華裔青年的認同意識〉。據作者介紹，這項調查的對象為泰國學習中文的在校華裔大學生及非華裔泰人大學生，年齡為 18 歲-24 歲之間。其中，華裔學生基本上為第三代或是第四代。調查對象的中文水準有初級、中級、高級三個不同層次，調查問卷亦根據學生中文水準的不同分設為泰文版和中文版，調查方法則採用了問卷與觀察、訪談相結合的調查方法和定量分析與定性分析相結合的研究方法。調查問卷共發出 100 份，其中對華裔大學生和非華裔大學生的調查問卷各占一半，收回有效問卷共80份，其中對華裔大學生的調查問卷42份，非華裔大學生的調查問卷38份。

日仍看的很重，特別是對祖先的祭拜格外重視。即使是泰華混合的家庭，也會同時過泰國和中國的重要傳統節日。他們表示，正是這些家庭活動使他們瞭解到一些中國的傳統文化和習俗，也使他們從小就知道自己所具有的華人血統和身份。在這些泰國青年學生中，相當多的學生有自己的中文姓名，據說多為祖父/外祖父所起，也有些是父輩或親戚所起。沿用自己的華文姓氏和名字，說明這些學生的家庭仍然具有較強的華人宗族觀念，並將其視為保持、維護民族文化傳統的重要組成部分和維繫華人故土血脈的精神紐帶。華裔學生瞭解、保持和使用自己的中文姓名，既反映出他們的自我認同意識，也表明了對自己的華人身份的認同。

此外，上述相關調查結果還證實，大部分華裔學生認為「中國是值得懷念的祖籍國」，並表示如有可能還要常去拜訪、探親，顯示出他們作為中國移民的後裔，對中國存在著的特殊的情感。這也和個人的觀察結果相符。

上個世紀50~60年代泰國對華人的同化過程是通過「泰化」教育開始的，而取締華文教育是其中的一個重要手段。然而，當今在泰國，人們對學習漢語的興趣大大提高，漢語教學發展如火如荼，出現了「漢語熱」，那麼，這一態勢對華裔青年又會產生什麼影響呢？

泰國漢語教學的逐步開放，起於1972。20世紀80年代後，泰國政府逐漸放寬對華文教育的限制，1992年宣佈全面開放華文教育。當年，泰國民間最大慈善機構泰國華僑報德善堂董事長鄭午樓博士籍該堂成立80週年慶典之機，宣導建立「華僑崇聖大學」，號召華人踴躍捐資完成該校的建設，以回應國家發展教育事業、培育大專人才的方針政策。1992年5月，泰國普美蓬國王欽

賜「華僑崇聖大學」校名，使其成為泰國唯一一所獲此殊榮的私立大學。翌月，學校正式開學。 1994 年 3 月，普美蓬國王親臨學校主持揭幕典禮，使該校再獲殊榮。 正是在鄭午樓等一大批熱心中華文化的老華人的推動下，泰國的華文學校的辦學高潮又再度興起。此後，泰國教授中文課程的學院、學校、補習班如雨後春筍般出現，社會上學習中文的人數亦日益增多。

　　實際上，1990 年代初開始出現的泰國「華文熱」是有其深厚的國內外背景的。自 1975 年中泰建交以來，兩國之間的友好關係在全方位合作過程中不斷發展，中國改革開放取得的成果也使泰國看到深化與中國關係的必要性和重要性。在 1997 年首先爆發與泰國的亞洲金融危機中，中國所採取的一系列有利於阻止危機惡化的措施及對泰國提供的及時有效的援助，使提供政府更加重視與中國的關係。與此同時，泰國政府也認識到為了發展與中國的關係，漢語人才的培養也非常重要。1999 年 11 月，泰國教育部長秘書頌博·喬披集曾明確表示：「華文對於泰國的未來將與英文同樣重要，因泰中兩國各方面交流越來越頻仍。」[18] 說明泰國政府是將華文作為一門對泰中交流至關重要的外語來看待的，其地位和作用與英語等其他外語並無二致。此外，現在的華文教育是由泰國政府主導，泰國教育部制定培養師資、課程設置等計畫，負責組織編寫教材等，也使其具有從宏觀角度把握華文教育方向的能力。

　　不言而喻，華人華裔學習中文，也許會多幾分親切感，但決

---

[18] 轉引自：吳群、李有江，〈二戰後泰國華僑華人社會的變化〉，《雲南師範大學學報》，2004 年第 5 期。

不會將其與自己的政治認同聯繫起來。華人社團積極宣導華文教育的目的也在於:「學習並充實華文的基礎能力,使之成為良好的語文工具,為泰國的政經發展作出忠誠卓越的貢獻。」此外,目前泰國為數眾多的中文學習者中,包括了不同種族、不同年齡、不同階層的人士,也印證了這一點。

即使是積極投身於漢語學習的新生代華人,他們所看重的是其實用性,而非其民族性。在與大批學習漢語和中國研究專業的學生交流過程中,絕大多數華裔同學都明確表示,學習漢語是為了將來能夠找一份好工作,或者能夠為家族企業與中國做生意提供便利;而回答學漢語是因為對中國文化感興趣,是為了更多、更深入瞭解中國文化的泰族學生的比例則比較高。

由此可見,所謂大批華人子弟學習漢語將導致他們在認同意識方面的「再華化」的說法,同樣是沒有依據的。

四、新移民的現狀及認同問題

學術界對於遷移定義中時間限制的理解是廣義上的,「新移民」不僅包括已經在他國入籍或未入籍的永久性定居移民,還包括未在他國入籍但在他國工作、生活的短期性(一般在一年以上)移民。而本文所指旅居泰國的中國新移民,主要是指「改革開放後移居國外的中國大陸公民」[19]。

據莊國土教授的估算,到 2007 年,近 20 年湧入泰國的中國

---

[19] 張秀明,〈國際移民體系中的中國大陸移民—也談新移民問題〉,《華僑華人歷史研究》 2001 年第 3 期。

新移民人數約為 40~50 萬，[20]由於近年來中國人移民泰國的勢頭不減，這一數字也仍在繼續增加。

改革開放後大批中國人移居或較長時期到泰國居住的原因眾多。總體來看，與老華僑相比，中國新移民移居泰國的動因和方式亦趨多元。據泰國學者的研究，將其歸納為：以前曾經到泰國旅遊，因而喜歡上了泰國，希望能夠在這裡找的工作，定居下來；為數頗多的漢語志願者教師在合同期滿後決定留下來，他們有的繼續從事教學，有的經商，有的務工；通過與泰人結婚而留住在泰國；由於學費和生活費用成本低而來泰國大學或研究生院長期就讀等。[21]

中國人自己對移居泰國的理由的解釋也是多樣化。很多去泰國的中國內地新移民大都年富力強，並在國內積累了一定的資金或工作經驗，他們往往受到在泰親友的啟發，認為泰國比較發達，基礎設施相對完善，民風較為開化和溫和，因此到泰國來尋求商機。 他們大多開商店、經營餐館、或者給人打工等。

還有一些通過留學移居泰國的年輕新移民則認為，考取泰國的留學生相對容易，而且泰國的高等院校也樂於招收中國留學生。與歐美國家相比，泰國的學費和生活成本低許多，又有很多業餘打工的機會，因而情願在此長期就讀和駐留。有些學生新移民還表示，如果有就業和通婚的機會，則會在畢業後定居泰國。此外，

---

[20] 參閱 莊國土：〈東南亞華僑華人數量的新估算〉，《廈門大學學報(哲學社會科學版)》，2009 年第 3 期。

[21] Supang Chanthawanich and Chada Triamwithaya, "The New Chinese Migrants in Bangkok," in Summary of the Seminar on New Chinese Migration in Thailand and the Mekong Region Dipak C. Jain Room, 1st Floor, Sasa Niwet Building Chulalongkorn University, May 19, 2016.

有為數眾多的新移民的配偶或者親友也是通過辦留學簽證的方式在泰國居留的。

在新移民中，也有不少人是為泰國的生活氛圍和環境所吸引。 相比國內的很多城市，泰國的大小城鎮都顯得更為乾淨整潔，空氣品質也更好。加之泰國的旅遊業比較成熟和發達，使當地的生活方式和生態環境具有很強的吸引力。 隨著中國經濟的發展和中產階級隊伍的擴大，到泰國養老已經成為不少人的選擇，因為這裡的生活消費要比中國大多數省會城市低，氣候和環境條件也比較適合老年人，加之泰國政府規定超過50歲的外國人就可以辦理養老簽證，也比較方便。

還有為數不少的新移民是為宗教信仰而來。泰國是個以佛教為國教的國度，一些中國信眾認為在國內修行頗多不便，經常會遭到別人的白眼，而在泰國修佛則比較自由，也令人心情舒暢。 因此，不少人在工作之餘，把大部分業餘時間都用於在各類佛寺裡禪修。在泰國的一些華人寺廟，可以看到很多來自中國的佛教信徒，他們積極參加各種禪修班或宗教活動，並以居士身份為寺廟提供義工服務。

由此可見，改革開放以來數量龐大的中國新移民移居泰國，有其時代背景和原因，中泰兩國關係的發展是中國新移民出現和延續的最重要動力，它們構成了促使中國新移民前往泰國的「推力」，而泰國的生活與環境條件又成為吸引中國新移民的「拉力」。加之華人移民網路在泰國早已長期存在，並不斷有所拓，則為這一人口遷移活動提供了有效的支持。

與早期移民相比，改革開放以後來到泰國的中國新移民具有一些明顯的特點。

　　首先，他們的來源地要廣泛得多。過去由於地理和交通條件的限制，泰國的華人移民主要來自中國東南沿海，其中以廣東潮汕地區的移民人數最多，其次是客家人和海南人。而新移民則來自全國各地，除原來的東南沿海繼續保持其移民趨勢外，內地移民到泰國的人數逐漸增多，甚至也出現了來自東北地區的較大數量的移民。

　　其次，新移民的總體受教育程度明顯高於老華僑。　來泰國的早期移民多是迫於生活壓力而下南洋，剛到泰國時都是從做苦力開始。　跟他們相比，新移民接受教育的程度確實比較高，大部分人在國內接受過中等教育或高等教育。例如，泰國朱拉隆功大學的調查顯示，在曼谷輝煌地區的「新唐人街」的中國移民中，有68.9%的人擁有學士學位。[22]

　　第三，與老華人相比，赴泰中國新移民的職業結構發生了重大變化，突破了老華僑以「三把刀」(菜刀、剪刀和剃刀)，為主的行業取向，朝著職業多元化方面發展，涉及駐在國的科技、教育、商業和金融服務業，並且有相當一部分人已嶄露頭角。　新移民職業多元化的出現首先與他們自身的教育背景有關。　新移民他們在出國前已經具備一定的工作經歷和職業背景，移民到泰國後自然會儘量尋找接近自己原來工作的機會。　新移民職業多元化還與移居國工作力市場的需求有關。　在經濟全球化進程對泰國國際分工的影響之下，以及中國事務在泰國對外關係中地位的上升，現在泰國的勞動力分工與老移民時代已大不相同，造就了泰國對

22　環球時報網：〈泰媒：中國在泰國新的移民將不同以往〉，2016-09-19，〈http：//oversea.huanqiu.com/ article/2016-09/9454758.html〉。

各種涉華人才的迫切需求，從而給新移民創造了很多難得的就業機會。因此，人們在曼谷或泰國的其他主要城市，經常能碰到形形色色的中國新移民，他們有的是華文教師，有的是文藝工作者，還有的是書畫家等等。

然而，儘管新移民出現了職業多元化的趨勢，但他們並不能完全脫離職業的經濟取向。新移民移居泰國後的首要需求是立足和謀生，因此絕大部分新移民仍從事經商等經濟型工作。即使目前在泰國有較多人從事文化工作，但所追求的也是以其經濟效益為主，及將其作為基本的謀生手段。有的新移民為此不得不放棄自己的理想，放棄自己原有的職業愛好和知識積累，轉而從事能夠滿足其立足和謀生需求的行業。也有些文化工作者在立足漸穩後，隨即涉足商界，以獲得更高的經濟效益。

第四，新華人具有較大的流動性，逐利趨向也比較明顯。他們可以在有商機時呼朋引伴來泰國經營，也可能在遇到挫折或問題時回國另謀發展。由於泰國移民法規比較嚴格，許多人因為簽證管理問題而成為「候鳥式」的移民。比如，根據泰國的簽證管理制度，即使取得長期簽證也需要每隔90天去移民局報到一次。許多人就在需要去移民局報到時回國去處理業務，再入境後的停留時間就可以順延。也正是由於此類原因，一些泰國學者認為，中國新移民「打算一旦賺到足夠的錢，就返回中國。」筆者也曾遇到一些新移民華商，曾經一度因在泰國經營不順而返回家鄉，但又因那裡的創業環境不佳又重回泰國打拼，並最終得以立足。

由於中國新移民的大批抵達，他們也和老華人一樣，很快就在泰國的一些主要城市形成了聚居區，即新興的「唐人街」，其中以曼谷的曼谷輝煌區帕查臘邦蓬街（Pracharatbamphen）一帶的「新

中國城」名氣最大。這條街雖然只有短短的 400 公尺，但如今已形成一條繁華的商業街。各種商店、餐廳和服務中心如雨後春筍紛紛湧現；無數中國特色十足的漢字看板引人矚目，而商店裡各類中國商品應有盡有，中餐美食比比皆是，中國遊客來來往往。

對於該街區迅速成為新移民聚居中心的原因，朱拉隆功大學亞洲移民研究中心學者的研究結果認為，輝煌區靠近中國大使館，周邊旅遊景點、商場和娛樂場所眾多，且交通方便。而且該街區的房屋租金相對較低，租得起；有朋友住在同一社區，可以使用中文交流，互相幫助，而且該地區的日常生活設施和服務也比較完善；加之當地的泰國人比較友善等因素，[23]使為數可觀的新移民最終選擇了這一街區作為立足和共同發展之地。

「輝煌唐人街」的形成過程和速度頗令人吃驚。大致從 2013 年開始，大批中國學生和中文老師居住在此，一條嶄新的商業街遂迅速成形。調研結果顯示，居住在該街區的中國人主要來自廣西和雲南，他們通常是以旅遊、學習或工作為目的而「暫居」泰國的新一代年輕中國人。他們在留學的簽證到期後滯留泰國，從事將泰國水果乾、青草藥膏、蜂蜜和橡膠枕等產品銷往中國的「代購業務」，並隨著生意的擴展而將親戚朋友招來泰國一起開店。據輝煌區政府的資料顯示，目前該街區 181 家商店中，中國商店占 60 家，其中包括物流公司 27 家、化妝品店 20 家、貨物寄存倉儲 17 家、中國餐館 14 家、橡膠枕頭店 5 家、泰式按摩店 5 家、皮

---

[23] Supang Chanthawanich and Chada Triamwithaya, "The New Chinese Migrants in Bangkok," in Summary of the Seminar on New Chinese Migration in Thailand and the Mekong Region, Dipak C. Jain Room, 1st Floor, Sasa Niwet Building Chulalongkorn University, May 19, 2016.

具店 3 家、燕窩零售店 2 家、麵包店 1 家、美容診所 1 家、旅行社 1 家，而且其中未登記注冊的商店更多達44 家。[24]

　　據泰國研究人員估計，居住在該街區的新移民約有 5,000 人，約占當地總人口的30%。而大量新移民的聚居，也給該地區帶來了房子租金上漲、街區衛生及治安環境變差、鄰里關係（特別是新移民與當地泰人居民之間的關係）緊張等負面影響。[25]

　　隨著中國新移民的大批進入及他們之間的互助需求的增加，爲數頗多的華人新移民社團也異軍突起。 據稱，有新移民建立的社團已達數十個，其中較具規模的有近20 個。

　　至於改革開放以後前來泰國的新移民的認同觀念，他們作為來泰國的第一代中國僑民，對中國的國家認同感自然比較強烈。由於他們的經營和生存環境與國內有著千絲萬縷的聯係，他們對國內形勢的發展和變化相當關注，對中國的內外政策也非常關心。例如，在關於南海仲裁結果出籠後，泰國的一批中國新移民社團就率先發表聲明，表示支援中國政府的嚴正立場和維護南海主權的一切行動。 在今年中國部分地區遭受洪澇災害之際，多個新移民社團又發起募捐賑災活動，以援助祖國的受災民眾。

　　此外，在新移民群體中，很多人懷有相當濃烈的地域認同意識。 長期以來，地緣因素在華人社團建立過程中佔據著重要地位，這一現象在泰國的中國新移民中也有明顯表現。 新華人社團

---

[24]泰國網：〈輝煌， 冉冉升起的曼谷新唐人街〉，2016-8-29，http：//www.taiguo.com/article-43730-1.html.

[25] Supang Chanthawanich and Chada Triamwithaya, "The New Chinese Migrants in Bangkok," in Summary of the Seminar on New Chinese Migration in Thailand and the Mekong Region, Dipak C. Jain Room, 1st Floor, Sasa Niwet Building Chulalongkorn University, May 19, 2016.

大多以地域圍繞因素而建立，許多成員在加入這些由「老鄉們」建立的社團時，也都表示有了「回家的感覺」，而此前則常常感到「孤獨」和「空空落落」，他們對參與社團的活動也表現出較高的積極性。

與此同時，中國新移民對接納他們的泰國也懷有感恩之心，深感自己能夠得以在泰國立足和生存，得益於泰國人民的友善和寬容。因此，在泰王拉瑪九世駕崩後，許多新移民社團也都在第一時間通過各種方式表達對泰王的哀悼，與泰國人民同悲。他們舉行悼念會，在華文報刊上刊登大幅弔唁廣告。一些社團還自發組織成員前往王家田廣場等弔唁活動集中地區從事分派食物、清潔等公益活動。另外，也有不少新華人商人通過華人的慈善機構和網路為弔唁民眾提供食物、飲用水及其他所需物資。這也充分說明新移民試圖儘快瞭解和融入泰國當地社會的願望。

同時，一些來泰國較早，特別是與當地人結婚生子的新移民已經開始面臨許多具體的認同問題。據筆者瞭解，在泰國成家者多以中國男性新移民與泰國的華裔或泰人結婚為主。這些男性中，希望加入泰國籍的願望並不太強烈。但隨著孩子的成長，孩子的選籍以及對子女的教育，包括教育方法及是否讓孩子接受漢語教育等則成為實在的問題。有時，夫妻雙方也可能因此而出現一些矛盾。此外，這些子女也面臨著與新生代華人相似的問題。筆者曾與現已成年的早期新移民子女交流，他們的父親是新移民，母親是泰國華裔。他們認同自己是泰國人，但對中國和中華文化有感情。不過，儘管父母也常送他們去中國短期學習，他們的漢語能力仍遠遜於父母。他們的父母對這一現象也表示擔憂，希望他們本科畢業後能夠到中國去攻讀研究生，以期在學習專業

知識的同時，提高他們的漢語水準。由此可見，新移民家庭，尤其是另一方為華裔的家庭，對子女的漢語能力及他們對中國文化的瞭解程度還是比較在意的。

從總體上來看，在泰新移民的主體是以小本攤商為主業的移民群體，即使已經較有實力的新移民也大多處在創業和資本累積階段。新移民的經濟實力和社會影響力還都不強。他們所從事的業務也大多與國內業界和市場有關，因此，他們對中國的國家認同感較強，但這並不妨礙他們有機會時能夠在泰國安家紮根。 正如一位溫州新移民華商所言：「過去確實想在賺夠錢後落葉歸根，返回中國，但現在不得不考慮，孩子、財產都在這裏，回去的話怎麼辦？還是要從現在起就認真地考慮如何在泰國扎根的問題。」他所說的，絕非僅代表少數新移民的想法。

五、小結

從近年來對泰國華人狀況的觀察可以看出，隨着中泰建交以來兩國在各領域中關係的不斷發展，中國的改革開放所取得成就給泰國華人所提供機遇的增加，泰國華人與中國的交往也明顯增強，但其動因主要是經濟方面的。血緣和文化所產生的心理親近感成為他們與祖籍國中國聯繫的重要驅動力，并為他們提供了便利。但是，在國家認同方面，無論是新生代華人還是老華人，他們對泰國的認同和效忠是不會改變的。因此，不能夠因為泰國華人與祖籍國交往的增多，特別是經濟依存度的增加；以及大批華裔青年學生前往中國學習或就業，就得出泰國華人「再華化」的

結論。至於改革開放以來到泰國的新移民，他們移民原因、條件、和在泰國所面臨的生存環境與當年老華人已經有了很大的差異，他們在認同方面也面臨著各類問題，其中有些與老華人的經歷相似，但更多的是新的現象和挑戰，值得長期觀察和研究。

參考資料

中文

1. （美）施堅雅著、許華等譯，《泰國華人社會：歷史的分析》，廈門大學出版社，2010 年 9 月。

2. （泰）洪林等，《泰國華僑華人研究》，香港社會科學出版社有限公司，2006 年 4 月版。

3. （泰）江白潮，〈對泰國華僑華人現狀的探討〉，《東南亞》，1991 年第 2 期。

4. （泰）江白潮，〈二十世紀泰國華僑人口初探〉，《東南亞南亞研究》1992 年第 4 期。

5. （泰）江白潮，〈論泰國華僑社會非實際存在〉，《東南亞南亞研究》，1990 年第 1 期。

6. （泰）旺威帕·布魯沙達那攀，〈泰國的華人特性〉，《南洋資料譯叢》，1997 年第 4 期。

7. 曹雲華，〈從族際通婚看泰國華人與當地民族的關係〉，《東南亞研究》，2001 年第 2 期。

8. 陳健民，〈泰國對華人的政策和戰後華人社會的變化〉，《華僑華人歷史研究》，1989 年第 4 期。

9. 陳維國，〈印尼泰國華人青年的國家認同比較——對暨南大學華文學院的一次問卷調查〉，《東南亞縱橫》，2003 年第 11 期。

10. 陳豔藝，〈從華人認同看泰國華文教育的復蘇與發展〉，《東南亞縱橫》，2013 年第 3 期。

11. 陳健民，〈泰國對華人的政策和戰後華人社會的變化〉，《華僑

華人歷史研究》，1989 年第 4 期。

12. 成元生，〈泰國華人融進當地社會〉，《華人時刊》，1999 年第 2 期。

13. 範宏貴，〈與泰國華人的認同感〉，《八桂僑刊》，2002 年第 2 期。

14. 傅增有，〈教育—是加速泰國華人同化的重要因素〉，《華僑華人歷史研究》，1988 年第 3 期。

15. 高瑪琍，〈泰國華文教育的現狀和前景〉，《八桂僑史》， 1995 年第 2 期。

16. 高偉光，〈泰華文學與泰國華人的身份認同〉，《福建師範大學學報（哲學社會科學版）》， 2011 年第 1 期。

17. 龔益波，〈泰國潮州籍華僑華人的中華鄉邦文化情緣〉，《東南亞之窗》，2010 年第 1 期。

18. 許梅，〈泰國華人政治認同的轉變—動因分析〉，《東南亞研究》 2002 年第 6 期。

19. 黃昆章，〈寬容與融合：泰國華人爭取生存發展問題的思考—以泰北美斯樂"雲南村"為例〉，《八桂僑刊》，2007 年 第 3 期。

20. 黃綺文，〈論泰國「華人社區」及其演變〉，《汕頭大學學報：人文社會科學版》，1990 年第 2 期。

21. 黃素芳，〈泰國華僑華人研究的歷史與現狀〉，《八桂僑刊》，2007 年第 3 期。

22. 黃豔梅，〈論泰國華文教育〉，《經濟與社會發展》，2002 年第 5 期。

23. 李益傑，〈海外潮汕華僑華人集中于泰國的原因淺析〉，《東南亞》，2004 年第 1 期。

24. 林瑜,〈泰國潮籍華人研究述評〉,《今日中國論壇》,2013 年第 11 期。

25. 潘少紅,〈二戰後泰國華人參政歷程及原因分析〉,《東南亞縱橫》,2004 年　第 3 期。

26. 潘少紅,〈泰國華人地緣性社團的歷史考察〉,《世界民族》,2012 年第 2 期。

27. 潘少紅,〈延續與提升:泰國華人社會地位的演變——二戰後至 20 世紀 90 年代〉,《東南學術》,2003 年第 2 期。

28. 沈立新,〈曼谷唐人街與泰籍華人〉,《史林》,1990 年第 4 期。

29. 王賡武,〈東南亞華人的身份認同與研究〉,《中國與海外華人》,香港,商務印書館,1994 年,第 252-253 頁。

30. 王望波,〈泰國華人政策及其影響〉,《八桂僑史》,1996 年第 1 期。

31. 王偉民,〈論泰國華人社會實質性存在——與江白潮先生商榷〉,《東南亞研究》,1990 年　第 4 期。

32. 王寅飛,〈論泰國華人社會的形成及對泰國社會文化的影響〉,《魅力中國》,2014 年第 14 期。

33. 吳崇伯,〈泰國華人企業集團的興起與發展〉,《華僑華人歷史研究》,1998 年第 2 期。

34. 吳鳳斌,泰國華僑華人經濟發展的特徵與趨勢〉,《南洋問題研究》,1994 年第 2 期。

35. 吳鳳斌,〈泰國華人經濟構成新探〉,《八桂僑刊》,1994 年第 2 期。

36. 吳群、李有江,〈二戰後泰國華僑華人社會的變化〉,《雲南師範大學學報》,2004 年第 5 期。

37. 謝美華，〈八十年代泰國的華文教育〉，《華僑華人歷史研究》，1991 年第 1 期。

38. 許國棟，〈從華人宗教信仰剖析泰國的「同化」政策〉，《華僑華人歷史研究》 1994 年第 2 期。

39. 許梅，〈泰國華人政治生活的變遷〉，《東南亞研究》，2002 年第 2 期。

40. 許肇琳，〈泰國華人社區的變遷〉，《華僑華人歷史研究》，1995 年第 1 期。

41. 楊行，〈戰後泰國華人社會變遷初探〉，《華僑華人歷史研究》，1991 年第 4 期。

42. 楊保筠，〈泰國（僑情）〉，載《海外僑情觀察》編委會：《海外僑情觀察：2014~2015》，暨南大學出版社，2015 年 7 月版，第 141-152 頁。

43. 張莎，〈泰國曼谷唐人街華人的來源〉，《青年時代》，2014 年第 6 期。

44. 鄭文標，〈泰國華人資訊媒介發展的歷史與現狀〉，《東南亞縱橫》，2013 年第 4 期。

45. 鄭志明，〈泰國華人社會與宗教（上）〉，《華僑大學學報：哲學社會科學版》，2005 年第 4 期。

46. 鄭志明，〈泰國華人社會與宗教（下）〉，《華僑大學學報：哲學社會科學版》，2006 年第 1 期。

47. 莊國土，〈東南亞華僑華人數量的新估算〉，《廈門大學學報（哲學社會科學版）》，2009 年第 3 期。

英文

1. J. Baffie, "Resinisation des Chinois de Thaïlande ou sinisation de la Thaïlande ?" in Monde Chinois, No. 7, printemps 2006, pp.31-46.

2. Publié par Chee Kiong Tong and Kwok B. Chan, *Alternate Identities: The Chinese of Contemporary Thailand*, Leiden : Brill [u.a.], 2001.

3. R. J. Coughlin, *Double Identity: the Chinese in Modern Thailand*，Hong Kong University Press,1960.

4. Supang Chantavanich and Anusorn Limmanee, "From Siamese-Chinese to Chinese-Thai: Political Conditions and Identity Shifts among the Chinese in Thailand," in *Ethnic Chinese as Southeast Asians* (edited by Leo Suryadinata), Singapore: Institute of Southeast Asian Studies, 1997, pp. 232-266.

5. Supang Chanthawanich and Chada Triamwithaya, "The New Chinese Migrants in Bangkok," in Summary of the Seminar on New Chinese Migration in Thailand and the Mekong Region, Dipak C. Jain Room, 1st Floor, Sasa Niwet Building Chulalongkorn University, May 19, 2016.

6. Walwipha Burusratanaphand, "Chinese Identity in Thailand," *Southeast Asian Journal of Social Science*, Vol. 23, No. 1, *The Ethnic Chinese of Thailand*, 1995, pp. 43-56.

泰國民族主義發展下的華人政策與華文教育的衰退

（1932-1957）

劉漢文

臺灣師範大學應用華語文學系僑教與海外華人研究組碩士

摘要

　　1932 年的民主政變使泰國結束了數百年傳統的君主專制體制而進入君主立憲體制時代。泰國民族主義發展至此，也進入了以軍派及保皇派為主的極端民族主義時期。在極端民族主義思維的主導之下，過去以向外對抗西方資本主義勢力為主要目標的民族主義，此時開始轉變為對國家內部要求並建立忠誠於泰國的統一民族意識。拉瑪六世以來對泰國境內華人社群所實施的「溫和同化」政策，也以此為分界點轉趨積極與嚴厲。鑾披汶兩次取得政治主導權期間，在親日及反共的內外政策考量下，對華人社群制定並執行了一系列嚴厲的壓制性法規，對泰國華人社群的同化也進入了「強制同化」時期。

　　在極端民族主義主導下所制定的一系列限制性法規，使泰國華人社群在經濟及現實面的考量之下選擇逐步積極地融入泰國國家體制。另一方面，泰國華文教育在諸多法規的強烈限制及華人社群主動配合泰國國家政策發展的雙重影響下，也因為失去強力

的支持而逐漸走向衰退。1957 年鑾披汶第二次執政結束之後，泰國華文教育在嚴厲的法規限制下已幾乎消失，同時也形成了發展的斷層，而失去了再復興的力量。

　　本文擬從泰國極端民族主義發展下的華人政策出發，探討此時期一系列限制性法規對華人社群及華文教育發展的影響，並期望最終理清泰國華文教育在二戰結束後未能蓄積足夠能量再次復興的原因，期望能為未來推動泰國華文教育的發展，提供部分思考的立足點與建議。

關鍵詞：**泰國、民族主義、華文教育、華人政策**

一、民族主義勢力的分裂與軍派勢力的穩固

　　泰國 1932 年的政變在沒有發生流血衝突的情況下即迅速結束，自此在新憲法的規定下國王仍保有稱號及皇位，只是沒有實際的政治權力。根據政變後民黨所發布的臨時憲法第七條規定，國王的任何決定都必須經由人民代表簽名同意，否則便不具有任何法律效力。[1] 泰國結束了數百年的君主專制體制，成為保有皇室的君主立憲體制國家，自此泰國國王成為虛有其位而無實權的「憲政附屬品」。[2] 但是，關於政治權力的競爭仍然沒有結束，不流血政變之後的泰國，進入了反皇道派勢力由合到分的階段。民族主義的發展再度分裂為兩股勢力，同時也將泰國民族主義帶進發展的高峰期與穩定期。

　　從拉瑪五世推行泰國現代化改革，並開始派送大量皇室成員至西方國家接受現代化教育以來，有兩個新的社會階層開始形成了。一個是屬於具有現代教育背景並在某種程度上反對傳統專制體制的階層，其中包括了皇室成員與一般平民，其特色是具有強烈的西方民主主義色彩。此外，拉瑪五世的現代化改革中，在軍事現代化的目標下造就了一批接受西方新式軍事訓練的年輕軍官，這是後來反皇道派勢力中組成軍派民族主義份子的基礎。[3] 在最初期的階段，這個群體大多由皇室中的年輕王子們組成。但到

---

[1] 國史館藏，《外交部檔》，〈暹羅民黨臨時憲法〉譯文，檔案編碼：020-010401-0080-0266x/0271x。

[2] 龍晟，〈泰國國王憲政地位的流變〉，《東南亞研究》，2010 第 1 期，頁 23。

[3] 萬悅容，〈泰國現代政治發展中軍人集團演變軌跡釋因〉，《學術探索》，2012，頁 21-22。

了拉瑪五世執政後期，選派優秀的平民到西方接受新式教育及軍事訓練的情形也逐漸普遍，具有現代化軍事訓練背景的年輕軍官就不再只限於皇室成員。隨著平民背景出身年輕軍官成員人數的增多，他們也開始在軍隊中形成了一股反皇家及舊式軍隊領導者的勢力。[4]

隨著拉瑪六世登基與鞏固專制的情形越來越嚴重，軍隊中的年輕軍官因為權力被剝奪或削減，而對國王心生不滿的人越來越多，反對國王拉瑪六世過度專權的軍派民族主義份子逐漸形成一個獨立於皇道派民族主義的勢力，這導致了民主派與皇道派分道揚鑣，泰國民族主義的再次分裂。至 1932 年的不流血政變發生以前，泰國民族主義的勢力已明顯形成三股主要的派別：其一是以國王、皇室成員及上層階級為主的皇道派民族主義，其二是以受過西方軍事訓練並掌控部分軍隊年輕軍官為主的軍派民族主義，第三派則是以受過新式西方教育懷有民主思想知識份子為主的民主派民族主義。政變成功之後，泰國國王實際上已無政治實權可言，皇道派民族主義勢力在這場政治競爭中逐漸被邊緣化。[5] 而民主派與軍派則進入了另一個短暫的權力競爭階段。

在反皇道派的勢力中，一派是以知識分子與中產階級的平民、地方官員和一些對國王過度專制感到不滿的人所形成的民主派。泰國民族主義諸勢力中的民主派，其民主思想的產生可說最初是起源於國外，而並非在國內得到普遍的認同或支持，進而得

---

[4] 楊富民，《泰國軍人干政的歷史成因及其對現代化進程的影響》，西安：西北大學碩士論文，2009，頁 11。
[5] 周方治，〈泰國立憲君主政治威權興衰的過程、原因與趨勢〉，《南洋問題研究》，2012 第 2 期，頁 33。

到推動實際的改革行動的支持。但事實上民主派的政治意識產生及政治目標的追求，始終是圍繞在一群受過高等教育的菁英知識份子之間，並未與一般人民的生活或思想相結合，缺乏民意的基礎使得這群理想化的知識份子不得不尋求與軍派勢力的合作，從而逐漸失去了領導整個政變行動的主導地位。[6] 因此，當民主派與軍派在政變後關於國家新體制的運作上意見相左時，握有軍隊指揮權的軍派民族主義勢力很快就在這場爭奪權力的競爭中取得絕對的優勢。缺乏民意的支持與監督，是泰國民主政治的發展始終跌宕起伏的原因之一，也是軍派勢力在大部分的時間裡得以掌控泰國政局的關鍵點。

　　反皇道派的另一股勢力，是以披耶拍鳳（Phraya Phahon Phonphayuhasena）上校為首的平民年輕軍官。這群軍隊中的年輕領導人大多接受過新式的西方軍事訓練，並且與軍隊中以皇家成員為主的舊式領導階層在思想上有極大的反差。他們大多年輕且受過西式教育，對舊式軍隊中以皇家成員為主的領導方式與國王個人的過度專制感到不滿。由年輕軍官為基礎所形成的軍派民族主義份子之所以會和民主派短暫地站在同一條線上，並非源於支持民主主義思想，而只是因為他們不滿自己的權利被剝奪及削弱。他們與民主派民族主義份子的根本差異，是他們只想把國家的統治權力從國王及皇室成員中搶奪過來，而不是讓泰國變成一個國家權力由全民共享的民主國家。[7]

　　此外，由於民主派民族主義的發展既不是立基於普遍民意的

---

[6] 賀聖達，〈朱拉隆功改革與泰國的現代化進程〉，《世界歷史》，1989 第 4 期，頁 105。

[7] 楊富民，《泰國軍人干政的歷史成因及其對現代化進程的影響》，頁 14。

支持之上，又缺乏軍隊及行政體系的實質力量作為依靠，所有的規畫可說都只是「紙上談兵」，沒有實際執行的能力。[8]因此，1932年的政變之所以能在如此短暫的時間內就獲得成功，如果沒有軍派勢力在實質作用上的支持是不可能成功的。這可以解釋為什麼當政變行動成功之後不久，軍派和民主派就因為對權力分配及體制運作產生不同意見而再次分裂，而軍派勢力又能壓倒民主派勢力而掌握實權。軍派勢力所期望於國家及人民的，並非像民主派一樣是全民共享權力的民主憲政體制，而是實際掌握國家機器並掌有決策權力。充其量只能說是一種「條件式」的民主體制。

　　在皇室權力低落而以民意基礎為根本的民主制度也不存在的情況下，軍派的威權政治就成為可以掌控政治走向的最大勢力。[9]這是泰國民族主義發展的第二次重大分裂，在這次分裂之後軍派掌控泰國政治實權將成為一種常態。事實上，民主派與軍派勢力對於權力分配問題所產生的分裂並非民族主義勢力混亂的結束，其後還要經過一連串軍派勢力的內閧與皇道派的試圖崛起等紛爭，泰國的民族主義才形成一個統一而強大並由軍派勢力主導的力量。[10]

　　1932年政變成功後，以披耶拍鳳上校為首的軍派勢力對臨時政府成立後的權力分配感到不滿。於是，當比里·帕儂榮在1932年年底至 1933 年年初完成泰國永久憲法及主要產業國有化的經濟發展計畫並將付諸實行時，引發了民主派與皇道派對國家經濟

[8] 戴維 K. 懷亞特 著，郭繼光 譯，《泰國史》，上海:東方出版中心，2009，頁 238。

[9] 萬悅容，〈泰國現代政治發展中軍人集團演變軌跡釋因〉，頁 22。

[10] 周方治，〈泰國立憲君主政治威權興衰的過程、原因與趨勢〉，頁 32。

體制的激辯。[11] 皇道派與軍派以防止「共產主義」為藉口向民主派發動攻擊。皇道派以披耶馬奴巴功為首頒布了復辟詔令，關閉了議會，暫停了實施憲法的若干條文並頒布了「防共條例」。[12] 比里由於被指為共產主義份子而最終不得不流亡國外，而人民黨則被取消了作為一個政黨組織的合法性。皇道派與軍派勢力在這一波政爭中聯手驅逐了民主派，但在其後皇道派的所發起的復辟行動中，軍派勢力卻發現他們逐漸被隔離在權力的邊緣，國家將有可能再度回到昔前由皇道派主導國家權力運作的舊局面。於是軍派勢力與皇道派勢力再度因為權力之爭而決裂。以披耶拍鳳上校為首的軍派勢力在 1933 年 6 月發動了「護憲運動」，成立了以披耶拍鳳上校為內閣總理的新立憲政府，並集結軍隊中支持他們的勢力向皇道派復辟勢力發動攻擊。[13]

　　兩派勢力經過激烈交戰，在 1933 年 10 月由鑾披汶上校所率領的軍派部隊擊垮了皇道派部隊，復辟行動正式宣告失敗。由 1932 年 6 月不流血政變成功至 1933 年 6 月以軍派勢力為首成立內閣的軍派立憲政府為止，泰國民族主義發展經過一連串意識之爭、權力之爭及武力之爭後，正式進入了以軍派民族主義為首的穩定期。文人集團及民主派民族主義勢力除了其後在鑾披汶擔任總理的兩次執政間有過短暫的復興外，已無法與軍派民族主義勢力相抗衡，成為泰國民族主義意識形態之爭及權力之爭中的一股

---

[11]　Walter F. Vella,The Impact of the West on Government of Thailand, University of California　Publications in Political Science, 1955, pp. 396-398.

[12]　劉迪輝 等，《東南亞簡史》，頁 322。

[13]　中山大學東南亞歷史研究所 編，《泰國史》，廣州:廣東人民出版社，1987，頁 230。

弱勢力量，無法再主導泰國民族主義的發展方向。而泰國的民族
主義此後直到 1957 年鑾披汶政權第二次執政結束為止的數十年
間，將在軍派勢力的強勢主導下穩定發展並登上高峰。

二、泰國軍派民族主義下的華人政策

　　1933 年 6 月成立了以披耶拍鳳為首的立憲內閣。披耶拍鳳內
閣甫成立，就立刻採取了一系列防止和鎮壓民主運動的措施。他
首先重申堅決反對共產主義的決心，繼續執行復辟行動時期所頒
布的「防共條例」，對從事共產黨活動及可疑份子處以極重刑罰。[14]
其次，頒佈新的出版條例，對一般人民及媒體的言論自由嚴加控
管及限制，防止任何不利於新政府的言論及思想傳播，並加強對
媒體的審查。[15] 披耶拍鳳的諸多限制性措施，其目的無非就是要
避免民主派勢力再度捲土重來，對軍派的強勢執政及掌控皇道派
勢力產生影響。

　　此外，面對泰國國內為數眾多的華人社群，軍派民族主義勢
力也要同時防止中國民族主義思想繼續在泰國華人社群中的接觸
與傳播。從軍派民族主義政府上臺執政以後，泰國統治階層對華
人社群的政策就由民主政變之前較為溫和的「自然同化」轉向為
壓迫性的「強制同化」，由過去較為寬鬆的、不刻意加以干涉的自

---

[14] 中研院近史所藏，《外交部檔》，〈防共條例〉譯文，檔案編碼：11-EAP-03359.
[15] 國史館藏，《外交部檔》，〈呈報泰政府公佈禁止華文書籍二十八種入境情
形〉，檔案編碼：020-010408-0100-0113a.

然融合政策轉向為立法限制、緊縮控制的強制措施。[16] 1934 年 9
月，鑾披汶出任國防部長一職，他上臺後隨即宣稱:泰國必須擺脫
對英美等國的高度依賴，應該效法日本、德國等軍事強權法西斯
國家，讓軍派專政才能使國家強盛而進步。[17] 鑾披汶進入內閣職
掌軍權後，泰國就由以前的親西方政策逐漸轉向親日的政策。
從 1935 年開始，泰國經常派遣軍官到日本參觀學習或受訓。[18] 同
時，泰國也開始向日本購買軍艦等現代化武器，而泰國的軍隊中
也出現了許多日本軍事顧問。[19] 泰國跟日本之間的關係發展得越
來越緊密，但同時間中國和日本的關係卻正在迅速惡化。逮捕任
何有可能具有中國政治身分及任務的泰國華人並驅逐出境，成為
鑾披汶上臺執政後實行「反共」及「親日」雙重政策的最佳途徑。[20]

　　當中日兩國關係惡化而泰日兩國的關係卻相對緊密時，首當
其衝受到影響的就是泰國境內數量龐大的華人社群。中國的民族
主義對這一時期的泰國華人社群依然有相當程度的影響力。一種
統一的國家意識及強大的民族主義要求海外華人社群對「祖國」
的強盛與進步投注極大關注，期望他們願意為自己的家鄉和祖國
付出人力、財力及物力。另一方面，泰國的軍派民族主義也正在

---

[16] 中研院近史所藏，《外交部檔》，〈限制危害國家行為之泰人權利條例〉譯
文，檔案編碼：11-EAP-03542.

[17] 張聲海，〈太平洋戰爭前後的泰日關係〉，《東南亞研究》，2001 第 2 期，
頁 47。

[18] 國史館藏，《外交部檔》，〈關於暹羅政局與日暹關係報告〉，檔案編碼：
020-010402-0112-0047a

[19] 國史館藏，《外交部檔》，〈有關日泰間軍事協定報告〉，檔案編碼：
020-010408-0112-0032x

[20] 國史館藏，《外交部檔》，〈續報暹政府拘捕華僑案情形〉，檔案編碼：
020-010408-0047-0099x/0100x

利用引進日本勢力來擺脫長期以來英、法等西方資本主義國家對泰國的操控，試圖以鼓吹泰民族的民族主義來建立一種以「大泰國主義」為中心的強大民族意識。[21] 中國與泰國兩大民族主義在泰國華人社群民族及國家意識上的重疊與衝突，是導致泰國極端民族主義統治階層採取強制性及壓迫性華人政策的主因之一。

　　此外，泰國軍派民族主義者的另一個重要的目的，是以鼓吹泰民族的民族主義為藉口，將國內所有資產國有化，企圖藉由國家制度對金融、米業及布業等相關產業的全面控制切斷泰國華人社群與中國民族主義的聯結，並摧毀華人社群長期以來對泰國經濟的絕對掌控。[22]泰國華人社群在此時期因為中、泰、日三國關係的轉變，面臨了嚴峻的發展時期。[23]同時，因為泰國軍派民族主義不斷鼓吹對中國與華人社群之間連結性的偏頗意識及法規上採取的強勢限制與壓迫，使得泰國華人社群在現實的考量下，逐漸主動地思考並進入了真正泰化及融入泰國社會的重要階段。[24]

　　1938 年 11 月，由全國各選區選出的議員聯名推薦，國王拉瑪八世委請鑾披汶擔任內閣總理組閣。[25]此後，直到 1944 年 6 月為止，是鑾披汶第一次擔任總理執政時期，也是他提倡「大泰國

---

[21] 國史館藏，《外交部檔》，中央日報社論〈暹羅拘捕華僑的考察〉，1938 年 9 月 23 日，檔案編碼：020-010408-0047-0043a.

[22] 中研院近史所藏，《外交部檔》，〈關於暹羅之近狀〉，檔案編碼：020-010401-0054.

[23] 政大數位典藏，民國 38 年以前重要剪報資料庫，重慶新蜀報〈日寇南進對佛教國之陰謀〉，1941 年 3 月 18 日。

[24] 中研院近史所藏，《外交部檔》，暹文新暹羅報社評〈中國人在自掘墳墓〉譯文，檔案編碼：11-EAP-03543.

[25] 中山大學東南亞歷史研究所 編，《泰國史》，頁 235。

主義」的極端民族主義及限制壓迫泰國華人社群最嚴厲的時期。在鑾披汶的親日政策下，掌控大部分經濟勢力的泰國華人社群成為泰國與日本發展親密關係的最大阻礙。[26] 中、日關係的惡化與泰國華人社群的抵制日貨運動促使日本對鑾披汶政府施加壓力，使得鑾披汶政權對泰國華人社群開始採取嚴厲的限制及壓迫政策。[27]

　　泰國華人社群此時期面對的是前所未有的嚴峻情況。一方面是由泰國的軍派民族主義所發起文化上的強制同化所帶來的心理壓力，另一方面則是由於國際政治情勢的轉變使泰國華人社群必須間接面臨實質層面的經濟損失。泰國華人社群被視為中國在海外對日本進行反擊的代理人，而同時也是泰國親日政策及泰國極端民族主義發展下的受害者。[28] 1939 年 6 月，鑾披汶政權將國家名稱由傳統的「暹羅」（Siam）改為「泰國」（Thailand）。[29] 1941年起，鑾披汶陸續在泰文媒體上發布〈唯國主義條例〉，訓示泰國人民此後不分種族，要以「泰」成為一切事物的中心指標。[30] 舉凡國家、民族、語言、文化等等，都要建立在以泰族為中心的「泰國」利益之上，而對非泰族的其他族群則以此概念為中心進行強

---

[26] 中研院近史所藏，《外交部檔》，〈暹羅日商會議關於排日運動之對策〉，檔案編碼：11-EAP-03539。

[27] 中研院近史所藏，《外交部檔》，暹文新暹羅報社論〈還可坐視嗎?〉譯文，檔案編碼：11-EAP-03543。

[28] 中研院近史所藏，《外交部檔》，〈泰政府積極振興商業期獲得經濟自主權〉，檔案編碼：020-010401-0054。

[29] 中研院近史所藏，《外交部檔》，〈呈報暹羅政府更改國名為「泰國」事〉，檔案編碼：020-010401-0011。

[30] 中研院近史所藏，《外交部檔》，〈唯國主義條例〉第 1 至 11 部譯文，檔案編碼：020-010401-0054。

制性的文化同化及政治認同措施。[31] 在泰國的非主流族群中，人
數最多且掌控經濟勢力最大的泰國華人社群，在此狹隘的極端民
族主義政策下，首當其衝地蒙受了嚴厲的限制及壓迫。[32]

　　為了將經濟權力逐漸從泰國華人社群手中轉移到泰族人手
中，鑾披汶執政後就開始設立一批由政府官員直接管理的國營公
司，如泰國米業、泰國輪船、泰國物產公司等等，通過國家資產
支撐的優勢，企圖使泰國華人所經營的企業喪失競爭力。[33] 此
外，在較偏遠的區域興辦許多傳統上由華人經營的產業，如榨糖
廠、橡膠廠、皮革廠及造紙廠等，通過推動經濟管制政策將華人
的企業合併到國營或官營企業中，企圖逐步降低華人社群在產業
界的影響力。[34] 但許多傳統上由華人經營的產業，因為泰族人沒
有經營經驗和管理概念，開辦不久後就面臨資金或經營的問題而
陷入困難。

　　其次，為了阻斷華人社群與中國政府間持續的政治及經濟連
結，泰國在 1938 年公布實施了《統制募捐條例》，嚴格限制華人
社群內部進行任何金錢募捐活動及資金流動。[35] 隔年，再公佈《外
國貨幣運帶入境條例》，應是針對當時中國所發行的法幣所實施的

---

[31] 中研院近史所藏，《外交部檔》，〈呈報暹羅擬改稱泰國緣由事〉，檔案編
碼：020-010401-0011.

[32] Supang Chantavanich. "From Siamese-Chinese to Chinese-Thai: Political
Conditions and Identity Shifts Among the Chinese in Thailand," Singapore: Institute
of Southeast Asian Studies,1997, pp.246-247.

[33] 中山大學東南亞歷史研究所，《泰國史》，頁 238。

[34] 中研院近史所藏，《外交部檔》，暹文國民日報社論〈自由主義〉譯文，檔
案編碼：11-EAP-03543.

[35] 國史館藏，《外交部檔》，1944 年〈統制募捐條例〉譯文，檔案編碼：
020-010499-0072-0051a/0058a.

管制措施。[36] 此兩法雖是意圖在切斷泰國華人社群對中國國內政治活動的資金援助及阻絕華人社群的私人募捐行為間接地擾亂泰國的經濟秩序，但卻在很大的程度上影響了泰國境內華人社群組織的正常運作。[37] 此外，關於泰國華人社群的工作機會，泰國官方也制定了保障泰族人的區別性法規。1941 年起陸續公布了《保留職業條例》，將 27 種職業限制為保留給泰族人，除泰人外不得從事。此外，將某些行業也列入管制，強制華人不得經營，如：餐飲、鹽業、捕魚、屠宰、碾米、錫礦、菸草及橡膠業等。[38] 不過，此項條例在 1944 年至 1947 年民主派執政期間，曾引起泰國統治階層間不同的意見，經過國會辯論後暫停執行，使華人社群的產業經營稍稍獲得一段喘息的時期。[39]

鑾披汶政權通過限制華人可經營產業類別及劃設所謂「職業保留區」專予泰人居住與專營某些產業，試圖以此降低華人對泰國經濟的影響力。[40] 但事實上其所實施的各種限制華人產業的措施，不但嚴重影響了華人社群的經濟和生活發展，同時也嚴重地損害了泰族人的日常生活秩序。為了要提倡極端民族主義及防止共產主義在泰國傳播，也制定了許多針對華人社群的教育法規及

---

[36] 國史館藏，《外交部檔》，1945 年〈外國貨幣運帶入境條例〉譯文，檔案編碼：020-010499-0071-0053a/0054a。

[37] 國史館藏，《外交部檔》，〈暹羅警察廳佈告〉譯文，檔案編碼：020-010499-0072-0007a/0008a。

[38] 中研院近史所藏，《外交部檔》，1941 年〈保留職業條例〉附修正案，檔案編碼：020-010408-0087。

[39] 中研院近史所藏，《外交部檔》，〈呈報關於暹國會對職業保留案辯論結果〉，檔案編碼：020-010408-0087。

[40] 中研院近史所藏，《外交部檔》，曼谷民眾報〈泰國將劃「職業保留區」〉譯文，檔案編碼：11-EAP-03542。

限制移民措施，企圖阻斷中國的政治勢力透過泰國華人社群滲透進入泰國。[41] 此外，軍派勢力計畫通過「國有化」的措施將華人社群所創造的巨大經濟利益轉移到自己身上來加以利用，結果多數遭致失敗而日漸引發泰國華人社群對統治階層的不滿的情緒，甚至出現轉而向中國國內尋求協助的呼聲。[42] 對於許多過於針對性的排外法案，在鑾披汶政權第二次執政期間也開始出現了反對的聲音，認為這些措施會破壞泰國與已建立邦交關係國家間的友好狀態，也會使泰國身受其害。這應該是泰國政界對華人社群地位認定的重新思考。[43]

限制及壓迫華人產業經營的惡果還顯現在鑾披汶政權的親日政策中。1941 年的〈日泰攻守同盟條約〉簽訂後，為了本身的經濟利益，日本更加速對泰國的經濟控制及資源掠奪。結果造成泰國國內經濟混亂、財政赤字暴漲及通貨膨脹嚴重等等。根據攻守同盟條約，泰國在 1942 年 1 月向英、美宣戰，與日本站在同一陣線參加了第二次世界大戰。但日軍在戰場上的逐漸失利，讓鑾披汶政權開始承受可能成為戰敗國的壓力。終於，在 1944 年 6 月，鑾披汶在泰國國會遭到半數以上議員投下反對票而辭職下台。鑾披汶政權的結束、標誌著泰國軍派民族主義以提倡極端的「大泰國主義」對華人社群的限制及壓迫的暫時結束。[44]

---

[41] 中研院近史所藏，《外交部檔》，〈暹文報刊登所謂中國侵暹之十二年計劃〉，檔案編碼：11-EAP-03543.

[42] 政大數位典藏，民國 38 年以前重要剪報資料庫，反攻報〈籲請國府派軍來暹護僑〉，1935 年 10 月 5 日。

[43] 中研院近史所藏，《外交部檔》，〈暹羅議員排華政策之一幕〉，檔案編碼：020-010401-0063.

[44] 中研院近史所藏，《外交部檔》，〈自乃寬政府至鑾披汶政府〉，檔案編碼：

　　在民主派所職掌的「自由泰」政府於 1944 至 1947 短暫的三年執政後，全體泰國人面對的是軍派勢力再度抬頭及鑾披汶的第二次上臺掌權執政。鑾披汶的第二次重掌政權，意味著對泰族人保障及對華人社群壓制政策的再強化。[45] 泰國華人社群面對的，是繼續其極端民族主義主張及更加嚴格限制華人社群發展的鑾披汶政權。[46] 除了再次恢復過去三年遭到民主派廢止的〈保留職業條例〉，也更加嚴格地執行限制華校發展的教育法規和加強移民進入泰國的管制。[47] 但恢復施行之「保留職業條例」將過去所列的 27 種行業減少至 10 種，且其中只有理髮業及駕駛出租三輪車業對華人較有影響，其餘皆為傳統上泰人較常從事之行業。[48]

　　在移民額度方面，明文規定華人每年移民數量上限為 1 萬人，[49] 且必須符合先前所制定的「移民法案」規定，除了提高原先的入境人頭稅由 4 銖漲至 9 銖，另有不論男女老少須接受強制搜身等規定。[50] 此外，欲移民入泰國者必須要有識字能力、具有技能可獨立生活與沒有砂眼疾病等條件，這些法規使得華人「新

020-010401-0064.

[45] 中研院近史所藏，《外交部檔》，〈呈報關於乃寬反對保留職業條例事〉，檔案編碼：020-010408-0087.

[46] 政大數位典藏，民國 38 年以前重要剪報資料庫，上海大公報〈暹羅軍人主張嚴禁華僑入境〉，1948 年 8 月 2 日。

[47] 中研院近史所藏，《外交部檔》，暹文新暹羅報社論〈關於保留泰國人民職業〉譯文，檔案編碼：11-EAP-03543.

[48] 中研院近史所藏，《外交部檔》，〈暹羅恢復保留職業〉，檔案編碼：020-010408-0088.

[49] 國史館藏，《外交部檔》，1947 年〈移民限額法案〉，檔案編碼：020-010408-0098-0036a/0038a.

[50] 中研院近史所藏，《外交部檔》，〈旅暹華僑所遭遇之特殊困難及對策〉，檔案編碼：020-010499-0073.

客」的增加速度大大地減緩。[51] 此外，通過將某些華人聚居處劃設為軍事用地，強制華人社群離開原有居住地，致使該地的華人多數難以維生。[52] 在民生經濟方面，通過制定及施行〈防止營業過分牟利條例〉，將國內重要民生物資格改為政府所頒佈的公定價格，若有與政策相悖者，即加以逮捕並驅逐出境。[53] 此條例一出，華人從事日常生活用品之經營者，尤以食品為最，動輒觸法遭遞解出境者日漸增加。[54] 從減少移民數量及使華人經商困難度增加兩方面著手，使政治及社會環境即使在中國政府不斷提出抗議的情形下，都更有利於泰國統治階層對華人社群的控管與進行「強制同化」。[55]

隨著 1957 年 8 月鑾披汶政權被另一個軍派勢力推翻，泰國民族主義百年來對泰國華人社群所進行的同化過程也大致宣告結束。同時，1949 年以後中國國內的政治變動也告一段落。政治情況進入穩定之後，中國民族主義對泰國華人社群的影響力也逐漸降低。華人社群在百年的泰國民族主義發展過程下，開始積極走上成為廣義的「泰國人」，而不是成為狹義的「泰族人」的民族及國家認同道路。

---

[51] 中研院近史所藏，《外交部檔》，〈函請向暹羅抗議取消人頭稅及入口苛例案〉，檔案編碼：020-010402-0013.

[52] 中研院近史所藏，《外交部檔》，〈呈報泰國政府劃設軍事區驅離華僑事〉，檔案編碼：11-EAP-03542.

[53] 中研院近史所藏，《外交部檔》，〈防止營業過分牟利條例〉譯文，檔案編碼：020-010404-0046.

[54] 中研院近史所藏，《外交部檔》，〈華僑小販觸犯過分牟利條例被逐出境呈請鑒核〉，檔案編碼：020-010404-0046.

[55] 中研院近史所藏，《外交部檔》，暹文新暹羅報社論〈誰為暹國主人?〉譯文，檔案編碼：11-EAP-03543.

三、極端民族主義下的泰國華文教育

泰國統治階層有意識地對華文學校採取具體的管制措施,起於國王拉瑪六世。當時因為國王本身強烈的民族主義意識,以及擔憂泰國華文學校受到中國民族主義的影響,將無可避免地成為教育及宣傳中國政治思想的場所與途徑,所以在 1918 年頒布了〈民立學校條例〉,將所有官方及非官方經營的學校一律納入泰國的國家教育體系之下加以管理。[56] 這個條例的頒佈,有兩個主要目的:其一是對當時泰國境內為數眾多的私人學校進行了解並加以系統化的管理,以建立統一的國家教育體系。其二是藉由將初等學校納入法規的管理範圍內,進行統一民族思想的培育,防止有礙泰國民族統一思想的傳播,並藉由國家的輔助統一提升全民的教育水平。[57] 在此之前,基本上在泰國興辦學校享有極大的自由,泰國官方不會主動介入學校經營及管理,採取一種自由放任的態度。[58]

由於此前在泰國興辦華文學校從未受到限制,加以當時在中國民族主義的影響下泰國先後成立的華文學校為數眾多,法規一頒佈就受到泰國華人社群的抗議,但大部分的華校卻並未採取強烈反抗的態度。從華校增加的速度來看,1915 年左右泰國全境教

---

[56] 中研院近史所藏,《外交部檔》,〈中國與暹羅訂約報告書〉,檔案編碼:11-LAW-00260.

[57] 寸雪濤,〈從泰國政府政策的變化剖析當地華文教育的發展歷程〉,《東南亞縱橫》,2006 第 8 期,頁 55。

[58] 鷲津京子,《泰國政府對華文教育政策之研究(1911-1949)》,臺北:國立政治大學歷史研究所碩士論文,2011,頁 56。

授華文的學校僅有 12 家。1921 年增加至 30 家，三年內就成長了一倍以上。到了 1928 年泰國全境已有 188 家教授華文課程的學校。到 1932 年時，華文學校的數量已達到 200 家左右。[59] 從泰國華文學校數量在短時間之內增加的速度如此之快，至少可以看出兩點事實:其一，二十世紀初以後泰國華文學校的發展確實和中國國內的政治活動有密切的關聯。其二，泰國官方雖然制定了有關教育辦學的相關法規，但並未嚴格執行而華人社群似乎也未將此類措施視為針對華人的歧視性的法規，只是針對發展自由的限縮稍加表示反對與不滿。但這卻讓泰國統治階層看到了中國國內的政治活動對泰國華人社群的影響力，並意識到如繼續對泰國華人社群興辦教育不加以控管，帶有強烈政治色彩的華文教育將嚴重威脅泰國民族主義的統一性及不可挑戰的國家地位。[60]

　　為了消除阻礙泰國統一民族思想形成的因素，1921 年泰國教育部再頒佈《強迫教育實施條例》，進一步將 7 至 14 歲的兒童全部納入泰國國家基礎教育的管理之下，除了原本的提升全民基礎教育水平的目的，還有避免泰國出生的兒童過早地受到非泰國民族思想的影響而影響到泰國的統一民族思維。[61] 此條例一出，受到影響最大的當然還是華人社群所興辦的華文學校。因此，華人社群對法規的頒佈反抗較為明顯而強烈，直到國王拉瑪七世親自巡視首都曼谷 4 間華文學校，讓泰國華人社群了解政府採取這些

---

[59] 洪林 黎道綱 主編，《泰國華僑華人研究》，香港:香港社會科學出版社，2006，頁 582。

[60] 國史館藏，《外交部檔》，〈暹羅不願與我國訂約之理由〉，檔案編碼：020-010402-0013-0061a.

[61] 中研院近史所藏，《外交部檔》，〈研究暹羅強迫華僑不得學習本國文字案〉，檔案編碼：11-LAW-00260.

教育措施的用意，才讓泰國華人社群的不滿稍稍平息。[62] 不過，華人社群對《民立學校條例》雖有反抗及不滿態度，但法令公佈實施後除了少數學校以外，大部分的華文學校都向泰國教育部進行了登記。[63] 可以看得出來泰國華人社群對華校納入國家教育體系之下接受管理也並非全然無法接受，只是關於部分法規細節仍希望能跟教育單位再進行溝通。而事實上，泰國官方也考量到此一法規在短期要收到成效在實行上確實有困難，所以〈民立學校條例〉其實一直延到 1932 年之後才真正開始實施。[64]

從〈民立學校條例〉頒佈後華人社群的反應可以推斷，當時泰國的華人社群也認同實施此類條例有其正面的意義及作用。[65] 一方面可以讓國家教育有統一的形式與內容，另一方面可以使政府對各地私人興辦學校的狀況有清楚的了解，同時在某個程度上私人學校也可以接收到來自政府的教育補助，解決部份的學校經費問題。這種願意配合泰國國家教育政策，但執行細節仍希望能再溝通的反應態度，基本上持續到鑾披汶政權第二次執政結束都沒有很大的改變。[66] 在 1932 年泰國發生不流血政變，泰國極端民族主義登上政治舞臺主導泰國的國族意識形態之前，泰國領導階層對華文教育的管制都還是相對寬鬆的，執行上並未嚴格要

---

[62] 國史館藏，《外交部檔》，〈暹羅皇帝陛下參觀各華校後之總演說詞〉，檔案編碼：020-010402-0013-0118a-0120a.

[63] 郁漢良，《華僑教育發展史》，臺北:國立編譯館，2001，頁 817。

[64] Victor Purcell，《東南亞的華僑》，臺北:正中書局，1968，頁 245。

[65] 國史館藏，《外交部檔》，〈暹羅華僑最重要問題-學校取締問題〉，檔案編碼：020-010402-0013-0097a/0098a.

[66] 政大數位典藏，民國 38 年以前重要剪報資料庫，暹羅正言日報〈華教問題昨再繼續折衝〉，1948 年 6 月 22 日。

求，提醒的意味大於實質上執行法律的意義。[67] 從泰國官方對華校數量的統計數據可以看出直到 1939 年之前泰國華人社群及泰國官方對執行強制性教育法規的態度：1934/35 華校總數為 193 所，1935/36 為 191 所，1936/37 為 224 所，1937/38 為 233 所。[68]

　　1932 年政變成功以後，泰國民族主義的發展進入了高峰期。發展一致的、忠誠於泰國的、對其他民族主義思想不可容忍的泰國民族主義成為唯一的主流意識，〈民立學校條例〉與〈強迫教育條例〉卻仍未嚴格執行。直到鑾披汶政權在「大泰國主義」思維及發展泰日關係促成國家進步的主導方針下，華文教育才明顯地變成一種會威脅泰國民族主義發展的巨大障礙，是一種不可存在的危險。泰國統治階層開始積極介入對華校的管理與課程的安排，透過對法規的嚴格執行及學習管道的控制，加強對華人社群灌輸泰國國家思想的力道。[69] 同時，對泰國極端民族主義份子而言，增長速度過於快速的華校及華人人口，也會對統治階層推動「泰族人」的教育普及化與建立統一的「泰意識」造成極大的阻礙。[70]

　　1937 年，泰國教育部再頒佈〈新民立學校條例〉，不但要求華文學校要由泰人管理監督，泰文教育及泰國民族主義思想也成

---

[67] 李屏，〈泰國華文教育史研究綜述〉，《東南亞縱橫》，2012 第 8 期，頁 33-34。

[68] Thailand Statistical Year Book, Bangkok, No.18, p.418；No. 20, p.280. 轉引自：施堅雅，《泰國華人社會：歷史的分析》，頁 239。

[69] 中研院近史所藏，《外交部檔》，〈暹教育部秘書就取消強迫班答華報記者問〉，檔案編號：11-LAW-00260.

[70] J. K. P. Watson, "A conflict of nationalism: The Chinese and education in Thailand 1900-1960," Paedagogica Historica: International Journal of the History of Education, Vol. 16, Issue 2, 1976, p.442.

為學校教學的主要內容，華文只成為學校教育中可有可無的裝飾品。[71] 尤有甚者，一旦華校違反法令規定而遭到關閉及取消執照，將無法再次申請復校及重發設校許可。[72] 雖然此時期關於華校設置的法規比此前更加嚴屬，華文學校的數量卻依然呈現持續成長。至 1938 年鑾披汶上臺推行極端民族主義之前，即使在政策性的限制之下泰國的華校中，仍有 233 所在法規運作下繼續營運。[73] 從這一點可以看出：其實到了 1932 年之前，泰國華人社群中仍真正堅持維繫與中國之間關係，而不願配合泰國當地法規的華人應該已屬少數，從當時華校中僅有不到十分之一的學校堅不配合而遭到關閉，可以合理地推斷泰國華人社群中佔據多數的「土生華人」已形成了「泰式的華人思維」。而這群帶有新式思維的「土生華人」，在現實的考量下，選擇配合泰國官方的教育政策，讓華校及華文教育接受泰國官方的管理與監督。[74]

　　隨著在泰國境內出生的「土生華人」人數的增加，勢必對華人社群的民族及文化認同產生影響。當「新客華人」的人數越來越少於「土生華人」情形持續發展，泰國華人社群對於興辦教育的態度也必定會受到影響。對現實考量取向強烈的泰國華人社群而言，「泰化」會是保障經濟利益甚至獲得身份地位的最佳途徑。這可從兩個方面得到證明：其一，1932 年參與政變及其後掌握實權的領導人，很多都具有華人或華裔身份，如民主派的比里・帕

---

[71] 李玉年，〈泰國華文學校的世紀滄桑〉，《東南文化》，2007 第 1 期，頁 72。

[72] 國史館藏《外交部檔》，1937 年〈新民立學校條例〉，檔案編碼：020-010408-0100-0023a/0082a。

[73] 洪林 黎道綱 主編，《泰國華僑華人研究》，頁 496。

[74] 中研院近史所藏，《外交部檔》，〈救濟暹羅僑民教育臨時辦法〉，檔案編碼：11-LAW-00260.

儂榮、軍派的披耶拍鳳、鑾披汶及皇道派的披耶馬奴巴功等人。可見泰國華人社群在經過數百年的移民與同化後，已確實和泰國當地泰族人無異，不但掌控泰國大部分的經濟，更進一步執掌政治權力。[75] 其二，泰國華文教育發展的興盛及衰退都與中國國內的政治活動關係密切，當「新客華人」的數量逐漸降低，在中國的政治思維影響也自然的跟著減少，以「土生華人」及「泰式思維」為主流的泰國華人社群，對興辦華文教育其實也就逐漸顯得不那麼熱衷與積極。

因此，當 1949 年以後來自中國國內的政治影響力逐漸退場與泰國反共力道的逐漸加強，泰國的華文教育即幾乎失去發展動力而陷入長期一蹶不振的狀態。[76] 泰國華人社群的「民族思維」呈現持續的轉變，泰國民族主義似乎正在逐步為泰國華人族群接受中，華文學校的興辦雖受到限縮，經營及教學內容受到干涉及壓制，但是泰國華人社群已顯現出願意朝向遵守泰國國家教育法規方向發展的趨勢。[77] 華文的教學雖被限制在最小的範圍內，華人社群也在以泰族文化為主流的教育體系之下繼續傳播華人文化並同時融入當地社會。[78]

1938 年鑾披汶的上臺執政，標誌著泰國極端民族主義將成為

---

[75] 中研院近史所藏，《外交部檔》，〈有關暹羅華僑之狀況〉，檔案編碼：020-010408-0080.

[76] 中研院近史所藏，《外交部檔》，〈暹羅嚴格注意華校教員思想與行動〉，：11-EAP-03359.

[77] 中研院近史所藏，《外交部檔》，〈華校對統制募捐條例之應對〉，檔案編碼：020-010408-0072.

[78] 中研院近史所藏，《外交部檔》，〈蟻光炎呈報暹羅華僑現狀及建議〉，檔案編碼：11-EAP-03539.

泰國國家政策的核心概念。由於外交上親日本而遠英美，使得中國與日本關係的惡化成為泰國軍派民族主義勢力限制及壓制華人社群的主因。[79] 華人社群及華文教育的發展都進入最為艱困的一段時期。[80] 直到 1957 年鑾披汶政府結束執政為止，泰國華文教育在極度遭到壓制的情況下，「泰化」政策下學校性質的改變、經營趨向商業化、師資嚴重、缺乏資金來源及學生入學人數大量減少等因素，促使泰國華文教育「自然地」形成慣性衰退的趨勢。[81]

不過，在鑾披汶政權兩次執政期間，軍派民族主義勢力對於泰國華人社群的主要恐懼來自於共產主義及其思想的散佈。[82] 禁絕華文刊物、關閉華文學校、限縮華人移民數額及限制華人社群發展等措施，其實都是擔心共產主義的影響會隨華人進入泰國。[83]

1938 年至 1940 年間在 233 間華文學校中有 164 間遭到政府關閉，另有 51 間自動停辦，而遭到泰國官方查封停辦的華校，其後所出的復辦申請則一律被拒絕，華文學校已幾乎在泰國消失。[84] 其後在民主派民族主義短暫重新掌有國家權力的情形下與中國的政治勢力簽訂協議，使華人社群所受到的限制獲得短暫的舒緩，

---

[79] 國史館藏，《外交部檔》，〈有關日泰間軍事協定報告〉，檔案編碼 020-010402-0112-0030a.

[80] 政大數位典藏，民國 38 年以前重要剪報資料庫，南京中央日報〈暹羅排華運動的再起〉，1948 年 8 月 22 日

[81] 鷲津京子，《泰國政府對華文教育政策之研究(1911-1949)》，頁 91。

[82] 政大數位典藏，民國 38 年以前重要剪報資料庫，南京中央日報〈暹羅反共乎?排華乎?〉，1948 年 6 月 30 日。

[83] 中研院近史所藏，《外交部檔》，〈鑾披汶再度秉政與華僑之影響〉，檔案編碼：020-010401-0058.

[84] 國史館藏，《外交部檔》，〈呈報泰教育部不准華校復辦情形〉，檔案編碼 020-010408-0100-0120a.

華文教育的興辦也稍有復興。[85] 但在泰國民族主義地位已形穩固及中國政治勢力介入泰國華人社群事務逐漸消退的狀況下，華文教育在泰國的發展基本上仍是呈現持續衰退的狀況。[86]但此種衰退並不意味著華文教育的完全消失，而是在華文學校逐步成為泰國國家教育體系一部分的同時，華文教育也逐漸退居次要地位，成為泰國國家教育中的「族語教育」或「外語教育」。

　　1975 年中國與泰國正式建立外交關係,中斷了數十年的華文教育才又開始有較為「回溫」的現象。但此時的泰國華文教育已不再具有中國海外僑民教育的性質，也不再帶有中國民族主義的色彩，而在很大的程度上較像是實用取向的外語教育。[87] 不過，泰國統治階層對華人社群的限制政策及法規並沒有因為軍派極端民族主義勢力的下臺而結束。從泰國官方的數據來看,鑾披汶政權第二次執政結束後的 1960 年，泰國境內共有華校 185 所。但到了 1992 年泰國教育部解除對華文教育的教授限制為止,泰國華校的數量卻是不增反減，只剩下 129 所。[88] 由此可以看出，泰國統治階層即使經過二次大戰結束將近半個世紀，對華人社群所可能受到來自中國政治勢力影響的疑慮依然沒有鬆動。華文教育依然被視為可能散播中國政治思想的工具而加以限制，而對華人社群所採取的同化政策也依然持續。

---

[85] 中研院近史所藏，《外交部檔》，1946 年〈中暹友好條約〉，檔案編碼：020-010402-0010.

[86] 李玉年，〈泰國華文學校的世紀滄桑〉，頁 73。

[87] 李屏，〈泰國華文教育史研究綜述〉，《東南亞縱橫》，頁 36。

[88] Statistic Figures of Teaching Chinese Schools in Thailnd 1948-1992,Thailand Education Ministry. 轉引自：蔡巧娟，《泰國華文教育歷史、現狀與問題研究》，重慶:重慶大學碩士論文，2006，頁 28。

1992 年開始，經過泰國華人社群組織的極力爭取，泰國教育部終於在內閣會議中修訂相關教育法規，將華文與其他外語列入同樣等級，准許各級學校開設教學。[89] 泰國華文教育從第二次世界大戰以來雖不能說恢復興盛的發展，至此已經算是得到「應有」的地位。但此種「地位」並非將華文看成泰國國內的少數族群語言，而是一種「外語」。簡言之，二十世紀 90 年代泰國官方對華文教育發展開始放鬆限制時，泰國的「華文」已經被泰國官方定位為「中文」，而非泰國華人所說的「華文」了。華語文的作用，已經不再是一種華人文化傳承的載體，而是一種與中國人之間商業交際及溝通的實用工具。

四、結語

1932 年泰國不流血政變的成功，結束了泰國數百年來的君主專制體制，開啟了泰國近代民主憲政制度的道路。但政變成功之後不久，不同的民族主義勢力之間對國家運作制度認知之間的差異，讓泰國的民族主義發展又進入了另一個競爭的階段。由於政治利益及權利的衝突，民主派與軍派產生了決裂。皇道派雖然與軍派達成妥協而保留了原有地位與頭銜，但卻從此在泰國政治的舞台上被邊緣化，失去了實際決策的權力而只被軍派民族主義勢

---

[89] Thailand Education Ministry. Office of Private Education Commission. School on Special Policy Department.The Policy Setting of Sutitable Present's Condition of Foreign Language Teaching and Chinese Teaching School in Thailand. Document of Cabinet Meeting. Period. 3.4.1992. 轉引自：蔡巧娟，《泰國華文教育歷史、現狀與問題研究》，頁 47。

力當成政治場合的「橡皮圖章」。而被皇道派與軍派勢力聯手驅逐出權力中心的民主派勢力，從此也只成為泰國政治場合中的一個弱勢團體。披耶拍鳳及鑾披汶的接連上臺執政，標誌著泰國軍派民族主義勢力開始主導泰國政治的走向，頻繁的軍人政變及不斷修改的憲法，將使得泰國在邁向真正民主制度的道路上更加難行，也更加遙遙無期。[90]

另一方面，極端軍派民族主義的上臺，使泰國華人社群必須要開始面對被強制同化於當地及認同泰國民族主義的難題。雖然泰國華人社群融合於當地文化腳步，數百年來一直未曾停止的，但是「土生華人」與「新客華人」在思維模式上的逐漸分離，也造成了華人社群內部的政治認同差異問題。[91]極端民族主義的強制措施加快了泰國華人社群融合於當地的速度，而隨著華人被「強制同化」於泰國社會及同時期來自中國民族主義影響的日漸減弱，泰國華文教育也逐漸擺脫階段性的政治性色彩與目的，朝向「在地化」的方向發展。泰國華文學校的發展並非停止或消失，只是學校的性質逐漸改變。泰國華文教育在泰國民族主義及泰國華人社群「本地思維」的主導下，由暫時性的中國海外僑民教育的身分轉變為長期的泰國國家教育組成的一部分，在短暫地分離之後再回歸泰國國家教育的體系成為具有泰國華人特色的泰國教育場域。

二十世紀末泰國官方對華文教育限制的開放，標示著泰國民

---

[90] 中研院近史所藏，《外交部檔》，暹文政治週刊專欄〈泰國民主主義〉譯文，檔案編號：020-010401-0065.

[91] 中研院近史所藏，《外交部檔》，〈有關重慶政府傷害泰國言論報告〉，檔案編號：020-010499-0067.

族主義對華人社群「同化」過程的完成，也代表泰國華文教育性質的「轉換」過程的完成。泰國華文教育已不會、也不可能是中國的「僑民教育」，而只會是泰國國家教育體系中「外語教育」的眾多語言選項之一。過去傳統上以「僑務」的觀點出發，在東南亞各國所推行的華文教育，應該隨著當地華人社群「在地化」過程的完成而有所改變。此後對泰國所推動的華語文相關業務，也應從實際面上的考量，將華文定位為「外語」，而非過去長期所認定的「母語」。

參考文獻

中文

1. 國史館藏，《外交部檔》，〈暹羅民黨臨時憲法〉譯文，檔案編碼：020-010401-0080-0266x/0271x。

2. 國史館藏，《外交部檔》，〈呈報泰政府公佈禁止華文書籍二十八種入境情形〉，檔案編碼：020-010408-0100-0113a

3. 國史館藏，《外交部檔》，〈關於暹羅政局與日暹關係報告〉，檔案編碼：020-010402-0112-0047a

4. 國史館藏，《外交部檔》，〈有關日泰間軍事協定報告〉，檔案編碼：020-010408-0112-0032x

5. 國史館藏，《外交部檔》，〈續報暹政府拘捕華僑案情形〉，檔案編碼：020-010408-0047-0099x/0100x

6. 國史館藏，《外交部檔》，中央日報社論〈暹羅拘捕華僑的考察〉，1938 年 9 月 23 日，檔案編碼：020-010408-0047-0043a

7. 國史館藏，《外交部檔》，1944 年〈統制募捐條例〉譯文，檔案編碼：020-010499-0072-0051a/0058a

8. 國史館藏，《外交部檔》，1945 年〈外國貨幣運帶入境條例〉譯文，檔案編碼：020-010499-0071-0053a/0054a

9. 國史館藏，《外交部檔》，〈暹羅警察廳佈告〉譯文，檔案編碼：020-010499-0072-0007a/0008a

10. 國史館藏，《外交部檔》，〈暹羅不願與我國訂約之理由〉，檔案編碼：020-010402-0013-0061a

11. 國史館藏，《外交部檔》，〈暹羅皇帝陛下參觀各華校後之總演

說詞〉，檔案編碼：020-010402-0013-0118a-0120a

12. 國史館藏，《外交部檔》，〈暹羅華僑最重要問題-學校取締問題〉，檔案編碼：020-010402-0013-0097a/0098a

13. 國史館藏，《外交部檔》，〈有關日泰間軍事協定報告〉，檔案編碼：020-010402-0112-0030a

14. 國史館藏，《外交部檔》，〈呈報泰教育部不准華校復辦情形〉，檔案編碼：020-010408-0100-0120a

15. 中研院近史所藏，《外交部檔》，〈防共條例〉譯文，檔案編碼：11-EAP-03359

16. 中研院近史所藏，《外交部檔》，〈限制危害國家行為之泰人權利條例〉譯文，檔案編碼：11-EAP-03542

17. 中研院近史所藏，《外交部檔》，〈關於暹羅之近狀〉，檔案編碼：020-010401-0054

18. 中研院近史所藏，《外交部檔》，暹文新暹羅報社評〈中國人在自掘墳墓〉譯文，檔案編碼：11-EAP-03543

19. 中研院近史所藏，《外交部檔》，〈暹羅日商會議關於排日運動之對策〉，檔案編碼：11-EAP-03539

20. 中研院近史所藏，《外交部檔》，暹文新暹羅報社論〈還可坐視嗎?〉譯文，檔案編碼：11-EAP-03543

21. 中研院近史所藏，《外交部檔》，〈泰政府積極振興商業期獲得經濟自主權〉，檔案編碼：020-010401-0054

22. 中研院近史所藏，《外交部檔》，〈呈報暹羅政府更改國名為「泰國」事〉，檔案編碼：020-010401-0011

23. 中研院近史所藏，《外交部檔》，〈唯國主義條例〉第 1 至 11 部譯文，檔案編碼：020-010401-0054

24. 中研院近史所藏，《外交部檔》，〈呈報暹羅擬改稱泰國緣由事〉，檔案編碼：020-010401-0011

25. 中研院近史所藏，《外交部檔》，暹文國民日報社論〈自由主義〉譯文，檔案編碼：11-EAP-03543

26. 中研院近史所藏，《外交部檔》，〈呈報關於暹國會對職業保留案辯論結果〉，檔案編碼：020-010408-0087

27. 中研院近史所藏，《外交部檔》，曼谷民眾報〈泰國將劃「職業保留區」〉譯文，檔案編碼：11-EAP-03542

28. 中研院近史所藏，《外交部檔》，〈暹文報刊登所謂中國侵暹之十二年計劃〉，檔案編碼：11-EAP-03543

29. 中研院近史所藏，《外交部檔》，〈暹羅議員排華政策之一幕〉，檔案編碼：020-010401-0063

30. 中研院近史所藏，《外交部檔》，〈自乃寬政府至鑾披汶政府〉，檔案編碼：020-010401-0064

31. 中研院近史所藏，《外交部檔》，〈呈報關於乃寬反對保留職業條例事〉，檔案編碼：020-010408-0087

32. 中研院近史所藏，《外交部檔》，暹文新暹羅報社論〈關於保留泰國人民職業〉譯文，檔案編碼：11-EAP-03543

33. 中研院近史所藏，《外交部檔》，〈暹羅恢復保留職業〉，檔案編碼：020-010408-0088

34. 中研院近史所藏，《外交部檔》，〈旅暹華僑所遭遇之特殊困難及對策〉，檔案編碼：020-010499-0073

35. 中研院近史所藏，《外交部檔》，〈函請向暹羅抗議取消人頭稅及入口苛例案〉，檔案編碼：020-010402-0013

36. 中研院近史所藏，《外交部檔》，〈呈報泰國政府劃設軍事區驅

離華僑事〉，檔案編碼：11-EAP-03542

37. 中研院近史所藏，《外交部檔》，〈防止營業過分牟利條例〉譯文，檔案編碼：020-010404-0046

38. 研院近史所藏，《外交部檔》，〈華僑小販觸犯過分牟利條例被逐出境呈請鑒核〉，檔案編碼：020-010404-0046

39. 中研院近史所藏，《外交部檔》，暹文新暹羅報社論〈誰為暹國主人?〉譯文，檔案編碼：11-EAP-03543

40. 中研院近史所藏，《外交部檔》，〈中國與暹羅訂約報告書〉，檔案編碼：11-LAW-00260

41. 中研院近史所藏，《外交部檔》，〈研究暹羅強迫華僑不得學習本國文字案〉，檔案編碼：11-LAW-00260

42. 中研院近史所藏，《外交部檔》，〈暹教育部秘書就取消強迫班答華報記者問〉，檔案編碼：11-LAW-00260

43. 中研院近史所藏，《外交部檔》，〈救濟暹羅僑民教育臨時辦法〉，檔案編碼：11-LAW-00260

44. 中研院近史所藏，《外交部檔》，〈有關暹羅華僑之狀況〉，檔案編碼：020-010408-0080

45. 中研院近史所藏，《外交部檔》，〈暹羅嚴格注意華校教員思想與行動〉，檔案編碼：11-EAP-03359

46. 中研院近史所藏，《外交部檔》，〈華校對統制募捐條例之應對〉，檔案編碼：020-010408-0072

47. 中研院近史所藏，《外交部檔》，〈蟻光炎呈報暹羅華僑現狀及建議〉，檔案編碼：11-EAP-03539

48. 中研院近史所藏，《外交部檔》，〈鑾披汶再度秉政與華僑之影響〉，檔案編碼：020-010401-0058

49. 中研院近史所藏,《外交部檔》,〈泰國當地政府發給僑校補助費〉, 檔案編碼：020-010401-0058

50. 中研院近史所藏,《外交部檔》, 暹文政治週刊專欄〈泰國民主主義〉譯文, 檔案編碼：020-010401-0065

51. 中研院近史所藏,《外交部檔》,〈有關重慶政府傷害泰國言論報告〉, 檔案編碼：020-010499-0067

52. 政大數位典藏, 民國 38 年以前重要剪報資料庫, 重慶新蜀報〈日寇南進對佛教國之陰謀〉, 1941 年 3 月 18 日。

53. 政大數位典藏, 民國 38 年以前重要剪報資料庫, 反攻報〈籲請國府派軍來暹護僑〉, 1935 年 10 月 5 日。

54. 政大數位典藏, 民國 38 年以前重要剪報資料庫, 上海大公報〈暹羅軍人主張嚴禁華僑入境〉, 1948 年 8 月 2 日。

55. 政大數位典藏, 民國 38 年以前重要剪報資料庫, 暹羅正言日報〈華教問題昨再繼續折衝〉, 1948 年 6 月 22 日。

56. 政大數位典藏, 民國 38 年以前重要剪報資料庫, 南京中央日報〈暹羅排華運動的再起〉, 1948 年 8 月 22 日。

57. 政大數位典藏, 民國 38 年以前重要剪報資料庫, 南京中央日報〈暹羅反共乎?排華乎?〉, 1948 年 6 月 30 日。

58. 楊富民,《泰國軍人干政的歷史成因及其對現代化進程的影響》, 西安：西北大學碩士論文, 2009。

59. 鷲津京子,《泰國政府對華文教育政策之研究（1911-1949）》, 臺北：國立政治大學歷史研究所碩士論文, 2011。

60. 蔡巧娟,《泰國華文教育歷史、現狀與問題研究》, 重慶：重慶大學碩士論文, 2006。

61. 戴維 K. 懷亞特 著, 郭繼光 譯,《泰國史》, 上海:東方出版

中心，2009。

62. 劉迪輝 等，《東南亞簡史》，南寧：廣西人民出版社，1989。

63. 中山大學東南亞歷史研究所，《泰國史》，廣州：廣東人民出版社，1987。

64. 洪林 黎道綱 主編，《泰國華僑華人研究》，香港：香港社會科學出版社，2006。

65. 郁漢良，《華僑教育發展史》，臺北：國立編譯館，2001。

66. Victor Purcell，《東南亞的華僑》，臺北：正中書局，1968。

67. 龍晟，〈泰國國王憲政地位的流變〉，《東南亞研究》，2010 第 1 期。

68. 萬悅容，〈泰國現代政治發展中軍人集團演變軌跡釋因〉，《學術探索》，2012。

69. 周方治，〈泰國立憲君主政治威權興衰的過程、原因與趨勢〉，《南洋問題研究》，2012 第 2 期。

70. 賀聖達，〈朱拉隆功改革與泰國的現代化進程〉，《世界歷史》，1989 第 4 期。

71. 張聲海，〈太平洋戰爭前後的泰日關係〉，《東南亞研究》，2001 第 2 期。

72. 寸雪濤，〈從泰國政府政策的變化剖析當地華文教育的發展歷程〉，《東南亞縱橫》，2006 第 8 期。

73. 李屏，〈泰國華文教育史研究綜述〉，《東南亞縱橫》，2012 第 8 期。

74. 李玉年，〈泰國華文學校的世紀滄桑〉，《東南文化》，2007 第 1 期。

英文

1. 國史館藏，《外交部檔》，1947 年〈移民限額法案〉，檔案編碼：020-010408-0098-0036a/0038a

2. 中研院近史所藏，《外交部檔》，1941 年〈保留職業條例〉附修正案，檔案編碼：020-010408-0087

3. 中研院近史所藏，《外交部檔》，1946 年〈中暹友好條約〉，檔案編碼：020-010402-0010

4. Thailand Education Ministry, Office of Private Education Commission, School on Special Policy Department.The Policy Setting of Sutitable Present's Condition of Foreign Language Teaching and Chinese Teaching School in Thailand. Document of Cabinet Meeting. Period. 3. 4. 1992.

5. Synopsis of the National Scheme of Education of B.E. 2545-2559 (2002-2016), Bangkok: Office of the National Education Commission, Office of the Prime Minister, 2003.

6. Statistic Figures of Teaching Chinese Schools in Thailnd 1948-1992,Thailand Education Ministry.

7. Walter F. Vella,The Impact of the West on Government of Thailand, University of California Publications in Political Science, 1955.

8. Supang Chantavanich. "From Siamese-Chinese to Chinese-Thai: Political Conditions and Identity Shifts Among the Chinese in Thailand," Singapore: Institute of Southeast Asian Studies,1997.

9. J. K. P. Watson, "A conflict of nationalism : The Chinese and education in Thailand 1900-1960," Paedagogica Historica:

International Journal of the History of Education, Vol.16,　Issue 2, 1976.

10. Thailand Statistical Yearbook, No.18, 20, 21.

聯合國『所關切之人』與國際難民權利：以泰緬周遭之難民為例

蔡育岱

國立中正大學戰略暨國際事務研究所教授

摘要

「聯合國難民署」估計，超過 20 萬緬甸的羅興亞人（Rohingyas），正漂流在泰國、菲律賓和馬來西亞海域；約有40萬克倫族人（Karen）與 25 萬克倫尼族（Karenni）因受政治迫害，居住在泰緬邊境受聯合國與泰國政府保護。本文先行從「聯合國難民署」定義下的「關切之人」（Persons of Concern）概念介紹，再將國際法下之國際難民地位、人類安全相關難民研究等加以一一探討，並以泰緬周遭之難民案例為個案，最後提出相關看法與建言。

關鍵字：聯合國難民署、關切之人、國際難民權利、人類安全、
　　　　泰緬邊境

一、前言

　　既使進入 21 世紀，世界難民問題依然嚴重。敘利亞內戰開始
於 2011 年，截至 2015 年底造成了約 1400 萬難民，當敘利亞衝突
仍然方興未艾之時，據「聯合國難民事務高級專員辦事處」（the
United Nations High Commissioner for Refugees, UNHCR）簡稱「聯
合國難民署」估計，超過 20 萬緬甸的羅興亞人（Rohingyas），
正漂流在泰國、菲律賓和馬來西亞海域；約有 40 萬克倫族人
（Karen）因受政治迫害，居住在泰緬邊境受聯合國與泰國政府保
護。[1] 在國際法相關難民問題上，根據 1951 年《關於難民地位公
約》（Convention Relating to the Status of Refugees）和 1967 年《關
於難民地位的議定書》（Protocol relating to the Status of Refugees）
定義，敘利亞難民、緬甸羅興亞人、克倫族人等無庸置疑可被歸
類為國際難民，世界各國需予以保護。此外基於《世界人權宣言》
（Universal Declaration of Human Rights）第 14 條，「人人有權在
其他國家尋求和享受庇護以避免迫害」，各締約國應給予正尋求
庇護之人適當的保護。各國應該依據其所批准之《關於難民地位
公約》與《關於難民地位的議定書》，促進難民的處置，並應至
少尊重國際習慣法中「難民不得送回原則」作為其適用法規。

　　而在人類安全研究中，有所謂國際社會所「關切之人」
（Persons of Concern），「關切之人」是用來描述「聯合國難民
署」所要保護與援助需求的遭難者總稱。「聯合國難民署」將其

---

[1] 相關資料請參考「聯合國難民署」(UNHCR)網址：http://unhcr.org.au/unhcr/，
檢索日期：2016 年 09 月 25 日。

分類為一般的難民（公約定義）（convention refugees）、境內難民
（internally displaced people, IDPs）、無國籍者（stateless people）、
尋求庇護者（asylum-seekers）與歸國難民（returnees）等。[2] 除了
公約所定義的公約難民外，其餘這些「聯合國難民署」所「關切
之人」尚無國際法律地位的保障。在在顯示當代國際形勢的劇變，
加速了國際難民的形成、移動與跨越國界，單靠一國之力無法解
決，需要整合各國能力、相關研究領域，促進共同合作，以達成
解決之道。緣此，本文先行從「聯合國難民署」定義下的「關切
之人」概念分析，再將國際法下之國際難民地位、人類安全相關
難民研究等加以一一探討，並以泰緬周遭之難民案例為個案，最
後提出相關看法與建言。

二、聯合國「關切之人」(Persons of Concern)的概念

透過「聯合國難民署」所公布 2014-2015 年報告，目前全球
難民 3 千 5 百 83 萬人左右，[3] 人數將伴隨著國際局勢、敘利亞內
戰而不斷增加，這些難民是「聯合國難民署」所關切之人（persons
of concern），並將其分類為一般的難民（refugees）、尋求庇護者
（asylum-seekers）、歸國難民（returness）、無國籍者（stateless

---

[2] UNHCR, UNHCR Global Appeal 2014-2015,
〈http://www.unhcr.org/528a0a170.html 〉，(檢索日期：2016 年 09 月 25 日)。
[3] UNHCR, UNHCR Global Appeal 2014-2015,
http://www.unhcr.org/528a0a170.html，檢索日期：2016 年 09 月 25 日。蔡育岱，
《人類安全與國際關係：概念、主題與實踐》(臺北：五南出版社，2014 年)，
頁 151。

persons）、境內難民（internally displaced persons, IDPs）等，（如表
1 所示）。

(一) 難民

　　一般調整難民問題的國際公約主要是 1951 年的《關於難民地
位公約》和 1967 年的《關於難民地位的議定書》，[4]並有下列的
共同特徵：（1）身處於其國籍之領域外；（2）不被該國籍國保
護或甚至受到該國迫害；（3）並非一般刑事或民事犯罪之人。[5] 此
兩份文件目前正在 143 個締約國間適用。[6] 按 1951 年聯合國《關
於難民地位公約》第 1 條第 2 項第 1 款所示，所謂難民，無論請
求庇護者具有國籍、或無國籍都適用，而難民的定義是：「具有
正當理由而畏懼會因為種族、宗教、國籍、特定社會團體的成員
身分（membership of a particular social group）或政治見解的原因，
受到迫害，因而拘留在其本國之外，並且不能、或由於其畏懼，
不願接受其本國保護的人。」[7]

---

[4] 由於 1951 年之公約只能保護由於 1951 年 1 月 1 日生效前之難民者，故 1967
年的《關於難民地位的議定書》修正了 1951 年公約在時間上與地域上的限制。
[5] Erika Feller, Frances Nicholson eds., *Refugee Protection in International Law*
(Cambridge: Cambridge University Press, 2003), p. 4.
[6] "Ministerial Meeting of States Parties to the 1951 Convention Relating to the Status of
Refugees and UNHCR'S Global Consultations on International Protection,"
〈https://tw.dictionary.yahoo.com/dictionary?p=+ratified〉，（檢索日期：2016 年 09
月 25 日）。
[7] 陳隆志，《國際人權法–文獻選集與解說》(臺北：前衛出版社，2006 年)，頁
204。

(二) 無國籍者

　　不被任何國家承認為各國公民的人，因此沒有獲得一般公民應有的保護。1954 年《關於無國籍人地位公約》（Convention Relating to the Status of Stateless Persons）第 1 條規定了無國籍國際法準則，即所謂「無國籍者」是指在法律的運作下，不被國家或任何國家視為具有一個國家國籍的人。[8]

(三) 尋求庇護者

　　正在尋求國際保護之人。尋求庇護者定義，是其請求尚未得到「聯合國難民署」確定，或是其已向請求難民地位的國家機關申請，但還沒獲得最後確定。並不是每一位尋求庇護的人最終將被認定為難民，但每難民最初都是尋求庇護者。[9]

(四) 歸國難民

　　「聯合國難民署」鼓勵難民們在母國情勢穩定後返回自身國家。但實際的情況卻是難民返國後所面對的情況遠遠不理想。例如阿富汗在一些地區，仍然有零星的衝突與人權問題，民生與失業率仍然是歸國難民返國的棘手問題。[10]

---

[8] 請參考 1954 年《關於無國籍人地位公約》(Convention Relating to the Status of Stateless Persons) 條文，〈http://www.ohchr.org/EN/ProfessionalInterest/Pages/StatelessPersons.aspx〉，(檢索日期：2016 年 09 月 25 日)。

[9] 相關資料請參考「聯合國難民署」(UNHCR) Refugees,〈http://unhcr.org.au/unhcr/index.php?option=com_content&view=article&id=179&Itemid=54〉，(檢索日期：2016 年 09 月 25 日)。

[10] *Ibid.*

(五) 境內難民

在上述「聯合國難民署」關切的人民當中，境內難民最引起聯合國與國際社會關注，尤其 1990 年代後全球境內難民不增反減，從原本以庫德族、巴爾幹地區、泰緬邊境（克倫族、羅興亞人）等國家近 800 萬人口左右，逐漸增至現今的 1,760 萬人之多。（如表一所示）

其中，又以非洲之角（horn of Africa）、中東與拉丁美洲最多，造成境內難民原因可來自人為（戰爭、族群衝突）或自然災害所致，由於境內難民並非是 1951 年《關於難民地位公約》（Convention Relating to the Status of Refugees）體制下定義的難民，加上因為係屬一國之國境內，涉及國家主權不容干涉原則，故國際社會的援助需來自國家的授權，一旦當事國反對外援進入，則難民情況可說更顯嚴重。[11]

表一　聯合國難民署目前所關注的人數分類

次區域	難民	尋求庇護	歸國難民	IDPs	無國籍者
中非/大湖地區	479,260	21,380	121,330	2,799,700	1,300
東非/非洲之角	1,892,720	90,330	23,560	3,853,930	20,000
西非	267,760	8,830	102,440	272,930	700,000
南非	134,740	272,450	19,750	57,930	--

---

[11] Elizabeth G. Ferris, *The Politics of Protection: The Limits of Humanitarian Action* (Washington, D.C.: the Brooking Institution, 2011), p. 32; Christine S. Ellison, Christine Smith, and Alan Smith, *Education and Internally Displaced Persons* (New York: Bloomsbury Academic, 2013), p. 9; 蔡育岱，前揭書，頁 152-153。

北非	293,810	28,560	7,280	59,430	60
中東	1,300,050	25,310	150,840	3,533,630	505,210
西南亞	2,522,890	3,350	98,620	1,244,290	---
中亞	7,980	2,580	---	168,600	33,660
南亞	242,030	3,850	1,480	93,480	---
東南亞	407,400	32,420	40	431,560	1,392,800
東亞和太平洋	345,220	19,250	---	---	1,500
東歐	278,600	21,100	10	880,110	227,520
東南歐	86,270	1,340	570	331,270	20,170
北歐、西歐、中歐和南歐	1,432,730	323,750	---	---	433,530
北美和加勒比	426,670	52,550	---	---	---
拉丁美洲	379,850	21,180	10	3,943,510	20
總數	**10,497,980**	**928,230**	**525,930**	**17,670,370**	**3,335,770**

資料來源：UNHCR, *UNHCR Global Appeal 2014-2015*,
〈http://www.unhcr.org/528a0a170.html，最後瀏覽日期2016/09/15〉。蔡育岱，《人類安全與國際關係：概念、主題與實踐》,(臺北：五南出版社，2014年)，頁152-153。

三、國際難民的權利問題：法律規範下之國際難民地位

儘管國際法上對於難民無精準的定義，但上述的 1951 年的《關於難民地位公約》和1967 年的《關於難民地位的議定書》是主要的判定標準。按 1951 年聯合國《關於難民地位公約》第 1 條第 2 項第 1 款所示，所謂難民，無論請求庇護者具有國籍、或無國籍都適用，而難民的定義是：「具有正當理由而畏懼會因為

種族、宗教、國籍、特定社會團體的成員身分（membership of a particular social group）或政治見解的原因，受到迫害，因而拘留在其本國之外，並且不能、或由於其畏懼，不願接受其本國保護的人。」[12] 不過當初此定義設定主要限於遭到「人為政治迫害」的「政治難民」，相較於目前因天災或經濟因素導致離開家園的「環境難民」、「偷渡者」並無規範在內，導致無法受到公約的保護。[13]

在 1951 年《關於難民地位公約》有關難民待遇的最低標準，明確指出難民應享有各項基本權利，並給予其適當的法律地位。其中第 33 條規定：「任何締約國不得以任何方式，將難民驅逐或送回至其生命或自由因為他的種族、宗教、國籍、參加某一社會團體或具有某種政治見解而受威脅的領土邊界。」[14] 此其所謂「難民不得送回原則」（principle of non-refoulement of refugees），已是公認一般國際法原則，但國際社會實際現狀卻是，在具正當理由認為難民對所處的國家安全有負面影響時，可以驅逐或送回難民。[15] 難民從廣義上來看，係泛指因自然災害、戰爭、大規模內亂和各種政治迫害等原因，被迫逃離本國或其經常居住之地而流亡到其他國家或地區的人民。國際難民問題在歷史上已有相當一段歷史，但此問題進入國際法領域以及難民成為法律上的概念則

---

[12] 陳隆志，《國際人權法–文獻選集與解說》(臺北：前衛出版社，2006 年)，頁 204。

[13] 蔡育岱，前揭書，頁 151-153。

[14] 陳隆志，前揭書，頁 201。

[15] 蔡育岱、譚偉恩，《國際法之延續與變遷(一)傳統公法》(臺北：鼎茂出版社，2009 年)，頁 192。

是始於一戰與二戰的歷程。由於 1951 年《關於難民地位公約》與 1967 年的議定書，清楚地定義出五種遭受迫害的難民，即種族、宗教、國籍、屬於特定社會團體或政治見解的原因，受到迫害。然未對定義中屬於「特定社會團體」提供明確之解釋，探究原因應是考量到難民產生的原因會隨著國際情勢發展而變化。是故，國際難民因而涵蓋許多類型，讓因遭受迫害但又得不到政府保護的人民或團體，可以申請難民地位從而得到國際保護。[16]

此外，《關於難民地位公約》和《關於難民地位的議定書》提供難民廣泛的權利，包括就業、財產、住房和教育，儘管存在這些權利，只有已簽署和批准或加入該公約與議定書的國家有義務確保這些受保護權利的實現。在安置難民的國際實踐方面，主要由「聯合國難民署」執行，針對尋求庇護的難民評估「難民身份確定」（Refugee Status Determination, RSD）程序，一旦被授予難民地位，「聯合國難民署」（UNHCR）將由三項解決方案著手，分別是：協助難民與抵達國家的整合、安置難民到第三國，或與原籍國協調，讓難民自願遣返原籍國。[17]

本文將相關國際法律文書整理，如表二所示。

表二 處理難民地位問題之相關國際法律文書

年份	條文名稱
*1930	《關於國籍法衝突之若干問題公約》簡稱《國籍法公約》(Convention on Certain Questions relating to the Conflict of Nationality Laws)
*1933	國際聯盟下《難民國際地位公約》(Convention Relating to the. International Status of Refugees)

---

[16] 同前註，頁 193。

[17] 蔡育岱，〈從國際法的角度評議『羅興亞人』事件〉，《戰略安全研析》，第 122 期(2015)，頁 6-8。

*1948	《世界人權宣言》(Universal Declaration of Human Rights)
1948	《人之權利與義務美洲宣言》(American Declaration of the Rights and Duties of Man)
1950	《歐洲保障人權和基本自由公約》(European Convention for the Protection of Human Rights and Fundamental Freedoms)
*1951	《關於難民地位公約》(Convention Relating to the Status of Refugees)
*1954	《關於無國籍人地位公約》(Convention Relating to the Status of Stateless Persons)
1966	《公民權利和政治權利國際公約》(International Covenant on Civil and Political Rights)第8條：禁止有關奴隸交易、強制勞動等任何活動
*1961	《關於減少無國籍公約》(Convention on the Reduction of Statelessness)
*1967	《關於難民地位的議定書》(Protocol relating to the Status of Refugees)
*1967	《領域庇護宣言》(Declaration on Territorial Asylum)
*1969	《關於非洲難民問題具體方面的公約》(OAU Convention governing Specific Aspects of Refugee Problems in Africa)
1975	《移民勞工(補充條款)公約》(Convention concerning Migrant Workers)。
1979	《消除對婦女一切形式歧視公約》(Convention on the Elimination of All Forms of Discrimination against Women)第6條：禁止所有販賣與剝削婦女，及強迫從事賣淫行為
1979	《西非國家經濟共同體/關於人員自由流動、居留和建立議定書》(ECOWAS, Protocol relating to Free Movement of Persons, Residence and Establishment)
*1980	《歐洲轉移難民責任協議》(European Agreement on Transfer of Responsibility for Refugees)
*1984	《卡塔赫那難民宣言》(Cartagena Declaration on Refugee)
1984	《聯合國禁止酷刑公約》(UN Convention against Torture and Other Cruel, Inhuman or Degrading Treatment or Punishment)
1989	《兒童權利公約》(Convention on the Rights of the Child)第34條：承擔確保兒童免於任何形式的性虐待及性剝削，須防止兒童從事非法勞工活動，剝削兒童賣淫或迫使從事色情表演。
*1990	《都柏林公約》(Dublin Convention)訂明難民的「第一到步國」，有責任安置與處理難民的申請。
1990	《保護所有移徙工人及其家庭成員權利國際公約》(International Convention on the Protection of the Rights of All Migrant Workers and Members of their Families)

*1997	《歐洲國籍公約》(European Convention on Nationality)
*1997	《歐盟會員國國民庇護議定書》 (Protocol on Asylum for Nationals of Member States of the European Union)。
1998	《羅馬規章》(Rome Statute of the International Criminal Court)
1999	《關於禁止和立即行動消除最有害的童工形式公約》 (Convention Concerning the Prohibition and Immediate Action for the Elimination of the Worst Forms of Child Labor)
2000	《兒童權利公約關於兒童捲入武裝衝突問題和關於兒童買賣賣淫色情任擇議定書》(Optional Protocol to the Convention on the Rights of the Child on the Sale of Children, Child Prostitution and Child Pornography)
2000	《人口販運議定書》(Protocol to Prevent, Suppress and Punish Trafficking in Persons, Especially Women and Children--Trafficking Protocol)
2000	《走私移民議定書》(Protocol against the Smuggling of Migrants by Land, Air and Sea--Smuggling of Migrants Protocol)

說明部分：「*」之年代條文為主要處理難民法之規章。

資料來源：作者自行整理。

　　另外是有關國籍的部分，難民的法律地位與 1954 年《關於無國籍人地位公約》之規定相似。國籍問題不單是公法研究的領域，也是私法所欲處理的問題。[18]在國際法上，一人僅能有一個國籍乃係原則，但某些例外情況下會出現雙重國籍或是無國籍的情形，國籍就是作為一個國家人民的資格，透過國籍表彰個人與一國之間的法律聯繫、樞紐關係，從而使個人居於該國的屬人管轄權（personal jurisdiction）之下。[19]所以國籍是個人與國家之間的法律關係基礎，國籍的賦予原則上由各國自行以法律決定之，但

---

[18] 在政治學領域，國籍表彰的是一種由族群、臣屬、公民身分、效忠關係以及政經權利等不同要素所組成的意識型態或社會制度。T. Alexander Aleinikoff, "Theories of Loss of Citizenship," *Michigan Law Review*, Vol. 84, No. 7 (1986), p. 1472.

[19] 蔡育岱、譚偉恩，前揭書，頁184-185。

應遵守下列國際法律規範的要求：（1）避免雙重國籍的產生；（2）減少無國籍者的形成；（3）性別、宗教等因素不能成為國籍取得的障礙；（4）個人意願的尊重（例如不可強迫外國人歸化）；（5）真實聯繫原則。[20]

目前國際上解決國籍衝突的多邊條約主要包括上述 1930 年的《國籍法公約》、1933 年《美洲國家間國籍公約》、1963 年《關於減少多重國籍情況並在多重國籍情況下之兵役義務處理(歐洲)公約》、1954 年《關於無國籍人地位公約》、1961 年《關於減少無國籍公約》及 1997 年的《歐洲國籍公約》（European Convention on Nationality）等。其中《國籍法公約》及《關於減少無國籍公約》是最為重要的法律文件。尤其《關於減少無國籍公約》認為國籍的剝奪乃是最易導致無國籍狀態出現的情形，因而公約第 8 條原則上指出，締約國對一個人不得剝奪他的國籍，如果這種剝奪將使他成為無國籍人；第 9 條則要求締約國不得以人種、宗教、政治或其他不合理理由而剝奪任何個人的國籍。[21]

四、人類安全相關難民研究

人類安全研究一般分為兩個研究分支，如表三所示：狹窄學派（narrow schools）與寬廣學派（broad schools）。[22] 其中狹窄學

---

[20] 同前註，頁 185。

[21] 參考《關於減少無國籍公約》條文內容：〈http://www.un.org/chinese/law/ilc/nationality_print.htm 〉，（檢索日期：2016 年 09 月 25 日）。

[22] Edward Newman, "Critical Human Security Studies," *Review of International Studies*, Vol. 36 (2010), pp. 79-81; 蔡育岱，前揭書，頁 23。

派關注的是如何減少或避免政治暴力的迫害，並追求免於恐懼（freedom from fear）的基本要求，在難民問題歸類研究上是以國際人道干涉，以及國際介入程度為主軸。

至於寬廣學派則著重更廣泛的自由概念，談的是有關人類發展的問題，不只要求個人或群體免於恐懼的自由，也要求免於匱乏（freedom from want）、活得尊嚴（freedom to live in dignity）與免於自然災害衝擊（freedom from hazard impacts），達到所謂人類安全四大支柱冀求，而在難民問題歸類上是以難民的權利維護與國際介入程度為討論範疇。[23]

傳統探討難民問題時，比較著重在難民的權利維護，像是難民的人權問題。當代研究則建議應該更關注在難民遣送回國（repatriation）與重新建構難民母國與難民之間的關係。[24] 尤其當代隨著人權普世價值的上升，開始對傳統國家權威構成挑戰，而國際人權建制逐漸在普世化、制度化與內國法化不斷的擴展與深化，因人權維護而挑戰國家主權例子層出不窮，所謂國家權威所恃之主權正當性受到國際規範之多邊性所挑戰，人權與干涉之實踐最終取決於多邊建制之正當性，以及國家權威的相容權衡程度。[25] 在這些實踐當中，人類安全研究討論最引人注目的是「聯

---

[23] Ramesh Thakur and Edward Newman, "Introduction: Non-traditional Security in Asia," in Ramesh Thakur and Edward Newman eds., *Broadening Asia's Security Discourse and Agenda: Political, Social, and Environmental Perspectives* (Tokyo, UN University Press, 2004), pp. 1-15; Pauline Kerr, "Human Security," in Collins, A. ed., *Contemporary Security Studies* (Oxford, UK: Oxford University Press, 2007), pp. 94-95.

[24] Megan Bradley, "Rethinking Refugeehood: Statelessness, Repatriation, and Refugee Agency," *Review of International Studies*, Vol. 40 (2014), pp. 101-102.

[25] 周志杰，〈國家權威與國際規範—合法性因素對國際人權法〉，《政大法學

合國維和行動」（United Nations Peacekeeping Operations, UNPKO）變制與國家「保護責任」（Responsibility to Protect, R2P）倡議的演進，尤其保護責任是否應該涉及一個國家境內難民，更是國際社會辯論最為激烈。[26]

表三 人類安全相關研究分支

	研究取向	主題內容	議題分屬	難民問題歸類
寬廣學派	涉及人類發展、貧窮、疾病、剝削等問題	聯合國開發總署於1994年《人類發展報告書》(HDR)所揭櫫	環境安全、食品安全、疾病、人口問題、人口販運等	難民的權利維護
狹窄學派	係指人受暴力武裝衝突、政府失靈、失敗國家威脅等問題	干涉、預防機制、衝突、保護責任(R2P)	人道干涉、保護責任(R2P)、國際社會介入等問題	國際介入程度

資料來源：作者自行整理。

五、國際難民案例：泰緬邊境之難民近況

(一) 羅興亞人(Rohingyas)

根據「阿拉甘羅興亞民族組織」（Arakan Rohingya National Organization, ARNO）的說法，羅興亞人源自於印度雅利安人的後

評論》，第109期（2009年），頁113-176；蔡育岱，前揭書，頁152-153。

[26] Nicolaas A. Smit, *The Evolution of the Responsibility to Protect: From the ICISS to the 2005 World Summit* (Hamburg: Anchor Academic Publishing, 2013), p. 18; 蔡育岱，前揭書，頁153。

裔，在西元 8 世紀以前受印度昌德拉王朝（Hindu Chandras dynasties）統治，當時統治範圍延伸至現今的孟加拉吉大港（Chittagong）地區，數以萬計孟加拉地區的穆斯林從事航海或商人身份，甚至其他人以被賣為奴隸的方式，從此定居在若開邦，[27] 幾百年來儘管經歷多次改朝換代，但時間之久，使其自認為是緬甸若開邦地區的原生居民。而緬甸政府與當地佛教族群則認為，羅興亞人是從孟加拉偷渡而來的非法移民，因此雖然羅興亞人已經在當地傳承多代，但是依然被當地人視為孟加拉人，這也是為什麼緬甸政府拒絕賦予其公民身份，否認原住族群原因之一。此外，又與緬甸主流信奉上乘佛教的情況相異，這也使得雙方的歧異度增加。[28]

　　由於英國殖民時期鼓勵孟加拉穆斯林族群的湧入，無論是最初居住於此的羅興亞人，加上後來的移民，引發了當地佛教徒的強烈反感，種下族群關係緊張的種子。[29] 1948 年緬甸獨立之後，當時吳巴蘇政府（U Ba Sue）曾經承認羅興亞人是緬甸少數民族之一，享有平等權利；1962 年奈溫將軍（General Ne Win）發動

---

[27] "Muslim Influence in the Kingdom of Arakan," *Arakan Rohingya National Organization*, November 14, 2011, 〈http://www.rohingya.org/portal/index.php/scholars/65-nurul-islam-uk/293-muslim-influence- in-the-kingdom-of-arakan.html〉，（檢索日期：2016 年 09 月 25 日）。

[28] Kuala Lumpur, Shamlapur and Sittwe, "The Rohingyas: The Most Persecuted People on Earth?" *The Economist*, Jun 13th 2015, 〈http://www.economist.com/news/asia/21654124-myanmars-muslim-minority-have-been-attacked-impunity-stripped-vote-and-driven〉，（檢索日期：2016 年 09 月 25 日）。

[29] Kallie Szczepanski, "Who Are the Rohingya?" 〈http://asianhistory.about.com/od/Asian_History_Terms_N_Q/g/Who-Are-The- Rohingya.htm〉，（檢索日期：2016 年 09 月 25 日）。

政變，推翻吳努政府（U Nu）成立軍事政權，自那時起。羅興亞
人遭受不平等的對待，由於這種背景導致羅興亞人與若開邦當地
居民保持長期的互相敵視。[30]基本上在緬甸大約 89%是佛教徒，
4%是穆斯林。[31] 目前緬甸約有 110 萬羅興亞人、孟加拉約 30 萬
人、印尼約 10 萬人左右。[32]

(二) 克倫族人（Karen）

全世界整個克倫族人大約有 900 萬人口，[33]目前約有 40 萬克
倫族人因受政治迫害，居住在泰緬邊境受泰國政府保護。[34]在
18-19 世紀英國殖民時期，英國採取民族制衡「以夷制夷」的政
策，為統治順利，攏絡少數民族壓制多數的緬族，成為日後各族
之間的衝突埋下種子；[35]其中克倫族特別受到英國殖民政府的武

---

[30] "Stateless Rohingya," from〈http://www.restlessbeings.org/projects/rohingya〉，(檢
所日期 2016-09-25)。

[31] Jane Perlez, "Rise in Bigotry Fuels Massacre Inside Myanmar," March 5, 2014, from
〈http://cn.nytimes.com/asia-pacific/20140305/c05myanmar/zh-hant/#tabC_mostView
edWeek〉，(檢索日期：2016 年 09 月 25 日)。

[32] "Stateless Rohingya," http://www.restlessbeings.org/projects/rohingya，檢索日
期：2016 年 09 月 25 日。

[33] Australian Karen Foundation, from
〈http://australiankarenfoundation.org.au/karen_people_18.html〉，(檢索日期：2016
年 09 月 25 日)。

[34] Tonya L. Cook, et al, "War Trauma and Torture Experiences Reported During Public
Health Screening of Newly Resettled Karen Refugees: a Qualitative Study," *BMC
international health and human rights*, 2015, from〈http://bmcinthealthhumrights.
biomedcentral.com/articles/10.1186/s12914-015-0046-y〉，(檢索日期：2016 年 09
月 25 日)。

[35] 「台北海外和平服務團」（Taipei Overseas Peace Service, TOPS ），
〈http://www.cahr.org.tw/tops/service_1.php〉，(檢索日期：2016 年 09 月 25 日)。

裝與重用，在二次世界大戰期間更是英軍在緬甸對抗日軍入侵的重要軍力。[36]自 1962 年緬甸遭逢軍事強人尼溫發動軍事政變，自此軍事政權實行高壓獨裁統治，並且針對緬甸境內少數民族發動整肅戰爭，由於緬甸境內族群組成複雜，[37]使得 1962 年開始緬甸長期處於族群內戰狀態，尤其與緬境第二大少數民族「克倫族」（Karen people）之間的衝突最為激烈。

　　1984 年，緬甸政府軍開始對當地克倫族人發動強烈的攻勢，迫使上萬名克倫族東移，淪為第一批往東越過莫伊河（Moei River）湧入泰國境內成為難民，[38]但由於泰國政府並未將克倫族人視為其公民，難民在營區出入受到管制，且缺少教育、醫療衛生等資源，部分難民甚至面臨水資源短缺的問題。雖然近期緬甸走向開放，但由於族群間之衝突不斷，以及政府軍與少數民族部隊的武裝衝突仍時有發生，使得難民對於返家的期待卻步。[39]

(三) 克倫尼族（Karenni）

　　克倫尼族是克倫族的支族，崇尚紅色、喜穿紅服，故又被緬甸人稱為克倫尼（Karenni，尼是紅色），目前人口約 25 萬人左右，克倫尼源自蒙古，從西元前 700 年到達緬甸。[40] 由於歷史上該族

---

[36] 同前註。

[37] 主要分為緬族（Burmese）佔全國人口約68%、撣族（Shan）佔9%、克倫族（Karen）佔7%、孟族（Mon）佔2%、華人佔3%、印度人佔2%。

[38] 同註35。

[39] 李榮源，〈泰緬邊境難民─哪裡為家？又該何去何從？〉，《台灣人權促進會季刊》，2012 年冬季刊，〈http://www.taiwanngo.tw/files/16-1000-21180.php?Lang=zh-tw〉，(檢索日期：2016 年 09 月 25 日)。

[40] Burma Link, from

獨立自主，因而 1948 年不願加入緬甸聯邦政府。後被分而治之，雙方目前仍然堅持武裝鬥爭。[41] 在緬甸的克倫尼邦（Karenni State）是緬甸最小與最貧窮和缺乏發展的地區，半個多世紀的虐待和忽視，使這地方的的基礎設施不足、保健不足與營養不良，社會和經濟發展嚴重遲緩。[42] 據 1996 年以來的統計，有 2,500 多克倫尼村莊，在戰火中燒毀，5 萬多人被迫遷移。多數村民多逃往深山密林躲藏，有的流浪他鄉或逃亡泰國。[43]

針對泰緬周遭與邊境的難民，目前「聯合國難民署」開始與泰國與緬甸政府協商合作。首先是緬甸部分，「聯合國難民署」提出 2016 年泰緬邊境的難民保護戰略，透過長久解決方案之發展以及人道援助，緬甸對於遣返難民的安全提供正式擔保或足夠保障，並讓人道團體自由且無阻礙的接觸難民和被遣返者。[44] 鑑於緬甸其國內局勢的正面發展以及達成全國性永久停戰協議的可能，促使了「聯合國難民署」和人道組織開始為 9 個難民營的難民協助其自願遣返準備。就目前發展情況，預計至 2016 年底會有超過 5 萬名難民返回緬甸，[45] 在自願遣返的準備上，難民署會透

〈http://www.burmalink.org/background/burma/ethnic-groups/karenni/〉，(檢索日期：2016 年 09 月 25 日)。

[41] 貌強，〈被世界遺棄的緬甸克倫尼族〉，《大紀元》，2005-06-07，〈http://www.epochtimes.com/b5/ 5/6/7/n947742.htm〉，(檢索日期：2016 年 09 月 25 日)。

[42] 同註40。

[43] 同前註。

[44] Report of UNHCR, http://reporting.unhcr.org/node/10117，(檢索日期：2016 年 09 月 25 日)。

[45] Report of UNHCR, from http://reporting.unhcr.org/node/11826，(檢索日期：2016 年 09 月 25 日)。

過宣傳、對話、指導以及適用有關自願遣返的保護原則和國際人道標準，確保其保護職權和領導地位。其次，在泰國部分，2008年民事登記法案授與在泰國出生的孩童有被泰國政府登錄的權利並且可以獲得出生證明。[46] 此外，由於泰國非 1951 年《關於難民地位公約》之會員，國內亦未針對城市難民和尋求庇護者設置保護之法律架構。故 2016 年「聯合國難民署」持續全面推動「拘留之替代方案」（Alternative to Detention, ATDs），設立「所關切之人」相關之政策框架以及官方宣傳，並在 2014 年為羅興亞人地區以及人口販運之受害者設置非正式臨時保護制度。最後要求泰國在司法部和「社會發展暨人類安全部」（the Social Development and Human Security Ministry）的運作下，讓難民署所關切之兒童入學。[47]

六、結論

2015 年 4 月，「聯合國難民署」於第一期會訊公開信呼籲：「每隔十分鐘，就會有一名無國籍的嬰兒出生。希望國際社會結束無國籍狀態、減低持續處於流亡狀態的難民。」[48]「聯合國難

---

[46] Report of UNHCR, from〈http://reporting.unhcr.org/node/11828〉，(檢索日期：2016 年 09 月 25 日)。

[47] Report of UNHCR, from http://www.unhcr.org/protection/detention/57b579e47/unhcr-global-strategy-beyond-detention-progress-report.html?query=August%202016%20Progress%20Report%20mid-2016，(檢索日期：2016 年 09 月 25 日)。

[48] 全文請參見：UNHCR, *With You*, Apr. 2015, http://www.unhcr.org.hk/unhcr/en/get_involved/newsletter_list/newsletter_details.html?id=19 ，(檢索日期：2016 年 09 月 25 日)。

民署」接著表示，這些因為國家的歧視、戰爭或政權更迭，使得他們在法律上不曾存在過、不屬於任何國家，沒有任何公民權利，在缺乏基本自由權利與人權保障的情況下，亦無法獲得醫療服務與接受教育的機會。[49]

難民事件是典型的人為災難，不僅是人道災害，強行驅離難民更可視為一種對人性尊嚴、良知與國際法律規範的嘲弄。以本文來說，目前東南亞國家當中，只有柬埔寨，菲律賓和東帝汶三個國家是上述兩項《公約》和《議定書》的締約國，區域附近的其他締約國則包括中國和澳洲。[50] 反而是羅興亞人、克倫族人與克倫尼族人最頻繁尋求庇護的印尼、馬來西亞和泰國、緬甸這四國，並非前述公約與協議的締約國，自然無須落實《公約》和《議定書》所賦予的義務。[51]大多數情況下，難民融入到達國當地社會仍存在困難性，原因在於這些國家大多非為《公約》和《議定書》的締約國，或者不具備相關法律允許難民融入本地社會，本文，如表四所示：在國際難民當中，儘管東南亞難民數並非佔全球主要多數，但在「聯合國難民署」規劃下「所關切之人」型態卻是相當符合，但在國際社會卻較不受重視，相較前兩者的支援與援助甚少。

---

[49] 同前註。

[50] 蔡育岱，〈從國際法的角度評議「羅興亞人」事件〉，《戰略安全研析》，第 122 期（2015），頁 4-11。

[51] 同前註。

表四　國際難民案例

國際難民案例	庫德族 (Kurds)	敘利亞難民 (Syrian Refugees)	羅興亞人 (Rohingyas)	克倫族人 (Karen)	克倫尼族人 (Karenni)
人數	約 3,000 萬	約 1,400 萬	約 150-210 萬	約 40 萬	約 25 萬
條約難民	V	V	V	V	V
尋求庇護		V	V	V	
歸國難民	V		V	V	V
境內難民	V	V	V	V	V
無國籍者	V		V	V	V

資料來源：作者自行整理。

　　考慮到難民的安置實際上涉及一國廣泛的國內社會經濟問題，包括社會安全、經濟安全、人口過剩，貧窮以及高失業率等，這些考量凸顯國際難民問題面臨社會、心理和人類安全的威脅，需要務實的態度多管齊下，以應對國內社會和經濟成本的影響。尤其目前「聯合國難民署」有關難民的數據更動相當頻繁，在研究與政策實踐上凸顯國際難民議題面臨嚴峻的考驗，都是未來值得後續觀察的。最後，臺灣是否可具承擔國際道義責任，以及類似事件可扮演角色為何？未來是否可藉由涉入人道救援方式參與多項國際公約，並且能夠為制止世界人道主義危機盡棉薄之力，善盡臺灣的國際義務，皆是可以思考的方向。

參考文獻

中文

1. 李榮源，〈泰緬邊境難民—哪裡為家？又該何去何從？〉，《台灣人權促進會季刊》，2012 年冬季刊，
   〈http://www.taiwanngo.tw/files/16-1000-21180.php?Lang= zh-tw〉，(檢索日期：2016 年 09 月 25 日)。
2. 周志杰，〈國家權威與國際規範---合法性因素對國際人權法〉，《政大法學評論》，第 109 期（2009 年），頁 113-176。
3. 陳隆志，《國際人權法--文獻選集與解說》(臺北：前衛出版社，2006 年)。
4. 貌強，〈被世界遺棄的緬甸克倫尼族〉，《大紀元》，2005/06/07，http://www.epochtimes.com/b5/5/6/7/ n947742. htm，檢索日期：2016 年 09 月 25 日。
5. 蔡育岱，《人類安全與國際關係：概念、主題與實踐》,(臺北：五南出版社，2014 年)。
6. 蔡育岱，〈從國際法的角度評議『羅興亞人』事件〉，《戰略安全研析》，第 122 期（2015），頁 4-11。
7. 蔡育岱、譚偉恩，《國際法之延續與變遷（一）傳統公法》(臺北：鼎茂出版社，2009 年)。

英文

1. "Ministerial Meeting of States Parties to the 1951 Convention Relating to the Status of Refugees and UNHCR'S Global Consultations on International Protection," 〈https://tw.dictionary. yahoo.com/dictionary?pratified〉，(檢索日期 2016-09-25)。

2. "Muslim Influence in the Kingdom of Arakan," *Arakan Rohingya National Organization*, November 14, 2011, http://www.rohingya. org/portal/index.php/scholars/65-nurul-islam-uk/293-muslim-influe nce- in-the-kingdom-of-arakan.html，(檢索日期：2016 年 09 月 25 日)。

3. "Stateless Rohingya,"〈 http://www.restlessbeings.org/projects/ rohingya〉，(檢索日期：2016 年 09 月 25 日)。

4. 《關於減少無國籍公約》條文，
〈http://www.un.org/chinese/law/ilc/nationality_print.htm〉，(檢索 日期：2016 年 09 月 25 日)。

5. 《關於無國籍人地位公約》條文，〈http://www.ohchr.org/EN/ ProfessionalInterest/Pages/StatelessPersons.aspx 〉，(檢索日期： 2016 年 09 月 25 日)。

6. 「台北海外和平服務團」(Taipei Overseas Pahr.org. tw/tops/service_1.php，(檢索日期：2016 年 09 月 25 日)。

7. 「聯合國難民署」(UNHCR) Refugees,〈http://unhcr.org.au/unhcr/ index.php?option=com_content&view=article&id=179&Itemid=54 〉，(檢索日期：2016 年 09 月 25 日)。

8. 「聯合國難民署」(UNHCR)網址：〈http://unhcr.org.au/unhcr/〉， (檢索日期 2016-09-25)。

9. Aleinikoff, T. Alexander, "Theories of Loss of Citizenship," *Michigan Law Review*, Vol. 84, No. 7 (1986), pp. 1471-1503.

10. Australian Karen Foundation,〈http://australiankarenfoundation. org.au/karen_people_18.html 〉，(檢索日期 2016-09-25)。

11. Bradley, Megan, "Rethinking Refugeehood: Statelessness,

Repatriation, and Refugee Agency," *Review of International Studies*, Vol. 40 (2014), pp. 101-123.

12. Burma Link, 〈http://www.burmalink.org/background/burma/ ethnic-groups/karenni/〉, (檢索日期 2016-09-25)。

13. Cook, Tonya L. et al, "War Trauma and Torture Experiences Reported During Public Health Screening of Newly Resettled Karen Refugees: a Qualitative Study," *BMC international health and human rights*, 2015, 〈http://bmcinthealthhumrights. biomedcentral.com/articles/10.1186/s12914-015- 0046-y〉, (檢索 日期：2016 年 09 月 25 日)。

14. Ellison, Christine S., Christine Smith, and Alan Smith, *Education and Internally Displaced Persons* (New York: Bloomsbury Academic, 2013).

15. Feller, Erika and Frances Nicholson (eds.), *Refugee Protection in International Law* (Cambridge: Cambridge University Press, 2003).

16. Ferris, Elizabeth G, *The Politics of Protection: The Limits of Humanitarian Action* (Washington, D.C.: the Brooking Institution, 2011).

17. Kerr, Pauline, "Human Security," in Collins, A. ed., *Contemporary Security Studies* (Oxford, UK: Oxford University Press, 2007), pp. 91-108.

18. Lumpur, Kuala, Shamlapur and Sittwe, "The Rohingyas: The Most Persecuted People on Earth?" *The Economist*, Jun 13th, 2015, 〈http://www.economist.com/news/asia/21654124-myanmars-musl im-minority-have-been-attacked-impunity-stripped-vote-and-driven

〉，(檢索日期：2016 年 09 月 25 日)。

19. Newman, Edward, "Critical Human Security Studies," *Review of International Studies*, Vol. 36 (2010), pp. 77-94.

20. Perlez, Jane, "Rise in Bigotry Fuels Massacre Inside Myanmar," March 5, 2014,〈 http://cn.nytimes.com/asia-pacific/20140305/c05myanmar/zh-hant/#tabC_mostViewedWeek 〉，(檢索日期：2016 年 09 月 25 日)。

21. Report of UNHCR,〈http://reporting.unhcr.org/node/10117〉，(檢索日期：2016 年 09 月 25 日)。

22. Report of UNHCR,〈http://reporting.unhcr.org/node/11826〉，(檢索日期：2016 年 09 月 25 日)。

23. Report of UNHCR,〈http://reporting.unhcr.org/node/11828〉，(檢索日期：2016 年 09 月 25 日)。

24. Report of UNHCR,〈http://www.unhcr.org/protection/detention/57b579e47/unhcr-global-strategy-beyond-detention-progress-report.html?query=August%202016%20Progress%20Report%20mid-2016 〉，(檢索日期：2016 年 09 月 25 日)。

25. Smit, Nicolaas A., *The Evolution of the Responsibility to Protect: From the ICISS to the 2005 World Summit* (Hamburg: Anchor Academic Publishing, 2013).

26. Szczepanski, Kallie, "Who Are the Rohingya?"〈http://asianhistory.about.com/od/Asian_History_Terms_N_Q/g/Who-Are-The-Rohingya.htm〉，(檢索日期：2016 年 09 月 25 日)。

27. Thakur, Ramesh and Edward Newman, "Introduction: Non-traditional Security in Asia," in Ramesh Thakur and Edward

Newman eds., *Broadening Asia's Security Discourse and Agenda: Political, Social, and Environmental Perspectives* (Tokyo, UN University Press, 2004), pp. 1-15.

28. UNHCR, *UNHCR Global Appeal 2014-2015*, 〈http://www.unhcr. org/528a0a170.html〉，(檢索日期：2016 年 09 月 25 日)。

29. UNHCR, *UNHCR Global Appeal 2014-2015*, 〈http://www.unhcr. org/528a0a170.html〉，(檢索日期：2016 年 09 月 25 日)。

30. UNHCR, *With You*, Apr. 2015, 〈http://www.unhcr.org.hk/unhcr/ en/get_involved/newsletter_list/newsletter_details.html?id=19〉，(檢索日期：2016 年 09 月 25 日)。

泰緬邊境克倫族難民問題：返家的「期待」與「不安」

司徒宇

國立中山大學中國與亞太區域研究所博士後研究員

摘要

　　長久以來，泰國為大批越過湄河進入其境內的克倫族難民提供庇護，迄今仍是收容最多緬甸難民的國家。然而，近年來在緬甸實行改革開放的背景下，泰國政府也開始與緬甸政府、聯合國難民署及各個非政府組織進行多方協調，計劃關閉境內之緬甸難民營。而後，全國民主聯盟於 2015 年 11 月 8 日舉行的全國大選中贏得議會多數席次，成功改變數十年來軍人專權的政治版圖，選後情勢更讓泰緬邊境難民返家計畫的推展露出曙光。但是，回到克倫族難民本身，他們對遣返故國緬甸似乎不是單純懷抱著「期待」，反倒有更多時候是充滿了「不安」。有鑑於此，本文將從「外在客觀環境」與「內在心理認同」等二個面向切入，剖析克倫族難民內在矛盾情緒的成因，並希望藉此探究、釐清緬甸少數民族問題至今仍複雜難解的真正原因。

關鍵詞：泰國、緬甸、克倫族、難民、返家計畫、全國民主聯盟

一、前　言

緬甸如同東南亞的大多數國家，是一個多種族的國家，雖然以緬人（Burman）為第一大種族（佔 68%），卻也包括許多少數民族，他們的居住地佔了緬甸三分之二的土地，分布於廣袤的山丘和叢林間，坐擁豐碩的天然資源，例如:各種礦物、木材、石油、天然氣和水源。少數民族的人口雖然不多，但在政治上卻有相當大的影響力，總括來說，目前獲得緬甸政府承認的民族有 135 個，而緬甸政府將這些民族按地理分佈歸類為八大族群（如圖一所示），包括：緬族、克欽族（Kachin）、
[1]撣族（Shan）、克耶族（Kayah）、[2]克倫族（Karen）、[3]孟族（Mon）、若開族（Arakan），以及欽族（Chin）。

　　而克倫族主要居住於緬甸東部及泰國西部，另外還有中國雲南和寮國，在緬甸境內是人口僅次於緬族和撣族的第三大民族。依照李尚谷（Sang-Kook Lee）的界定，緬甸克倫族分佈於伊洛瓦底平原（Irrawaddy Delta）、德林達伊河流域（Tenasserim）、伊洛瓦底江與錫唐河（Sitan）間的勃固地區（Pegu），以及東部與泰國交界的山區。[4]另外，根據克倫民族主義人士的說法，克倫族包括 28 個語言群體，但大致可歸類為 Skaw 及 Pwo 兩大語系；也

---

[1] 克欽族與中國雲南境內的顆頗族為同一血緣文化。

[2] 克耶族就是過去通稱的克倫尼族（Karenni）。

[3] 緬甸政府目前使用的名稱是克因族（Kayin），但是克倫族（Karen）才是國際上習慣使用的名稱。

[4] Sang-Kook Lee, *The Adaption and Identities of the Karen Refugees: A Case Study of Mae La Refugee Camp in Northern Thailand* (Master Thesis, Southeast Asian Study, Graduate School, Seoul National University, Korea, 2001), p.10.

有學者認為，克倫語是屬於漢藏語系分支。[5]

圖一　緬甸聯邦地圖

　　泰緬二國擁有超過 1,800 公里的共同邊界線，過去當緬甸境內的少數民族武裝團體與軍政府爆發戰爭時，便經常潛入泰國避難，而難民中又以克倫族所佔比例最高，以泰國邊境地區美索（Mae Sot）為例，人口雖然不多，卻有近 80%是自緬甸逃亡的克倫人。根據估計，目前大約有 12 萬來自緬甸的難民，聚居在泰國邊境的 9 個難民營之內（請見圖二，以藍色三角形標示），其中多

5　Harry Ignatius Marshall, *The Karen People of Burma: A Study in Anthropology and Ethnology* (Bangkok: White Lotus, 1997), p. 8.

數是克倫族人，有些甚至在此生活超過20年。[6]

長久以來，泰國為大批越過湄河進入其境內的克倫族難民提供庇護，迄今仍是收容最多緬甸難民的國家。然而，擁有軍方背景的登盛（Thein Sein）於2011年就任緬甸總統後，出人意料地採取諸多措施以實行民主改革，使許多機構與學者認為緬甸已和過去大不相同，有逐步走向開放的趨勢。在此背景下，泰國政府也開始與緬甸政府、聯合國難民署（UNHCR）及各個非政府組織進行多方協調，計劃關閉境內之緬甸難民營。在2015，全國民主聯盟在11月8日舉行的全國大選中贏得議會多數席次，不僅躍升成為緬甸第一大黨，更成功改變數十年來軍人專權的政治版圖；除此之外，選後情勢也讓泰緬邊境難民返家行動的推展再度露出曙光。

但是，回到克倫族難民本身，他們對遣返緬甸似乎不是單純懷抱著「期待」，反倒有更多時候，因為局勢未穩與認同改變而充滿了「不安」。有鑑於此，本文旨在剖析克倫族難民內在矛盾情緒的成因，並希望藉此探究、釐清緬甸少數民族問題至今仍複雜難解的真正原因。

本文章節安排如下：首先，緒論說明本文之動機與目的；其次，以文獻回顧的方式闡述克倫族難民之由來；第三與第四部分，則從「外在客觀環境」與「內在心理認同」等二個面向切入，分析造成克倫族難民對於返回故國緬甸既存「期待」亦懷有「不安」的因素，各自為何；最後，結論則點出本文之研究發現。

---

[6] Saw Yan Naing, "Will the First Group of Refugee Returns Take Place This Month?" *THE IRRAWADDY*, October 14, 2016, 〈http://www.irrawaddy.com/burma/will-first-group-refugee-returns-take-place-month.html 〉.

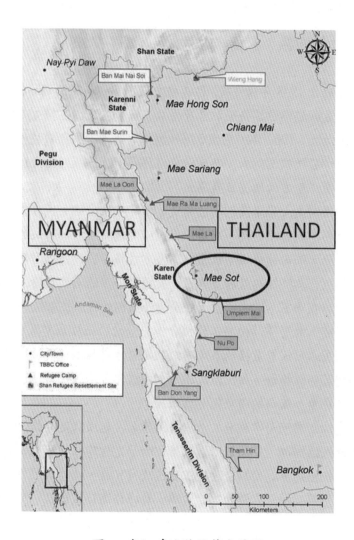

圖二 泰緬邊境難民營分佈圖

資料來源：http://agnesiupw.blogspot.tw/2014/07/mae-sot-connecting-
myanmar_22.html

二、文獻回顧：克倫族難民之由來

　　緬甸自 1948 年獨立後，即存在少數民族的叛亂問題，當時克倫族、克欽族與欽族為爭取自身權益，皆投入反抗宇努文人政府的叛亂活動。1962 年，尼溫取得政權後，厲行軍事獨裁統治，更加漠視少數民族的訴求，甚至以暴力將各少數民族同化至緬族文化中，使得雙方的衝突日益擴大。

　　中國雲南大學李潔的學位論文《1988 年以來緬甸民族政策的演變及影響》當中提到，緬甸少數民族問題無法根本解決的主因有三：一、緬甸領導人不放棄以高壓方式將各少數民族同化到緬族文化中；二、緬甸政府並未對公民提供平等的國民身份；三、緬甸當局在國家治理中一直存在嚴重的民族歧視，例如緬甸大學生畢業後，政府多傾向將工作機會優先分配給緬族畢業生。[7] 因此，顧長永教授曾直接地表示，未來緬甸政府雖不至於被少數民族的武裝部隊推翻，但少數民族的自主權與自治權若持續未受到完整的尊重，緬甸的內爭仍將持續。[8]

　　克倫族與緬甸軍政府的矛盾持續甚久，起因為英國統治初期對少數民族採取「間接統治」政策，給予克倫族相當程度的自治權，並扶植許多克倫族菁英擔任殖民政府官員。此些政策培育、激發了克倫族獨立自強的民族意識，勇於捍衛自我權益，導致他

---

[7] 李洁，《1988 年以來緬甸民族政策的演變及影響》（中國：雲南大學碩士論文，2011 年），頁 50-51。

[8] 顧長永，《東南亞各國政府與政治：持續與變遷》，（台北市：臺灣商務，2013年），頁 389。

們在緬甸脫離英國獨立後，積極為追求獨立與緬族主導的政府作戰。其中，克倫族聯盟（The Karen National Union, KNU）是最早成立的武裝團體，於 1960 至 1990 年代帶給軍政府強大的威脅與抵抗。

根據李晨陽在〈緬甸的克倫人與克倫人分離運動〉一文中的說法，1980 年代中期，克倫族聯盟領導的克倫民族解放軍總兵力已超過五千人，是當時緬甸國內僅次於緬甸共產黨的第二大反政府武裝團體，不僅具有一定的民意基礎，也接受許多來自國外（例如：泰國）的經濟和軍事援助。[9] 再者，由於參加 1988 年反政府運動的學生，以及在 1990 年當選卻不被軍政府承認的國會議員，紛紛逃往克倫邦躲避政府的追緝，使得克倫族聯盟位於馬納布羅（Manerplaw）的指揮部，在 1990 年代初期成為示威團體在仰光之外的重要根據地。[10]

但是好景不常，軍政府以分化策略破壞克倫族聯盟內部團結，造成克倫族聯盟的勢力於 1994 年後土崩瓦解。當時，一名克倫族佛教僧侶譚扎那（U Thazana）帶領數百位追隨者，預備在薩爾溫江與莫伊河的匯流處建造佛寺，但遭到克倫族聯盟阻止，因為克倫族聯盟懷疑譚扎那等人與緬甸政府暗中合作，建造佛寺之目的是幫助軍政府建立侵略克倫族的據點。[11]

然而，此次拒絕卻深化了克倫族聯盟內佛教徒與基督徒的對立，因為克倫族聯盟的領導階層多為教育程度較高的基督徒，但

---

[9] 李晨陽，〈緬甸的克倫人與克倫人分離運動〉，《世界民族》，第 1 期，2004年，頁 28。

[10] Benedict Rogers, *Burma: a Nation at the Crossroads* (London: Rider, 2012), p. 54.

[11] Benedict Rogers, *Burma: a Nation at the Crossroads*, p. 54.

下層部隊裡則以教育程度低的佛教徒居多。1994 年，為數眾多的克倫族聯盟成員加入譚扎那的組織，而後譚扎那就自立門戶，成立民主克倫佛教軍（Democratic Karen Buddhist Army, DKBA），並於 1995 年與軍政府簽訂停火協議，以換取自治區域。當時，民主克倫佛教軍更接受軍政府的武力支援，配合攻打克倫族聯盟。[12]

中國雲南大學的張學志在其學位論文《緬甸克倫族分離運動的興起與衰落》當中便分析到，軍政府抓住克倫族聯盟內部成員的宗教差異，進行滲透與離間，成功破壞克倫族聯盟的團結。除此之外，軍政府同時利用媒體宣傳，將克倫民族主義者塑造成引發社會動亂的暴徒，使其失去民眾的同情與支持。自民主克倫佛教軍成立後，克倫族聯盟在軍政府的鎮壓下節節敗退，大批難民湧入泰緬邊境之難民營，成為無家可歸的孤兒。克倫族聯盟最終失去了馬納布羅等重要據點，退出伊洛瓦底江三角洲地區，轉入泰緬邊境山區組織小型游擊戰，再也無法爭取三角洲地區克倫人的支持。久而久之，居住於平原區的克倫人，因為在文化和經濟生活方面深受緬人影響，漸漸接納對方，原本的民族認同就大為減弱了。[13]

而後，克倫族聯盟曾多次與軍政府達成非正式的停火協議，但戰火卻不見止息，因為軍政府的目標是將克倫族聯盟全數逼出山區地帶，以直接控制並利用他們。[14] 自 1990 年代初期，軍政府即多次以確保克倫邦境內大壩興建順利為藉口，派遣軍隊前往

---

[12] Benedict Rogers, *Burma: a Nation at the Crossroads*, p. 54.

[13] 張學志，《緬甸克倫族分離運動的興起與衰落》（中國：廈門大學碩士論文，2008 年），頁 38。

[14] Benedict Rogers, *Burma: a Nation at the Crossroads*, p. 56.

壩址周圍，對克倫族部落發動攻擊，以武力脅迫村民就範。[15]

　　2005 年 3 月，軍政府向克倫族聯盟提出三項停火條件，包括其成員只能在劃定區域活動、不得發表政治言論，以及軍政府可根據需要隨時進入克倫族聯盟控制區域活動。面對此不平等條件，克倫族聯盟予以拒絕，軍政府隨即中止對話，調動約五千名兵力，對克倫族聯盟展開密集清剿攻勢，造成數千名克倫族難民逃往泰緬邊境避難。[16]

　　2012 年，登盛上任後，克倫族聯盟再次與緬甸政府達成停火協議，儘管村民的行動自由已不再受限，包括接近他們的田地與牲畜而不受到謀殺、搶劫或勞役的威脅，但違反協議的事件仍時有所聞。[17] 此外，緬甸政府亦將矛頭轉回民主克倫佛教軍，同樣使用分化策略瓦解其勢力，當時緬甸政府採取「以武器換和平」的手段，迫使民主克倫佛教軍在強大壓力下解除武裝，接受緬甸政府收編，成為隸屬政府的邊境防衛隊（Border Guard Force, BGF）。但此舉引發民主克倫佛教軍內部分裂，無法接受收編的成員即由民主克倫佛教軍脫離出來，成立克倫民主慈善軍（Democratic Karen Benevolent Army）。登盛因此將克倫民主慈善軍視為眼中釘，並於 2014 年 11 月對其發動攻擊，其實背後目的是為擴大對薩爾溫江流域的掌控，重啟因內戰而延宕多年的漢幾大壩（Hat Gyi Dam）興建計畫。[18]

[15] "SALWEEN DAMS," *Burma Rivers Network*, August 18, 2008, <http://burmariversnetwork.org/index.php/dam-projects/salween-dams/dagwin>.

[16] 李洁，《1988 年以來緬甸民族政策的演變及影響》，頁 42。

[17] Thierry Falise 著，洪銘成譯，〈緬甸新方向：未竟的改革之路〉，《經典》，第 181 期，2013 年 8 月，頁 111。

[18] "New Report Documents Recent Violent Conflict in Karen State," *Burma Rivers*

　　因此，學者紹斯（Ashley South）於 *Ethnic Politics in Burma: States of Conflict* 一書中談到在緬甸政府不願放棄武力，尊重克倫族權益的情況下，克倫族聯盟強力主張緬甸成為聯邦制的民主國家，並堅持遵循首任主席巴烏基（Saw Ba U Gyi）提出的「四個原則」：一、永不投降；二、維持武力；三、要求克倫邦完全自治；四、爭取克倫族政治自決權。不過，隨著緬甸政府軍的優勢愈加明顯，克倫族武裝團體的勢力不僅受到控制，而且日漸衰退，地下游擊隊已無法決定克倫人未來的發展。[19]

　　根據趙中麒教授在〈流離在領土內、飄蕩在領土外？泰緬邊境克倫難民民族運動的空間爭奪〉一文中的研究，面對武裝能力下降的情況，相對於主動發起各種攻擊行動，克倫族武裝團體的許多抗爭已轉變為「非武裝」的人權倡議型態，例如：暗中調查緬甸軍方各種人權暴行案例，再透過出刊小冊子、通訊報、DVD等方式公諸於世，以喚起第二代與第三代難民過去的逃亡經驗與記憶，使克倫族的民族主義運動繼續維持。[20]

三、克倫族難民返家的「期待」

（一）外在客觀環境

　　緬甸於 1948 年脫離英國獨立，但是自從 1962 年的軍事政變

Network, November 7, 2014,

　　<http://burmariversnetwork.org/index.php/dam-projects/salween-dams/dagwin>.

[19] Ashley South, *Ethnic Politics in Burma: States of Conflict* (London and New York: Routledge, 2008), p. 30.

[20] 趙中麒，〈流離在領土內、飄蕩在領土外？泰緬邊境克倫難民民族運動的空間爭奪〉，《文化研究》，第 19 期，2014 年秋季，頁 266-267。

後，雖然歷經幾位不同的軍人統治者，緬甸政府的本質並未改變，一直是被軍人控制的獨裁政府。2011 年，擁有軍方背景的登盛就任緬甸總統，出人意料地採取諸多措施以實行民主改革，例如：解除對翁山蘇姬（Aung San Suu Kyi）的軟禁、釋放部分政治犯、開放政黨成立、放鬆對媒體的審查等，使許多機構與學者認為緬甸已和過去大不相同，有逐步走向開放的趨勢。[21]

此外，緬甸更於 2015 年 11 月 8 日，舉行自 1990 年 5 月大選後首次相對自由的選舉，[22] 本次選舉由全緬甸各選區選出除軍方委派的四分之一議席外之所有上、下議院議員，包含上議院（國家議會）168 名和下議院（人民議會）330 名。選舉結果一如外界預期，緬甸人民以選票表達對長期軍事威權的不滿，翁山蘇姬領導的全國民主聯盟（the National League for Democracy, NLD）分別於上、下議院獲得 135 席與 255 席，而代表軍系勢力的「聯邦鞏固與發展黨」（the Union Solidarity and Development Party, USDP）僅各獲得 12 席與 30 席。全民盟不僅贏得緬甸國會多數席次，更具備完全執政的條件，躍升成為緬甸第一大黨。

---

[21] 請參考：International Crisis Group, "Myanmar's Post-Election Landscape," *Asia Report*, No. 118, 2011, < http://www.crisisgroup.org/>; Soubhik Ronnie Saha, *Working Through Ambiguity: International NGOs in Myanmar* (Cambridge: The Hauser Center for Nonprofit Organizations at Harvard University, 2011), p. 4; Morten B. Pederson, "Myanmar's Democratic Opening: The Process and Prospect of Reform," in Nick Cheesman, Nicholas Farrelly & Trevor Wilson, eds., *Debating Democratization in Myanmar* (Singapore: ISEAS, 2014), p. 21.

[22] 1990 年的緬甸國會大選，由翁山蘇姬領導的全國民主聯盟獲得大勝，贏得 392 個席次（佔 80.82%），而軍政府支持的國家團結黨（the National Unity Party, NUP）只獲得 10 個席次（佔 2.06%）。但軍政府不僅拒絕承認選舉結果，也不願將政權轉交給新國會，只在選後提出「先制憲，再交權」的原則，並表示在新憲頒佈之前，國會暫時不開議。

而全民盟黨員—丁覺（U Htin Kyaw）與班提育（Henry Van Hti Yu）則分別獲得下議院與上議院提名支持，於 2016 年 3 月順利當選成為緬甸自 1962 年以來首位民選文人總統與第二副總統。另外，翁山蘇姬雖受限於緬甸憲法，失去參選總統的資格，卻也出任外交、教育、電力能源與總統府等四個單位的部長，往後將可直接參與甚至主導國家重要政策的制訂。[23]在此情況下，國際輿論普遍看好緬甸選後政局將趨於穩定，且軍方的影響力可能日漸式微。

事實上，全民盟自確定執政後，即在各項高層人事的安排上顯示其民族和解的決心。過去軍政府舉辦大選，幾乎看不到少數族群或其他宗教的菁英得以擔任政府高階職位，但此次大選卻有所不同。例如：現任總統丁覺具有緬族與孟族的血統，而第二副總統班提育則是欽族；再者，上下議院正副議長的族群與宗教分佈也相當多元，上議院議長溫凱丹（Win Khaing Than）是克倫族的基督徒，而下議院議長是緬族人、佛教徒；此外，二位副議長中，上議院副議長埃達昂（Aye Thar Aung）是若開族的佛教徒，下議院副議長帝坤妙（T Khun Myat）則是克欽族的基督徒。[24]由此可見，全民盟利用人事安排的機會，晉升了克倫族、克欽族、欽族、若開族與孟族等五大少數民族的政治領袖，確實用心良苦；且軍方對國家的控制力逐漸消弱，想維持過去單一族群（緬族）與宗教（佛教）認同的政策目標已是時不我予。

---

[23] 2016 年 5 月 25 日，丁覺發布總統通令宣布內閣重組，已免除翁山蘇姬教育部長和電力能源部長的兼職。

[24] Maung Maung Yin，〈緬甸重大政治變遷：民主時代的來臨〉，《台灣人權學刊》，第 3 卷第 3 期，頁 90。

　　除此之外，全民盟上任後也如火如荼的進行與少數民族武裝團體的實質談判。首先，新政府於 2016 年 5 月 16 日宣佈成立「民族和解與和平中心」（National Reconciliation and Peace Center），代替登盛時代由國際社會捐助成立的非政府組織——「緬甸和平中心」（Myanmar Peace Center），以政府機構的地位推動、協調與和平相關的行動，包括籌備眾所矚目的「21 世紀彬龍會議」。此會議於 2016 年 8 月 31 日至 9 月 3 日在緬甸首都奈比多（Naypyidaw）召開，邀請了境內 18 個少數民族武裝團體進行政治對話，[25] 儘管未如外界預期達成具體成果，但新政府已決定未來將每半年舉辦一次和平會議，目的是透過漸進式的會談協商，瞭解各方之訴求與理念，進而達成境內武裝團體放棄戰鬥，全面終止緬甸內戰的目標。

　　綜上所述，在政治開放的推波助瀾下，泰國政府也開始與緬甸政府、聯合國難民署及各個非政府組織進行多方協調，計劃關閉境內之緬甸難民營，並傾向從「第三國安置」、「在地融合」與「志願遣返」等三個方向，處理包含克倫族在內的難民問題。根據《伊洛瓦底》雜誌的報導，在聯合國難民署的協調策劃下，已有第一批緬甸難民（共 68 位），於 2016 年 10 月 26 日以「志願遣返」的形式從泰緬邊境的努坡（Nu Po）難民營回到緬甸。克倫邦政府與聯合國難民署也表示將提供遣返難民一切所需的援助，

---

[25] 包括：克倫民族聯盟、克倫民族解放軍、民主克倫佛教軍、全國學生民主陣線、帕歐民族解放組織、若開解放黨、欽民族陣線、撣邦獨立軍、克欽獨立軍、新孟邦黨、撣邦軍、克倫尼民族進步黨、若開民族委員會、拉祜民主聯盟、佤族聯盟、佤邦聯合軍、孟拉軍，以及用觀察員身分參加的那加民族軍。

包括食物與健康上的照護，並確保他們的人身安全。[26]

因此，克倫難民委員會（Karen Refugee Committee, KRC）的發言人諾布奈匣（Naw Blooming Night Zar）即表示：「當我們知道此次遣返將由聯合國難民署主導一切流程，就非常放心；因為他們不僅尊重每位難民的遣返意願，也直接與難民交涉所有細節。」[27]另外，根據國際難民公約的「非強迫原則」（non-refoulement）規定，如果原居地或原生國的情勢仍會威脅難民的生活，東道國就不能片面地遣返難民；所有遣返程序都需要聯合國難民署等國際保護機制的參與。[28]

（二）內在心理認同

學者史密斯（Anthony D. Smith）指出，民族是一個領土化的社群，隨著在特定土地上生活、代代傳述與其相關的神話傳說，與特定土地有關的集體記憶和情感會因此而增長，民族和土地二者間的關聯便逐漸成為真實，經歷漫長的歷史過程後，特定土地將被自然化為該民族社群的領土。[29]

克倫族過去雖曾經歷緬族中央王朝的統治，但因為中央王朝對領土的分劃治理，避免了他們被同化的命運，更得以在最大程

---

[26] Saw Yan Naing, "Repatriated Refugees Have Mixed Feelings: UNHCR" *THE IRRAWADDY*, October 26, 2016,
<http://www.irrawaddy.com/in-person/repatriated-refugees-have-mixed-feelings-unhcr-%E2%80%A8.html>.

[27] Saw Yan Naing, "Will the First Group of Refugee Returns Take Place This Month?".

[28] Nevzat Soguk, *States and Strangers: Refugees and Displacement of Statecraft* (London: University of Minnesota Press, 1999).

[29] Anthony D. Smith, *The Culture Foundations of Nations: Hierarchy, Covenant, and Republic* (Malden: Blackwell Publishing, 2008), pp. 42-43.

度上保有自己的生活模式，進而將世代生活之土地化為自身的領
土。之後，隨著英國殖民政府在緬甸施行的「間接統治」政策，
這片自然化的民族空間，被進一步政治化為克倫民族運動所欲追
求的政治空間。只是克倫族的政治期盼，在英國殖民時期，並未
得到英方的認可；緬甸獨立後，也不被緬族為首的中央政府承認。
因此，克倫人必須透過武裝行動來保護、爭奪其領土化的民族空
間，避免再次淪為緬族的奴隸。[30]

　　隨著大批難民因內戰影響越過邊境前往泰國，克倫武裝團體
在緬甸的空間爭奪也延伸至泰國，只是爭奪型態由軍事行動的「硬
爭奪」（hard contest）轉變成以政治性（人權倡議）為主的「軟爭
奪」（soft struggle）。但難民對原本土地的認同並不會因此完全消
失，他們所共同承載的歷史記憶就像文化資料庫（cultural
archive），過去的認同仍會在許多時候被喚醒。[31] 再者，雖然難
民營裡的實際管理權，主要是由克倫難民委員會等自治組織掌
控，但它們依舊很難透過自然化的過程，讓難民與難民營的關係
成為一種真實的連帶關係。因為，難民營不是難民的歷史空間，
所有跟克倫族有關的歷史記憶均非根源於難民營，而是緬甸境內
的克倫邦（Karen State）；難民營位於泰國領土，主權屬於泰國，
自治組織更無法透過政治化的過程，讓難民營成為克倫難民必須
透過民族主義運動加以捍衛的民族空間。[32]

---

[30] 趙中麒，〈流離在領土內、飄蕩在領土外？泰緬邊境克倫難民民族運動的空
間爭奪〉，頁281。

[31] Hastings Donnan & Thomas M. Wilson, *Borders: Frontiers of Identity, Nations and
State* (Oxford: Berg, 2001), p. 115.

[32] 趙中麒，〈流離在領土內、飄蕩在領土外？泰緬邊境克倫難民民族運動的空
間爭奪〉，頁282。

如同趙中麒教授所言，在克倫族聚居的難民營中，「我們受到迫害，我們需要克倫邦」的強烈認知與集體意識，經常可在難民營的各個角落發現。他曾多次參與克倫族基督徒的教會禮拜、青年活動，以及教育營的始／結業式。值得注意的是，主持活動的牧師都會以摩西帶領以色列人返回迦南地為例，在演講中提及「我們不能放棄爭取克倫邦」之類的說法，幾乎沒有例外。國中以上學校之畢業典禮也同樣有類似的演講內容，更遑論營內四處可聽到的革命歌曲。這種以流離失所為內含的強烈集體意識，每天不斷提醒克倫人「我們成為難民的原因」，進而強化其返家的心理認同，甚至驅動克倫難民支持、投入克倫民族主義運動。[33]

四、克倫族難民返家的「不安」

（一）外在客觀環境

過去緬甸軍政府推行許多將人民邊緣化，圖利特權階級與軍人的苛刻政策。其中由國家控制的經濟，切斷了緬甸與外界的連結，加以政府管理不善，導致緬甸經濟發展陷於停頓，甚至長期負成長。再者，昔日軍政府打壓人權、逮捕政治犯、鎮壓少數民族的行徑，導致緬甸遭受已發展國家實行經濟制裁，在缺乏外國投資的情況下，國家經濟倍受打擊。此外，許多國家也拒絕給予緬甸執政軍人入境簽證，並禁止他們參與地區的政治論壇，致使緬甸統治階層沒有機會接觸新思維，變得故步自封和排外。

---

[33] 趙中麒，同上註，頁268。

　　儘管登盛於 2011 年就任緬甸總統後的改革開放作為，使得部分觀察家認為緬甸已和過去大不相同，正邁向民主改革之路，但當時即有許多學者對緬甸的未來語帶保留，認為緬甸表面上實行政治經濟開放，其本質仍是軍事政權。例如：學者艾格頓（Renaud Egreteau）便指出，軍方仍會在未來緬甸政治發展中扮演重要的角色，緬甸民主改革的速度、廣度，甚至特性，都將受軍方影響。[34] 澳洲學者賽爾斯（Andrew Selth）也認為緬甸軍方不會輕易放棄他們的權力，尤其是面對反對黨的競爭，軍方將繼續緊抓其既有權力。[35] 另一位緬甸裔學者高英雷（Kyaw Yin Hlang）對軍方將持續掌權，更是相當堅持，他表示，即便緬甸軍方不得民心，但其武裝部隊是極具凝聚力的組織團體，儘管經過數次人事更替，軍方依然掌握核心權力。[36]

　　而緬甸於 2015 年 11 月 8 日舉行的全國大選，雖然成功改變數十年來軍人專權的政治版圖，選後仍有學者從「憲政體制」說明軍方如何在落敗後繼續擁有對緬甸新政局的影響力。楊昊教授即曾提到，儘管翁山蘇姬領導的全國民主聯盟於 2015 年贏得緬甸國會多數席次，選舉過程也被國際媒體評為自由開放，但鑲嵌在緬甸憲法設計中的各種「透明的不正義」（transparent injustice），卻為軍系保守勢力預留了逆襲的可能性。

---

[34] Renaud Egreteau, "The Continuing Political Salience of the Military in Post-SPDC Myanmar," in Nick Cheesman, Nicholas Farrelly & Trevor Wilson, eds., *Debating Democratization in Myanmar* (Singapore: ISEAS, 2014), pp. 259-284.

[35] Andrew Selth, "Known Knowns and Known Unknowns: Measuring Myanmar's Military Capabilities," *Contemporary Southeast Asia*, Vol. 31, No. 2, 2009, pp. 272-295.

[36] Kyaw Yin Hlang, "Setting the Rules for Survival: Why the Burmese Military Regime Survives in an Age of Democratization," *The Pacific Review*, Vol. 22, No. 3, July 2009, pp. 271-291.

　　例如：根據緬甸憲法規定，軍方不僅擁有 25% 的議員保障席次，且修憲案必須超過 75% 之議員同意方可通過，換言之，軍方掌握修憲的否決權。再者，針對總統選舉，總統與副總統均由總統選舉人團選出，而總統選舉人團分別由國會上議院、下議院及軍方代表三個團體提名後投票選出，意即軍方在制度設計上顯然具有提名總統的優勢。第三，根據緬甸憲法，聯邦國防部長、內政部長與邊境事務部長係由軍方指派，代表無論是誰當選總統，國家安全相關部長的任命權仍受控於軍方勢力。最後，軍方具有解釋國家緊急狀態與接手緊急狀態治理的合法權利，只要國家陷入緊急狀態，無論是危及人民生命財產或是造成聯邦分裂的緊急事件爆發，軍方最高領導人將有權接手施行國家主權，簡單來說，此一憲法條文未來將成為軍方合理化政變並奪回權力的法律依據。[37]

　　此外，登盛上任後，仍以高壓的軍事力量處理少數民族問題，在其擔任總統的第一年，克欽邦、撣邦與若開邦的難民人數即增加超過 20 萬人。[38]雖然登盛自 2013 年 11 月起，便積極和少數民族武裝團體進行和談，並於 2015 年 10 月與其中 8 個團體簽訂全國停火協議（Nationwide Ceasefire Agreement, NCA），但成效有限。主要原因在於，簽署協議的團體大多來自較少與政府發生衝突的南方少數民族，而真正活躍且強勢的緬北少數民族武裝團

[37] 楊昊，〈戒律式民主的脆弱轉型：緬甸 2015 年國會大選的意義〉，《問題與研究》，第 54 卷第 4 期，2015 年 12 月，頁 153-161。

[38] Seng Maw Lahpai, "State Terrorism and International Compliance: The Kachin Armed Struggle for Political Self-Determination," in Nick Cheesman, Nicholas Farrelly & Trevor Wilson, eds., *Debating Democratization in Myanmar* (Singapore: ISEAS, 2014), pp. 285-304.

體，例如：佤邦聯合軍（United Wa State Army, UWSA）、克欽獨立軍（Kachin Independence Army, KIA）與撣邦北軍（Shan State Army-North, SSA-N）等，不是一開始即拒絕參加，就是被軍方禁止參與協議。[39] 因此，僅就 2015 年間，軍方便至少跟克欽邦和撣邦北部境內六個不同的武裝團體作戰，造成國內流離失所者超過 66 萬人，甚至丁覺總統就職當日，德昂族解放軍（Ta'ang National Liberation Army）還與軍方交火。[40]

持續的武裝對峙使得少數民族難以對緬甸軍方和政府產生信任，而隨著政權移交，更多軍事增援部隊駐守地方，亦造成全民盟政府雖欲協商和平，但與少數民族之緊張態勢卻不減反增的窘境。無論是之前已簽署停火協議的武裝團體或尚未簽署協議的團體，皆因對未來全民盟政府和軍方關係的不確定，以及與新政府合作底線的不一致，造成關係難以維穩。[41]

2016 年 8 月 4 日，克倫民主慈善軍和隸屬於軍方的克倫邦邊境防衛隊便再度爆發衝突，導火線為克倫邦境內的亞洲公路——高加力至妙瓦底路段於 2015 年 7 月正式通車後，政府不允許任何武裝團體設置關卡收取費用，然克倫民主慈善軍表示為了地方發展，必須收取過路費，希望政府予以支持。但雙方始終無法達成

---

[39] 孫采薇，〈緬甸內閣人事布局評析〉，《問題與研究》，第 55 卷第 2 期，2016年 6 月，頁 162。

[40] "Shan State Tension Increases as New Government Searches for Peace," *Mizzima*, April 5, 2016, http://www.mizzima.com/news-domestic/shan-state-tension-increases-new-government-searches-peace l; Khin Ohmar & Alex Moodie, "Burma's Peace Process Needs a Fresh Start," *THE IRRAWADDY*, February 12, 2016, <http://www.irrawaddy.com/commentary/burmas-peace-process-needs-a-fresh-start.html>.

[41] 孫采薇，〈緬甸內閣人事布局評析〉，頁 162。

共識，造成此路段零星戰事頻傳，自 2015 年 7 月 2 日至 7 月 9 日，克倫民主慈善軍便與邊境防衛隊交火 29 次；此後戰火雖漸平息，2016 年 5 月 11 日衝突又再度爆發，截至 2016 年 8 月為止，雙方已發生 3 次戰事，致使周邊人民流離失所，生活在恐懼之中。[42] 再者，2016 年 10 月 9 日，緬甸若開邦北部也爆發武裝團體與軍隊間的衝突，包括軍警在內造成至少 29 人死亡，使當地緊張氛圍急劇升溫。儘管緬甸官方表示，此次衝突之幕後主使應是本土伊斯蘭教激進組織——Aqa Mul Mujahidin，但影響最大的恐怕是居住在此區域的羅興亞人（The Rohingyas），將再次面臨戰亂與被迫遷離的困境。[43]

由此可知，長期以來緬甸政府與少數民族的矛盾和衝突難以平息，加以緬甸政府本身能力的缺乏，無法滿足少數民族基本的經濟和社會需求，也無法提供偏遠農村重大服務，導致緬甸政府長期漠視少數民族地區的經濟發展和基礎建設。雖然農業是緬甸的主要經濟活動，但少數民族地區的農產量成長速度卻遠不及增加之人口所需，故造成許多少數民族地區的農業，迄今無法完全自給自足。另外，值得注意的是，嚴重的社會貧窮問題，亦影響人民的教育水準，無論從兒童的就學率、接受基礎教育的人口比率，以及成人識字率等指標來看，少數民族地區皆非常低落。由於財政窘迫，政府投入教育的經費又相當有限，各級教育機構在

---

[42] 〈克倫邦邊防軍與克倫佛教軍再燃戰火，多名村民受傷〉，《緬甸中文網》，2016 年 8 月 8 日，https://kknews.cc/news/2vproe.html。

[43] Joanne Chang，〈緬甸若開邦再爆軍民衝突 激進伊斯蘭派為幕後主使〉，《ASEAN PLUS 南洋誌》， 2016 年 10 月 17 日，https://aseanplusjournal.com/2016/10/17/20161017/。

質量上皆有待加強,更遑論培育高階技術或管理人才。

因此,偏低的教育程度遂成為少數民族地區社會經濟發展的障礙,一般認為農業、教育、健康與生計等四個層面,都是未來緬甸少數民族地區需要努力追趕的領域,也成為克倫族難民選擇返家的主要疑慮。

(二)內在心理認同

以克倫族難民聚居的泰國邊境地區美索為例,此處距離緬甸僅相隔一條大水溝般的湄河,搭船至對岸僅需約二分鐘的時間;然而,自從緬甸難民大批逃入後,美索地區的生機卻在戰爭的陰影下復甦起來。邊境城市就如同一個模糊曖昧、衝擊交融的臨界區,泰國邊境軍警在美索隨時可逮捕許多非法移工,但一般都視而不見;法律在此地要視情況使用,而日常生活與經濟活動的遊戲規則多半由人民自訂。因此,許多流落泰國的緬甸難民會說:「我在邊境出生,在邊境長大。」好像邊境城市就是一個國家,甚或是難民的全世界。[44]

1980 年代開始,因為無法承受不斷出逃的緬甸難民,泰國政府與聯合國難民署沿着泰緬邊境山區陸續成立難民營,集中管理這些四處逃竄的戰亂流民。十幾萬人在這些營區接受微薄的配給,長年在無水無電的破爛竹屋裏掙扎求存,瀕臨潰堤的人道危機使得各國非政府組織開始進入援助。例如:「台北海外和平服務團」(Taipei Overseas Peace Service,TOPS)自 1996 年開始,

---

[44] 葉靜倫,〈民主了,克倫難民就能回家嗎?〉,《端傳媒》, 2015 年 11 月 10 日,<https://theinitium.com/article/20151110-taiwan-Myanmar-refugees/>。

即投入泰緬邊境的難民援助工作，進駐美索地區的三個營，包括全亞洲最大、人數超過4萬的美拉難民營（Mae La）、汶旁買營（Umpiem Mai）和較南邊的努坡營。

　　而難民營裡的克倫族人，也不甘於終日無所事事，造成心理焦慮憂悶；遂起而組織「教育委員會」或「婦女會」等營內社團，希望搭配非政府組織進入後提供的援助經驗，從克倫人當中培育教師，提升其自身力量。台北海外和平服務團即回應了克倫人此項需求，在這裏著手推動3至5歲幼童的「學齡前兒童關懷發展計畫」（The Early Childhood Care and Development, ECCD），以及教師訓練計畫。透過學校的興建、教育設備的提供，以及專業師資的訓練與派遣，使難民營內之基礎教育更加完備，不僅兒童在課業與品德上得到輔導，也喚醒家長對孩童教育之重視。更重要的是，原本無法獲得受教機會的緬甸人民，意外因內戰之被迫遷徙而擁有較豐富的教育資源。許多孩子從和平服務團營運的幼兒園畢業後，繼續進入其他非政府組織興辦的小學、國中，甚至高中，儘管就學人數有往上遞減的趨勢，但部分青年卻因此找到目標，成為青年教師，回饋所學予難民營內的教會和學校。[45]

　　由此可知，雖然「有一天要回緬甸」這件事情，一直影響著難民營裡所有的行動和話語。提供「暫時庇護」的泰國不允許難民使用水泥、鋼鐵等牢固建材，以免他們在此久居生根；供應糧食的邊境聯合會（TBC）亦不斷減少每人每月配給量，並且投注大量精力於農事教育，例如：使用除草機、有機肥料和輪耕制度增加產量，而非施打農藥造成生態環境的破壞；許多非政府組織

---

[45] 葉靜倫，〈民主了，克倫難民就能回家嗎？〉。

更開始難民的專業或職業訓練，聯合國難民署則緊鑼密鼓地研究遣返方案。前述所有的一切，都是為了克倫人「返鄉計畫」做準備，但在新一代克倫難民的心中，對於「返家」似乎不再那麼執著。

　　許多克倫人表示，他們的父母在緬甸遭害，返回緬甸後沒有土地，也沒有家，更沒有學歷和教師資格；遣返後不僅馬上面臨失業的問題，也無法確定孩子是否能繼續念書。再者，他們對父母輩的家鄉愈來愈陌生，身份認同出現嚴重的歧異；如同聯合國難民署的調查，泰緬邊境難民營成立至今 30 多年，營裡年輕一輩對未來的冀望，多半已變為留在泰國，留在邊境，甚或留在難民營，鮮少人滿心期待要「早日回到緬甸」。[46] 換言之，時間在難民營裏停滯，原本的「暫時」轉變成了永久，導致多數流離的克倫族後代被迫於「現狀」中尋找意義，現在反而較期望在這裡繼續生活。

五、結　論

　　自 1980 年代開始，泰國庇護了大批受內戰影響而逃入其境內的克倫族難民，至今仍是收容最多緬甸難民的國家。然而，登盛於 2011 年上任後，採取許多改革開放措施，在此背景下，泰國政府也開始計劃關閉境內之緬甸難民營。2016 年，全民盟新政府順利上任，大幅改造了長久以來由軍人掌控的政府型態，此波新氣象也讓籌劃許久的難民返家計畫得以向前邁進。

[46] 葉靜倫，〈民主了，克倫難民就能回家嗎？〉。

　　但是，回到克倫族難民本身，他們對遣返緬甸似乎無法單純懷抱「期待」，反倒有更多時候，因為局勢尚未穩定或認同漸趨模糊而充滿了「不安」。本文乃以剖析克倫族難民此矛盾情緒之成因為目的，從「外在客觀環境」與「內在心理認同」等二個面向切入，嘗試探究、釐清克倫族難民的真實冀望。此處將研究發現整理如表一。

　　首先，就「外在客觀環境」而言，登盛上任後的開放措施，全民盟新政府之確定執政，少數民族菁英獲邀接任政府職位，「21世紀彬龍會議」的召開，以及聯合國難民署的居中協調，確實讓克倫族難民對遣返一事，增添了期待的心情。然而，由於緬甸憲法設計的不正義，軍方依舊掌握權力核心，加以政府與少數民族武裝團體停火協議簽署的不完全，雙方於部分地區的武裝對峙不減反增，以及偏遠地區各項發展指標落後，在在都使克倫族難民的返家計畫蒙上陰影，全民盟雖然贏得國會過半數席次，並不保證全面永久的政治安全。

　　正如《伊洛瓦底》雜誌在 2016 年 8 月 12 日刊登的評論"Who is the Head of the Country?"，文中明白指出，現今的緬甸是一個由「國務顧問」—翁山蘇姬與「國防軍總司令」—敏昂萊（Min Aung Hlaing）所共同治理的國家。翁山蘇姬雖擁有廣大民意的支持，其政黨上任亦具備完整的正當性與合法性，但仍無法過問軍人掌權的事務，更遑論干涉、動搖軍方之既得利益，指揮軍隊的實權依舊緊握在敏昂萊手中。[47]簡言之，若沒有軍方的合作與妥協，緬甸任何進一步的改革都會非常困難，與少數民族的緊張關係也

---

[47] Lawi Weng, "Who is the Head of the Country?" *THE IRRAWADDY*, August 12, 2016, <http://www.irrawaddy.com/burma/who-is-the-head-of-the-country.html>.

不易回穩。

　　其次，就「內在心理認同」來看，克倫族對原生土地的集體記憶和情感，以及難民營內不斷灌輸的返家意識，皆在某種程度上，加深了克倫族人對返家的期待。但相對的，新一代克倫族難民從出生就居住在邊境，已完全融入當地生活，導致其對克倫邦的認同感不再強烈，再加上不確定遣返緬甸後的就業情況，還得擔心兒女是否有受教機會，都讓克倫族人對返家不如過去嚮往。誠言之，目前緬甸最大的難題，就是沒有超越地方族群文化，進而對國家產生忠誠的意識型態，各族群對於緬甸發展皆自有盤算；但擁有一個統合的國家意識，方能使新政權致力於其他重要的發展任務，而無須擔憂內部分裂危機。

表一　克倫族難民返家的「期待」與「不安」

	期　待	不　安
外在客觀環境	＊ 2011 年開始的民主改革 ＊ 2016 年全民盟新政府上任 ＊ 少數民族菁英擔任新政府高階職位 ＊「21 世紀彬龍會議」的召開	＊ 軍方依然掌握核心權力 ＊ 現行憲政體制的不正義 ＊ 政府與少數民族的停火協議並不全面 ＊ 軍方與部分少數民族的武裝對峙仍在持續 ＊ 少數民族地區之經濟發展和基礎建設落後
內在心理認同	＊ 與克倫邦有關的集體記憶和情感 ＊ 對原土地的認同 ＊ 難民營內廣為散佈之返家意識	＊ 已習慣邊境的生活方式 ＊ 不熟悉緬甸的就業情況與教育環境 ＊ 新一代克倫人的身份認同已變為模糊

資料來源：作者自製。

參考文獻

中文

1. 顧長永，2013。《東南亞各國政府與政治：持續與變遷》。台北市：臺灣商務。

2. 顧長永，2015。《緬甸－軍事獨裁五十年》。新加坡：世界科技出版公司。

3. Maung Maung Yin，2016/6。〈緬甸重大政治變遷：民主時代的來臨〉，《台灣人權學刊》，第3卷第3期，頁89-94。

4. Thierry Falise著，洪銘成譯，2013/8。〈緬甸新方向：未竟的改革之路〉，《經典》，第181期，頁108-121。

5. 李晨陽，2004。〈緬甸的克倫人與克倫人分離運動〉，《世界民族》，第1期，頁22-30。

6. 楊昊，2015/12。〈戒律式民主的脆弱轉型：緬甸2015年國會大選的意義〉，《問題與研究》，第54卷第4期，頁153-164。

7. 孫采薇，2016/6。〈緬甸內閣人事布局評析〉，《問題與研究》，第55卷第2期，頁157-168。

8. 趙中麒，2014秋季。〈流離在領土內、飄蕩在領土外？泰緬邊境克倫難民民族運動的空間爭奪〉，《文化研究》，第19期，頁251-290。

9. 李洁，2001。《1988年以來緬甸民族政策的演變及影響》。中國：雲南大學碩士論文。

10. 張學志，2008。《緬甸克倫族分離運動的興起與衰落》。中國：廈門大學碩士論文。

11. 2016//8/8。〈克倫邦邊防軍與克倫佛教軍再燃戰火,多名村民受傷〉,《緬甸中文網》,<https://kknews.cc/news/2vproe.html>。

12. Joanne Chang,2016/10/17。〈緬甸若開邦再爆軍民衝突 激進伊斯蘭派為幕後主使〉,《ASEAN PLUS南洋誌》,<https://aseanplusjournal.com/2016/10/17/20161017/>。

13. 葉靜倫,2015/11/10。〈民主了,克倫難民就能回家嗎?〉,《端傳媒》,<https://theinitium.com/article/20151110-taiwan-Myanmar-refugees/ >。

英文

1. Donnan, Hastings and Thomas M. Wilson, 2001. *Borders: Frontiers of Identity, Nations and State.* Oxford: Berg.

2. Rogers, Benedict, 2012. *Burma: a Nation at the Crossroads.* London: Rider.

3. Saha, Soubhik Ronnie, 2011. *Working Through Ambiguity: International NGOs in Myanmar.* Cambridge: The Hauser Center for Nonprofit Organizations at Harvard University.

4. Smith, Anthony D., 2008. *The Culture Foundations of Nations: Hierarchy, Covenant, and Republic.* Malden: Blackwell Publishing.

5. Soguk, Nevzat, 1999. *States and Strangers: Refugees and Displacement of Statecraft.* London: University of Minnesota Press.

6. South, Ashley, 2008. *Ethnic Politics in Burma: States of Conflict.* London and New York: Routledge.

7. Egreteau, Renaud, 2014. "The Continuing Political Salience of the Military in Post-SPDC Myanmar," in Nick Cheesman, Nicholas

Farrelly & Trevor Wilson, eds., *Debating Democratization in Myanmar*. Singapore: ISEAS. pp. 259-284.

8. Lahpai, Seng Maw, 2014. "State Terrorism and International Compliance: The Kachin Armed Struggle for Political Self-Determination," in Nick Cheesman, Nicholas Farrelly & Trevor Wilson, eds., *Debating Democratization in Myanmar*. Singapore: ISEAS. pp. 285-304.

9. Pederson, Morten B., 2014. "Myanmar's Democratic Opening: The Process and Prospect of Reform," in Nick Cheesman, Nicholas Farrelly & Trevor Wilson, eds., *Debating Democratization in Myanmar*. Singapore: ISEAS. pp. 19-40.

10. Hlang, Kyaw Yin, 2009/7. "Setting the Rules for Survival: Why the Burmese Military Regime Survives in an Age of Democratization," *The Pacific Review*, Vol. 22, No. 3, pp. 271-291.

11. Selth, Andrew, 2009. "Known Knowns and Known Unknowns: Measuring Myanmar's Military Capabilities," *Contemporary Southeast Asia*, Vol. 31, No. 2, pp. 272-295.

12. Lee, Sang-Kook, 2001. *The Adaption and Identities of the Karen Refugees: A Case Study of Mae La Refugee Camp in Northern Thailand*. Master Thesis, Southeast Asian Study, Graduate School, Seoul National University, Korea.

13. 2008/8/18. "SALWEEN DAMS," *Burma Rivers Network*, <http://burmariversnetwork.org/index.php/dam-projects/salween-dams/dagwin>.

14. 2014/11/7. "New Report Documents Recent Violent Conflict in Karen State," *Burma Rivers Network*, <http://burmariversnetwork. org/index.php/dam- projects/salween-dams/dagwin>.

15. 2016/4/5. "Shan State Tension Increases as New Government Searches for Peace," *Mizzima*, <http://www.mizzima.com/news-domestic/shan-state-tension-increases-new-government-searches-pea ce l>.

16. International Crisis Group, 2011. "Myanmar's Post-Election Landscape," *Asia Report*, No. 118, < http://www.crisisgroup.org/>.

17. Naing, Saw Yan, 2016/10/14. "Will the First Group of Refugee Returns Take Place This Month?" *THE IRRAWADDY*, <http://www.irrawaddy.com/burma/will-first-group-refugee-returns-t ake-place-month.html>.

18. Naing, Saw Yan, 2016/10/26. "Repatriated Refugees Have Mixed Feelings: UNHCR" *THE IRRAWADDY*, <http://www.irrawaddy. com/in-person/repatriated-refugees-have-mixed-feelings-unhcr-%E2 %80%A8.html>.

19. Ohmar, Khin & Alex Moodie, 2016/2/12. "Burma's Peace Process Needs a Fresh Start," *THE IRRAWADDY*, <http://www.irrawaddy. com/commentary/burmas-peace-process-needs-a-fresh-start.html>.

20. Weng, Lawi , 2016/8/12. "Who is the Head of the Country?" *THE IRRAWADDY*, <http://www.irrawaddy.com/burma/who-is-the-head-of-the-country.html>.

附　錄

一、泰國地圖

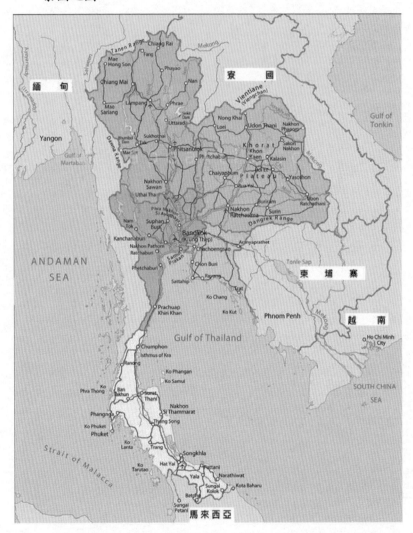

二、2012~2016 泰國經濟數據

年度	2012	2013	2014	2015	2016
名目 GDP (十億美元)	398	421	407	399	407
實質 GDP 成長率 (%)	7.2	2.7	0.9	2.9	3.2
人均名目 GDP (人/美元)	5,850	6,157	5,921	5,799	5,899
泰國失業率(%)	0.7	0.7	0.8	0.9	0.8
泰國出口至全球 (億美元)	2,273	2,245	2,247	2,107	2,137
泰國從全球進口 (億美元)	2,504	2,491	1,892	2,016	1,951
全球外來直接投資流 入(FDI)(億美元)	129	159	50	89	30

資料來源：IMF，Bank of Thailand

三、2016 泰國前十大出口國

單位：百萬美元

排名	國家	出口值	佔比
1	美國	24,319	11.4%
2	中國	23,615	11.1%
3	日本	20,352	9.5%
4	香港	11,397	5.3%
5	澳洲	10,240	4.8%
6	馬來西亞	9,561	4.5%
7	越南	9,352	4.4%
8	新加坡	81,82	3.8%
9	印尼	81,22	3.8%
10	菲律賓	6,352	3.0%
	全球	213,699	100.0%

資料來源：IMF

四、2016 泰國前十大進口國

單位：百萬美元

排名	國家	進口值	佔比
1	中國	42,239.6	21.7%
2	日本	30,841.0	15.8%
3	美國	12,107.9	6.2%
4	馬來西亞	10,845.8	5.6%
5	南韓	7,317.7	3.8%

6	台灣	7,154.53	3.7%
7	新加坡	6,544.33	3.4%
8	印尼	6,358.29	3.3%
9	阿聯酋	6,009.11	3.1%
10	德國	5,897.31	3.0%
	全球	195,060	100.0%

資料來源：IMF

五、2016前十大對泰國外來直接投資流入國

單位：百萬美元

排名	國家	投資額
1	日本	3,318.86
2	新加坡	1,883.77
3	中國	1,071.91
4	香港	1,067.09
5	美國	401.04
6	台灣	185.07
7	英屬維京群島	136.28
8	瑞士	107.00
9	德國	75.36
10	巴哈馬	45.88
	全球	3,063.24

資料來源：Bank of Thailand

附註：泰國央行計算全球的FDI流量會將淨流出量列為負數，因此會出現單一國家大於總數的情況。

國家圖書館出版品預行編目資料

泰國政治經濟與發展治理：皇室軍權、區域經
濟與社會族群視角／宋鎮照，洪鼎倫主編. --
初版. -- 臺北市：五南, 2017.11
　　面；　公分.
ISBN 978-957-11-9424-0（平裝）
1.政治經濟 2.政治發展 3.泰國
552.382　　　　　　　　　106016928

4P71

泰國政治經濟與發展治理：皇室軍權、區域經濟與社會族群視角

主　　編 — 宋鎮照　洪鼎倫

發 行 人 — 楊榮川

總 經 理 — 楊士清

封面設計 — 謝瑩君

出 版 者 — 五南圖書出版股份有限公司

地　　址：106台北市大安區和平東路二段339號4樓

電　　話：(02)2705-5066　傳　真：(02)2706-6100

網　　址：http://www.wunan.com.tw

電子郵件：wunan@wunan.com.tw

劃撥帳號：01068953

戶　　名：五南圖書出版股份有限公司

法律顧問　林勝安律師事務所　林勝安律師

出版日期　2017年11月初版一刷

定　　價　新臺幣520元